2

2019
第2辑

总第54辑

Nomocracy Forum

法治论坛

广州市法学会 / 编

中国法制出版社
CHINA LEGAL PUBLISHING HOUSE

目录 CONTENTS

Nomocracy Forum

海商法专题

实务研究

案例分析

法谈法议

海商法专题

民事诉讼时效规则并入海事诉讼法律问题研究

向明华*

【内容提要】 海商法发展自成体系，具有高度的国际统一性和自足性。我国海事诉讼时效制度主要借鉴了相应的国际海事条约，但尚难自足，须并入相应民事诉讼时效规则填补缺漏。但对于如何并入，我国立法不明确，相应的理论与司法实践亦不统一。恰当而谨慎的并入应当以用尽海商法为前提条件，并应遵循海商法精神，维护其国际统一性，保障当事人诉讼时效权责对应。无论是民事诉讼时效法律术语解释、具体时效期间，还是一般诉讼时效规则的并入，均应遵循相应的并入准则。为此宜在《海商法》中相应地增加“用尽海商法”“民事时效规则并入”“海事普通时效期间”等条款。

【关键词】 民事诉讼时效规则　海事诉讼时效　并入准则与规则　《海商法》修改

民事诉讼时效规则并入海事诉讼，是指在海事审判程序中，因我国《海商法》第十三章或相应的海事国际立法对某些海事诉讼时效问题未作规定或其规定不完整、不明确，因而需要并入相应的民事诉讼时效规则。虽然海商法的发展源远流长，自成体系，具有高度的国际统一性和自足性，我国海事诉讼时效制度主要也是借鉴相应国际海事条约的结果，但其尚难以自足。对于相应的缺漏，不得不并入相应的民事诉讼时效规则。这种并入不仅涉及商事特别法与民事一般法的关系，也涉及外海商法自体性的内涵与外延界限等问题，进而引发了如何平衡“强调《海商法》的特别法地位”与“同时不忽视《海商法》与普

---

* 向明华——广东外语外贸大学法学院教授，法学博士，主要研究领域：国际经济法。

通民商法律制度的衔接”之间的矛盾等复杂问题，[1] 然而因《海商法》及其他相关立法对于究竟应当如何并入民事诉讼时效规则并无明确答案，海商法理论及实务界通常将海事诉讼时效规则与民事诉讼时效规则之间的关系定位于特别法与一般法的关系，根据“特别法优于一般法”的法律适用规则，优先适用海事诉讼时效规则，而《海商法》第十三章没有特别规定或规定不完整的，直接并入《民法通则》第七章或《民法总则》第九章及相关规定。[2] 但笔者以为，对于上述两种诉讼时效规则之间的关系，不能作这种“一刀切”的简单化处理。本文拟结合《海商法》新近相应修改进程，深入探究蕴藏在这种并入关系背后的基本准则和具体考量。

一、海事程序中并入民事诉讼时效规则的基本准则

《海商法》第十三章“时效”尽管多达 11 条，[3] 却无法涵盖海事诉讼时效的方方面面，难以自足，海事审判实务中不得不并入相应的民事诉讼时效规则。虽然我国海事诉讼时效制度与民事诉讼时效制度在时效期间、时效起算点及其计算方式、时效中断事由、中断效力扩张力等方面存在巨大差异，但我国海商法理论与实务界对此尚缺乏应有的清醒认识，海事审判实务中存在各种不当并入各类民事诉讼时效规则的现象。综合国内外相关立法，最高人民法院有关的司法解释、审判指导意见和指导性案例，[4] 以及相应民事诉讼规则并入海事诉讼的理论和实践，可以提炼出以下基本准则。

（一）用尽海商法

海商法是基于世界海洋的一体性以及人类对海洋的长期开发利用，逐步发展起来的、具有高度自足性的特别商法。用尽海商法准则要求，在处理民法与海商法关系时，对于海商法调整范畴的问题，应该尽量适用海商法解决。该准则主要建立在海商法的自体性基础之上。所谓海商法的自体性，是指“海商法

1 吴胜顺：《〈海商法〉规范二分法及其应用》，载《中国海商法研究》2016 年第 4 期。

2 冯海忠：《论海事诉讼时效制度》，载《船艇》2008 年第 5 期。

3 比较而言，1987 年《民法通则》第七章“诉讼时效”才 7 条（第一百三十五条至第一百四十一条），2017 年《民法总则》第九章“诉讼时效”也才 12 条（第一百八十八条至第一百九十九条）。

4 根据 2007 年《最高人民法院关于司法解释工作的规定》（法发〔2007〕12 号）第五条、第六条的规定，最高人民法院发布的司法解释，具有法律效力，包括“解释”“规定”“批复”和“决定”四类。

所具有的自主生成、独立发展和自成体系的性质”。[5]但海商法的自体性在当代，特别是在民商合一、商法起步较晚的中国受到了来自民法和普通商法的巨大挤压，“无论在我国的海商立法还是海事司法层面都未能得到充分的实现”。[6]海商法学界因此提出“用尽海商法”原则，以维护海商法的自体性。

用尽海商法准则中的“海商法”是指广义的海商法，而非狭义的《海商法》，包括各类海事海商法律法规、海事国际条约、海事国际惯例、海商法原则，甚至海商法学理。[7]例如，《海商法》第二百六十八条规定：“中华人民共和国缔结或者参加的国际条约同本法有不同规定的，适用国际条约的规定；但是，中华人民共和国声明保留的条款除外。”“中华人民共和国法律和中华人民共和国缔结或者参加的国际条约没有规定的，可以适用国际惯例。”[8]该法条为保障海商法的自体性，不仅确认了我国海商法的三类主要法律渊源，还确立了它们之间的适用顺序：优先适用海事条约，其后是中国海商法，最后是海事国际惯例。只有至此仍无法可依的，才应并入或参照适用一般法。而在一般法中，又应当优先适用其一般规则，最后才是相应的具体规则。如日本《商法》第一条亦规定：“关于商事，在本法无规定的情况下，适用商习惯法。在没有商习惯法的情况下，适用民法。”明确肯定了商事习惯法相较于一般民事规则的优先适用地位。

就民事诉讼时效制度与海事诉讼时效制度的关系而言，比较我国《民法通则》第七章“诉讼时效”、《民法总则》第九章“诉讼时效”与《海商法》第十三章“时效”的规定可知，海事诉讼时效的自体性同样得到肯定。如《民法通则》第一百四十一条规定：“法律对诉讼时效另有规定的，依照法律规定。”《民法总则》第一百八十八条亦作类似规定。而《海商法》第十三章“时效”并无类似规定，即在海事诉讼领域优先适用海事诉讼时效制度，原则上无须适用其他法律的时效规则。即使“当对某一问题海商法应该规定而没有规定时，也不宜直接适用民法的一般性规定”[9]。

---

5 曹兴国：《海商法自体性研究》，载《大连海事大学2017年博士学位论文》。

6 曹兴国：《海商法自体性研究》，载《大连海事大学2017年博士学位论文》。

7 郭瑜著：《海商法的精神——中国的实践和理论》，北京大学出版社2005年版，第2页。

8 虽然《海商法》第二百六十八条与《民法通则》第一百四十二条、《民事诉讼法》第二百六十条等的行文相同或类似，但它们所指的国际条约、中国法律、国际惯例是不同的。前者涵盖的是中国缔结或者参加的海事国际条约、中国海商法、海事国际惯例。

9 郭瑜著：《海商法的精神——中国的实践和理论》，北京大学出版社2005年版，第89页。

（二）遵循海商法精神

1. 海商法精神的内涵及地位

海商法精神形成于长期的国际海事海商实践，贯穿各国海商法理论与实践，反映海商法的本质特征和基本要求的法治理念，主要包括专业性、效率性、自治性、风险共担、利益制衡、国际统一性等要素。[10] 例如，在航海业早期，由于造船技术、航海技术和通信技术等方面的限制，海上运输被认为是船舶和货物之间的共同冒险事业，理应由船货双方共担风险，风险共担原则及相应的承运人强制责任与免责、共同海损、船舶优先权、海上保险等特殊的风险共担机制因此得以形成，在承运人、托运人、收货人、保险人及其他利害关系人之间较合理地分摊了航海风险。

海商法精神既是制定和修改海商法的根本依据，也是正确理解和适用海商法的前提与基础。最高人民法院在指导沿海、内河运输能否以及如何适用《海商法》的问题时，曾明确要求遵循海商法精神。该法律适用困难源于《海商法》第四章“海上货物运输合同”不适用于沿海及内河运输之限制，[11] 因此引发了包括该法第十三章“时效”在内的其他章节能否适用于沿海及内河运输的法律适用困难。为统一各地法院的分歧做法，2001 年《最高人民法院关于如何确定沿海、内河货物运输赔偿请求权诉讼时效期间问题的批复》中提出，应“根据《中华人民共和国海商法》第二百五十七条第一款规定的精神，结合审判实践，托运人、收货人就沿海、内河货物运输合同向承运人要求赔偿的请求权，或者承运人就沿海、内河货物运输向托运人、收货人要求赔偿的请求权，时效期间为一年，自承运人交付或者应当交付货物之日起计算”。该复函明确要求“根据《中华人民共和国海商法》……的精神”处理海事疑难问题，对于正确解释与适用《海商法》及相关法律法规无疑具有广泛的指导意义，足以构成海事审判法律适用的基本准则。与此相对的是，有的学者主张：“由于《合同法》与《海商法》是普通法与特别法的关系，故凡《海商法》已有规定的，均应优先适用《海商法》的规定，不论该种规定与《合同法》有多大差异；凡是《海商法》没有规定的，均应补充适用《合同法》的规定，不论该种规定是其总则的内容

10　就海商法精神之内涵，郭瑜教授曾从海商法之相当独立性、船舶拟人化、提单证券化、海事责任不对等性和强制性、海商法保障海运业发展之历史使命性等方面作出具体而深入研究。参见郭瑜：《海商法的精神——中国的实践和理论》，北京大学出版社 2005 年版。何丽新教授认为，海商法具有国际统一性、自体性和法律关系复杂性等本质特性。参见何丽新、陈永灿：《海商法特性论》，载中国海商法协会主办：《中国海商法年刊》（2008），大连海事大学出版社 2019 年版，第 164 页。

11　参见《海商法》第二条第二款。

还是分则的内容，斯为二者法律适用关系的基本准则。”[12] 这类主张忽视了海商法内在的特殊要求，过于强调民法与海商法形式上统一，往往会损害海商法内在的风险与利益分配机制，背离其国际统一性要求。

有关海事国际公约（主要为提单公约）项下的海事诉讼时效制度，同样是船、货、保险等多方利害关系人之间长期博弈的结果，其内在的海商法精神主要涵盖对海事海商效率的高度追求、对当事人自治原则的高度尊重以及对时效国际统一性的强制要求。船舶优先权的时效期间是体现前者要求的典范，短至一年，并且不得中止、中断，[13] 催促权利人尽快行使权利，以维护或平衡航运业快速流转过程中其他相关方的权益。公约中的时效延长制度则是体现中者要求的典范。该制度基于当事人自决原则，鼓励当事人共同或债务人单方申明延长诉讼时效。[14] 体现后者要求的是，海事公约所规定的时效期间多属除斥时效，严格限制时效的中止、中断，[15] 以防止当事人利用各国诉讼时效制度的差异性从而谋取相应“择诉”利益。[16]

2. 遵循海商法精神准则在我国海事时效并入制度中的具体落实

遵循海商法精神，要求在处理民事诉讼时效规则与海事诉讼时效规则之间的关系时，应根据海商法所追求的“效率”原则、“自治”原则或国际统一性等来衡量某民事诉讼时效规则能否或如何并入海事诉讼程序。错误或不恰当的并入将模糊、损害甚至背离海事时效立法的目的与宗旨。例如，《最高人民法院关于青岛口岸船务公司与青岛运通船务公司水路货物运输合同纠纷一案中赔偿请求权诉讼时效期间如何计算的请示的复函》中提出：沿海货物运输合同不适用于《中华人民共和国海商法》（以下简称《海商法》）第四章关于海上货物运输合同的规定，但可适用该法其他章节的规定。因此，你院请示的青岛口岸船务公司与青岛运通船务公司水路货物运输合同纠纷一案应当适用《海商法》关

12 王延义：《浅析〈合同法〉与〈海商法〉有关合同规定的关系及其运用》，载金正佳主编：《中国海事审判年刊 2001》，人民交通出版社 2001 年版。

13 参见 1993 年《船舶优先权和抵押权国际公约》第九条。

14 如《海牙—维斯比规则》第三条第六款第四项后段规定“但在争议事由发生后，经当事方同意，该期间可以延长”（This period may, however, be extended if the parties so agree after the cause of action has arisen），即经当事人协商一致的，时效可以延长。1978 年《汉堡规则》第二十条第四款则确立了更便捷的被申请人单方时效延长机制：“被要求赔偿的人，可在时效期间之内的任何时间向索赔人提出书面声明，延长时效期间。该期间可以通过再次声明而进一步延长。”

15 如 1924 年《海牙规则》第三条第六款第四项规定：“In any event the carrier and the ship shall be discharged from all liability in respect of loss or damage unless suit is brought within one year after delivery of the goods or the date when the goods should have been delivered.” 1968 年《海牙—维斯比规则》亦作类似规定。

16 参见《海牙—维斯比规则》第四条（之一）第一款。

于货物运输诉讼时效为一年的规定。该批复明确要求，对于沿海或水上货物运输纠纷，基于其海事性质，应优先适用《海商法》除第四章外其他章节的相应规定。故其中的诉讼时效无疑也应优先适用《海商法》第十三章“时效”的相关规定，而不应将其简单地理解为，除复函中明确要求的“一年”时效期间外，时效机制的其他方面，如时效的中止、中断等则应直接并入相应的民事诉讼时效规则。然而，部分法院未能准确把握该批复的上述内涵。例如，在某海上保险合同纠纷案中，二审法院认为，《海商法》第二百六十七条仅规定“时效因请求人提起诉讼、提交仲裁或者被请求人同意履行义务而中断”，并未规定请求人向被请求人提出索赔条件下时效能否中断，故应适用民事诉讼时效中断规则处理有关时效争议，遂认定投保人根据保险合同向保险公司提出索赔，导致诉讼时效中断。[17] 该二审法院的观点，表面上符合一般法与特别法之间的关系，但实质上背离了海商法所追求的效率原则、统一性原则，也不符上下文整体解释、目的与宗旨解释等解释规则的要求。因为该第二百六十七条正是通过明确列举时效中断事由的方式，排除了适用其他中断事由的可能性，而不能似是而非地认为“明确列举的适用特别法，未列举的适用一般法”，否则该特别立法就失去了意义。[18]

就海商法的精神及其立法目的、宗旨对海事法律解释与适用的指导作用，2014 年《最高人民法院关于海上保险合同的保险人行使代位请求赔偿权利的诉讼时效期间起算日的批复》再次强制：“依照《中华人民共和国海商法》及《最高人民法院关于审理海上保险纠纷案件若干问题的规定》关于保险人行使代位请求赔偿权利的相关规定，结合海事审判实践，海上保险合同的保险人行使代位请求赔偿权利的诉讼时效期间起算日，应按照《中华人民共和国海商法》第十三章规定的相关请求权之诉讼时效起算时间确定。”即海上保险代位求偿的时效应适用《海商法》项下相应的“客观”起算方式及时效期间，从而将海上保险追偿与普通保险合同代位求偿之间的法律适用区别开来，后者适用的是 2013 年《最高人民法院关于适用〈中华人民共和国保险法〉若干问题的解释

17　严凌振：《从一起二审改判案谈海事诉讼中的时效中断》，载中国海商法协会主办：《中国海商法年刊》(2008)，大连海事大学出版社 2009 年版，第 429 ~ 432 页。

18　另如，在后述的货运公司与工贸公司水路货物运输合同再审纠纷案中，二审法院在裁量时效中断问题时，也未曾考虑应否适用《海商法》第二百六十七条的问题。在太平船务（私人）有限公司（以下简称太平公司）与青岛澳东化工有限公司等四公司海上货物运输合同纠纷案［山东省高级人民法院（2010）鲁民四终字第 136 号案］中，法院在裁量时效是否中断时，直接并入了“向对方当事人主张权利”这一民事诉讼时效中断规则，认为太平公司未能证明其在诉讼时效期间内向四托运人主张权利，故不存在时效中断情形，而未考虑案件的海事性质。这些做法未必符合遵循海商法精神的要求。

(二)》第十六条第二款之规定。该第二款规定："根据保险法第六十条第一款的规定，保险人代位求偿权的诉讼时效期间应自其取得代位求偿权之日起算。"后者显然强化了对代位求偿人诉权的保障，这正是普通民事诉讼时效机制的通常做法。但是如果将后者并入海事诉讼时效制度，就会导致海上保险代位求偿人与保险事故实际责任人之间利益的大幅失衡，因为这会导致保险事故实际责任人（一般是货物承运人或其他涉船涉货关系人）丧失海事诉讼时效制度相应的特别强制保障。

就体现当事人意思自治精神而言，因我国坚持诉讼时效法定，不允许当事人在诉讼时效方面意思自治，相应的法律资源相当有限。特别在《民法总则》出台后，其第一百九十七条明确规定："诉讼时效的期间、计算方法以及中止、中断的事由由法律规定，当事人约定无效"，诉讼时效意思自治似乎已被全面禁止。但并非没有例外。例如，就时效期间超过后债务的自愿履行问题，《民法通则》第一百三十八条采取放任或不干预主义，而我国的司法实践对此还作扩张解释，即诉讼时效超过后，义务人再次同意履行或确认其义务的，可导致时效重新起算。例如，1997 年《最高人民法院关于超过诉讼时效期间当事人达成还款协议是否应当受法律保护问题的批复》规定："超过诉讼时效期间，当事人双方就原债务达成的还款协议，属于新的债权债务关系。根据民法通则第九十条规定的精神，该还款协议应受法律保护。"该批复将重新确认债务定性为一种独立的法律行为，认定由此形成了新的法律关系，从而再次给予强制保护。其后 1999 年《最高人民法院关于超过诉讼时效期间借款人在催款通知单上签字或者盖章的法律效力问题的批复》又提出："根据《中华人民共和国民法通则》第四条、第九十条规定的精神，对于超过诉讼时效期间，信用社向借款人发出催收到期贷款通知单，债务人在该通知单上签字或者盖章的，应当视为对原债务的重新确认，该债权债务关系应受法律保护。"这两份批复的精神是一致的，均是基于当事人意思自治和诚实信用原则等民法基本原则，避免诉讼时效规则成为恶意逃债人的庇护所。但比较而言，前一做法更可取。因为根据我国诉讼时效制度的基本原理，超过诉讼时效的债务成为自然之债，除非债务人自愿履行，法律不应再给予强制保护。因此，将诉讼时效超过后达成的还债安排视为一种新的债权债务关系而给予司法救济，比将此视为对债务的重新确认更有说服力。最高人民法院这种做法，实质上是认可当事人协议延长诉讼时效，这与国际海事领域准许延长时效的通行做法是内在一致的，本质上符合海商法精神原则的要求，这类解释无疑可以并入海事诉讼时效制度。

(三) 维护国际统一性准则

法律国际统一性主要表现为相应国际条约、国际惯例广泛约束力，是国际商法的基本特征之一，在国际商事诉讼时效机制亦有充分体现。例如，在国际贸易领域，因各国相应的时效期间差别巨大，从 6 个月至 30 年不等，非常不利于对当事人利益的统一保护和平等保护。为了统一各国有关国际货物买卖的诉讼时效期间，1974 年《修订国际货物销售时效期限公约》及 1980 年《修订国际货物销售时效期限公约的议定书》，不但对公约项下时效的定义、期间起算、中止、中断和延长，以及时效期间届满后果等作出具体规定，还将诉讼时效期间统一为四年，并要求仲裁机构和法院不得接受已超过时效期间的请求权，也不得承认和执行相应的外国判决。1980 年《联合国国际货物销售合同公约》为维护公约的统一性及自体性，在第七条明确要求解释与适用该公约时，应当尊重公约的“国际性质”，并应“促进统一适用”，在“公约”框架内，应尽量运用类推、一般原则等方法，实现对公约未作规定或规定不明确条件下的查漏补缺，[19] 尽量避免用冲突法规则指引的国内法填补公约的法律缺漏。[20]

在海商法领域，国际统一化程度最高的首推提单运输，包括其中的时效制度。虽然新近的《汉堡规则》《鹿特丹规则》项下的诉讼时效期间均为二年，但较早的《海牙规则》《海牙—维斯比规则》所确立的一年期诉讼时效被英国、美国、德国、挪威等在内的绝大多数航运国家遵循。即使在《鹿特丹规则》制定过程中，包括我国在内的大部分国家亦认可一年的诉讼时效在实践中仍是合理的。[21]

在我国，最高人民法院往往通过发布司法解释、指导性意见和案例等方式促进涉外法律适用中的国际统一性。如最高人民法院为解决国内法院不能直接适用却又须遵循 WTO 规则的困难，要求地方各级人民法院审理国际贸易行政案件所适用的法律、行政法规的具体条文存在两种以上的合理解释，其中有一种解释与我国缔结或者参加的国际条约的有关规定相一致时，应当选择与国际条约的有关规定相一致的解释，但我国声明保留的条款除外。[22] 在海事审判领域，最高人民法院亦发布了大量的司法解释和指导性案例。前者如《最高人民法院关于审理船舶碰撞纠纷案件若干问题的规定》《最高人民法院关于审理海上保险纠纷案件若干问题的规定》《最高人民法院关于审理海事责任限制相关纠纷案件

19　该公约第七条规定：“（1）在解释本公约时，应考虑到本公约的国际性质和促进其适用的统一以及在国际贸易上遵守诚信的需要。（2）凡本公约未明确解决的属于本公约范围的问题，应按照本公约所依据的一般原则来解决，在没有一般原则的情况下，则应按照国际私法规定适用的法律来解决。”

20　参见刘瑛：《联合国国际货物销售合同公约解释问题研究》，法律出版社 2009 年版，第 2 页。

21　司玉琢、韩立新主编：《〈鹿特丹规则〉研究》，大连海事大学出版社 2009 年版，第410 页。

22　参见 2002 年《最高人民法院关于审理国际贸易行政案件若干问题的规定》（法释〔2002〕27 号）第九条。

的若干问题的规定》《最高人民法院关于审理无正本提单交付货物案件适用法律若干问题的规定》《最高人民法院关于适用〈中华人民共和国海事诉讼特别程序法〉若干问题的解释》，以及本文提到的若干有关海事时效法律适用的批复等。后者亦为数不小。比如，最高人民法院在2018年8月就发布了2017年度的十个典型海事案例。[23]最高人民法院民四庭组织编写的《中国海事案例裁判要旨通纂》（北京大学出版社2016年版），收集了多达598个典型海事案例。如在粤海电子有限公司诉招商局仓码运输有限公司等无正本提单交货提货纠纷案中，涉案提单首要条款并入了1924年《海牙规则》，有关承运人的责任、权利、义务、免责等适用《海牙规则》，提单争端解决条款还规定，本提单的一切纠纷依中国法律，在中国法院解决。仓码公司在未收回正本提单的条件下放行货物。提单持有人粤海电子有限公司因此请求招商局仓码运输有限公司等赔偿相应货物损失。本案经广州海事法院一审、广东高级人民法院二审、最高人民法院再审。一、二审法院均将无正本提单交货纠纷定性为侵权纠纷，认为应适用侵权行为地法，即中国法律。但最高人民法院认为，本案提单纠纷属于合同纠纷，应当适用合同约定的准据法，遂以提单持有人的起诉超过了提单条款所并入的《海牙规则》项下的一年时效为由，驳回提单持有人的诉讼请求。[24]我国虽然没有参加《海牙规则》，但最高人民法院在该指导性案例中将提单纠纷定性为违约纠纷，并将提单并入的《海牙规则》视为国际惯例和合同条款，使该公约项下的时效条款得以适用，有效地防止了有关当事人以侵权之诉规避提单立法对承运人的强制性保护，维护了海事时效规则的国际统一性。

（四）诉讼时效权责对应准则

诉讼时效权责对应准则要求诉讼当事人享有的时效权利与其承担的时效义务相对应、相当或对等，而不允许不必要的偏离和失衡。海事审判中，为避免不当甚至错误地并入有关民事诉讼时效规则，在并入前应当适用权责对应准则过滤，防止当事人的诉讼权利义务因此失衡。

《海商法》项下的部分时效规范借鉴或移植于相应国际海事公约的请求权单向行使模式，导致对方当事人行使其请求权时的诉讼时效机制不明确。如《海商法》第二百五十七条主要是借鉴《海牙规则》《海牙—维斯比规则》的相应做法，仅规定了向承运人索赔的时效期间为一年，而没有规定承运人向货方或

23 《最高人民法院发布十件海事诉讼典型案例》，载最高人民法院官方网站，https://www.chinacourt.org/article/detail/2018/08/id/3447626.shtml，最后访问于2019年5月1日。

24 《粤海电子有限公司诉招商局仓码运输有限公司等无正本提单交货提货纠纷案》，载《最高人民法院公报》1997年第1期。

其他利害关系人索赔的时效期间。[25] 如果简单地根据特别法与一般法之间的关系原理，就可以特别法未作特别规定，而主张适用或并入《民法总则》项下的三年诉讼时效。[26] 显然，这是一种明显不对等的时效期间并入，违背了平等、公正、权责对应等法律基本要求。事实上，早期提单公约这种单向性时效规则导致的法律漏洞其后在《汉堡规则》《鹿特丹规则》得到了填补。这两份公约基于权责对应原则，使用了比较宽泛的“根据本公约的有关货物运输的任何诉讼”“本公约下的一项义务所产生的索赔或者争议”等表述，将各类涉及海上货物运输纠纷的诉讼时效统一为二年，并严格限制时效的中止、中断。[27]

对于《海商法》中这种单向性诉讼时效规则引发的适用困难，最高人民法院亦根据权责对应等方面的要求，将其扩张解释为双向性规则。如 1997 年《最高人民法院关于承运人就海上货物运输向托运人、收货人或提单持有人要求赔偿的请求权时效期间的批复》对此给出的解决方案是，“比照适用《中华人民共和国海商法》第二百五十七条第一款的规定”“时效期间为一年”。[28] 虽然“比照适用”模式本身符合权责对应准则的基本要求，但可惜的是，该批复采用的是一种选择性而非全面的“比照适用”。如在诉讼时效的起算方式方面，仍要求按《民法通则》第一百三十七条项下的“自权利人知道或者应当知道权利被侵害之日起计算”，而不是《海商法》第二百五十七条所要求的“自承运人交付或者应当交付货物之日起计算”。这种选择性的比照并入，因未能彻底坚持权责对应，虽然解决了该法条因立法技术缺陷所导致的规则不明确问题，却同时导致了当事人的诉讼利益再度失衡。尽管这种利益失衡根源于海事诉讼时效体系与民事诉讼时效体系之间内在机制的不一致，该司法解释却将这种利益失衡法定化，这可能是最高人民法院所料想不及的。

其后 2001 年《最高人民法院关于如何确定沿海、内河货物运输赔偿请求权时效期间问题的批复》改变了上述做法，规定就沿海、内河货物运输合同纠纷，不论是托运人、收货人向承运人索赔，还是承运人向托运人、收货人索赔，时

---

25 参见 1924 年《海牙规则》第三条第六款第四项、1968 年《海牙—维斯比规则》第三条第六款第三项等。

26 参见《民法总则》第一百八十八条。

27 《汉堡规则》第二十条第一款规定：“如果在两年之内未提起法律诉讼或仲裁，根据本公约的有关货物运输的任何诉讼，即失去时效”。2008 年《鹿特丹规则》第六十二条第一款亦规定：“两年时效期间期满后，不得就违反本公约下的一项义务所产生的索赔或者争议提起司法程序或者仲裁程序。”

28 参见《最高人民法院关于承运人就海上货物运输向托运人、收货人或提单持有人要求赔偿的请求权时效期间的批复》。由于最高人民法院未给出制订该司法解释的立法理由，故不清楚其是否借鉴了《汉堡规则》上述条款权责对应的内涵。

效期间均为一年，均自承运人交付或者应当交付货物之日起计算，即通过全面对等地适用同一规则，使沿海、内河货物运输当事人之间的时效权利与义务趋向平衡。

在适用权责对应原则时，还应避免掉入“全面性”并入陷阱，即为追求并入的“全面性”而忽视并入结果的权责不当失衡。以海上保险的时效问题为例，《海商法》第二百四十六条项下被保险人对保险人索赔的二年时效期间“自保险事故发生之日”起计算，但其未规定保险人对被保险人的索赔时效期间及起算方式。在《民法总则》实施前，并入《民法通则》第一百三十五条项下的二年时效期间并无权责不对应问题，但如果同时并入其“自知道或者应当知道权利被侵害之日起计算”的起算方式，虽然在表面上是“全面”并入，却会发生保险方与被保险方各自的诉讼时效起算点不对等等问题，当事人双方的权利义务将因此再度失衡。为防止这种“全面”性并入陷阱，应当事先遵循海商法精神及权责对应等基本准则对并入结果进行过滤，以排除不当并入。

综合最高人民法院前述批复的相关要求，其实质上是就民事诉讼时效规则如何并入海事诉讼问题，发展出一种基于权责对应基本准则的利益平衡机制，其中权责对应是方法，利益平衡是目的。但遗憾的是，最高人民法院可能尚未意识到上述并入考量因素的调整所承载的重大价值，并未对上述《最高人民法院关于承运人就海上货物运输向托运人、收货人或提单持有人要求赔偿的请求权时效期间的批复》作出相应调整。

2017 年《民法总则》对诉讼时效制度作出很大修改，不仅将普通时效从二年延长至三年，还增加了“知道或者应当知道义务人之日”时效起算标准，[29] 将使许多原本权责对应的并入变得不再恰当。故只要民事与海事这两种诉讼时效制度的修改时间或幅度不同步，[30] 就会导致相应并入利益的再度失衡。所以须适用权责对应准则对并入过程进行动态比较和调整，寻找新的利益平衡点。

二、并入各类民事诉讼时效规则的具体考量

在海事诉讼中并入民事诉讼时效规则，既包括并入有关时效法律术语的解释及各种具体时效期间，也包括并入一般性时效规则及其解释。在并入上述各类民事诉讼时效规则时，均应通过前述并入原则过滤，谨慎裁量，以避免不当并入。

29　参见《民法总则》第一百八十八条第二款。

30　如在《民法总则》将普通民事诉讼时效期间从二年延长至三年后，比较《海商法》项下一年或二年的时效期间，这种不对等性更加突出。

（一）民事诉讼时效法律术语解释的并入

《民法通则》第七章、《民法总则》第九章及相关立法对诉讼时效法律术语的定义和解释，是民事诉讼时效制度的重要组成部分。但基于一般法普适性与特别法自体性之间的紧张关系，在将前者的定义或解释并入后者时，须谨慎过滤。如《海商法》第二百六十七条第一款中的“诉讼”与《民法总则》第一百九十五条第三项中的“诉讼”一词，是否具有相同的内涵和外延？如果不同，是作同一解释？还是作限制解释或扩大解释？《海商法》对此并无答案。但在民事诉讼领域，“诉讼”被扩大解释为“下列事项之一，人民法院应当认定与提起诉讼具有同等诉讼时效中断的效力：（一）申请仲裁；（二）申请支付令；（三）申请破产、申报破产债权；（四）为主张权利而申请宣告义务人失踪或死亡；（五）申请诉前财产保全、诉前临时禁令等诉前措施；（六）申请强制执行；（七）申请追加当事人或者被通知参加诉讼；（八）在诉讼中主张抵销；（九）其他与提起诉讼具有同等诉讼时效中断效力的事项”。即就能否导致诉讼时效中断而言，上述各种权利主张方式均与“提起诉讼”具有同等法律效力。但在时效中断事由被严格限制的海事领域，该解释能否直接适用于解释《海商法》第二百六十七条项下的“诉讼”，不无疑问。赞成者一般认为，这些行为都“是以正式的并具有启动法律程序的方式在行使权利”。[31] 这值得商榷，因为将《海商法》第二百六十七条项下的“提起诉讼”扩大解释为上述“以正式的并具有启动法律程序的方式行使权利”，既不符文义解释原则的基本要求，也背离《海商法》以完全列举方式严格限制时效中断事由的海商法精神。假若该观点成立，那么《海商法》第二百六十七条项下的“仲裁”和“扣船”程序都没有必要再列明。另如上述第（五）项中的各种诉前保全措施，《海商法》仅明确“申请扣船”具有中断时效的效力，而申请保全其他财产、申请海事证据诉前保全等，虽然属于诉讼前保全措施，但均不能导致相应的海事诉讼时效中断。即使是申请海事强制令、海事债权登记，提起海事督促程序和公示催告程序、船舶优先权催告程序等非诉讼程序，也难以产生中断时效的效力。不仅是因为这些申请可能被撤回或被视为撤回、被裁定不予受理或被裁定驳回，即使有关申请得到了法院的准许，也可能在被异议后撤销，故与提起严格意义的海事诉讼相比，[32] 不仅其程

---

31 张鹏飞、孙士强：《〈诉讼时效规定〉对海事诉讼时效中断的适用》，载《上海海事大学学报》2013 年第 2 期。

32 严格意义的诉讼是指可以产生“一事不再理”法律效果的诉讼程序。在海事诉讼中，请求权人撤回起诉、撤回仲裁、起诉或申请被裁定驳回的，时效均不能中断，这类诉讼不属于严格意义的诉讼程序。

序的强制程度较低，也达不到与《海商法》第二百六十七条项下“被请求人同意履行义务”同等或类似的法律效果。另如，其上述第（八）项事由“在诉讼中主张抵销”，如果其不以反诉方式出现，对方又不认可，同样达不到等同《海商法》第二百六十七条项下“被请求人同意履行义务”的法律效果，同样无法实现相应的海事诉讼时效中断。

（二）具体民事诉讼时效期间的并入

具体民事诉讼时效期间，指行使各类民事请求权的诉讼时效期间。具体民事诉讼时效期间并入海事诉讼主要发生在以下情形中：

一是因《海商法》或应适用的海事国际立法未予规定，在《海商法》增设相应特别诉讼时效期间前，一般可直接并入相应的民事诉讼时效期间。如《海商法》未规定海事无因管理、海事不当得利等方面的特别时效期间，无疑可直接并入《民法总则》第一百八十八条项下的三年普通时效期间。另如，行使海商合同撤销权的，宜并入《合同法》第五十五条项下的一年除斥时效期间，以及《民法总则》第一百九十九条规定的除斥时效计算方式。

然而，对于某些海事请求权，并入普通民事诉讼时效期间将导致同类或类似海事及相关民事法律关系的诉讼时效利益明显失衡，则应尽快修订或另行补充、完善相应的海事诉讼时效期间，而不应依赖于既有的民事诉讼时效期间而盲目并入。在此之前，宜由最高人民法院根据海商法精神、权责对应、国际统一性、用尽海商法等方面的要求，以司法解释方式，参照适用相当的海事诉讼期间。如有学者建议，在修订《海商法》时，应“增加船员劳动合同和上船协议的请求权时效、海上或者与海相通的内陆可航水域人身损害赔偿请求权时效、海上保险代位求偿权时效的规定”，[33]其他尚未规定特别时效期间的还有船舶建造合同、船舶抵押借款合同、海洋开发利用等，那么在修法之前，能否参照适用与之最相近的海商合同关系（如海上旅客运输合同，《海商法》第二百五十八条）和海事侵权关系（如船舶碰撞，《海商法》第二百六十一条）请求权的时效期间？

二是《海商法》或相应的海事国际立法有所规定但不完整、不明确，用尽海商法仍无法自足，可补充性地并入民事诉讼时效的相应规则。此条件下，仍应当根据前述其他三项时效并入基本准则的要求，谨慎裁量，而不能完全忽视有关争议的海事性质。如《海商法》规定了被保险人对保险人的索赔时效期间

33 胡正良、孙思琪：《我国〈海商法〉修改的基本问题与要点建议》，载《国际法研究》2017年第4期。

为二年，但未规定保险人对被保险人的索赔时效期间。对于后者，若直接并入《民法总则》项下的三年时效期间，就会导致当事人双方时效利益的明显失衡。另如，沿海及国内水路货物运输纠纷虽然属于海事案件，但许多人认为，由于《海商法》对其时效未作特别规定，应直接并入《民法通则》中的有关诉讼时效制度。如在梧州公司诉番禺公司通海水域货物运输合同纠纷案中，法院直接适用《民法通则》项下的二年普通时效期间等有关时效规则，而未曾考虑案件的海事性质。该做法背离了遵循海商法精神的基本要求。[34]

（三）民事诉讼时效一般规则的并入

民事诉讼时效一般规则，主要指适用于各类民事诉讼时效的通用规则，如时效的起算、时效的中止与中断、时效的延长、最长时效、时效抗辩时机及时效中断的扩张力等。《海商法》除对部分时效期间的起算点以及时效中止与中断等作出特别规定外，对其他的一般性诉讼时效问题均未涉及。即使是时效起算点、时效中止、中断问题，也存在许多适用困难。故在海事审判中往往需并入相应的民事诉讼时效一般规则，但这更容易引发相应并入争议。

1. 时效期间的起算点问题

就诉讼时效期间的起算点而言，《民法通则》《民法总则》均采用主观认知标准，如后者以“知道或应当知道受到损害以及义务人之日”作为诉讼时效的起算点，偏重对权利人的保障，但因主观认知的不确定性而易发生纷争；而《海商法》采用客观认知标准，各类诉讼时效期间的起算点比较客观、具体，偏重对义务人的保障，但因客观世界的复杂性，极易发生法律疏漏。故尽管《海商法》试图为每一种时效期间确定相应的起算点，但总会出现疏漏，导致部分海事诉讼时效的起算点不确定。如对于海商合同纠纷，《海商法》主要规定了合同履行或不当履行条件下诉讼时效期间的起算方式，但未规定合同转让、被认为无效、被解除或被撤销等条件下诉讼时效期间的起算方式。此条件下究竟是并入民事诉讼中的主观认知标准，以“知道或者应当知道受到损害以及义务人之日”起算，还是遵循《海商法》精神，参照相应的客观认知标准，以“合同转让，或合同被认定无效、被解除或被撤销之日”为诉讼时效起算点，不无

---

34 值得注意的是，该案为2009年的案件，该案判决与最高人民法院于1997年、2001年、2002年等多次作出的批复、指导性意见及指导性案例明显冲突。

争议。[35]

故在决定并入或排除相应的民事诉讼时效起算点之前，应谨慎裁量其是否符合上述并入准则的要求。如前所述，对于承运人向货方索赔的时效期间缺失问题，最高人民法院一方面基于对等原则将此确定为一年，另一方面，却撇开了《海商法》第二百五十七条关于时效起算点的规定，另行并入了民事诉讼时效的起算点“自权利人知道或应当知道权利被侵犯之日起计算”。[36]这种时效起算点的不当并入进一步强化了对船方的侧重保护，既不对等，也显失公正。因为这意味着，尽管货方应自交货或应当交货之日起一年内尽快索赔，承运人却可以“其尚不知道其权利被侵害”“不清楚义务人”等理由充分享受这种不对等的超惠待遇。此外，承运人在实务中往往还会进一步援引《民法总则》项下的时效中断、最长时效等一般时效制度增强其索赔力量。因此，该司法解释远未达到平衡当事人利益的预期目标。

2. 时效中止问题

对于时效中止问题，《海商法》第二百六十六条除将“诉讼时效”简略为“时效”外，基本上复制了《民法通则》第一百三十九条。而则《民法总则》第一百九十四条基本上沿袭和吸收了《民法通则》第一百三十九条及相应司法

35 如 2008 年《最高人民法院关于审理民事案件适用诉讼时效制度若干问题的规定》（以下简称《诉讼时效规定》）第七条第三款规定：“合同被撤销，返还财产、赔偿损失请求权的诉讼时效期间从合同被撤销之日起计算。”第十九条规定：“债权转让的，应当认定诉讼时效从债权转让通知到达债务人之日起中断。债务承担情形下，构成原债务人对债务承认的，应当认定诉讼时效从债务承担意思表示到达债权人之日起中断。”这些条款均采用了客观标准，但在《民法总则》通过后，因司法解释并非该法第一百八十八条第二款中段所授权规定时效起算点的“其他法律”，而且这些规定与该款前段所确立的主观认知标准冲突，其效力存疑，在司法实践中可能会被法院排除适用。

36 参见 1997 年《最高人民法院关于承运人就海上货物运输向托运人、收货人或提单持有人要求赔偿的请求权时效期间的批复》（法释〔1997〕3 号）。承运人向货方索赔的“一年”时效期间（自承运人知道或应当知道权利被侵害之日起算）事实上往往比《海商法》第二百五十七条项下的“一年”时效期间（自交付或者应当交付货物之日起算）更长，更有利于承运人索赔。另外，审判实务中往往易发生究竟以何种事实确定承运人“知道或应当知道受到侵害”的争议。如在上诉人太平船务（私人）有限公司与被上诉人青岛澳东化工有限公司、泛成国际货运有限公司等四公司海上货物运输合同纠纷案［山东省高级人民法院（2010）鲁民四终字第 136 号案］中，当事人之间的核心争议是，究竟以上诉人“收到费用发票之日”（2006 年 7 月 25 日）还是以“实际收款之日”（2008 年 5 月 26 日）确定承运人“知道或应当知道受到侵害”，并据此起算诉讼时效。法院采纳了前者（知道受损但受损金额未确定），承运人因此败诉。而在原告中远集装箱运输有限公司与被告湖南嘉利国际贸易有限公司海上货物运输合同纠纷案［青岛海事法院（2010）青海法海商初字第 166 号案］中，虽然原告中远集装箱运输有限公司亦提出应自其知道损失确切金额之日起计算诉讼时效，但法院认为“‘知道或者应当知道权利被侵害之日’并不等同于知道损失的确切金额；在知道权利被侵害时，即使损失数额不确定，诉讼时效也应起算”，遂判决驳回了原告的诉讼请求。这种“同类不同判”的分歧做法妨害了法治统一性，无疑超出了立法者的合理预期，对当事人各方均非福音。

解释的成果。因此，在解释《海商法》第二百六十六条的中止事由时，也离不开《民法通则》第一百三十九条及相应的司法解释，除非这种解释本身背离了海商法的精神或导致当事人之间的权责不对等。如就中止事由的认定，《诉讼时效规定》第二十条规定，有下列情形之一的，应当认定存在《民法通则》第一百三十九条所规定的“其他障碍”，诉讼时效中止：（1）权利被侵害的无民事行为能力人、限制民事行为能力人没有法定代理人，或者法定代理人死亡、丧失代理权、丧失行为能力；（2）继承开始后未确定继承人或者遗产管理人；（3）权利人被义务人或者其他人控制无法主张权利；（4）其他导致权利人不能主张权利的客观情形，如权利人被限制人身自由或成为植物人、被宣告为限制行为能力人或禁治产人、或被宣告死亡或失踪等。总体而言，将该项解释适用于《海商法》第二百六十六条并不存在法律与事实方面的障碍，但其能否具体适用到某一类海事请求权，还得具体分析。如果将该解释适用于船舶优先权争议，认为可以基于上述事由导致船舶优先权的时效中止，则背离了船舶优先权时效不得中止、中断的立法宗旨，背离了海商法精神。[37] 另如，《鹿特丹规则》第六十三条明确规定，公约项下的两年诉讼时效期间不得中止或中断，如果日后我国批准该公约，相应海事请求的时效就不再容许根据《民法总则》的规定中止。

3. 时效中断事由

两大诉讼制度中的时效中断制度存在巨大差异。尽管《民法总则》与《海商法》有关时效中断的法定事由和文字表述大同小异，但二者之间的旨趣、内涵与外延均差异明显。如《民法总则》第一百九十五条采用不完全列举法确定了四类中断事由：（1）权利人向义务人提出履行请求；（2）义务人同意履行义务；（3）权利人提起诉讼或者申请仲裁；（4）与提起诉讼或者申请仲裁具有同等效力的其他情形。而《海商法》第二百六十七条采用完全列举法确定了三类中断事由：（1）请求人提起诉讼或提交仲裁；（2）被请求人同意履行义务；（3）请求人申请扣船。相比较而言，两者共同的中断事由包括三项，即提起诉讼、提交仲裁和义务人同意履行义务。而两者之间的差异也相当明显，一是就两者中断的事由，《民法总则》采取不完全列举法，以扩张及模糊其外延，侧重对权利人的保障；而《海商法》采取完全列举法，明确禁止扩大其外延，侧重对义务人的保障。二是海事时效中断制度排除了民事时效中断机制中最重要的

37　参见《海商法》第二十九条。实质上，除船舶优先权外，还有许多海事条约将其项下的诉讼时效期间定性为不允许中止、中断的除斥期间，除非当事人自行延长或法院地法规定了更长的诉讼时效。

中断事由“权利人向义务人提出履行请求”，即使是在“提起诉讼或提交仲裁”的条件下，两者的时效能否中断也存在巨大差异。如海事请求权人撤回起诉、撤回仲裁、起诉或申请被裁定驳回的，时效均不能中断。故不仅不能无条件地并入民事诉讼时效有关诉讼或仲裁导致时效中断的相应规则，也不能因《海商法》未规定“权利人向义务人提出履行请求”这一中断事由，就依据“特别法未规定的，适用一般法”的法律适用规则，将其并入。

4. 提出时效抗辩时机问题

对于当事人应于什么时候提出时效中止、中断或超过等方面的抗辩，《海商法》未涉及。有关国际立法一般也不涉及该问题，国际立法的这种沉默往往被视为将有关问题留待缔约国的国内法。而《诉讼时效规定》第四条第一款为此提出的问题解决方案是“当事人在一审期间未提出诉讼时效抗辩，在二审期间提出的，人民法院不予支持，但其基于新的证据能够证明对方当事人的请求权已过诉讼时效期间的情形除外”。将该款规定直接并入海事诉讼时效体系与前述四项并入审查准则并不冲突。

5. 时效中止、中断的扩张力问题

时效中止、中断的扩张力指在导致时效中止、中断的请求仅涉及部分请求权的情况下，其中止、中断效力能否及于剩余请求权。在涉外诉讼中，还涉及内国时效中止、中断的效力能否扩及域外的同一或相关案件，反之亦然。在提起诉讼、申请仲裁或申请扣船的情形下，无论是基于民事或海事请求，还是时效中止、中断的效力都可涵盖全案全部请求权。但就“义务人同意履行义务”这一时效中断事由的扩张力，海事与民事存在重大差别。如《诉讼时效规定》第十一条明确规定：“权利人对同一债权中的部分债权主张权利，诉讼时效中断的效力及于剩余债权，但权利人明确表示放弃剩余债权的情形除外”，即民事诉讼时效中断的效力可以扩张至本案其他未同意履行的剩余债务。但该解释能否并入相同条件下海事诉讼时效中断的扩张效力，值得探讨。因为《海商法》第二百六十七条第一款项下的“义务人同意履行义务”是一种完全的、无保留的同意，已将仅有请求人的权利主张而对方不同意的情形排除。另外，在代位求偿条件下，债权人提起代位权诉讼的，对债权人的本债权和被代位的债务人对第三人的债权均发生诉讼时效中断的效力。[38] 再如，在连带之债的情形中，对连带债权人或连带债务人中的一人发生诉讼时效中断效力的事由，对其他连带债权人或连带债务人均可发生诉讼时效中断的效力。[39] 这意味着，即使未将相

38 参见《诉讼时效规定》第十七条。

39 参见《诉讼时效规定》第十八条。

应连带债务人列为共同被告，时效中断效力也可扩张至未参加诉讼的连带债务人。上述关于代位求偿和连带之债的诉讼时效中断扩张力的规则能否并入海事诉讼亦不无疑问。因为《海商法》明确区分承运人本人及其雇员、代理人各自的独立责任，明确肯定相应诉权的独立性而非其连带性。[40] 如果属于追偿之诉，亦适用独立的追偿时效而非上述时效连带性中断规则。而在船舶碰撞导致第三人财产损害的情形中，《海商法》所确立的是独立的按份过错赔偿责任而非连带赔偿责任，[41] 故导致对其中一船时效中断的事由，并不必然导致对另一船的时效中断。故在海商法领域，导致对上述独立责任人其中一方的时效中断，难以扩张到其他独立责任人，否则将背离海商法中的责任主体独立性精神。

综上，为理顺民事诉讼时效制度与海事诉讼时效制度的关系，进一步规范民事诉讼时效规则的并入，我们认为，有必要在《海商法》第十三章中增加“民事时效规则并入条款”，明确规定：“本章及其他海事诉讼时效法律未作规定，在用尽海商法后仍无合理解决方案的，在遵循海法商精神，符合权责对应、国际统一性等基本要求的条件下，可以并入相应的民事诉讼时效规则。”

此外，除船舶碰撞、国际旅客运输、海难救助等确有国际通行做法的特别海事时效期间外，我们没有必要为每一类海事海商纠纷规定单独的诉讼时效期间。[42] 因此，《海商法》还有必要根据海事海商关系的特点，设立相应的“普通海事诉讼时效期间”，如规定“向海事法院请求保护海事权利的诉讼时效期间为二年”，[43] 以彻底解决在海事诉讼中并入民事诉讼时效期间的困难。

三、时效并入实证研究

为规范和统一地方各级法院的做法，最高人民法院往往通过审判监督，制定司法解释或发布指导性意见或指导性案例等方式，纠正下级法院的不当做法，行使审判指导权。我国虽然不认可判例法，但最高人民法院在个案审判指导方面的作用已经越来越重要，下级法院被要求“必须参照”和“遵照”最高人民

40 参见《海商法》第五十一条第一款第二项、第一百零二条、第一百一十四条、第一百一十五条、第二百零五条、第二百五十七条等。

41 参见《海商法》第一百六十九条第二款。

42 《海商法》目前已经规定了11种海事特别诉讼时效期间及3种海事追偿时效。

43 国际海事时效期间一般较短，多为一年到两年。如1910年《船舶碰撞公约》第七条第一款规定：“损害赔偿的起诉权时效两年，自事故发生之日起算。”另如，1974年《海陆空旅客及其行李运输的雅典公约》第十六条第一款规定：“经过两年后，就旅客的死亡或人身伤害或行李的灭失或损坏引起的损失赔偿诉讼，时效即届满。”

法院的指导性案例。[44]特别是在处理海事诉讼时效与民事诉讼时效之间的关系方面，最高人民法院做出很大努力，但效果似乎未达预期。古人云："尝一脟肉，而知一镬之味，一鼎之调。"[45]以下略述两例。

在深圳市中远国际货运有限公司（以下简称货运公司）与深圳市三企工贸有限公司（以下简称工贸公司）水路货物运输合同纠纷案中，[46]工贸公司向货运公司托运三个40尺集装箱的旧塑料，中远集装箱运输有限公司深圳公司为该批货物签发的运单载明：托运人为工贸公司，收货人为宁波慈溪某公司，运输条款为CY－CY，开航日为2004年9月5日。运单收货人于同年9月中旬收到其中一个集装箱。工贸公司于2005年10月10日向深圳市南山区人民法院提起诉讼，要求货运公司就未交付的两集装箱货物承担赔偿责任。深圳市南山区人民法院依法将该案移送广州海事法院管辖。对于本案货损事实，当事人双方不存在分歧。各方的争议焦点主要是诉讼时效是否超过。

广州海事法院经审理认为，因签发本案运单的中远集装箱运输有限公司深圳公司事后被证明不存在，故可将货运公司视为承运人。货运公司未能在合同约定的期间内或合理期间内交付货物，已构成违约，应承担违约责任。就当事人争议的诉讼时效是否超过问题，法院认为，三个集装箱属同一运单、同日出运，应同时运抵目的港。根据2001年《最高人民法院关于如何确定沿海、内河货物运输赔偿请求权时效期间问题的批复》的规定，托运人、收货人就沿海、内河货物运输合同向承运人要求赔偿的请求权，时效期间为一年，自承运人交付或者应当交付货物之日起计算。故本案诉讼时效应当从2004年9月中旬起算。尽管诉讼时效因提起诉讼、当事人一方提出要求或者同意履行义务而中断，但工贸公司未能证明在纠纷产生后曾向货运公司主张赔偿权利，不能认定时效中断。其于2005年10月10日向深圳市南山区人民法院起诉时已经超过诉讼时效，丧失了胜诉权。遂判决驳回工贸公司的诉讼请求。

---

44 如2010年《最高人民法院关于案例指导工作的规定》（法发〔2010〕51号）第七条明确要求"最高人民法院发布的指导性案例，各级人民法院审判类似案例时应当参照"。最高人民法院权威人士则进一步提出："所谓参照，就是参考、遵照的意思。所谓应当参照，就是必须参照的意思"，"最高人民法院归纳的裁判要点对全国法院才有强制或者普遍的指导作用"。参见胡云腾：《一个大法官与案例的38年情缘》，载《民主与法制》2017年6月9日。胡云腾法官是最高人民法院审判委员会副部级专职委员，第二巡回法庭分党组书记、庭长，二级大法官。

45 参见《吕氏春秋·察今》。

46 参见广州海事法院（2005）广海法初字第460号民事判决书、广东省高级人民法院（2006）粤高法民四终字第110号民事判决书、中华人民共和国最高人民法院（2007）民四提字第2号民事判决书。另参见辜恩臻：《水路货物运输合同项下请求权的诉讼时效问题》，载最高人民法院法官学院编：《法律教学案例精选》，中国政法大学出版社2009年版，第297～304页。

工贸公司不服判决向广东省高级人民法院上诉称，收货人在2004年9月中旬收到三箱货物中的一箱，在此后的60日内承运人仍未交付其余两箱货物，收货人至此时才有理由认为该两箱货物已经灭失，其权利受到侵害，因此诉讼时效应从2004年11月中旬开始计算。其在2005年10月提起诉讼并未超过诉讼时效。况且在争议产生后，工贸公司多次向货运公司询问、交涉、积极主张权利，已导致诉讼时效多次中断。货运公司则认为，本案的诉讼时效应适用《海商法》第十三章有关规定，本案不存在诉讼时效中断事由。二审法院认为，根据《国内水路货物运输规则》第三十四条的规定："承运人应当在约定期间或者没有这种约定时在合理期间内将货物安全运送到约定地点。……承运人未能在本条第一款规定期间届满的次日起六十日内交付货物，有权对货物灭失提出赔偿请求的人可以认为货物已经灭失。"故到2004年11月中旬才可认定货物已经灭失，工贸公司才知道其权利受到损害。根据《民法通则》第一百三十七条"诉讼时效期间从知道或者应当知道权利被侵害时起计算"的规定，本案诉讼时效从2004年11月中旬起计算，至2005年11月中旬才届满一年。工贸公司起诉时尚未超过诉讼时效。原审认定事实、适用法律错误，遂判决撤销一审判决，并判令货运公司赔偿工贸公司相应货物损失。

货运公司认为二审法院依据《国内水路货物运输规则》第三十四条和《民法通则》第一百三十七条认定本案的诉讼时效未超过，属于法律适用错误，遂申请最高人民法院再审。最高人民法院提审认为，本案运输合同的时效期间为一年，自承运人交付或者应当交付货物之日（2004年9月中旬）起计算，工贸公司起诉时已经超过了一年的诉讼时效。广东省高级人民法院适用《民法通则》第一百三十七条等规定，认定应自2004年11月中旬起算诉讼时效期间，属于适用法律错误。遂判决撤销二审判决，维持一审判决。

本案就诉讼时效期间法律适用问题，三级法院虽然均认为应优先适用特别法即最高人民法院上述批复，认定其诉讼时效期间为一年，但对于如何确定起算点及是否中断，存在重大分歧：一审法院认为，应适用该批复及《海商法》有关规定，诉讼时效期间自承运人交付或者应当交付之日起计算。但在具体分析是否存在时效中断事由时，却不经意地并入了《民法通则》项下的"当事人一方提出要求"。二审法院除适用该批复外，还选择性地并入了《民法通则》第一百三十七条项下的时效起算点（诉讼时效期间自权利人知道或者应当知道权利被侵害时起计算）。最高人民法院在再审程序中，肯定了一审法院的做法，明确要求遵循《海商法》精神，优先适用海事诉讼时效规则，而不论其位阶如何，不应不恰当地并入《民法通则》的有关时效规定。虽然我国不是判例法国家，但最高人民法院裁定提审该案例，无疑希望可为其后海事诉讼时效规则的适用方式作出指引。但效果如何呢?

在原告广西梧州港航实业有限公司(以下简称梧州公司)与被告广东省广州市番禺区凤山实业总公司(以下简称番禺公司)通海水域货物运输合同纠纷案中,[47] 自2001年3月至2002年12月,原告为被告自广西贵港市向广东番禺沙湾承运了57个航次的磷矿粉。被告自2003年1月至2005年7月20日先后25次通过银行汇付原告运输费用16万余元。2007年7月9日被告又向原告汇付运输费用1000元。2009年2月19日,原告诉至法院追讨费用余款26万余元及相应逾期付款利息。被告辩称原告的诉讼请求已经超过诉讼时效。但原告认为,被告先后26次付款,每次付款均导致诉讼时效中断。自被告最后付款之日(2007年7月9日)至原告起诉之日,并未超过二年的诉讼时效。法院接受原告关于被告付款导致时效中断的主张,认为根据《民法通则》第一百三十五条、第一百三十七条的规定,本案的诉讼时效为二年,从原告知道或者应当知道权利被侵害时起计算。该案诉讼时效起算之日应为2005年7月21日,其二年的诉讼时效届满之日为2007年7月21日。被告在诉讼时效未届满之前于2007年7月9日又支付了部分运费,诉讼时效中断,故应从2007年7月10日重新起算二年,至2009年7月10日届满。原告于2009年2月19日起诉,未超过二年的诉讼时效期间,遂判决原告胜诉。

尽管最高人民法院此前就海事案件并入民事诉讼时效规则问题曾多次发布批复或指导性案例,但在上述梧州公司诉番禺公司案中,法院在诉讼时效的期间及中断等方面,疏于考虑案件的海事性质及其时效中断的特别要求,直接并入了《民法通则》的诉讼时效规则。虽然从应然法的层面,能否将《海商法》第二百六十七条的规定扩大适用于海上货物运输以外的其他海事纠纷可能存在理论争议;但从实然法的层面,海事审判当然应优先适用海事诉讼时效制度。该案无视《海商法》第二百六十七条,直接并入《民法通则》有关规定。假若本案是货方起诉承运人,根据最高人民法院上述2001年批复,时效期间为一年,自承运人交付或者应当交付货物之日起计算。我们简单地换位思考,即可知道该案这种并入方式将导致运输合同当事人双方所适用时效规则的明显不对等,无疑不符遵循海商法精神、权责对应和维护国际统一性等准则的基本要求。虽然该案在民事诉讼时效并入方面存在较明显的法律适用瑕疵,但其判决书却获得了2011年度广西壮族自治区法院优秀裁判文书一等奖。[48] 由此可知,民事

---

47 参见北海海事法院(2009)海商初字第27号民事判决书。

48 该案判决书曾获2011年度广西壮族自治区法院优先裁判文书,参见《全区法院优秀裁判文书获奖名单(100份)》,载广西法院网,http://gxfy.chinacourt.org/public/detail.php? id =49048,最后访问于2019年5月1日。

诉讼时效规则并入海事诉讼的复杂性远未引起海商法理论及审判实务界应有的重视，完善之路且远且长。

结语

民法与商法不是简单的一般法与特别法的关系。不同领域的商法与民法之间均存在程度不一的紧张关系，不能简单地从“特别规定与一般规定不一致的，适用特别规定”，[49]推导出“特别法没有规定的，适用一般法”。特别在具有高度自体性的海商法领域，在处理其与普通民商法的关系时，宜首先认可并尊重海商法的自体性，能够在海商法体系内解决的，就无须并入相应的民商法规则。对于《海商法》第十三章没有特别规定，或规定不完全的，只有在用尽海商法之后仍无恰当解决方案的，方可有条件地适用《民法通则》或《民法总则》中的一般规定及其相关规定，即应基于海商法精神、权责对应和维护海商法统一的要求，综合运用文义解释、目的解释、体系解释、善意解释等多种解释规则，[50]具体问题具体分析，以确定相应的民事诉讼时效规则能否以及如何并入，以避免不当并入。

本文虽然仅论及存在问题较多但尚未得到应有重视的民事诉讼时效制度与海事诉讼时效制度之间的互补与冲突关系，但这种互补与冲突广泛地存在于我国民法与商法，特别是我国普通民商法与海商法之间。《海商法》的修改目前正紧锣密鼓地推进，交通运输部于2018年11月5日公布的《中华人民共和国海商法（修订征求意见稿）》直接将《海商法》第十三章“时效”第二百六十七条（海事诉讼时效中断）删除。而《民法总则》此前就已经明确，“法律另有规定的，依照其规定”仅限于诉讼时效期间及其起算点，[51]试图将包括海事诉讼时效在内的各种特别诉讼时效制度统一于该法第九章，以实现海事诉讼时效与民事诉讼时效的统一化、本土化。笔者认为，这种忽视海商法国际统一性及自体性的统一化和本土化，除背离《海商法》与国际接轨的宗旨和目的，损害海商法国际统一性外，并无益于我国民事诉讼时效制度的发展。因为这两者“即使长得像，但从来源到思路都不一样，为什么一定要勉强求同?”[52]罗马大帝查士丁尼对此早有深刻揭示：“朕是世界的君王，但罗得法是海上的君王。海

49 参见《立法法》第九十二条。

50 向明华：《关于法律解释若干问题的哲学思考》，载《求索》2004年第11期。

51 参见《民法总则》第一百八十八条第一款、第二款。

52 郭瑜著：《海商法的精神——中国的实践和理论》，北京大学出版社2005年版，第92页。

上的事只要不违背我们的法律，就按罗得法办吧。”[53]

为维护海商法的自体性，避免相应民商事规则被不妥当地并入海商法，我们在修改《海商法》时，宜参照联合国《国际货物销售合同公约》第七条的做法，在其“总则”部分增加一条“用尽海商法原则”：“在解释和适用本法时，应考虑到本法的体系性和国际统一性，以及在国际海运活动中遵守诚信的需要。”“凡本法未明确规定，但属于本法范围的问题，应按照本法所依据的一般原则来解决。确有必要并入或参照其他民商事规则的，应当符合海商法的精神，促进其国际统一性，并保障当事人权责对应。”

53 See Lowndes and Ru-dolf, The Law of General Average and The York-Antwerp Rules, 10th ed. J. H. S. Cooke, John Donaldson, Sweet & Maxwell, p. 3.

海上保险告知义务的司法批判与制度统一

何丽新　王沛锐*

【内容提要】海上保险普遍适用比陆上保险更加严格的主动告知义务，但是，这种告知模式在我国司法实践中却出现了被“虚置”的现象。究其原因，主要在于告知内容的不确定性徒增司法裁判的难度，同时，其潜在的不公平亦在海上相对风险弱化以及信息不对称格局缓和的背景下被放大。现代海陆保险逐渐走向趋同，以海上保险的特殊性为基础而建构的主动告知义务制度已然不具有存在的必要性，逐渐向陆上保险的询问告知模式靠拢是其发展的必然。基此，应立足于《保险法》与《海商法》之间普通法与特别法的关系，处理好海陆保险告知义务中普通法渊源和大陆法传统的冲突，最终实现海陆保险告知义务制度的统一，为海陆保险合同法律制度的统一奠定基础。

【关键词】海上保险　告知义务　主动告知　询问告知　统一化

一、问题的源起

保险合同告知义务是投保人或被保险人在订立保险合同时将有关保险标的的重要信息如实向保险人进行陈述、说明的义务。告知义务的履行能够确保保险人以最小的代价衡估保险标的之危险程度并以此评估承保之风险。同时，告知义务的合理履行也能够在一定程度上降低投保的成本，是保险制度走向现代

---

* 何丽新——厦门大学法学院教授，法学博士，博士生导师，研究领域：保险法、海商法；王沛锐——厦门大学法学院民商法专业博士研究生。本文系国家社会科学基金项目“《海商法》修订中重大问题研究”（项目号：18BFX208）的阶段性研究成果。

化和科学化的基础。基于此，各国保险合同立法无不课以投保人或被保险人告知义务。

与陆上保险的“询问告知义务”相比，海上保险的告知义务人要承担更重的“主动告知义务”。这种较高标准的告知义务，是基于海上保险中保险人无法及时掌握保险标的的情况、难以准确评估和预测海上风险以及海陆运输习惯具有较大差异等特性而产生的，旨在保护处于信息弱势地位的保险人，促进保险业的健康发展。我国《海商法》第二百二十二条、第二百二十三条关于海上保险告知义务的规定亦采“主动告知”模式。

然而，这种倾向于保护保险人的制度在我国司法实践中起到的作用似乎十分有限。中国裁判文书网创立至今收录的涉及海上保险告知义务的判决书共49份，[1]其中对于被保险人主张给付保险赔偿金的请求，保险人皆以被保险人违反主动告知义务为由而拒赔，即认为被保险人在订立合同时没有将其知道的所谓“重要情况”都“主动地”告知保险人。如果保险人能够举证证明上述情况，其抗辩理由显然应该得到支持。但是，本文样本所涉49份判决书中，未支持保险人抗辩的判决竟有47份，占比达96.02%。旨在保护保险人利益的“主动告知义务”却没有提高保险人的胜诉率，这引起了笔者对当前司法实践的考察以及对现行立法的反思。

二、海上保险主动告知义务的“虚置化”及其成因

（一）海上保险主动告知义务“虚置化”之具体表现

根据我国《海商法》第二百二十二条之规定，所谓主动告知，即被保险人应当主动告知所有“重要情况”，并不限于保险人询问，除非该情况是保险人“知道或者在通常业务中应当知道”的。然而，在司法实践中，部分法院并未严格执行上述标准，进而导致上述规定被“虚置”。譬如，在“中国人民财产保险股份有限公司高淳支公司、江苏东方华远海运有限公司海上、通海水域保险合同纠纷案”中，合议庭认为，海上保险的被保险人违反如实告知义务需满足以下三个条件：“1. 未告知的内容应当是重要的，足以影响保险人决定是否同意承保或者提高保险费率的情况；2. 未告知的情况应当是投保人已经清楚掌握的，

1　检索方法：利用中国裁判文书网（http：//wenshu. court. gov. cn/）的高级检索功能，设定检索条件为全文 = “告知义务”，案由 = “海事海商纠纷”，文书类型 = “判决书”。继而对得到的179份判决书进行逐一阅读，最终得出49份有关海上保险被保险人告知义务的生效判决书，其中最早收录的为2008年2月29日作出判决的（2007）浙民三终字第304号判决书。最后检索时间：2019年1月3日。

但投保人故意隐瞒或因过失未告知；3. 保险人进行了相关的提示或询问。”[2]并以此认定该案被保险人并未违反如实告知义务。二审法院湖北省高级人民法院对该判决亦予以维持。[3]上述裁判显然是对我国现行法律的错误解读：所谓主动告知，告知的内容应不局限于保险人的提示或询问，而合议庭却将“保险人进行了相关的提示或询问”作为海上保险的被保险人违反如实告知义务的条件之一。申言之，合议庭在海上保险纠纷案件中使用了陆上保险告知义务的标准进行裁判。

将“主动告知”限缩于“询问告知”的做法并非个案：在“舟山市金海远洋渔业有限公司、中国水产舟山海洋渔业有限公司与永安财产保险股份有限公司、永安财产保险股份有限公司宁波分公司海上、通海水域保险合同纠纷案”中，被保险人告知了错误的船龄，但合议庭认为保险人提供的格式投保单上仅要求投保人告知船名、开航日期、航程及货物品名、件数等信息，未要求写明船龄，且保险人对船龄不缺乏核实手段，故对保险人提出的被保险人未履行如实告知义务的抗辩不予支持。[4]此外，在“烟台市翔宇物资有限公司与中国大地财产保险股份有限公司烟台中心支公司、中国大地财产保险股份有限公司山东分公司合同纠纷案”中，被保险人未将货物容易液化的属性告知保险人，保险人以被保险人违反如实告知义务为由提出抗辩，合议庭认为：“被保险人已经将货物的名称、包装方式、运输工具等在投保单上注明，故保险人没有询问的，被保险人无须告知。”[5]类似的判决还出现在“温州市驰烽金属材料有限公司与中国人寿财产保险股份有限公司上海市分公司海上、通海水域保险合同纠纷案”中，对于保险人提出的被保险人未告知船舶超载的情况而拒绝赔偿的抗辩，二审浙江省高级人民法院认为船舶的载重量为保险人在通常业务中应当知道的情况，而本案中投保单并没有要求被保险人注明，对此，被保险人可以不告知。[6]在我国《海商法》第二百二十二条所规定的“主动告知”模式下，被保险人告知的范围并不限于保险人的询问，此并无疑义，但是，上述案件中，合议庭将被保险人应告知的内容等同于保险人提供的投保单所要求填写的内容，即将应告知的范围局限于保险人的询问，这显然是对我国有关海上保险告知义务范围的规定作出了限缩解释。退一步讲，对于船龄、货物属性、船舶载重量等信息，即使保险人有足够的手段获悉，信息也不可能是无价的，获取信息毕竟要付出

2 参见武汉海事法院（2016）鄂72民初157号民事判决书。

3 参见湖北省高级人民法院（2017）鄂民终2776号民事判决书。

4 参见宁波海事法院（2015）甬海法商初字第1141号民事判决书。

5 参见青岛海事法院（2012）青海法海商初字第899号民事判决书。

6 参见浙江省高级人民法院（2014）浙海终字第50号民事判决书。

一定的成本，仅凭此就将其定性为“保险人知道或者在通常业务中应当知道的情况”，甚至将被保险人“错误告知”的情况都认定为保险人应当主动核实的内容，无疑单方面增加了保险人的责任。

（二）海上保险主动告知义务“虚置化”之成因探析

首先，海上保险主动告知义务制度本身的缺陷是其在司法实践中被“虚置”的最主要原因。《海商法》关于告知义务的规定不够明确、缺乏裁判标准，从而导致裁判者在具体案件中往往难以对其进行准确适用。我国《海商法》第二百二十二条、第二百二十三条和《保险法》第十六条都明确规定了被保险人的告知义务及违反该项义务的法律后果。对于陆上保险，法官仅需判别何为足以影响保险人决定是否同意承保或者提高保险费率的“重要情况”，且前述情况被限定在“保险人询问”的范围。但是，对海上保险而言，裁判者除了要判断何为“重要情况”，还要辨别“被保险人应当知道的或者在通常业务中应当知道”的情况，且上述告知范围并不限于“保险人询问”。虽然在实践中以上事项一般由保险人举证证明，但是，在缺乏统一裁判标准的情况下，无疑加大了法院裁判的难度。基于此，相对于不确定的“主动告知”，法院在审理海上保险合同纠纷案件时似乎更愿意以相对确定的“询问告知”标准来判断被保险人是否违反如实告知义务。上述做法显然有违我国现行法律的规定，然而，从应然的角度看，这却是符合保险法发展规律的。告知义务制度凭借课以被保险人告知义务以达到保险法上对价平衡的目的，其告知的范围自然应该仅限于对保险法律关系产生影响的所谓重要事项，但何为重要事项，不具有专业保险知识的被保险人难以作出准确判断，而在诉讼发生时，由一般未受专业训练的法官进行裁判更是难上加难。[7] 基于此，将被保险人告知的范围限于保险人询问，是告知义务制度进一步走向科学化的必然。

其次，在自然风险不变的情况下，科学技术的发展提高了船舶抵御自然风险的能力，也丰富了保险人核保的手段，这使得海上相对风险和信息不对称格局明显弱化，海上保险和陆上保险的差异也逐渐减小。如果仍然片面强调海上风险之特殊性而利用主动告知义务给予保险人倾向性的保护，显然已失去其合理性，这使得主动告知义务的缺陷进一步被放大，同时也催生了司法实践中法官对主动告知义务的回避适用。

最后，我国《海商法》在现阶段的适用困境，亦造成了法官对《海商法》所规定的海上保险主动告知义务的忽视。由于海商事案件中海商事法律关系与

7　江朝国著：《保险法论文集（一）》，台湾瑞兴图书公司 1993 年版，第 160 ~ 161 页。

非海商事法律关系互相交融、《海商法》本身存在立法缺漏以及海商法体系归属不明确等原因，[8]在海商事纠纷案件中，法官适用《海商法》作为裁判依据的案件比例一直处于较低的水平。截至目前，中国裁判文书网共收录海商海事纠纷案件裁判文书 41780 篇，其中以《海商法》为裁判依据的有 5050 篇，仅占 12.09%。[9]在这种背景下，《海商法》所规定的适用于海上保险的“主动告知义务”也处于被“虚置”的窘境。在威科先行法律信息库中收录的援引《海商法》第二百二十二条、第二百二十三条关于“主动告知”的规定作为裁判依据的判决书仅有 92 篇，而以《保险法》第十六条关于“询问告知”的规定作为裁判依据的判决书却高达 5441 篇。[10]其中虽存在普通保险纠纷的数量高于海上保险纠纷的影响因素，但是从以上数据中不难看出，司法实践中法官鲜有主动适用《海商法》的规定认定被保险人违反主动告知义务。譬如，在“舟山市海利远洋渔业有限公司、中国水产舟山海洋渔业有限公司与永安财产保险股份有限公司宁波分公司、永安财产保险股份有限公司海上、通海水域保险合同纠纷案”中，保险人以被保险人未告知船舶不适航的情况为由拒赔，二审法院浙江省高级人民法院在审理时并没有援引《海商法》的规定，而是以《最高人民法院关于适用〈中华人民共和国保险法〉若干问题的解释（二）》第六条的规定为裁判依据，认定投保人的告知义务限于保险人询问的范围，对投保单上没有要求的事项投保人或被保险人无须告知。[11]

三、海上保险主动告知义务之反思

（一）主动告知义务无限性之质疑

在陆上保险领域，被保险人的告知范围仅限于保险人的询问，因此，此种告知义务亦被称为“有限告知义务”，此并无疑义。然而，不少学者基于海上保险的告知义务范围并不限于保险人询问的特性，将海上保险合同的告知模式称为“无限告知义务”。[12]这种称谓无疑容易产生对被保险人告知范围“无限性”

---

8 何丽新、梁嘉诚：《〈海商法〉实施 25 年司法适用研究报告》，载《中国海商法研究》2018 年第 2 期。

9 载中国裁判文书网，http：//wenshu. court. gov. cn/，最后访问于 2019 年 1 月 16 日。

10 载威科先行法律信息库，https：//law. wkinfo. com. cn/，最后访问于 2019 年 1 月 16 日。

11 参见浙江省高级人民法院（2016）浙民终 323 号民事判决书。

12 例如，王金玉：《海上保险无限告知义务的抽象嬗变——基于〈鹿特丹规则〉生效后的考量》，载《当代法学》2011 年第 2 期；张金蕾：《新〈保险法〉适用下我国海上保险制度的应对》，载《苏州大学学报（哲学社会科学版）》2014 年第 3 期；曹兴权著：《保险法学》，华中科技大学出版社 2014 年版，第 63 页。

的误解。诚然，与陆上保险相比，海上保险的被保险人需要告知更多的事项，不局限于保险人所询问的内容，但是，无论从其源头考量还是从现行立法来看，海上保险中被保险人的告知义务都并非真的无限，将其称为“无限告知”的做法有失严谨。

回到其源头 Carter v. Boehm 案中，Mansfield 在该案中的判决可以分为三个部分，其中第一部分提出了“最大诚信”这一基本原则，并指出被保险人有据实告知保险标的情况的义务，但是并未结合具体案情。除此之外，判决书的绝大部分篇幅则花费在了对保险人提出的被保险人没有履行告知义务之抗辩理由的反驳及其说理上。Mansfield 指出，本案中保险人明知被保险人熟悉马尔堡的防务情况，但是在未被告知有关马尔堡防务的任何信息的情况下，不经询问依然签发了保险单，因此其不能再以被保险人未告知为理由而拒赔。[13] 也就是说，被保险人主动告知的范围并非“无限”；另外，从现行立法上看，主动告知义务亦存在一定的范围。譬如，英国《1906 年海上保险法》第十八条第一款虽然课以被保险人告知“一切重要情况”的义务，但是在第十八条第三款则规定了未被询问时无须告知的情形，从而限制了被保险人主动告知的内容。我国《海商法》亦是如此，虽然在第二百二十二条第一款明确了被保险人的主动告知义务，但是在该条第二款中规定“保险人知道或者在通常业务中应当知道的情况，保险人没有询问的，被保险人无需告知”，对告知的范围进行了限缩。即使将主动告知称为无限告知的学者，也不得不承认告知范围仅限于“重要事项”——有学者认为：“无限告知是指对保险人没有问及的重要事项，被保险人无需主动告知对方”；[14] 亦有学者指出：“在无限告知模式下，投保人不仅要对保险人所提出的各项问题作出如实的陈述，还要把与保险标的有关的重要情况主动地加以披露”。[15] 由此可见，海上保险主动告知义务的范围并非“无限”，将海上保险的主动告知义务等同于无限告知义务的做法值得商榷。

（二）英国立法对主动告知模式的突破

英国《1906 年海上保险法》所确立的最大诚信原则和主动告知义务对多数

---

13 Carter v. Boehm (1766) 3 Burr. 1905, 1918 – 1919.

14 汪鹏南著：《海上保险合同法详论（第三版）》，大连海事大学出版社 2011 年版，第 54 页。

15 傅廷中著：《保险法论》，清华大学出版社 2011 年版，第 58 页。

国家的立法产生了重大的影响，[16]其中的法律原则和规则常被他国立法机关通过立法的方式予以借鉴，或者被司法机关援引作为裁判依据。[17]然而，近年来，一向固守传统的英国法针对海上保险合同的告知义务制度正悄悄进行着一场变革。最早质疑主动告知义务的观点可以追溯到英国法律改革委员会于 1957 年公布的第 5 号报告，[18]该报告随后被法律委员会参考并制定出更加详细的咨询报告，提出了应该改革英国法下的告知制度。[19]目前最新的报告是该委员会在 2012 年 6 月发布的第 204 号咨询报告，其中指出：虽然《1906 年海上保险法》所确立的告知义务能够提高承保的效率并降低其成本，但是该项义务的规定过于含糊，违反该项义务的法律后果亦过于严厉，应对其进行改革。[20]出于保护保险消费者、减少纠纷的考量，英国在 2012 年出台了《消费者保险法》，该法第二条第二款规定保险消费者应负有“合理谨慎避免误述的义务”，同时在该条第三款进一步规定“消费者未遵从保险人的要求确认或者修改之前给定的细节，将构成本法所规定的误述”。笔者认为，其中的“之前给定的细节”（previously given）应理解为投保单上询问之事项，该法解释说明中指出“避免误述的义务应理解为消费者如实回答保险人的提问，并且消费者的陈述是准确而完整的”，可佐证笔者的论断。[21]由此可见，从性质上看，英国 2012 年《消费者保险法》所采用的是“询问告知”模式。

2012 年《消费者保险法》一改英国保险法“主动告知”的传统，以“询问告知”代之。虽然该规定仅适用于消费者保险，[22]而海上保险多为商业保险，但是，该规定无疑为询问告知模式向海上保险领域渗透奠定了基础。在此之后，英国《2015 年保险法》制定并颁布，该法第二条第一款明确其适用范围为“非

---

16 如美国、新西兰、南非、澳大利亚等国的海商事立法都借鉴了最大诚信原则并对其进行改良。参见朱作贤、李东：《论修改〈海商法〉应否补充规定英国模式的“最大诚信原则”——兼对海上保险法最大诚信原则的反思》，载中国海商法协会主办：《中国海商法研究》（2003 年），大连海事大学出版社 2003 年版。

17 威廉・台特雷著：《国际海商法》，张永坚等译，法律出版社 2005 年版，第 511 页。

18 Law Reform Committee: *Fifth Report*: *Conditions and Exceptions on Insurance Policies.* Cmnd 62, HMSO, 1957.

19 Law Commission: *Insurance Law Non-Disclosure and Breach of Warranty.* Cmnd 8064, Law comm 104, HMSO, 1980.

20 Law Commission: *Insurance Contract Law*: *The Business Insured's Duty of Disclosure and the Law of Warranties*, LCCP204/SLCDP155, 2012: 3.

21 *Explanatory Notes of Consumer Insurance (Disclosure and Representations) Bill*, 2011 [HL Bill 68], pra 21.

22 Section 2 (1): "This section makes provision about disclosure and representations by a consumer to an insurer before a consumer insurance contract is entered into or varied."

消费者保险合同”。也就是说，该法理论上可适用于绝大多数的海上保险合同案件。关于被保险人的告知义务，《2015年保险法》第二部分创设性地提出了“公平提示义务”（The Duty of Fair Presentation）的概念，并在第二十一条第一款明确删除《1906年海上保险法》“第十八条（被保险人的告知）、第十九条（保险代理人的告知）和第二十条（协商合同时的陈述）”的规定，即废除了英国《1906年海上保险法》所规定的主动告知义务，以所谓的“公平提示义务”取而代之。易言之，在海上保险告知义务领域，《2015年保险法》的规定取代了《1906年海上保险法》的相关规定。至于“公平提示义务”的性质，应该从以下几方面进行判断：从告知的方式看，《2015年保险法》第三条第四款（a）项规定的“被保险人应当将其知道或者应当知道的重要情况如实告知保险人”与《1906年海上保险法》第十八条第一款“被保险人必须向保险人告知其所知的一切重要情况”的规定基本一致，因此容易被定性为主动告知义务。但是，该款（b）项同时指出，“如未尽到上述要求，被保险人应告知保险人充分的信息以使谨慎的保险人能注意到其需要进一步询问被保险人以揭示这些重要情况”。这在一定程度上减轻了被保险人主动告知的义务，同时增加了保险人询问的义务。此外，从告知的范围看，与《1906年海上保险法》第十八条第三款之规定相同，《2015年保险法》同样在第三条第五款规定了未被询问而无须告知之情形，但是该法同时还在第四条和第五条列举了被保险人知道和保险人知道的情形，从而进一步明确了被保险人需要告知的范围，这无疑使得被保险人告知的范围更趋于确定。可以说，上述规定在相当程度上限缩了被保险人告知的范围。有学者把英国《2015年保险法》的这种告知义务模式称为“有限的主动告知义务”（Limited Disclosure）。[23]也有学者认为这是一种“以被保险人主动告知为主，保险人加以询问为辅”的新模式。[24]笔者认为，无论其称谓如何，《2015年保险法》项下的告知义务已非完全意义上的主动告知义务，主要表现在两个方面：其一，告知的方式从单一的主动告知演变为主动告知为主、询问告知为辅的告知模式；其二，通过对告知内容的细化，明确了保险人和被保险人所应当知道的情形，从而使得告知的范围逐渐被限缩并趋于有限。

从英国法的历史演进不难窥视出，“询问告知”“有限告知”已然成为英国海陆保险合同告知义务制度共同的发展方向，而这种趋势，也将对世界范围内的保险合同告知义务制度产生影响。从《1906年海上保险法》颁布至今的一个

---

23 初北平：《海上保险的最大诚信：制度内涵与立法表达》，载《法学研究》2018年第3期。

24 郑睿：《论英国海上保险合同告知义务之演进与立法启示》，载《中国海商法研究》2015年第4期。

多世纪里，该法所设计的原本适用于海上保险的制度，已经扩大适用于各种类型的保险，现代保险合同法律制度的构建离不开对该法的借鉴。[25]可以说，《1906年海上保险法》引领了一百多年来海上保险合同法律制度的发展，该法关于主动告知义务规定的变革，必将引起包括我国在内的各国海上保险告知义务制度的震荡。事实上，在该法还未颁布之前，众多受到英国法影响的国家就开始密切关注英国的保险法改革。[26]而我国《海商法》中海上保险合同法律制度亦是参照《1906年海上保险法》制定的，因此，重新审思《海商法》主动告知义务的合理性具有必要性。

（三）海上保险主动告知义务合理性之再审思

回到主动告知义务的源头，Mansfield在作出判决时所依赖的实践基础为海上保险实践中保险人与被保险人获取信息能力的差异而导致的信息不对称之格局。诚然，当时远洋船舶或货物保险合同的签订往往在航程开始之后，保险人并没有机会对保险标的物进行检查或评估，而有赖于从更了解保险标的情况的被保险人处得知。[27]通信手段的落后，更导致保险人无法及时调查保险标的或风险的发生情况。[28]加之当时航海技术的相对落后导致航海成为一种冒险活动，课以被保险人告知所有重要情况的义务就成为促进新兴保险业发展、鼓励海上冒险的必然选择。

但是，通信和信息技术的发展使告知义务存在的基础被动摇，尤其是在保险人能够通过多种手段获知保险标的情况的大数据时代。譬如，船舶自动识别系统（AIS）和全球定位系统（GPS）的结合，使海上保险的保险人能够随时获知保险标的的情况，而不再完全依赖于被保险人或投保人的告知。Mansfield在创设告知义务制度时提出的首要前提便是“赖以估算事故发生概率的事实主要由保险人独自知悉”，如今，保险人已经不再是Mansfield时代那个一无所知或者不可而知者，通常只有被保险人知道特定事实的格局已经大为改观。[29]现代

---

25 Costabel A M：*The UK Insurance Act 2015：A Restatement of Marine Insurance Law*. 27 St. Thomas Law Review，2015：156.

26 巴里斯·索椰：《英国保险法改革对〈1906年海上保险法〉的影响》，载《中国海商法研究》2014年第4期。

27 C. 小阿瑟·威廉斯、迈克尔·L. 史密斯、彼得·C. 扬著：《风险管理与保险》，马从辉、刘国翰译，经济科学出版社2000年版，第468页。

28 Malcolm A. Clarke：《保险合同法》，何美欢、吴志攀等译，北京大学出版社2002年版，第584页。

29 樊启荣：《保险契约告知义务制度论》，中国政法大学出版社2003年版，第118～119页。

保险市场的发展壮大与保险技术的提高扭转了保险人所处的信息弱势地位。[30]易言之，随着保险人获取信息路径的丰富和信息种类的增加，曾经需要凭借被保险人的告知而了解保险标的的情况已经不复存在，相反，获取信息能力的增强反而能够帮助保险人决定承保的范围和保险费率的变更，这使部分保险人在保险交易中事实上已经处于优势地位。因此，如果说在保险业发展初期，使用最大诚信之称谓还有一定的合理性，如今其合理性已丧失殆尽。[31]

此外，主动告知义务本身存在的弊端，亦让这一制度存在的合理性受到质疑。一方面，主动告知义务单方面课以被保险人或投保人一方主动告知所有重要情况的义务，以达到维护保险人利益的目的，这意味着法律在平等的保险合同当事人间建立了一种法定的不平等，而违反主动告知义务后果的严厉性更使得主动告知义务所带来的不公平被放大。事实上，从其产生之日起，Carter v. Boehm 案的主审法官 Mansfield 就对这一潜在的弊端提出警告："如果本案中保险人的抗辩得到支持，则这一规则（主动告知义务）将变成一种欺诈的工具。"[32]英国司法实践中亦存在不少批评的观点，认为英国法关于未告知的规定使保险人能够轻易地以被保险人违反告知义务作为"技术性抗辩"，即使其与案件本身并无联系。[33]另一方面，由于主动告知范围的不确定性，法官在司法实践中对违反该项义务没有统一的裁量标准，而缺乏专业知识的被保险人在实践中难以分清哪些是其"知道的或者在通常业务中应当知道的"所谓"重要情况"，亦不知道应该如何按照法律的要求回答投保单上的询问，这造成了被保险人往往尽全力遵守"最大诚信原则"但最终还是无法满足主动告知义务要求的窘境。[34]

最后，必须承认的是，主动告知义务的规定涉及效率与公平，主动告知义务所带来的不公平有可能在告知义务给保险业带来的巨大经济效益面前显得微不足道。[35]海商法特殊制度是否有存在的必要，其关键的确在于这种制度所产生的弊端是否已经超越了其所带来的好处，主动告知义务能够确保保险人以最低的成本准确评估承保风险，确实有利于保险行业的发展。然而，海上保险主动告知义务存在的根基已然被动摇，在海上风险特殊性弱化和信息不对称格局不断缓和的背景下，如果继续坚持海上保险领域特有的"主动告知模式"，势必

30 韩永强：《保险合同法"最大诚信原则"古今考》，载《华东政法大学学报》2013 年第 1 期。

31 任自力：《保险法最大诚信原则之审思》，载《法学家》2010 年第 1 期。

32 Carter v. Boehm (1766) 3 Burr. 1905, 1918.

33 Rose F D: *Marine Insurance Law and Practice (Second Edition)*. Informa Law, 2012: 110.

34 Birds J: *Modern Insurance Law*. *Sweet & Maxwell*, 1982: 99.

35 Hodgin R: *Insurance Law: Text and Materials.* Gavendish Publishing Limited, 1998: 188.

引发严重的不公，甚至打破保险合同双方的利益平衡格局。诚然，主动告知义务制度在海上保险领域存在了数百年，无法在短时间内像陆上保险告知义务制度一样进行彻底的变革。但是，不应该片面强调海上保险的特殊性而忽略了其与陆上保险的共性，海上保险的告知义务模式应向“询问告知”模式靠拢。

四、海陆保险告知义务统一化之趋势

告知义务制度发源于海上并采用主动告知模式，随着其适用范围向陆地上扩张，告知义务制度逐渐从主动告知演变为询问告知，但基于海上风险的特殊性，在海上保险中依然恪守着主动告知的传统。在海陆相对风险逐渐弱化的背景下，海上保险是否有必要保留其独有的主动告知义务，值得反思。

（一）海陆保险法关系论

在讨论海陆保险告知义务之统一时，首先必须厘清海上保险法和陆上保险法的关系，而对这两者关系的讨论，又牵涉到海商法与民商法之间的关系这一由来已久的争论：有学者认为海商法是民法的特别法，有学者认为海商法是国际经济法的一个分支，也有学者主张海商法应该成为一个独立的法律部门。[36]其争议焦点在于是否承认海商法之于民商法的独立性。海商法调整的对象多为平等主体间的法律关系，其与民商法应为特别法与普通法的关系。虽然现代保险制度发源于海商法中的规定，海上保险相比于陆上保险也存在一定的特殊性，但是，海上保险“上岸”后已经发展成为一套具有完善体系的法律制度，成为民商法体系中不可或缺的一部分，其体系化程度甚至要远高于海上保险法。在海上风险特殊性逐渐弱化的背景下，海上保险制度所体现出的更多的是其与陆上保险法的共性而非特性。若仅看到其特殊性而忽略其共性，海上保险制度将会游离于保险法体系之外，最终沦为法律体系中的“异类”。海上风险并非如海上保险诞生时那么特殊，如今对海上保险和陆上保险进行区分并无实质意义，除特别规定外，陆上保险法之规定亦适用于海上保险。[37]基于此，应该承认海陆保险法律规定间特别法与一般法的关系，以推动海陆保险合同法律制度的统一化进程。

从应然的角度看，海商法中关于海上保险的规定与保险法中的规定应为一般法与特别法的关系。然而，从实然的角度看，我国《海商法》中关于海上保险合同的规定与《保险法》中的保险合同法律制度之间特别法与一般法的关系

36　司玉琢著：《海商法》，法律出版社2012年版，第6页。

37　江朝国著：《保险法基础理论》，中国政法大学出版社2002年版，第112页。

存疑，海陆保险合同法律制度也并未实现真正意义上的统一。诚然，从我国《保险法》第一百八十二条“海上保险适用《中华人民共和国海商法》的有关规定；《中华人民共和国海商法》未规定的，适用本法的有关规定”的措辞看，两者间的确为普通法与特别法的关系，但是，这只是形式上的统一——从渊源上考察，我国《保险法》中的规定主要是吸收和借鉴我国台湾地区的所谓“保险法”，而该“法”中关于保险合同的规定则是继承了大陆法系保险合同法的传统；我国《海商法》关于海上保险的规定则深受英国《1906 年海上保险法》的影响。不同法律渊源所导致的直接后果就是两者在法律体系和具体规定上的差异，譬如，在保险合同主体权利和义务的建构上，大陆法系采用的是投保人、保险人和被保险人构成的“三分法”模式，而英美法系则采用“二分法”体制，并不存在投保人的规定。此外，在一些具体制度的构建上，如本文所研究的告知义务制度，也存在较大的差异。这种差异性反映出我国海上保险合同和陆上保险合同的法律规定并非实质上的普通法和特别法的关系，而是彼此间相互独立的两套法律体系。[38] 同时，这种差异性也必然会导致将《海商法》与《保险法》作为特殊法与普通法适用时面临衔接上的困境。

（二）海陆保险告知义务趋同论

海陆保险告知义务制度在发展的长河中分裂出了两条不同的路径，衍生出以“主动告知义务”和“询问告知义务”为代表的两套不同的规定，究其原因，在于立法者们普遍站在海上保险特殊性的立场考量，把海上保险与船舶碰撞、共同海损以及海事赔偿责任限制等海商法特有的制度置于同等的地位。然而，海陆保险的差异性逐渐缩小，其制度规定的趋同也将成为必然的趋势。

海商法作为行业保护的法，设立了很多偏袒于船方的制度，其目的在于控制海上活动参与者所面临的海上风险，促进航运业的发展。[39] 而现代商业保险从海上保险发展而来，因此也不可避免地受到海商法价值取向的影响。海上保险适用比陆上保险更加严格的主动告知义务，其目的亦在于课以被保险人一方繁重的告知义务以协助保险人衡估海上风险，鼓励新兴保险业的发展。上述规定存在的原因，正是基于海上风险的特殊性，这种特殊性主要体现在海上风险相比于陆上风险的非可控性，无论是《罗德海法》、中世纪三大海法还是近代的海商事立法，都建立在这样的基础上。[40] 然而，当代以来，随着人类控制海上

38 樊启荣：《中国保险立法之反思与前瞻——为纪念中国保险法制百年而作》，载《法商研究》2011 年第 6 期。

39 郭瑜著：《海商法的精神——中国的实践和理论》，北京大学出版社 2005 年版，第 190 页。

40 李天生著：《船货利益平衡原则研究》，法律出版社 2012 年版，第 148 页。

风险的能力逐渐增强，海上风险的特殊性逐步被弱化，海商法随之在船货利益的平衡上进行着调整：从《哈特法》《海牙规则》《海牙—维斯比规则》《汉堡规则》再到近年来的《鹿特丹规则》，无不体现对船方的保护越来越少而对货方的保护逐渐增强的新船货利益平衡趋势。在这种背景下，海上保险课以被保险人的告知义务也不可避免地走向缓和，以平衡保险合同当事双方的利益。虽然在总体上不得不承认海上风险要大于陆上的风险，但是海上保险业不再是幼稚产业，相反，保险人的承保能力日益增强，核保手段也逐渐丰富。这使得保险人获取信息的能力不断增强，海上保险中信息不对称的格局大有缓和之趋势。同时，多式联运的普及意味着相当一部分运输中同时包含海、陆、空甚至内河航运，海上保险与陆上保险的分界线变得并不明确，这也催生了保险业务一体化的需求。基于此，海陆保险告知义务制度逐渐走向趋同，上文所述的英国保险立法的演变，即可体现这一趋势。此外，我国法官在审理有关海上保险被保险人告知义务的案件时，普遍采用的依然是宽松的标准，已如前述，这也成为海陆保险告知义务走向趋同的推动因素。

（三）海陆保险告知义务统一论

海陆保险告知义务的趋同已经成为不可扭转的趋势，而海陆保险告知义务的统一，则是保险合同告知义务制度走向科学化和体系化的必由之路。但是，海陆保险告知义务的统一，还存在理论和实践两大障碍：从理论上看，我国海陆保险法律的规定源自不同法系，贸然将两者合并势必导致保险法内部的冲突，就算仅将其中的告知义务制度进行统一，也难免产生诸如告知义务主体为“投保人”还是“被保险人”的争议。而在实践中，虽然海上保险主动告知义务的正当性屡遭质疑，但是，信息不对称依然会长期存在。保险人依赖被保险人的告知义务进行风险评估的做法也已经存在了数百年，因此，主动告知模式向询问告知模式的转变宜缓不宜急，需要有一个让业界逐步适应的缓冲期。[41]

基于此，海陆保险告知义务的统一需要处理好两对基本关系。其一为普通法与特别法之间的关系，其二为英美法渊源和大陆法渊源的关系。在我国，海商法是民商法的特别法，应该明确海上保险告知义务为特殊规定，而陆上保险关于告知义务的规范为一般规定。在明确两者的法律地位以及发展趋势后，滥觞于大陆法传统的询问告知义务制度应作为一般性规定，在告知义务制度的统一中成为主流并确立主导地位，而源于英美法传统的主动告知义务，应当逐渐被淡化，从而保持与我国大陆法系传统的协调性。如此一来，两大法系之间关

41 王金玉：《海上保险合同无限告知义务的价值分析》，载《法学杂志》2009 年第 11 期。

于告知义务规定的冲突将逐渐消除。在此基础上，海陆保险告知义务的统一可以分两步走：第一步为过渡期，在《海商法》中直接修改有关海上保险告知义务的规定。对此，可以参照英国《2015年保险法》所确立的以被保险人主动告知为主、保险人加以询问为辅的告知义务模式。使海上保险告知义务逐渐向“询问告知”过度；第二步为待时机成熟，在日后的立法中删除《海商法》中关于告知义务的规定，海上保险中被保险人或投保人的告知义务将直接适用《保险法》及相关司法解释的规定。

代结论：推进海陆保险法律制度的统一化

随着海上相对风险的弱化，海陆保险间的差异逐渐缩小，主动告知义务赖以存在的根基正摇摇欲坠。在询问告知模式已然能保证保险人衡估承保风险的前提下，再课以投保人或被保险人繁重的告知义务，将超出这一制度存在之必要，主动告知义务所带来的益处也将被其所带来的严重不公所掩盖，海上保险的主动告知模式应向陆上保险的询问告知模式靠拢。然而，我国海陆保险告知义务的统一不可一蹴而就，应该先处理好一般法与特别法、普通法与大陆法之间的关系，以主动告知与询问告知相结合的告知义务模式进行过渡，最终实现海陆保险告知义务的统一。

而从远景观之，海陆保险法律制度的全面统一应成为保险法发展的方向。海陆保险统一化进程的推进，除了能够完善我国海上保险法不合时宜的规定，还能提高司法裁判的效率。当今司法实践中海上保险法律制度虚置化的趋势，亦为海陆保险的统一提供了契机。应突破将海上保险法置于《海商法》中的做法，以海陆保险告知义务之统一为契机，探寻海上保险法律制度向陆上保险法靠拢的路径，最终实现海陆保险法律制度从形式到实质的统一。

粤港澳大湾区民商事案件管辖权冲突的弥合进路

王玉飞　徐春龙　舒　坚*

【内容提要】《粤港澳大湾区发展规划纲要》发布实施后，粤港澳大湾区内人员和生产要素流动性将不断加强，由之而产生的民商事纠纷可能越来越多。粤港澳三地实行两种社会制度、属于三个不同法域，在民商事案件管辖权方面存在着天然冲突。虽然此种冲突经由内地与香港和澳门以民商事判决认可和执行安排的“间接模式”部分缓解，但内地与香港和澳门之间并没有关于民商事管辖权的直接安排，我国亦无统一冲突法，三地在民商事案件中的司法管辖冲突仍客观实存。当前宜借《粤港澳大湾区发展规划纲要》实施的有利背景，充分利用“一国”的特殊优势，进一步加强粤港澳司法交流与协作，考虑通过直接安排模式确定处理管辖权冲突的基本规则。待时机成熟时，再考虑制定统一的区际冲突法弥合冲突。在具体操作层面，宜充分发挥广东省主体地位，由广东省与香港和澳门直接对接共商，着力在三方之间构建尊重专属管辖和协议管辖、限制特别管辖，并行采用先受理法院管辖为主、不方便法院管辖为辅的管辖权冲突解决机制，为粤港澳大湾区以至内地和香港、澳门的民商事管辖冲突提供有益探索，并为统一区际冲突法的制定提供经验。

【关键词】粤港澳大湾区　管辖权　冲突　直接安排　区际冲突法

2019 年 2 月 18 日，中共中央国务院印发了《粤港澳大湾区发展规划纲要》

---

* 王玉飞——广州海事法院副院长；徐春龙——广州海事法院立案庭副庭长；舒坚——广州海事法院海商庭法官助理。

(以下简称《规划纲要》)，明确了粤港澳大湾区建设的指导思想、战略定位等相关内容。《规划纲要》第九章“紧密合作共同参与‘一带一路’建设”第一节“打造具有全球竞争力的营商环境”中特别提出“加强粤港澳司法交流与协作，推动建立共商、共建、共享的多元化纠纷解决机制，为粤港澳大湾区建设提供优质、高效、便捷的司法服务和保障，着力打造法治化营商环境”。但客观讲，粤港澳大湾区 11 城分属三个不同法域，基于不同社会制度、法律制度、历史背景等诸多因素，在民商事案件的管辖权方面存在天然冲突。而民商事案件管辖权将直接影响个案的法律适用以及裁判的认可和执行，对大湾区经济要素和经济利益的分配具有重要意义。弥合粤港澳三地民商事案件司法管辖权冲突事关整个大湾区整体法治环境，实有探讨之必要。

一、客观现实：“间接安排”模式无法消解冲突

我国实行“一国两制”，粤港澳大湾区内广东省 9 城市之间适用的法律为内地相关法律，而香港和澳门在回归祖国后，仍实施特殊的社会、政治、经济、法律制度，即实施原有的相关法律制度。诉诸民商事管辖制度，广东省关于民商事管辖权主要规定于《民事诉讼法》《海事特别诉讼程序法》等内地法律或司法解释；香港民商事管辖权的规定主要由香港《高等法院规则》和司法判例予以规范，基本保持了英国管辖权制度，[1] 根据有效控制原则确立不同的管辖权规则。[2] 澳门在法律制度上与葡萄牙法律一脉相承，其规范民事管辖权的规定主要见诸 1999 年颁布并生效的澳门《民事诉讼法典》。

粤港澳三地分处三个不同法域，民商事管辖权规范背后的基本理念、价值取向、架构设计、文化基础[3] 均有所差异。为尽量消弭“一国两制三法域”特定背景下内地与香港和澳门在民商事管辖权层面的冲突，最高人民法院通过与香港特别行政区和澳门特别行政区相关部门协商达成的相互认可和执行民商事

1 张淑钿：《中国内地与香港区际民商事案件管辖权冲突问题研究》，载《华东政法学院 2007 年博士学位论文》。

2 黄进主编：《中国的区际法律问题研究》，法律出版社 2001 年版，第 71 页。

3 陈弘毅：《回归后香港与内地法制的互动：回归与前瞻》，载香港法律教育信托基金编：《中国内地、香港法律制度研究与比较》，北京大学出版社 2000 年版，第 28 页。

判决的安排部分解决了三地管辖权冲突。[4] 前述安排直接规范对象为判决的认可和执行，而非规范民商事案件管辖权冲突，故可定性为“间接安排模式”。该模式体现了如下弥合管辖权冲突的努力：一是尊重专属管辖权原则。《最高人民法院关于内地与澳门特别行政区相互认可和执行民商事判决的安排》（以下简称《内地与澳门判决安排》）第十一条第一项规定，根据被请求方的法律，判决所确认的事项属被请求方法院专属管辖的被请求方有权不予认可。该条款可合理解读为：请求方作出的判决需尊重被请求方的专属管辖权。《最高人民法院、香港特别行政区关于内地与香港特别行政区法院相互认可和执行民商事案件判决的安排》（以下简称《内地与香港判决安排》）第十一条亦规定，具备六种情形之一，且依据被请求方法律有关诉讼不属于被请求方法院专属管辖的，被请求方法院应当认定原审法院具有管辖权。二是尊重协议管辖权。《内地与香港判决安排》第十一条第五项规定，合同纠纷或者其他财产权益纠纷的当事人以书面形式约定由原审法院地管辖，但各方当事人住所地均在被请求方境内的，原审法院地应系合同履行地、合同签订地、标的物所在地等与争议有实际联系地之时，如不存在安排第十二项规定的情形，该判决应予认可和执行。三是部分限制平行诉讼原则。《内地与澳门判决安排》第十一条第二项以及《内地与香港判决安排》第十二条第一款第四项限制平行诉讼原则。[5] 间接安排模式有助于缓解粤港澳三地民商事管辖权冲突。但由于前述安排仅是“间接安排模式”而非直接规范民商事管辖权冲突的“直接模式”，因此三地管辖权冲突仍客观存在，主要表现在如下方面。

（一）专属管辖权冲突

根据《民事诉讼法》第三十三条、第二百六十六条以及《海事特别诉讼程

---

4 《内地与澳门判决安排》于 2006 年 4 月 1 日起生效；《最高人民法院关于内地与香港特别行政区法院相互认可和执行当事人协议管辖的民商事案件判决的安排》（以下简称《内地与香港协议管辖判决安排》）于 2008 年 8 月 1 日起生效；《内地与香港判决安排》于 2019 年 1 月 18 日签署，但根据该安排第二十九条的规定，该安排因需在最高人民法院发布司法解释和香港特别行政区完成有关内部程序后，由双方公布生效日期，暂时尚未生效。而《内地与香港协议管辖判决安排》只有在《内地与香港判决安排》生效后方才被废止，在《内地与香港判决安排》生效前该安排仍然有效施行。《最高人民法院、香港特别行政区律政司关于内地与香港特别行政区法院相互认可和执行婚姻家庭民事案件判决的安排》（以下简称《内地与香港婚姻家庭安排》）于 2017 年 6 月 20 日签署，根据该安排第二十二条的规定，目前也尚未生效。但该安排并不涉及内地与香港在婚姻家庭方面的管辖权冲突问题，在本文中对该安排不作重点论述。

5 《内地与香港判决安排》第二十二条、第二十三条就限制平行诉讼以及特定条件下可以提起平行诉讼也作了规定。

序法》第七条等规定，内地下列案件实行专属管辖：（1）因不动产提起的诉讼；（2）因港口作业发生的纠纷而提起的诉讼；（3）因继承纠纷提起的诉讼；（4）因在我国境内履行的中外合资经营企业合同、中外合作经营企业合同、中外合作勘探开发自然资源合同发生纠纷提起的诉讼，由内地法院专属管辖；（5）因沿海港口作业纠纷提起的诉讼；因船舶排放、泄漏、倾倒油类或者其他有害物质，海上生产、作业或者拆船、修船作业造成海域污染损害提起的诉讼；因在中华人民共和国领域和有管辖权的海域履行的海洋勘探开发合同纠纷提起的诉讼。

澳门专属管辖规定于澳门《民事诉讼法典》第二十条。下列两类案件为专属管辖：（1）与在澳门之不动产物权有关之诉讼；（2）旨在宣告住所在澳门之法人破产或无偿还能力之诉讼。

香港承袭英国法，并没有专门规定专属管辖权，[6]香港地域管辖权、特别管辖权和协议管辖权，都没有法定的排他性效力，香港法院可以自由裁量决定是否行使管辖权或者根据不方便法院机制拒绝行使管辖权。[7]而内地和澳门的专属管辖权的效力体现为排他性，具有排除其他法院行使管辖权的效力。因此当内地和澳门法院主张专属管辖权的排他效力时，由于此种排他性效力不为香港立法所认可，香港法院仍可以继续行使地域管辖权、裁量管辖权和协议管辖权，由此引发管辖权冲突。在 Yu Lap Man v. Good First Investment Ltd 案[8]中，当事人双方买卖位于内地的不动产，在合同中双方约定由内地法院管辖。就此纠纷，根据《民事诉讼法》的规定应该由内地法院专属管辖，排除其他法院行使管辖权也排除协议管辖权。但在香港，香港允许双方当事人约定选择管辖法院，香港法院认为内地法院对本案管辖权并不是排他性的，香港法院可以行使地域管辖权，由此造成了内地专属管辖权与香港地域管辖权的冲突。

（二）协议管辖（含应诉管辖）权冲突

内地关于明示协议管辖的规定见于《民事诉讼法》第三十四条，根据该条规定，只有合同或者其他财产权益纠纷的当事人可以书面协议选择被告住所地

6　我国学者一般认为香港法院的专属管辖权限制为不动产专属管辖权，即香港法院对香港境内的不动产享有专属管辖权。实际上，即使是对于香港境内的不动产纠纷，香港法院也将其归入裁量管辖权中，并没有确定为专属管辖权。转引张淑钿：《中国内地与香港国际民商事案件管辖权冲突问题研究》，载《华东政法学院 2007 年博士学位论文》。

7　张淑钿：《中国内地与香港国际民商事案件管辖权冲突问题研究》，载《华东政法学院 2007 年博士学位论文》。

8　Yu Lap Man v. Good First Investment Ltd.，CACV 000115/1998.

等与争议有实际联系的地点的法院管辖，且不得违反级别管辖和专属管辖的规定。关于默示协议管辖也即应诉管辖的规定见于《民事诉讼法》第一百二十七条第二款，该款规定，当事人未提出管辖异议，并应诉答辩的，视为受诉人民法院有管辖权，但违反级别管辖和专属管辖规定的除外。

香港对协议管辖的范围规定得较为宽泛，只要存在合同关系就可以约定选择管辖法院，基本没有限制适用范围。[9] 而且香港的协议管辖并没有《民事诉讼法》关于实际联系原则的明确限制。《内地与香港判决安排》第十一条第一款规定的协议管辖实际联系原则，也仅限于案涉所有当事人住所地均位于被请求方境内之时，如果案涉当事人住所地有一方不在被请求方境内，依据对该条款的解读，香港的协议管辖仍可不受实际联系原则的限制。另外，在协议管辖法院是否具有排他性管辖权的认知上，香港与内地认知也不一致。香港法院的应诉管辖权建立在文书送达的基础上。根据《高等法院规则》第 12 号命令第八条第七款规定："被告对令状所作的认可送达，除非认可根据第 21 号命令第一条规则籍法院许可而被撤回，否则须视作被告人在法律程序中愿受法院的司法管辖权管辖……如果当事人既提出异议又应诉答辩的，香港法院视为当事人服从法院的管辖从而行使应诉管辖权。"香港法院的此种做法承袭英国法院的做法。英国法院虽然名义上强调"有约必守"，但该原则上一般只适用协议管辖法院为英国法院。如果协议管辖法院并非英国法院，则英国法院会以本国强制性规定否定协议管辖条款效力。在具体操作中，会通过发布禁诉令的方式限制当事人到域外提起诉讼或应诉。[10]

澳门《民事诉讼法典》第二十九条第三款和第四款规定了协议管辖以及协议的形式。根据前述条款规定，需同时符合如下条件：涉及可处分权利之争议，被指定之法院所在地之法律容许该指定，该指定符合双方当事人之重大利益，或符合一方当事人之重大利益，且不会对另一方引致严重不便，有关事宜不属澳门法院专属管辖、协议以书面作出或确认，且在协议中明确指出何地之法院具管辖权。

三地对协议管辖的冲突表现为：（1）适用条件存在差异。①内地法律的协议管辖排除有关身份、能力、家庭关系方面纠纷事项，而香港和澳门则无此限制；②内地要求协议管辖法院需以实际联系为限制条件，而香港仅在特定情形

9　张淑钿：《中国内地与香港国际民商事案件管辖权冲突问题研究》，载《华东政法学院 2007 年博士学位论文》。

10　曾二秀：《中英选择管辖协议效力及执行比较研究》，载《中国海商法年刊》2018 年第 4 期。新近案例可参见：Samengo-Turner v. J&H Marsh &McLennan，［2017］EWCA Civ 723；PETER v. EMC，［2015］EWHC 1498（QB）；［2015］EWCA Civ. 828.

下作出限制，澳门并无此限制。（2）协议管辖权效力存在认知差异。①管辖协议性质认定不同引发管辖权冲突。主要是管辖权条款是排他性还是非排他性问题。②排他性管辖协议效力不同引发管辖权冲突。内地和澳门法院尊重当事人的选择，认定排他性管辖协议对当事人和法院都产生法律约束力。香港法院一般会尊重当事人的选择。但是，当事人之间订立的外国管辖权条款对香港法院无约束力，香港法院的管辖权不必然被当事人之间的协议所排除。③非排他性管辖协议效力不同引发管辖权冲突。主要是当事人能否向约定外法院提起诉讼问题。

在应诉管辖层面，内地与香港也存在着冲突。内地认为协议管辖权优于应诉管辖权；香港则认为应诉管辖权可以改变协议管辖权。对应诉管辖的不同认识曾引发真实的管辖权冲突。例如，中国工商银行深圳分行诉新国际（集团）有限公司贷款纠纷案[11]。该案中当事人在贷款合同第八条明确约定深圳市法院对本案有排他性管辖权，但原告向香港法院起诉，被告在上诉中根据管辖协议对香港法院的管辖权提出异议。香港法院驳回了被告的请求，理由之一是在初审判决中被告已经承认了送达并且进行了实体答辩，被告也提供了证据并且对案件结果提出上诉。被告启动了所有的法律步骤而且没有对管辖权异议提出保留。基于此，香港法院认为被告是服从香港法院管辖的。对本案而言，如果内地法院根据当事人的约定行使协议管辖权，则此时将引起两地管辖权的冲突。基于内地与香港和澳门在协议管辖权的适用条件和效力方面的客观实存差异，在司法实践中引发了许多管辖权冲突的个案。[12]

（三）特别管辖权冲突

内地特别管辖权主要规定在《民事诉讼法》《海事特别诉讼程序法》和《企业破产法》中。根据《民事诉讼法》《海事特别诉讼程序法》以及《企业破产法》等规定，[13]对涉及合同、保险、票据、运输合同、侵权、公司纠纷、对在内地没有住所的被告提起诉讼的财产权益纠纷、交通事故、海损事故、海难救助、共同海损、海船租用合同、海上保赔合同、海船的船员劳务合同、设立

---

11 The Industrial & Commercial Bank of China, Shenzhen Branch v. New International (Groups) Limited, HCA018944/1998.

12 案例可参见：Yu Lap Man v. Good First Investment Ltd. , CACV000115/1998、(1999) 经终字第137号、(2000) 经终字第177号等；还可参见杨弘磊：《涉港民事诉讼协议管辖条款效力判定中方便与非方便法院规则的运用》，载《法律适用》2004年第9期。

13 相关法条可见：《民事诉讼法》第二十三条至第二十五条，第二十七条至第三十条，《民事诉讼法》第二十六条、第三十一条、第三十二条、第二百六十五条；《海事特别诉讼程序法》第六条、第一百零九条、第一百一十六条；《企业破产法》第二十一条。

海事赔偿责任限制基金后的确权诉讼以及破产案件等，一般都规定了特别的复数管辖权或者集中管辖权。

香港的特别管辖权又称裁量管辖权，主要见诸《高等法院规则》第11号法令。该法令规定了在满足“案件具有可诉性”条件时，[14]即使该被告在香港不能被有效送达，也可通过域外送达的方式实现管辖的12类案件。比如，涉及合同纠纷（包括合同的强制执行、撤销、解除、废止、违约损害赔偿或者其他违约救济等）时，如果合同的订立地在香港；或者合同明示或默示地接受香港法律管辖，其中默示推断的标准是香港法律是否是交易关系最密切和最真实联系的法律[15]；或者合同条款选择香港法院管辖，或者合同的违约事实发生在香港，香港法院均可享有管辖权；涉及侵权纠纷，侵权行为发生地或者侵权结果发生地在香港境内，香港法院均可行使管辖权。

澳门的特别管辖权主要规定于澳门《民事诉讼法典》第十六条。根据该条规定，涉及债务履行、享益债权、勒迁之诉、优先权、消除抵押、共同海损、船舶碰撞、船舶救助等纠纷，只要满足特定条件，澳门皆可行使管辖权。

三地在特别管辖权上均采用了复数管辖根据的立法形式，为当事人选择法院提供机会的同时，也会造成管辖权冲突。同一类型纠纷，依据内地与香港、澳门的特别管辖权规定，可能会出现三地都享有管辖权的情形。若一起融资租赁合同纠纷，被告住所地在内地，合同签订地在香港，设定抵押权的租赁物在澳门，则三地均可享有特别管辖权，相互之间的管辖权冲突则更易发生。例如，在东鹏贸易公司诉东亚银行信用证纠纷案中[16]，内地法院以代表机构所在地为依据行使特别管辖权，香港法院以合同订立地为依据行使裁量管辖权。

综上所述，由于粤港澳大湾区内存在三个不同法域，内地、香港和澳门在民商事管辖权的相关规则亦有明显差异，三地的管辖权问题上必然存在积极冲突（主要表现为平行诉讼[17]）和消极冲突（主要表现为两地或三地法院根据各自的管辖规则对某一纠纷均享有管辖权）。若此类冲突多发，则既与粤港澳大湾区强调合作、共建的宗旨相悖，还会在司法实践中增加当事人诉讼成本支出，浪费三地司法资源，影响粤港澳大湾区法治营商环境。

14　香港《高等法院规则》第11号令第四条第一款。

15　Continental Mark Ltd v. Verkehrs-Club De Schweiz，CACV003628/2001.

16　（1995）粤法经二监字第3号。

17　案例可见：何小沛诉粤升财务有限公司案。2001年3月，广东省中山市中级人民法院受理此案，审理期间，2001年9月香港法院也受理此案。

二、进路选择：直接安排与区际冲突法渐次推进

（一）州际冲突的弥合——三大湾区情况

粤港澳大湾区区际管辖权冲突与旧金山、纽约以及东京湾区均有不同，三个湾区均属于同一社会制度、同一法律体系、适用的法律基本相同。虽然美国存在联邦与州际的法律冲突问题，但是旧金山湾区各城均属单一州政府辖区，只涉及州政府法律与地方政府法律之争，属于同一区域内事务，实际冲突较少。纽约湾区虽涉及美国不同州之间的州际法律冲突，但由于纽约大湾区实行相同的社会制度、法律制度，各州之间的法律价值冲突不大，而且美国鼓励各州之间通过州际协定等方式加强州际合作。州际协定同时具有州法和合同性质，其效力优先于成员州之前颁布的法规，甚至也优先于之后新制度的法规。[18]目前纽约湾区已形成较为系统化的法律体系，涵盖制定程序、协定效力、争端解决等方方面面。因此，纽约湾区的州际冲突实例亦不多见。[19]而日本政府通过颁布《港湾法》《首都圈整备法》，加强东京湾区的法治建设，《中部圈开发整备法》和《近畿圈整备法》又赋予了大都市区政府特殊行政权力，[20]东京湾区的区域合作治理也均在法制轨道之内。

（二）区际、国际冲突的弥合模式

1. 区际冲突等同于国际冲突

典型国家是美国和英国，把具有独特法律制度的地区视为冲突法意义上的“国家”，因而对区际冲突法和国际私法不加区分，统统叫作冲突法，既用于解决一国之内各个法域之间的区际法律冲突，同时也用于解决主权国家之间的国际法律冲突。[21]美国《冲突法第二次重述》第十条对州际和国际私法就没有明确的区分。在司法实践中，通过不方便法院机制、未决诉讼原则、禁制令、承认预期理论和区际案件移送制度等解决区际管辖权和法律适用冲突问题。英国

---

18 何渊：《区域协调发展背景下行政协议的法律效力》，载《上海行政学院学报》2010年第4期。

19 滕宏庆、张亮著：《粤港澳大湾区的法治环境研究》，华南理工大学出版社2018年版，第138页。

20 刘燕玲：《京津冀协同发展中政府间合作问题的法律分析》，载周佑勇主编：《区域政府章合作的法治原理与机制》，法律出版社2016年版，第118页。

21 ［英］莫里斯著：《戴西和莫里斯论冲突法》，李双元等译，中国大百科全书出版社1998年版，第2页；黄进著：《中国的区际法律问题研究》，法律出版社2003年版，第37页；肖永平著：《内地与香港的法律冲突与协调》，湖北人民出版社2001年版，第40页。

将解决国际民商事管辖权冲突的国际条约转化为国内立法从而一并解决区际管辖权的冲突。通过共同参加的国际条约如 1968 年《布鲁塞尔公约》及其议定书在国内三法域（英格兰和威尔士，苏格兰、北爱尔兰）之间分配管辖权；通过国内统一立法——1982 年《民事诉讼和判决法》新附件 4——协调三法域管辖权冲突。[22]

2. 类推适用国际私法

此种模式的典型代表国家为西班牙。由于历史原因和民族、宗教等各种因素，西班牙一直存在着多个法域，其《1974 年民法典》第十六条规定，适用解决国际法律冲突的法律规则解决区际法律冲突。当然，对区际冲突中的个别特殊问题需要作出另外规定。[23] 意大利、希腊、前捷克也曾采取过该做法。[24]

3. 制定统一实体法

此种模式的典型代表国家为瑞士。瑞士原为邦联，各州都是拥有主权的独立实体，后演变为联邦制国家，而各州原有法律制度得以保留，于是也产生了区际法律冲突问题。瑞士用联邦统一立法的形式逐步解决区际法律冲突，并用区际冲突法解决国际法律冲突问题。后来瑞士民法统一，其区际法律冲突问题基本消除，1989 年起适用的《瑞士联邦国际私法》主要用来解决国际法律冲突问题[25]。

4. 国际冲突的公约模式：布鲁塞尔规则和海牙公约草案

（1）布鲁塞尔规则。即欧盟理事会于 2001 年通过的《欧盟理事会民商事件管辖权及判决的承认和执行规则》，作为调整欧盟内部各成员国之间管辖权和判决承认与执行的主要规则。布鲁塞尔规则采用正反两方面统一欧盟各成员的直接管辖权，分设管辖权的白色清单和黑色清单。白色清单为各成员国可行使的直接管辖权，包括专属管辖权[26] 和协议管辖权等。[27] 黑色清单为禁止各成员国行使的管辖权，包括与争议无关财产出现或者扣押等。[28] 布鲁塞尔规则确定的直接管辖权尤其是特别管辖权都采用了复数管辖根据的立法，为解决可能发生的管辖权冲突问题，在统一直接管辖权之外，规则还规定了解决直接管辖权冲突的

22 张淑钿：《中国内地与香港国际民商事案件管辖权冲突问题研究》，载《华东政法学院 2007 年博士学位论文》。

23 郭玉军、徐锦堂：《中国区际法律冲突解决路径探析（下）》，载《时代法学》2008 年第 2 期。

24 刘贵祥：《前海民商事案件选择适用法律问题研究》，载《法律适用》2016 年第 4 期。

25 赵相林著：《中国国际私法立法问题研究》，中国政法大学出版社 2002 年版，第 580 页。

26 《布鲁塞尔规则》第二十二条。

27 《布鲁塞尔规则》第二十三条。

28 《布鲁塞尔规则》附件一。

管辖权审查机制[29]、先受理法院机制[30]。但是布鲁塞尔规则没有规定先受诉法院能否自动地采取某些措施以阻止其他国家法院对案件的审理，也没有规定先受理法院能否采取其他措施拒绝行使管辖权，实践中引发了诸如 Turner v. Grovit [31] 案的争议。另外，布鲁塞尔规则没有采纳不方便法院机制。由于规则没有授予先受理法院自行采取行动以阻止管辖权冲突的继续发生的权利，先受理法院机制解决管辖权冲突将完全依赖于后受理法院自觉执行，实践中也发生了后受理法院由于对先受理法院机制适用范围的不同理解，没有放弃案件的管辖权的情况[32]。

（2）海牙公约草案。即 1999 年海牙国际私法会议首次拟制的《民商事管辖权和外国判决的承认与执行公约》草案。因各国在公约内容上存在较大分歧，虽经海牙国际私法会议拟制了 2001 年草案，仍未得以通过。海牙国际私法会议退而求其次，于 2005 年制定了《选择法院协议公约》，先对各国分歧较小的协议管辖权作出规定，其他管辖权问题和判决承认、执行问题留待继续讨论。2013 年年初，海牙国际私法会议决定重议 2001 年草案，于 2015 年 2 月和 2016 年 6 月推出两个新版本草案，但 2015 年和 2016 年草案将重点放在外国判决的承认与执行方面，几乎没有涉及管辖权问题。[33]

在管辖权设置层面，1999 年和 2001 年海牙公约草案都采用了管辖权确定的“双重模式”，既对管辖权以专章作出规定，又在判断是否承认和执行外国判决时间接涉及管辖权。而且，两个草案在设置直接管辖权时都采用了“混合制”，既设置了一国可以行使管辖权的“白色清单”，[34] 又设置了一国不能行使管辖权的“黑色清单”，[35] 还设置了一国可依内国法决定是否行使管辖权的“灰色区域”[36]。但 2015 年和 2016 年海牙公约草案改变了这一做法，仅在判决承认和

---

29 《布鲁塞尔规则》第二十五条和第二十六条。

30 《布鲁塞尔规则》第二十七条至第三十条。

31 Turner v. Grovit，［1993］3 W. L. R. 794. 该案中，原告先在英国起诉，被告随后在西班牙起诉。此时如果按照先受理法院机制，应该由英国法院行使管辖权，但是受理案件的英国法院没有适用先受理法院机制，而是发布了禁制令禁止在西班牙的诉讼。理由是被告在西班牙起诉的目的只是阻碍原告继续在英国的诉讼，这是滥用诉讼程序。

32 比如欧洲银行案，参见：Continental Bank NA. V. Akakos Compania SA and others，［1994］1 Lloyd’s Rep. 505. See Peter E. Herzog，Brussels and Lugano，Should You Race to the Courthouse or Race for a Judgment? The American Journal of Comparitive law，Vol. 43，1995，p. 380. 转引自张淑钿：《中国内地与香港国际民商事案件管辖权冲突问题研究》，载《华东政法学院 2007 年博士学位论文》。

33 沈涓：《再论海牙〈民商事管辖权和外国判决的承认与执行公约〉草案及中国的考量》，载《国际法研究》2016 年第 6 期。

34 1999 年、2001 年海牙公约草案第三条至第十六条。

35 1999 年、2001 年海牙公约草案第十八条。

36 1999 年、2001 年海牙公约草案第十七条。

执行部分对管辖权作了极少的涉及。[37]

就具体管辖权冲突机制而言，1999年和2001年海牙公约草案主要的特点有三：（1）受预期理论制约的先受理法院机制。1999年公约草案第二十一条规定，在发生管辖权冲突时，只要"先受理法院有管辖权且预期其将作出能够按照本公约在后受理法院得到承认和执行的判决，后受理法院应中止诉讼，先受理法院享有管辖权"。（2）不方便法院机制。对其适用限定了严格的条件，将法院的自由裁量权限制在极小范围里。[38]（3）专属管辖和协议管辖优于先受理法院机制。同时，基于禁诉令可能造成对他国司法主权的干涉，海牙公约草案没有采用禁诉令作为管辖权冲突的解决机制。

（三）粤港澳大湾区的模式选择

只有植根于我国的特定国情才能更好地解决粤港澳大湾区以至内地与香港和澳门之间的民商事管辖权冲突问题。"一国两制"下粤港澳大湾区内的民商事管辖权冲突虽然是一个主权国家内部的区际法律冲突，但涉及两种不同社会制度，三个不同法域，而且粤港澳三地在法治的基本理念、价值取向、文化基础以及实体法和程序法层面都有较大的区别。因此，在目前之情形下，试图制定统一的区际冲突法或者实体法并不符合现实国情。根据以往的成功经验，宜采取渐进式解决进路。随着《规划纲要》的发布实施，粤港澳三地之间的联系将更加频繁，利益关联将更加紧密。

从以往的做法看，我国一般采取两种模式并行的方式在解决区际法律冲突问题。一是类推适用国际私法规则解决冲突，即将内地与香港和澳门的关系"参照"涉外关系处理。二是通过内地与香港、澳门"点对点"平等磋商，通过安排模式逐步解决民商事领域的各项法律问题。此种"把涉港澳台民商事务视为涉外事务，按照专门法规和区际协议予以处理，如无专门法规和区际协议则参照适用涉外法规"的区际法律冲突解决路径还是较为适合我国目前的实际。当下的主要做法是利用粤港澳大湾区建设的有利契机，进一步予以完善。但必须看到，香港和澳门的高度自治权是国家根据历史与现实赋予的特殊待遇。在行政上，香港和澳门与中央政府的关系仍是中央和地方的关系，这与联邦国家内联邦和成员国的关系不同，这也决定了我国的区际法律冲突有别于国际私法冲突，类推和参照适用国际私法规则解决区际法律冲突应当是过渡的、短暂的

---

37 沈涓：《再论海牙〈民商事管辖权和外国判决的承认与执行公约〉草案及中国的考量》，载《国际法研究》2016年第6期。

38 Peter F. Schlosser, Lectures on Civil Law Litigation Systems and American Cooperation with Those Systems, 45 KAN. L. Rew 9, 1996, p. 11.

阶段。待时机成熟时，可在平等协商的基础上制定统一适用于三地的区际冲突法典来协调解决彼此之间的区际法律冲突[39]。虽然无论英美模式、西班牙模式、瑞士模式、示范法模式还是公约模式均无法完全契合我国特殊国情，但在渐进式弥合管辖权冲突层面，诸种模式仍存在可借鉴之处。

三、规则构建：专属管辖优先、协议管辖次之，并行先受理法院与不方便法院机制

（一）专属管辖优先，细化专属管辖权案件范围

专属管辖权的优先性是一地司法主权的最集中体现，应予尊重。有观点认为专属管辖权应当限缩为二项，即不动产物权诉讼，包括在中国内地履行的中外合作勘探开发自然资源合同发生的不动产纠纷，以及因法人或者非法人组织的有效成立、撤销或者歇业清理发生的纠纷，以及有关股东会、董事会决议的有效性发生纠纷提起的诉讼。[40]笔者认为，过度限缩专属管辖权范围，不利于维护一国司法主权。而在粤港澳三地限缩专属管辖权案件，一则在立法上操作较为困难，二则也会给其他国家留下“内外有别”、对外国司法不公之把柄。为保持管辖权冲突安排模式与涉及判决认可和执行安排关于尊重专属管辖权的一致性，粤港澳三地专属管辖的案件范围仍可保持不变。但是对于适用专属管辖的案件，比如不动产物权纠纷、港口作业纠纷等，粤港澳三地可先考虑通过合作协议的方式进一步细化，以减少在具体理解与适用时的冲突。

（二）协议管辖权优先，统一协议管辖协议认定标准

一是明确协议管辖优先于普通管辖、特别管辖（裁量管辖），但不得违反专属管辖。二是明确审查管辖协议适用的法律。即使当事人之间存在管辖协议，也不排除当事人同时向粤港澳三地法院同时提起诉讼的情形。此时管辖协议效力应依据法院地法进行审查，主要理据是管辖争议属于程序问题，应适用法院地法律，不应适用当事人协议选择的准据法。[41]而在审查标准上，三地可通过

---

39 刘贵祥：《前海民商事案件选择适用法律问题研究》，载《法律适用》2016 年第 4 期；亦可参见谢石松：《港、澳、珠三角地区的区际法律冲突及其协调》，载《西南政法大学学报》2005 年第 5 期。

40 张淑钿：《中国内地与香港国际民商事案件管辖权冲突问题研究》，载《华东政法学院 2007 年博士学位论文》。

41 案例可参见：玛尔斯合作有限公司、阿德尔伯特·F. 雅默瑞与海尔集团电器产业有限公司债务及保证纠纷案［（2009）民申字第 1095 号］；上海衍六国际货物运输代理有限公司与长荣海运股份有限公司海上货物运输合同纠纷案［（2011）民提字第 301 号］；徐志明与张义华股权转让合同纠纷案［（2015）民申字第 471 号］。

直接安排方式尽量细化统一的审查标准。三是明确排他性协议管辖的效力。粤港澳三地对非排他性管辖法院不能排除其他法院基于地域管辖或特别管辖享有的合法管辖权并无争议，[42]但对未明确载明“排他性管辖”的管辖协议则存在较大争议。内地与澳门的做法与大陆法系基本相似，即如果协议管辖已经约定了法院，但既未明确为“排他性管辖”也未载明为“非排他性管辖”，则此时可视为“排他性管辖”，即被选择法院应取得了排他性管辖权，除非该排他性管辖权违反专属管辖的规定。而香港则认为协议管辖是一项自由裁量事项，与当事人是否在案件中采用“排他性”词语没有任何关系。[43]在香港发生的 Yu Lap Man v. Good First Investment Ltd[44]案中，涉案合同约定的“……所有相关的纠纷受中华人民共和国法院的管辖权，并适用相关的中华人民共和国法律”的“受”字被同一个人翻译“shall be subject to”和“are subject to”两种版本。初审法院和上诉法院均根据第二种版本认为，合同中的管辖条款只具有宣示的性质，并不是排他性的。因此，有必要明确管辖协议未明确载明“非排他性”的理解与适用标准。四是明确约定管辖法院不需要客观实际联系。内地对协议管辖遵从客观联系原则，但香港和澳门对于协议管辖法院是否需与当事人或纠纷项下的法律关系、法律事实、适用准据法等有客观联系并无限制性规定。考虑到粤港澳三地的司法互信以及后续的合作共赢，协议管辖涉及粤港澳三地的法院时，原则上无须以客观实际联系为要求，但出现双方当事人均位于粤港澳其中一地，而约定对另外一地去诉讼之时，可参照《内地与香港判决安排》第十一条第一款第五项的精神，确定实际联系原则。五是明确管辖协议选择的法院无须明确特定法院。确定了某地或法域管辖后，案件应该由粤港澳三地的哪一级别或类型法院来审理，属于管辖权的内部分配问题，协议选择法院无须确定到具体法院。在（2015）民申字第471号徐志明与张义华股权转让合同纠纷管辖权异议案中，最高人民法院明确指出：“……双方当事人没有具体约定纠纷由蒙古国哪一个法院管辖，当事人可以根据蒙古国法律的规定向该国某一具体法院起诉，同样具有确定性。徐志明以协议选择的法院不唯一为由主张该管辖条款无效，缺乏事实和法律依据。”

---

42 案例可参见：黄艺明、苏月弟、周大福代理人有限公司、亨满发展有限公司、宝宜发展有限公司股权转让合同案［（2011）民四终字第32号］；中国工商银行（亚洲）有限公司与康正（天津）融资租赁有限责任公司金融借款合同纠纷案［（2016）最高法民辖终54号］。

43 案例可参见：The Industrial & Commercial Bank of China，Shenzhen Branch v. New International（Groups）Limited，HCA018944/1998。美国的案例可参见：2012年的 Boland v. George S. May Intern。该案中，选择条款约定为“管辖权授予伊利诺伊州”。马萨诸塞州法院认为该条款只是“允许而非要求诉讼在伊利诺伊州法院进行”。

44 Yu Lap Man v. Good First Investment Ltd.，CACV000115/1998.

（三）适用先受理法院规则

一是明确先受理法院规则不得违反专属管辖、协议管辖，适用于普通管辖以及特别（裁量）管辖。二是引入承认预期理论，涉及复合管辖权的冲突均可尝试适用先受理法院规则。虽然《最高人民法院关于适用〈中华人民共和国民事诉讼法〉的解释》第五百三十三条规定除双方共同缔结或者参加的国际条约另有规定的，允许平行诉讼之存在；我国与保加利亚、希腊、意大利等国的司法协助条约也规定：在我国和对方缔约国之间相互申请承认和执行对方法院的裁决时，如果被请求的缔约一方的法院对于相同当事人之间就同一标的和同一事实的案件已经先于提出请求的缔约方法院受理并正在审理之中，则被请求国可以拒绝承认和执行对方的请求；[45]但香港和澳门仅是“参照”涉外，粤港澳本属同一主权国家，且内地与香港和澳门已有关于判决的认可和执行安排。因此，在此情形下，不但对于粤港澳三地可以认可和执行的判决项下的纠纷管辖可适用先受理法院规则，即使对于香港执行安排未涉及的协议管辖外的相关纠纷的诉讼也可通过安排模式引入海牙公约草案确定的承认预期理论机制，即对所有纳入安排调整的案件均引入先受理法院机制。三是明确相同当事人就同一诉因在粤港澳三地中两地或三地同时提起诉讼时，由先受理的法院行使管辖权，后受理法院应该依职权中止诉讼，直到先受理法院的管辖权已经确立。如果先受理法院确立了管辖权，则后受理法院应放弃管辖权。如果先受理法院不行使对案件的管辖权或者先受理法院的判决得不到后受理法院的承认和执行，则后受理法院应恢复对案件的审理。[46]四是明确法院的受理条件。下列情形可认定为某法院已经受理：（1）对于内地和澳门法院，以起诉状或者其他同等文书呈送（含邮寄等）到法院之时视为受理；（2）对于香港法院，在文书送达给被告时或者文书呈送给负责送达的机构时视为受理。

（四）引入不方便法院规则

不方便法院规则作为先受理法院规则的例外，用于解决除专属管辖权和排他性协议管辖权之外的其他管辖权冲突。内地最先适用不方便法院的案件应为1993年的东鹏贸易公司诉东亚银行信用证纠纷一案，[47]2015年《最高人民法院关于适用〈中华人民共和国民事诉讼法〉的解释》第五百三十二条明确规定了

---

45 参见司法部司法协助局编：《中外司法协助条约规则概览》，法律出版社1998年版，第193页。

46 张淑钿：《中国内地与香港国际民商事案件管辖权冲突问题研究》，载《华东政法学院2007年博士学位论文》。

47 （1995）粤法经二监字第3号。

不方便法院规则适用的六个条件，该规定与国际通行做法基本保持一致。在涉及粤港澳三地不方便法院规则时，笔者建议注意把握以下几点：一是不方便法院以受诉法院享有合法的管辖权为前提，在适用该规则之时，应首先确定受诉法院是否享有合法管辖权。二是受诉法院是专属管辖法院或排他性协议法院的，不能以不方便法院为由拒绝审理案件。三是被告若已应诉并在法定期间内未提出异议且参加案件实质问题诉讼，如果再次提出申请，受诉法院享有不予审查被告申请的权利，但亦可根据实际情况决定是否继续审理案件。四是在未决诉讼中如果先受理法院属于不方便法院，而后受理法院显然更适于解决争议的，则不适用先受理法院机制，而适用不方便法院机制。五是受诉法院审理案件“存在重大困难”而其他有管辖权法院审理案件“更加方便”的考量因素：（1）原告选择到受诉法院起诉的理由；（2）被告到该法院应诉是否方便；（3）案件争议行为或交易的发生地位于何处；（4）证人、证据所在地以及获取相关证据的程序、时间和费用；（5）可否完成对所有当事人的送达；（6）受诉法院是否熟悉或者是否能够及时查明应适用的准据法；（7）判决被承认或执行的可能性；（8）公共政策；（9）判决可否执行；（10）语言交流是否方便；等等。[48]

---

48 关于《最高人民法院关于适用〈中华人民共和国民事诉讼法〉的解释》第五百三十三条第六项的“更加方便”，司法实践中有不同理解。天卓国际发展有限公司诉盈发创建有限公司借款合同纠纷案［一审：（2015）一中民五初字第 112 号，二审：（2016）津高民终 45 号］中，一审法院认为借款行为的实施地亦在中国香港特别行政区，香港特别行政区法院审理该案件更加方便。据此，裁定驳回原告起诉。而二审法院认为，从该案的证据的取得、证人出庭作证、准据法的查明及审理中使用的语言等方面考量，该案的情形尚不足以构成内地法院重大、明显的不方便管辖因素，案件在认定事实和适用法律方面并不存在重大困难。在中国信托商业银行股份有限公司诉刘念汉、陈滢妃保证合同纠纷案［一审：（2016）粤 0391 民初 852 号，二审：（2017）粤 03 民辖终 86 号］中，虽然该案存在主要争议事实发生在香港特别行政区、双方约定争议解决适用香港特别行政区法律等香港法院便于审理案件的条件，但深圳两级法院认为，从诉讼动机与目的来看，原告选择深圳市法院起诉，核心因素是被告可执行唯一标的物在深圳。因此，法院在适用不方便法院原则时，特别顾及了原告就实体问题的决定获得承认与执行的可能性，除非被告证实其在该替代法院或在该法院决定可以得到执行的另一国家或地区有足够的财产。但本案中被告仅提出在我国台湾地区涉讼，并未提出令人信服的证据，证明原告恶意选择管辖法院、滥用诉讼权利，也未证明其在本案被查封的财产之外有可供执行的其他财产，或证实若原告选择香港特别行政区法院管辖，其胜诉判决同样可以予以执行。因此，一审法院如适用不方便法院规则，则该案原告对被告进行的财产保全便失去了法律依据而被解除，将对原告利益有损，且因涉案合同约定的是香港特别行政区法院“非专属管辖”，不符合香港执行安排的条件，即使原告在香港胜诉，其判决亦不能在内地得到认可和执行。故综合利益衡量，深圳两级法院驳回了被告在该案中提出的深圳法院为不方便法院的管辖权异议。从该两起案件中亦可看出，在以判决为实质导向的情形下，如果安排模式不能很好解决管辖权冲突与判决认可和执行的问题，粤港澳大湾区内三法域法律冲突仍将频繁发生。

（五）充分发挥历史与现实优势，赋权广东省先行先试

涉港澳的司法事务涉及国家事权，中央在此方面权力相对集中，粤港澳大湾区在司法合作领域面临着地方的司法事权与中央的司法合作审批权之间分离、个案协商方式受限、跨境交流不对等一系列程序性难题，不利于发挥广东省在实践和理论上的优势。[49]随着粤港澳大湾区建设的不断深入，粤港澳互涉案件量逐年增多，基于广东省与香港和澳门的历史与现实关系，建议中央先行赋权广东省，在中央的统一指导下，成立粤港澳大湾区司法合作联席会议。司法合作联席会议成员应包括法官以及立法和司法行政人员，并可单独成立法官专门委员会。该委员会主要职能应是粤港澳三地共同营造大湾区良好法治环境，研讨内容可包括对内地与港澳相关安排的执行情况及其他合作事项的反馈与交流，彼此关涉的个案或类案所涉及司法管辖权以及法律适用的理解，民商事以及刑事管辖权冲突规则的确定与统一理解，甚至还可以探讨在商事案件审判中由粤港澳三地联合组成合议庭等创新性事宜[50]。联席会议或专门委员会采取定期（比如每季度或者每半年）与不定期并行，以利增进彼此了解，求取最大公约数。联席会议达成的成果可以备忘录或合作协议方式呈现。经内地与香港和澳门的相关法律程序先期转化为适用于粤港澳大湾区的共同特别规则，并可在实践良好的基础上，转化为内地与香港、澳门之间的直接安排，形成粤港澳三地民商事管辖权规范共商共建共治的良好局面。待时机成熟时，前述阶段性成果以及共同规则可以转化为统一区际冲突法。

结语

民商事管辖权问题是区际法律冲突中的基础性问题，区际管辖权冲突如能妥善解决，将会减轻区际民事诉讼程序其他问题解决的难度。基于“一国两制三法域”的特殊国情，粤港澳大湾区民商事管辖权冲突与旧金山、纽约、东京三大湾区呈现出不同的样态，更加复杂。当下虽然不具备制定统一区际冲突法或实体法的条件，但仍可充分利用《规划纲要》发布实施之机，赋权广东省，不断拓展合作协商平台，争取在管辖权冲突的规则确定、语词释义等层面尽快达成一致性理解，以促进尽快就民商事管辖权冲突达成直接安排，尽量消解不

---

49 民盟广东省委会提案：《关于促进粤港澳大湾区司法合作平台建设的提案（第20180051号）》，载广东政协网政协会议，http：//www.gdszx.gov.cn/zxhy/qthy/2018/wyta/201801/t20180122_475577.htm，最后访问于2019年2月10日。

50 迪拜国际金融中心法院和新加坡国际商事法庭均通过修法引入了外籍法官。

同法治理念、价值取向、法律制度影响下的管辖权冲突，减少粤港澳大湾区司法资源的浪费，避免产生相冲突的司法裁判，维护三地司法的公信力，促进粤港澳大湾区法治软环境整体提升，为制定统一区际冲突法积累经验，为国际社会处理同一主权国家不同法域的法律冲突和多种社会制度共同繁荣发展提供中国解决方案，贡献中国智慧。

航运企业破产引发的留置权纠纷裁判规则

谭学文*

【内容提要】 近年来，航运公司破产事件引发了一系列留置权纠纷案件。此类案件的审理需要综合运用海事海商、物权合同和公司破产等法律制度，妥善平衡留置权人、债务人及留置物所有人之间的权利义务关系。在司法实践中，需要进一步明确航运企业债权人取得留置权的基本规则，尤其是在留置非债务人所有财产的情形下，以《物权法》第二百三十条、第二百三十一条作为相应法律依据。留置权人在航运企业破产程序中，应当谨慎行使留置权的第一次效力与第二次效力，将留置权担保的债权以别除权的形式在破产程序中受偿，遵循留置权的受偿顺序规则，并运用利益衡量方法综合平衡相关利益主体的权益。留置物所有人亦享有提起非法留置相关诉讼的诉权以及对债务人的违约损害赔偿请求权，并就该债权在破产程序中申报和受偿。

【关键词】 航运企业破产　留置权　别除权　利益衡量

2016年8月以来，韩进海运破产事件引发了全球范围内的扣船与诉讼风暴，备受世界瞩目。在向法院申请扣押船舶或提起诉讼的同时，港口经营人、非经营性船东、船厂等相关方纷纷实施“自救”，通过留置船舶、集装箱及船载货物作为债的担保。例如，由于担心韩进海运无法支付港口作业费用，一些港口经营人要求货主在交纳押金或保证金之后方可提货，引起了货主的强烈反对。[1] 留置物的所有权人或合法占有人往往会事后提起非法留置的相关诉讼，主张实施留置的主体侵害其物权。本文以航运企业破产引发的留置权纠纷为视角，探讨

---

* 谭学文——广州海事法院海事庭法官助理。

1 张文广：《如何应对韩进海运破产保护的冲击》，载《中国海事》2016年第10期。

债权人取得留置权的基本规则、留置权人在破产程序中的权利行使规则以及留置物所有人的权利救济途径，以求妥善化解留置权纠纷，平衡保护利益相关方的合法权利，维护航运市场秩序和社会繁荣稳定。

一、航运企业破产引发的留置权纠纷的基本要素

在航运企业破产引发的留置权纠纷中，涉及三个基本要素，即留置物、留置权人（债权人）、他人（留置物所有权人或合法占有人）。

1. 留置物。依照《物权法》第二百三十条的规定，留置物一般为动产。在海事审判领域，主要为船舶、集装箱和船载货物。船舶作为特殊动产，在其之上的留置权可能成立《海商法》第二十五条所规定的船舶留置权，亦可能成立仅以船舶作为留置物但法律适用无特殊的普通留置权。集装箱和船载货物之上成立普通留置权，并无法律适用上的特殊性。

2. 留置权人。就船舶留置权而言，《海商法》第二十五条第二款将其作为造船人、修船人所享有的专属权利。以船舶为客体的留置权，还包括《海商法》第一百六十一条[2]规定的承托方对被拖物（船舶）的留置权和《海商法》第一百八十八条第三款[3]规定的救助方对获救船舶的留置权[4]，但上述留置权并不适用《海商法》第二十五条规定的特殊顺位规则，因而应归入普通留置权的范畴。以船载货物作为客体的留置权，包括《海商法》所规定的海上货物运输合同下承运人对承运货物的留置权、定期租船合同下出租人对货物的留置权及依据我国《物权法》《合同法》等成立的普通留置权（如打捞人对沉船沉物的留置权、港口经营人对集装箱货物的留置权等）。在航运企业破产引发的留置权案件中，留置权人通常为破产企业的债权人。

3. 他人。在留置权纠纷中，债务人一般不会提起诉讼，而留置物所有权人（如货主、集装箱租赁公司、非经营性船东）作为真实的物权人多会提出异议，

---

2 《海商法》第一百六十一条："被拖方未按照约定支付拖航费和其他合理费用的，承托方对被拖物有留置权。"

3 《海商法》第一百八十八条第三款："在未根据救助人的要求对获救的船舶或者其他财产提供满意的担保以前，未经救助方同意，不得将获救的船舶和其他财产从救助作业完成后最初到达的港口或者地点移走。"

4 有观点认为救助方有权留置被救助方的财产，且在纯救助的情况下，可成立无因管理之债的船舶留置权。参见许俊强：《船舶留置权若干法律问题研究》，载司玉琢主编：《中国海商法年刊》（1999年第10卷），大连海事大学出版社1999年版。亦有学者认为海难救助的救助人对救助款项享有船舶优先权，优先于船舶留置权担保的债权，甚至可能优先于其他船舶优先权担保的海事请求，没有必要将救助人对获救船舶的控制权归类到以船舶为客体的留置权。参见李海著：《船舶物权之研究》，法律出版社2002年版，第217页。

主张返还留置物或请求损害赔偿。留置物的合法占有人如货代企业亦可能依据《物权法》第二百四十五条关于占有保护的规定请求无权占有人返还留置物。

二、航运企业债权人取得留置权的基本规则

在航运企业破产引发的留置权纠纷中，核心问题是留置权的取得是否具有合法性与正当性。船舶留置权与普通留置权在权利主体、适用法律、受偿顺序等方面存在不同，其留置权的取得规则也应分别阐述。

（一）船舶留置权的取得

由于《海商法》并未规定船舶留置权的取得要件，有学者认为船舶留置权的取得需要满足造船人或修船人占有船舶、占有船舶的依据是造船合同或修船合同、占有的船舶须为“合同另一方”交付的船舶、债权与所留置的船舶有牵连关系（或基于同一法律关系产生）、造船费用或修船费用已届清偿期等积极要件及当事人之间没有不得留置的约定等消极要件。[5]在海事司法实践中，通常认为造船、修船合同属于承揽合同，船厂作为承揽人，可以享有对在建或在修船舶的留置权。在建船舶已满足“已安放龙骨或处于相类似建造阶段”，其作为一种独立物，可成为船舶留置权的客体。在安放龙骨之前，船厂所占有的材料、机器、设备等以集合物的形式存在，除当事人另有约定外，委托建造人未向船厂支付报酬或者材料费等价款的，船厂可依据《合同法》第二百六十四条的规定对完成的工作成果行使留置权。

值得注意的是在建船舶的所有权归属关系到船舶留置权的行使是否恰当。在一般情形下，船厂在完成船舶建造时，基于建造这一事实行为原始取得船舶所有权，委托建造人在船舶交付后取得船舶所有权。因此，在无相反约定的情况下，船厂在交付船舶之前，其享有船舶的所有权，此时并不存在船舶留置权的取得与行使问题。若该船舶被航运企业的债权人所扣押，在航运企业的破产程序中船厂还享有取回权，该船舶不属于破产财产的范畴。但是，如果船厂与委托建造人在合同中对在建船舶的归属另有约定（尤其是约定分期付款到一定数额或比率时，船舶所有权发生转移），应当尊重当事人的约定。因为依照《民法通则》第七十二条第二款以及参照适用《合同法》第一百三十三条的规定，当事人可以约定在一定条件成就时即完成船舶所有权的转让，以突破“动产物权变动自交付时发生转移”这一基本规则。在合同约定的所有权转移条件成就但船舶还未现实交付时，委托建造人拖欠造船款的，船厂可以行使船舶留置权。

5　司玉琢著：《海商法专论》，中国人民大学出版社2010年版，第43页。

（二）普通留置权的取得

如前所述，普通留置权的客体可能是船舶、集装箱及船载货物。普通留置权的取得多适用《物权法》《担保法》《合同法》《民法通则》及其司法解释等法律规定。在航运公司破产引发的留置权纠纷中，争议较大的问题是承运人、港口经营人、无船承运人、非经营性船东如光租或融资租赁合同下的出租人能否留置船载货物。

《物权法》第二百三十条中的“债务人的动产”是否包括其合法占有的动产？承运人能否对非托运人所有的货物行使留置权？港口经营人能否对集装箱货物行使留置权？长期以来，这些问题一直困扰着海事司法界。1994 年 4 月，最高人民法院在广州召开全国海事法院研究室主任会议。该会议指出，根据《海商法》第八十七条的规定，承运人能够留置的只能是直接债务人所有的财产，不能向法院申请扣押第三人的货物。[6] 1995 年颁布实施的《担保法》第八十二条将留置权的客体表述为“债务人的动产”。1999 年通过的《合同法》第三百一十五条又规定：如果托运人没有按合同约定向承运人支付有关运费、保管费以及其他运输费用的，承运人可以对相应的运输货物进行留置。2001 年 7 月发布的《全国海事法院院长座谈会纪要》对这个问题统一了认识：在沿海内河的货物运输中，托运人不支付运费、保管费或者其他运输费用的，承运人可以留置相应的运输货物；但在国际港口之间的海上货物运输中，按照《海商法》的有关规定，在合理的限度内承运人可以留置债务人所有的货物。但 2007 年颁布的《物权法》又令人对这一问题的认识更加模糊了。《物权法》第二百三十条规定：“债务人不履行到期债务，债权人可以留置已经合法占有的债务人的动产，并有权就该动产优先受偿。前款规定的债权人为留置权人，占有的动产为留置财产。”该条中的“债务人的动产”是否包括债务人合法占有的动产，司法实践中存在不同意见。为统一意见，最高人民法院民四庭于 2010 年就这一问题作出批复[7]，批复认为《物权法》第二百三十条第一款规定的“债务人的动产”包括债务人合法占有的动产。

债权人留置第三人所有货物的法律依据在哪儿？除了《物权法》第二百三十条，何者得为裁判依据？司法实践中，有观点认为：集装箱货物在货物所有权与占有状态相分离的情形下，他人依据动产占有事实推定其所有权状态而产

---

6 陈敬根、刘忠：《有关海上承运人货物留置权的三次大辩论及其反思》，载《2007 年海商法国际研讨会论文集》，第 23 页。

7 参见最高人民法院（2010）民四他字第 10 号批复。

生的合理信赖，应受法律保护。第三人依照《物权法》第一百零六条的规定，可以善意取得处于承运人掌控下的集装箱货物的留置权。[8]这是因为动产物权以占有作为权利享有的公示方式，依据港口作业的行业惯例及交易习惯，港口经营人并不负有审查集装箱内货物所有权真实状态的义务。《物权法》第一百零六条虽规定了善意取得的三个构成要件，但是内容仍较为笼统，难以指导司法实践。

2016 年颁布施行的《最高人民法院关于适用〈中华人民共和国物权法〉若干问题的解释（一）》（以下简称《物权法司法解释》）对善意取得的主客观要件等作了详细规定，进一步明确了善意的认定标准及判断时点、合理价格的认定、适用善意取得的例外情况等司法裁量基准。就港口经营人而言，其作为航运市场上的交易主体，对集装箱内货物占有与所有相分离的状况应有一定程度的认知。因为集装箱班轮运输的承运人所承运的货物多不是其所有的货物，此系航运市场上的一般情况与交易模式。在此背景下，认为港口经营人满足留置权善意取得的“不知无处分权且无重大过失”、以合理价格受让等要件显得较为牵强。此时，能否直接适用《担保法》第八十二条和《最高人民法院关于适用〈中华人民共和国担保法〉若干问题的解释》（以下简称《担保法司法解释》）第一百零八条[9]？答案是否定的。因为依照《物权法》第一百七十八条的规定，《担保法》与《物权法》规定不一致的，适用《物权法》。在《物权法》及其司法解释对留置权的善意取得有相应规定时，不宜直接适用《担保法》及《担保法司法解释》的相关规定。

在检索《物权法》关于留置权的全部条文后，就会发现该法第二百三十一条关于商事留置权的规定能较好地解释港口经营人取得集装箱货物留置权的法律依据。商事留置权是商事主体在双方商事行为的场合下，债权人为实现其债权，留置债务人所有物或有价证券的权利。[10]《物权法》要求留置权的取得需满足动产与债权属于同一法律关系这一基本条件。传统民法理论认为民事留置权的行使需要债权人占有的动产与债权的发生存在牵连关系。“牵连关系”的含义较“同一法律关系”要广，包括债权因该动产本身而生（包括对动产所生的费用偿还请求权和损害赔偿请求权）、债权与该动产的返还义务基于同一法律关系

8　参见广东省高级人民法院（2016）粤民终 316 号民事判决书。

9　《最高人民法院关于适用〈中华人民共和国担保法〉若干问题的解释》第一百零八条：“债权人合法占有债务人交付的动产时，不知债务人无处分该动产的权利，债权人可以按照《担保法》第八十二条的规定行使留置权。”

10　最高人民法院物权法研究小组编著：《〈中华人民共和国物权法〉条文理解与适用》，人民法院出版社 2007 年版，第 678 页。

而生、债权与该动产的返还义务基于同一事实关系而生三种情形。[11]商事留置权的行使不需要满足“同一法律关系”要件，但是否需要其与债权人占有的动产有关联呢？法律对此并无明文规定，实务中对商事留置权的取得要件把握得很宽松，基本上不受限制。这主要是因为企业相互间的交易频繁，如果必须证明每次交易所发生的债权与所占有的标的物属于同一法律关系，不仅烦琐，而且有时是很困难的，从加强商业信用、确保交易便捷和安全的立场出发，在企业之间的留置权领域，适当放宽些要求具有积极意义。[12]

因此，在债权人留置第三人所有的货物的情形下，该债权人取得留置权的法律依据是《物权法》第二百三十一条所规定的商事留置。作为一个不完全法条[13]，该条文不能单独适用，而应与《物权法》第二百三十条一起作为认定债权人取得债务人合法占有的第三人财产的法律依据。承运人或港口经营人在非法留置货物的损害赔偿诉讼中，也应将《物权法》第二百三十条及第二百三十一条一起作为其抗辩权基础规范。

三、留置权人在航运企业破产程序中的行使规则

航运企业破产案件除涉及《企业破产法》《公司法》等商事法律制度外，还涉及较为复杂特殊的海事法律制度及海事诉讼特别程序。海上运输的风险性、船舶的流动性、海事诉讼的涉外性等特点，使海事法律与破产法律之间的冲突难以避免。而两者之间价值倾向的差异（前者侧重保护特定海事请求权人和船舶物权人的合法权益，后者侧重保障所有破产债权人都能通过破产程序获得公平清偿）成为跨境海事破产案件中海事程序与破产程序之间冲突产生的根源之一。[14]目前，学界普遍关注到船舶优先权、船舶扣押、海事赔偿责任限制等制度与破产法律制度之间的差异。其实，在航运企业破产引发的留置权纠纷中，留置权的实现与破产程序之间也存在千丝万缕的联系。一方面，海事案件专门管辖与破产案件集中管辖之间存在矛盾冲突；另一方面，《海商法》中的船舶留置权与普通留置权的实现路径、受偿顺位与法益考量不尽相同，这导致如何协调两者之间的关系及其与优先权、别除权和破产债权之间的关系等问题，也值

11 梁慧星、陈华彬著：《物权法》，法律出版社2007年版，第373页。

12 崔建远著：《物权法》，中国人民大学出版社2014年版，第590页。

13 不完全法条是指只有与其他法条相结合，才能创设法效果的法条，包括说明性法条、限制性法条、指示参照性法条、法定拟制等。参见［德］卡尔·拉伦茨著：《法学方法论》，陈爱娥译，商务印书馆2003年版，第137~144页。

14 勾阳阳：《跨境海事破产案件中的管辖权冲突及对策研究》，载《大连海事大学2016年硕士学位论文》。

得深入研究。

（一）留置权的第一次效力与海事诉讼保全

留置权的第一次效力，是指留置权人留置与被担保债权属于同一法律关系中的他人动产的效力，该效力以债务人不履行到期债务致使被担保债权未获清偿为发生条件。[15] 第一次效力的本质是留置权人在其债权到期未受清偿前有继续占有留置物的权利。该权利可对抗留置物所有人的物权返还请求权，亦可对抗一般债务人的占有返还请求权。但留置权人一般并不享有使用、收益和处分留置物的权利。[16]

实现船舶留置权的第一次效力，造船人、修船人可自行留置船舶，通常不向法院申请扣押船舶。因为船厂一般具有相应的船坞或泊位供船舶停靠，且有技术人员能够负责船舶看管，自行留置船舶较为可行。但在有些情况下，船厂若缺乏足够的看管人员、不愿垫付看管费用或者担心船舶被其他债权人扣押等，也可能申请法院对船舶先行扣押。在一段时间里，船舶扣押后船舶留置权是否消灭属于《海商法》学界研究和谈论的疑难问题。[17] 依据《最高人民法院关于人民法院执行工作若干问题的规定（试行）》第四十条规定，执行程序中，担保物权的优先受偿效力不因法院的查封、扣押措施而消灭。2015 年颁布施行的《最高人民法院关于适用〈中华人民共和国民事诉讼法〉的解释》（以下简称《民诉法解释》）第一百五十四条第二款规定："查封、扣押、冻结担保物权人占有的担保财产，一般由担保物权人保管；由人民法院保管的，质权、留置权不因采取保全措施而消灭。"第一百五十七条规定："人民法院对抵押物、质押物、留置物可以采取财产保全措施，但不影响抵押权人、质权人、留置权人的优先受偿权。"《民诉法解释》既规定了保全程序中留置权人仍享有优先受偿权，又明确指出留置权不因保全措施而消灭，可以进一步打消留置权人的疑虑，通过放弃自行留置动产，而转由申请法院采取相应的保全措施。就实现普通留置权的第一次效力而言，留置权人留置集装箱及船载货物的情形也多存在于港口经营人、承运人等有条件保管留置物的主体。针对鲜活易腐等不易保管的动产，

15　崔建远著：《物权法》，中国人民大学出版社 2014 年版，第 596 页。

16　留置权人仍享有收取留置物所生孳息的权利，但不归其所有。留置权人亦享有留置物保管上的必要使用权，如偶尔运转船舶主机防止生锈，但不得超过保管的必要使用范围。参见梁慧星、陈华彬著：《物权法》，法律出版社 2007 年版，第 377 页。

17　参见许俊强：《船舶留置权若干法律问题研究》，载司玉琢主编：《中国海商法年刊》（1999 年第 10 卷），大连海事大学出版社 1999 年版。孙光：《船舶扣押后的船舶留置权》，载《中国海商法年刊》2009 年第 4 期。

留置权人应立即折价、拍卖、变卖该动产以实现留置权的第二次效力。除此之外，留置权人亦可向人民法院申请保全留置物，以避免自行保管留置物的风险。

在破产程序中，留置权的第一次效力是否受到限制?《企业破产法》第七十五条规定，重整期间，对债务人的特定财产享有的担保权暂停行使；但是，担保物有损坏或者价值明显减少的可能，足以危害担保权人权利的，担保权人可以向人民法院请求恢复行使担保权。在破产清算程序和和解程序中因为法律没有作限制性的规定，所以原则上不停止担保权行使。依据《企业破产法》，似乎在企业重整期间，留置权人原则上不得行使留置权。但有观点认为，对留置权而言，移转担保物的占有，将其返还债务人占有将会使担保权的优先权、担保效力等丧失，原则上不能够停止对担保物权利的行使。[18]因为针对留置物而言，债务人已经移转占有，经济上无法使用，如果强行恢复占有，既不利于债务人财产的增值，又必然会造成对留置权人权利的损害。因此，就留置权人继续占有留置物而言，其第一次效力一般是不受破产程序的限制的。

但如果留置权人放弃对留置物的继续占有，转而向法院申请海事诉讼保全的话，其将面临海事诉讼保全与破产程序之间的衔接问题。在海事司法中，一个突出的问题是船舶在扣押中通常会持续产生大量费用（如停泊费、燃油费、人员工资、委托第三方看管费用等），海事法院在解除扣押前能否先行结算该保管费用?宁波海事法院有相应案例认为，该看管费用符合《最高人民法院关于扣押与拍卖船舶适用法律若干问题的规定》（以下简称《扣押与拍卖船舶司法解释》）第七条的规定，应由船舶所有人承担；该费用系国家司法机关以国家强制力管理、处置被执行人财产而产生的费用，并非普通债权，而属于《企业破产法》第四十三条规定的共益债务范畴，应由债务人财产随时清偿。[19]这一做法较好地衔接了海事诉讼程序与破产程序，可以作为经验推广。根据《企业破产法》第十九条的规定，人民法院受理破产申请后，有关债务人财产的保全措施应当解除，执行程序应当中止。根据最高人民法院关于海事法院管辖和受案范围的两个司法解释，航运企业破产案件不属于海事法院的受案范围。此类案件由原则上由地方法院的破产庭集中管辖，但亦可报请指定管辖。[20]依据《最高

18　王欣新：《企业重整中担保物权的行使与保障》，载 http：//mp. weixin. qq. com/s/BIuSAd-FLOXAnUhnljT6AGg，最后访问于2017年5月30日。该文系作者在2016年11月20日召开的第一届西南《企业破产法》论坛上的主题演讲。

19　参见吴胜顺、丁灵敏：《周红斌与钦州市桂钦海运集团有限公司船员劳务合同纠纷执行案》，载《海事司法论坛》2016年第3期。

20　参见《最高人民法院关于适用〈中华人民共和国企业破产法〉若干问题的规定（二）》第四十七条。

人民法院关于适用〈中华人民共和国海事诉讼特别程序法〉若干问题的解释》第十五条[21]的规定，破产程序中的船舶扣押也应委托海事法院执行。除船舶外的动产、集装箱及船载货物的扣押，破产法院可自行执行。在破产受理后，留置权人可向破产法院申请司法扣押集装箱及船载货物。

（二）留置权的第二次效力与实现担保物权特别程序

所谓留置权的第二次效力，是指自留置效力发生后的一定期间届满债务人仍不履行其债务致使被担保债权未获清偿时，留置权人可将留置物折价或变价并使其债权优先受偿的效力。[22]留置权的实行需要具备一定的时间条件：若留置权人与债务人已约定了债务履行期限，该期限届满，债务人仍不履行债务的，留置权人可以与债务人协议以留置物折价，也可以就拍卖、变卖留置物所得价款优先受偿；留置权人和债务人没有约定债务履行期限或者约定不明确的，债务人拥有自留置效力发生之日起算两个月以上的履行宽限期；若被留置的动产是鲜活易腐等不易保管之物，留置权人可不受前述约定期间及两个月期间的限制。留置权的行使必须满足债务已届清偿期要件，债务履行期限未届满，留置权人不得行使留置权，但可依据法律规定，行使同时履行抗辩权、不安抗辩权等权利。在航运企业破产引发的连锁反应中，部分码头和服务提供商拒绝韩进海运的船舶进港作业，便是行使抗辩权的体现。

实现留置权的第二次效力，通常需依赖司法程序。就船舶留置权而言，由于海事诉讼中存在船舶优先权催告程序等特殊制度，而船舶优先权又属于法定优先权，其优先于船舶留置权受偿，因此船舶留置权的实现应由法院通过司法拍卖船舶的方式来实现，以避免损害船舶优先权人的利益。因而，要实现被留置船舶的变价，应该有法院的介入，用法院拍卖船舶的方式来实现被留置船舶的变价。[23]实践中，留置权人可申请法院依照《海事诉讼特别程序法》及《扣押与拍卖船舶司法解释》司法拍卖船舶。

就普通留置权而言，实现第二次效力，可运用《民事诉讼法》规定的实现担保物权案件的特别程序。该程序为《民事诉讼法》于2012年修改时增加的内容，本质上是一种非诉程序。留置权人可向留置物所在地法院提出申请。依据《民诉法解释》第三百六十三条的规定，海事法院亦可受理实现担保物权案件。

21　该解释第十五条：“除海事法院及其上级人民法院外，地方人民法院对当事人提出的船舶保全申请应不予受理；地方人民法院为执行生效法律文书需要扣押和拍卖船舶的，应当委托船籍港所在地或者船舶所在地的海事法院执行。”

22　崔建远著：《物权法》，中国人民大学出版社2014年版，第596页。

23　司玉琢著：《海商法专论》，中国人民大学出版社2010年版，第54页。

该司法解释第三百六十一条至第三百七十三条详细规定了实现担保物权案件的具体规定。

破产受理前船舶的扣押与拍卖适用海事诉讼特别程序固然无争议。破产受理前船舶已被扣押但未被拍卖的，依据前述宁波海事法院的做法，在船舶未解除扣押前，仍适用《海事诉讼特别程序法》第二十九条的规定，船舶扣押期满，未提供担保，且不宜继续扣押的，申请人可以申请拍卖船舶；船舶拍卖后，优先清偿船舶保管费用，其余款项移交破产管理人或破产法院。[24]破产受理后船舶的拍卖，破产法院可委托海事法院进行。而集装箱及船载货物的变价，在受理破产之前，可由海事法院通过实现担保物权的特别程序进行，受理破产后，由于该类案件并无法律适用和管辖上的特殊性，可由破产法院纳入破产财产，统一处置，留置权人相应向破产管理人或破产法院申报债权。

（三）留置权的效力范围与别除权之行使

依据《物权法》第一百七十三条，留置权的担保范围包括主债权及其利息、违约金、损害赔偿金、保管留置物和实现留置权的费用。留置权的效力及于留置物的从物、孳息和代位物。在破产程序中，留置权担保的债权属于别除权的范畴，属于广义上的破产债权的组成部分。《企业破产法》第一百零九条规定："对破产人的特定财产享有担保权的权利人，对该特定财产享有优先受偿的权利。"该条中的担保权包括抵押权、质权、留置权三类担保物权及船舶优先权、航空器优先权、建设工程价款优先权等法定特别优先权。在破产申请受理后，依据《企业破产法》第三十条[25]的规定，留置物纳入债务人财产。

《企业破产法》第四十六条第二款规定："附利息的债权自破产申请受理时起停止计息。"该利息是否包括留置权所担保的主债权的利息？一般认为该规定也适用于别除权人，别除权之债权在破产申请后产生的利息在破产程序中是不予清偿的。[26]这是因为别除权人在破产申请受理后具有优先受偿权，其可以及时行使该权利，一般不会造成较大的利息损失。在重整程序中，别除权人在重整中因延期清偿所受损失应得到公平补偿，就包括应定期向别除权人支付的相应利息。这种补偿性支付是法律对别除权人的特别保护。

24　吴胜顺：《浙江省浙商资产管理有限公司诉浙江庄吉船业有限公司等船舶抵押合同纠纷案评析》，载《海事司法论坛》2016年第1期。

25　《企业破产法》第三十条："破产申请受理时属于债务人的全部财产，以及破产申请受理后至破产程序终结前债务人取得的财产，为债务人财产。"

26　王欣新：《破产别除权理论与实务研究》，载《政法论坛（中国政法大学学报）》2007年第1期。

留置权人或别除权人在破产程序中是否需要进行债权申报和提起债权确认诉讼？《企业破产法》第五十六条规定："在人民法院确定的债权申报期限内，债权人未申报债权的，可以在破产财产最后分配前补充申报；但是，此前已进行的分配，不再对其补充分配。为审查和确认补充申报债权的费用，由补充申报人承担。债权人未依照本法规定申报债权的，不得依照本法规定的程序行使权利。"该条文将申报债权的义务归于所有的"债权人"，结合《企业破产法》第四十九条的规定，别除权人亦具有申报债权的义务，且要"书面说明有无财产担保"。否则，将承担"不得依照《企业破产法》规定的程序行使权利"的法律后果，别除权人只能退而寻求《物权法》《担保法》等民事法律制度的救济，但其并非完全丧失受偿的权利。

（四）留置权的受偿顺序与利益衡量

《企业破产法》第一百零九条与第一百一十三条确立了破产债权受偿顺序的基本规则，即"别除权人优先受偿""破产费用及公益债务优先清偿"和"普通债权平等受偿"。在航运企业破产程序中，留置权所担保的债权处于何种受偿顺位？这涉及《企业破产法》与《海商法》相关规定之间的衔接问题，涉及利益衡量方法论的运用。[27]

依据《海商法》第二十五条第一款规定，船舶之上担保物权的受偿顺位为：船舶优先权 > 船舶留置权 > 船舶抵押权。但该条第二款将船舶留置权限缩解释为造船人、修船人的特定权利，由此产生的疑问是其他以船舶为客体的留置权是否当然具有优先于船舶抵押权的受偿顺序？《海商法》本身并无明确的法律依据。《物权法》第二百三十九条规定："同一动产上已设立抵押权或者质权，该动产又被留置的，留置权人优先受偿。"依据该规定，留置权作为法定担保物权，具有优先于意定担保物权的绝对优先地位。有学者从留置权的权利属性、留置权人的注意保管义务、留置权人与抵押权人的利益衡量等角度，认为应将所有以船舶为客体的留置权均置于船舶抵押权之前受偿。[28]该主张值得赞同，有助于厘清船舶留置权与船舶抵押权之间的关系，统一司法适用。而以集装箱、船载货物为客体的留置权并不具有优先于船舶抵押权的优先受偿效力，理由是为了鼓励船舶融资，保证船舶抵押权人的优先受偿地位，不宜在船舶抵押权之

27　利益衡量是指法官在审理案件时综合把握案情实质，结合社会环境、经济状况、价值观念等，对双方当事人的利害关系作比较衡量，作出哪方当事人应受倾斜保护的实质判断。参见梁慧星著：《裁判的方法》，法律出版社 2012 年版，第 261 页。

28　李璐玲：《对〈海商法〉中船舶留置权界定的反思》，载《法学》2009 年第 2 期。

前设置过多的担保物权，从而影响抵押权人的权益。[29]因此，航运企业破产程序中担保物权的受偿顺位一般应为：船舶优先权 > 船舶留置权 > 船舶抵押权 > 以集装箱、船载货物等为客体的留置权 > 一般抵押权 > 质权。

此外，需要运用利益衡量方法解决的是破产航运企业职工债权的受偿顺位问题。在广州海事法院审理的穗粤船务有限公司、广东蓝海海运公司等破产引发的船员工资案件中，职工债权的受偿问题较为突出。《企业破产法》第一百一十三条确立了职工债权在破产财产受偿中的相对优先位置，但该顺位依然劣后于别除权。航运企业的员工有两类：一是船员，其所产生的工资、其他劳动报酬、船员遣返费用和社会保险费用依据《海商法》享有船舶优先权，排在第一位受偿；二是不在船上工作的其他职工，其职工债权后于别除权受偿。然而，航运企业的破产财产在偿付别除权后，尤其是船舶抵押权担保的债权后往往所剩无几，航运企业普通员工的职工债权难以得到有效保护。实践中，法院是通过做金融机构工作，促使其让渡部分利益来解决这一问题的。例如，广州海事法院在穗粤公司员工工资分配案中，积极协调涉案金融机构，首创在法院监督下，由受偿执行财产金融机构主动设立维稳基金的做法，开创了劳动债权受偿工作新思路。在这种情形下，留置权所担保债权的实质受偿顺位也是会受到影响的。

四、留置物所有人的权利救济途径

在航运公司破产引发的留置权纠纷中，留置物所有权人通常是货主或集装箱租赁公司，他们的利益往往会遭受损害。在航运企业有破产之虞或刚刚宣告破产时，货主可以选择行使货物控制权，中途停运、变更到达地或回运货物等实现自力救济。其在货物、集装箱被港口经营人等留置时，往往只能被迫向留置权人交纳押金或保证金才能提货或提箱。此时，留置物所有人的权利如何得到保护亦是应当关注的问题。

1. 提起非法留置诉讼的诉权

货主在交纳押金或保证金提货后，往往事后以港口经营人等非法留置货物为由提起诉讼。留置物所有权人即货主是否有权起诉？诉权是民事主体的宪法性权利，是民事主体启动民事诉讼程序的前提和基础。[30]因而，留置物所有权人有就留置权纠纷诉请法院裁判的权利。《物权法》第三十七条规定：“侵害物权，造成权利人损害的，权利人可以请求损害赔偿，也可以请求承担其他民事

29 司玉琢著：《海商法专论》，中国人民大学出版社2010年版，第52页。

30 江平著：《民事诉讼法学》，北京大学出版社2015年版，第17页。

责任。”货主在货物因被运输合同之外的第三人留置而无法提货、导致其合同权利无法实现之时，其既可凭运输合同向承运人提起违约之诉，也可以物权受到侵害为由对港口经营人等提起侵权之诉。货主以非法留置货物为由、以运输合同之外的港口经营人作为被告提起侵权之诉，其对诉讼权利的行使并未违反法律规定。当然，货主具有诉权并不意味着其当然能胜诉。除上述港口经营人以《物权法》第二百三十一条的规定合法取得货物的商事留置权外，货主关于其受到胁迫、要求退还保证金的主张亦难以得到支持。在我国的司法实践中，对胁迫的认定条件较为严格，货主很难举证证明其受到了司法判断意义上的胁迫。[31]法院一般会认为货主承诺给付保证金的行为是其真实意思表示，进而对该抗辩不予支持。

2. 对债务人的违约损害赔偿请求权

留置物所有人亦可能在执行程序中提出执行异议或提起执行异议之诉，但由于案外人即留置物所有人不能或难以提供对执行标的享有足以排除强制执行的民事权益的相关证据，其异议或请求往往难以得到法院的支持，达不到阻却执行的目的。留置物所有人在货物被留置后，较为可行的救济路径是凭基础法律关系向债务人主张违约。例如，货主依据货物运输合同向承运人、集装箱租赁公司依据租赁合同向班轮运输公司、非经营性船东（如船舶融资租赁企业）依据协议向承运人等主张违约责任。依据《合同法》第一百零七条，守约方可以向违约方主张继续履行、采取补救措施或者赔偿损失等违约责任。结合标的物被第三方留置的实际情况，留置物所有人可以向债务人请求承担赔偿损失、支付违约金等违约责任。

3. 在破产程序中的债权申报与受偿的权利

在标的物被留置，继而被拍卖、变卖或折价时，留置物所有人退而寻求债法保护，可以就留置物的主物、从物及孳息向债务人主张损害赔偿，其对留置物的权利转化成为一般债权。依据《企业破产法》第五十六条的规定，在航运企业的破产程序中，留置物所有人应当就该普通破产债权向破产管理人或破产法院进行申报，并依据《企业破产法》第一百一十三条的规定参与破产财产的分配与受偿。留置物所有人应在破产程序中积极行使上述权利。

31　因受胁迫而实施法律行为，其可撤销性应具备胁迫、因果关系、不法性与故意四项要件。参见朱庆育著：《民法总论》，北京大学出版社 2016 年版，第 284 ~ 287 页。

债权登记及受偿程序法律问题探析

——以广州海事法院案例为视角

林依伊　权　晓*

【内容摘要】债权登记和受偿程序是海事审判中的特有程序，债权登记的目的是让原告能够得到受偿，而受偿程序是通过确权诉讼来体现的。从立法的本意讲，该程序旨在尽快解决与被拍卖船舶有关的或与特定海事事故有关的债务清偿，使债权人的合法权益能尽快实现。虽然这样的程序有助于案件审理周期的缩短并可以实现让债权人尽快得到赔偿的目的，但我国现有的法律法规对这部分内容规定得过于原则化和简单，导致法院在司法实践中产生了操作方面的争议。本文选择了广州海事法院的一些案例进行分析，并就此对相关法律的完善提出一点拙见。

【关键词】债权登记　受偿程序　确权诉讼　裁判规则

一、债权登记的特点

根据《民事案件案由规定》第四百一十条，债权登记完整的案由为申请海事债权登记与受偿，即债权登记为前置条件，通过确权诉讼进行受偿才是该制度的最终目的。该程序借鉴的是破产法中登记债权的原理，突破了我国民事法律中有关特别程序的规定，规范了海事审判中拍卖被扣押船舶清偿债务、分配海事事故赔偿责任限制基金的程序性问题。债权登记案件通常存在涉案金额较大、申请人众多、案件审理周期短、案件类型多样、审理实践缺乏统一标准的

* 林依伊——广州海事法院法官；权晓——广州海事法院法官助理。

特殊问题。[1] 由于其特殊性及立法所存在的滞后性，该程序能否达到让债权人尽快受偿的目的，是不无疑问的。

二、审判实践中问题的提出

（一）申请债权登记的主体问题

《海事诉讼特别程序法》第一百一十一条、第一百一十二条规定，与被拍卖船舶有关的债权人以及与特定场合发生的海事事故有关的债权人都可以成为债权登记的主体。但实践中，“债权人”的定义往往被扩大化，此时申请人能否成为债权登记的主体在司法实践中存在较大的争议。

1. 行政机关应收取的税费能否定义为债权

【案例1】广州海事法院（以下简称本院）拍卖外籍“瓦莱达”轮（VaradaBlessing）后，黄埔老港海关因该轮拖欠船舶吨税，在公告期间向本院申请债权登记吨税7416817.20元债权，并提供了海关船舶进境（港）申报单、船舶吨税执照、吨税税目税率表等三项证据。本院经审查认为，黄埔老港海关虽为行政机关，但法律并没有赋予其强制执行吨税的执法权，被拍卖的船舶拖欠其吨税，黄埔老港海关可作为债权人申请债权登记，因此予以准许。[2]

2. 代为履行义务而取得债权的主体能否申请债权登记

【案例2】本院发布拍卖南京长河公司所属“海航工658”轮的公告后，陈某申请债权登记，称案外人何某与南京长河公司存在买卖合同纠纷，自己替南京长河公司向何某支付了150万元货款后取得相关债权，南京长河公司承诺四个月内向陈某偿还欠款，否则陈某有权第一时间处理该轮。本院认为，陈某已经取得相关债权，并提供了相应的债权证据，其申请符合法律规定，应予准许。[3]

（二）受理债权登记的时间与司法实践存在冲突

《海事诉讼特别程序法》第一百一十一条、第一百一十二条规定，债权人应当在公告期间进行登记，公告期间届满不登记的，视为放弃在本次拍卖船舶价款中受偿的权利或放弃债权。《海事诉讼特别程序法》第二条规定，在中华人民共和国领域内进行海事诉讼，适用《民事诉讼法》和本法，《民事诉讼法》已明确规定七日内应当立案，而船舶的拍卖受航运市场等因素影响，无法在短期

1　2015年，广州海事学院开始着手研究关于债权登记与确权诉讼的要素式审判方式，此为当年调研所总结出来的特点。

2　（2017）粤72民特5号。

3　（2013）广海法登字第28号。

内成交，从而又影响了债权登记的审结。

1. 因刑事案件导致船舶无法拍卖

【案例 3】[4] 本院在发布拍卖“远丰二”轮的公告后，大连晓龙修船公司以该轮拖欠其船舶修理费为由，向本院申请债权登记。本院于 2013 年 4 月 19 日立案。但辽宁省锦州市公安局认为该轮船舶所有人的法定代表人罗某涉嫌合同诈骗罪，该轮作为重要物证应保证其真实性和完整性，公安局依据《刑事诉讼法》第一百三十九条的规定，对该轮予以查封，暂停其权属变更。此情况导致债权登记案件无法按时结案[5]，且该情况并不符合《民事诉讼法》中止审理的情形。最终本院于半年后裁定终结本案的审理，并将申请费退还申请人。[6]

2. 登记时间与受理时间不一致

【案例 4】本院执行局于 2016 年 8 月 22 日发布了拍卖“锦海岳”轮的公告，但由于航运市场低迷及船况欠佳等种种原因，该轮直至一年多以后的 2017 年 12 月 27 日才成功卖出并交付，而债权人根据公告的规定，于 2016 年 9 月 9 日向本院提交了债权登记申请。为防止案件久拖不决，本院采取“预立案”的方式，即先收取材料进行登记，待船舶交付后再立案受理。[7]

（三）债权证据的审查程度问题

《海事诉讼特别程序法》第一百一十四条规定，海事法院应当对债权人的申请进行审查，对提供债权证据的，裁定准予登记；对不提供债权证据的，裁定驳回申请。但相关法律并未规定债权证据的审查应当到什么程度，且各海事法院没有统一标准。

1. 仅有船舶所有权人的证明能否构成充足的债权证据

【案例 5】本院发布拍卖南京长河公司所属“海航工 658”轮的公告后，邓某申请债权登记，称其受南京长河公司雇佣，在该轮上负责管理并干杂活，且提供了南京长河公司出具的证明。但邓某为该公司职员，且非海事局认可的船员，无船员服务簿，其持有的唯一债权证据为南京长河公司的证明，证明其仅在此船工作过。本院认为，从债权登记的立法本意来看，债权登记只是债权人能否得以受偿的一个门槛，对证据进行形式审查即可，其能否得以受偿以及受

---

4 （2013）广海法登字第 24 号。

5 债权登记案件的审限为三十天。

6 《最高人民法院关于扣押与拍卖船舶适用法律若干问题的规定》于 2015 年出台，第十九条规定了海事法院裁定终止拍卖船舶的，应当同时裁定终结债权登记受偿程序，当事人已经缴纳的债权登记申请费予以退还。

7 （2018）粤 72 民特 12 号。

偿的程度还需经过确权诉讼确定，因此予以准许。[8]

在后来的确权诉讼中，本院亦认可邓某对该公司拥有债权，但现有证据不能证明该劳动报酬是基于邓某作为船员在“海航工 658”轮工作提供劳务而产生的海事请求，该债权对“海航工 658”轮不具有船舶优先权。[9]

2. 债权证据不充分对确权诉讼造成的影响

【案例 6】2011 年年底，广东省民营企业的航运巨头——广州市穗粤船务有限公司（以下简称穗粤公司）资不抵债，导致其所属的 27 艘船舶被拍卖，从而引发了数额庞大的债权登记及确权诉讼案件。覃某等船员趁机“浑水摸鱼”，要求该公司在其伪造的考勤表及工资单上盖章。此时穗粤公司已经处于人心涣散、管理混乱的状态，法定代表人罗某存在“破罐子破摔”的心态，未经核实便予以盖章，覃某等人顺利在本院进行了债权登记。[10]

到确权诉讼阶段，合议庭成员采取亲自登轮、隔离询问的方式，了解到覃某等人并非船员，也未在被拍卖船舶工作过，属于虚假诉讼。在本院对虚假诉讼的法律后果进行释明后，覃某等人主动撤回起诉。[11]

（四）债权范围的审查问题

《海事诉讼特别程序法》对债权范围仅规定为“与被拍卖船舶有关”“与特定场合发生的海事事故有关”，如此笼统的规定造成债权登记在适用中的困境，也容易导致确权诉讼超出债权登记的债权范围。

1. 申请登记的债权数额超出生效债权文书认定的范围

【案例 7】本院发布拍卖武汉陆海公司所属“陆海 8”轮的公告后，船员王某申请登记 70500 元债权，并提供了本院（2016）粤 72 民初 851 号判决书作为证据。本院经审查，该判决书对超出 70000 元的工资不予认可。经本院释明，王某坚决不肯变更债权登记数额，因此本院认定其只对 70000 元债权提供了证据，裁定驳回其登记多出的 500 元债权的申请。[12]

2. 申请登记的债权范围过于笼统

【案例 8】在“锦泽”轮与“顺锦隆”轮发生碰撞后，“顺锦隆”轮向本院申请设立海事赔偿责任限制基金，本院发布公告后，“锦泽”轮的船舶所有人及保险人均向本院申请债权登记，两案债权范围均包括船舶损失费用、残骸清除

8 （2013）广海法登字第 27 号。

9 （2014）广海法终字第 11 号。

10 （2012）广海法登字第 109～134 号。

11 （2012）广海法终字第 77～101 号。

12 （2018）粤 72 民特 54 号。

费用、货物责任赔款、油污责任赔款。本院认为，两案的债权范围可能存在重复，会对今后确权诉讼的审理造成隐患，要求申请人变更债权范围。两申请人则解释：该轮的保险人承保的是一切险及1/4碰撞险，保险范围确实包括上述事项。由于“锦泽”轮受损严重，保险赔付后，船舶所有人的损失尚未完全得到赔偿，因此船舶所有人还会就该损失进行债权登记。两申请人还承诺在提起确权诉讼时会相应调整诉讼标的额。本院经审查，认为两申请人的理由充分且证据充足，裁定准予登记。[13]

3. 债权登记时涉及的优先权问题

在实践中，债权登记申请人一并提出享有船舶优先权的做法十分常见，除上述案例5以外，以下案例也较为典型。

【案例9】本院发布拍卖珠海易泰疏浚工程公司所属“粤珠海浚易泰09”“粤珠海浚易泰01”两轮的拍卖公告时，周某等员工申请债权登记，其提交的债权证据为珠海市香洲区劳动人事争议仲裁委员会的调解书，该调解书确认了珠海易泰疏浚工程公司应支付的工资数额。

由于申请人在债权登记时一并提出享有优先权，本院依照《海事诉讼特别程序法》第一百一十五条对债权文书进行确认，但该债权文书只确定了工资数额，并未确认是否存在优先权。因此本院指引其另行提起确认之诉。[14]

三、债权登记与确权诉讼的优化设计

通过对上述案例的考察，我们可以发现债权登记的操作已经在司法实践中引发了不少争议。笔者认为，现行《海事诉讼特别程序法》对债权登记的规定过于简单，造成法律适用方面的困难。现对《海商法》的修订已经提上日程，《海事诉讼特别程序法》及其他与海事相关的司法解释中涉及债权登记与确权诉讼的规定也应进行修改完善，可从以下方面入手。

（一）债权登记的主体应作扩大解释

《海事诉讼特别程序法》只是简单地规定了债权人应申请债权登记，从上文的案例来看，债权登记涉及的主体众多，除了平等民事主体以外，甚至还包括行政机关，而法律条文的字面含义明显狭于立法原意，因此，在受理债权登记案件时，对申请主体应作出比字面含义更为广泛的解释。笔者认为，只要能提供证据证明自己直接享有债权的，均可作为债权登记的申请人。

---

13 （2018）粤72民特55、57号。

14 （2016）粤72民特57、75号。

（二）债权登记的申请时间应作相应修改

1. 申请日期与结案日期存在间距过长的可能性

从上述案例以及司法实践来看，船舶从发布拍卖公告到成功拍卖，受到各种因素影响，时间有可能会拖得很长；同理，设立基金的案件发出公告后，还可能存在一、二审程序，时间也会拖得很长。而船舶是否成功拍卖以及基金是否设立又是债权登记的前提条件，笔者建议，在修改《海事诉讼特别程序法》相关条文时，可参考实践中务实的做法，即暂先收取案件材料，待船舶拍卖或基金设立后再进行立案。若船舶流拍或基金未设立，则法院可指引当事人进行普通诉讼。

2. 申请人于公告期间届满后才申请登记的处理方式

在实践中，某些申请人由于各种原因，于公告期间届满后才向法院申请债权登记，在法院释明后，申请人仍然不肯主动撤回申请材料，且向法院索要裁定书。在现行法律未规定此情形如何处理的情况下，各法院的做法五花八门，有的法院直接以通知书的形式告知申请人，有的法院则作出裁定，有的法院直接不收取材料……也引起申请人的强烈不满。笔者建议，《海事诉讼特别程序法》应对此情况作出规定，且最好以裁定不予受理的方式解决。

（三）债权登记的范围应有严格的限制

1. “与被拍卖船舶有关的债权”范围

从学者、法律工作者的认识来看，理论界对“与被拍卖的船舶有关的债权”的理解不尽相同，但主要包括以下几种：一是与船东有关的一切债权，海事请求和非海事请求一并包括。二是围绕该船舶而产生的债权，如向船舶提供燃油等物料而产生的债权。三是仅指在船舶上设定的负担，如船舶留置权所担保的债权等。究竟哪一种更符合立法原义，需要从以下几个方面进行考虑。

（1）要考虑法院拍卖船舶对扣船及卖船申请人造成的影响[15]

海事法院拍卖船舶，是由扣船申请人为保护其债权，借助保全或执行措施而引起，其直接的目的是保障法院针对该权利所作的判决得以执行。海事债权人一经申请扣船，该船舶即特定化为该案保全或执行措施的标的，具有一定的排斥其他债权受偿的特点。

---

15 李志文：《论海事法院拍卖船舶中的受偿债权》，载司玉琢主编：《海商法年刊》（1999 年第 10 卷），大连海事大学出版社 1999 年版，第 94 页。

（2）要考虑法院拍卖船舶的性质及法律后果

法院拍卖船舶为强制拍卖，它是法院依法行使国家赋予的司法权及强制执行权的行为。因而，法院在进行船舶拍卖活动中并不以船舶所有人的意志为转移，在此基础上形成的法院拍卖船舶的法律后果亦体现了法律的规定性。因船舶不同于其他动产，在船舶上所设定的负担，如船舶优先权具有不登记和秘密性，为保护船舶被拍卖后的买受方的利益，法律赋予买受方以类似原始取得的方式取得该船舶的所有权，从而消灭附着在船舶上的一切负担。由于该船上的负担即船舶优先权、抵押权、留置权在设立时即以该船作为受偿的特定财产，并处于优于其他债权的地位，因此这些因法院强制拍卖船舶而不能随船转移的、以该船为担保的债权应受到相应的保护。

（3）要考虑法院拍卖船舶所涉及的程序不同于破产程序

以上文的拍卖船舶案件为例，大部分情况是申请人申请拍卖船舶时，船公司并未破产，有的甚至在与其他公司谈收购条件，表明其还可以通过生产经营活动取得和积累财产，其他债权人的债权还有机会受偿。因而，法院拍卖船舶时，该船舶仅为特定财产，是为海事债权人的债权而可供执行的财产，不可能是船东所有的债权人均可受偿债权，否则，法律规定的诉讼保全制度将成为虚设。

从上述角度进行分析，“与被拍卖船舶有关的债权”应当理解为因法院强制拍卖而不能继续依附于该被拍卖船舶上的债权，包括但不限于船舶优先权、抵押权和留置权所担保的债权。

2. “与特定场合发生的海事事故有关的债权”范围

关于特定场合发生的海事事故如何界定，相关法律及司法解释并未给出相应范围，从立法本意来看，特定场合首先应指该设立海事赔偿责任限制基金所基于的海事事故发生的空间和时间；其次应指事故的性质；再次应符合《海商法》第二百零七条的责任范围；最后债务人应为对此事故负有赔偿责任的责任人。

（四）债权登记时应重视优先权的审查

尽管拍卖被扣押的船舶及设立海事赔偿责任限制基金均可引发债权登记及确权诉讼，但由于两者立法目的不同，在审判实践中会产生冲突。拍卖被扣押的船舶侧重于对债权人的保护；而设立海事赔偿责任限制基金则侧重于对债务人的保护。基金的设立具有担保债权实现的作用，责任人提交责任限制基金后，所有限制性债权人不得对责任人的船舶实施扣押；船舶已被扣押的，应予释放。而《海商法》第二十八条规定，船舶优先权应当通过法院扣押产生优先权的船舶行使，这就存在矛盾之处，要解决这个矛盾，在债权登记阶段必须审查并指引优先权的提出问题。

首先，从本院立案情况可得知，绝大部分申请人在登记债权时并未提出是否享有优先权，待确权诉讼时才突然提出此问题，给审判人员造成一定困扰。因此，立案人员做债权登记时就应进行审查，如申请人可能享有优先权，则应指引其一并提出。

其次，在审理债权登记案件时，需指引当事人确定债权范围，尤其是确定是否享有优先权，以便保证接下来的确权诉讼及债权人会议的顺利进行。

（五）确权诉讼的审理程序应有特殊的标准

1. 确权诉讼审理时应排除适用自认证据规则

《最高人民法院关于民事诉讼证据的若干规定》第八条规定："诉讼过程中，一方当事人对另一方当事人陈述的案件事实明确表示承认的，另一方当事人无需举证。"这是自认证据原则。这一规定应是针对普通程序而言的，对有可能损害其他人合法权益的事实应排除自认的可能性，而确权诉讼是一个较为特殊的程序，以上述拍卖船舶案件为例，尽管船舶出厂时造价非常高，但由于保管不善、船舶折旧、运力过剩等原因，导致船舶有价无市，拍卖的价格往往比市场价要低很多，导致拍卖款的分配非常有限。如果适用自认证据原则，会为当事人恶意串通进行虚假诉讼提供漏洞，有可能严重损害他人的合法权益，导致拍卖款无法公平分配。

要避免这种情况出现，就必须排除适用自认证据原则，扩大法官的自由裁量权，充分审查证据的真实性与合法性[16]。根据职权调查原则，法院或法官的行为不应受当事人所举证据的法律真实性和自认的拘束，法院可以依职权广泛地调查证据。在确权诉讼的审理当中，法官应该注重直接证据与间接证据相结合，更要强调间接证据对审定债权的重要性。特别是在船舶优先权、船舶留置权、船舶抵押权竞存而船舶拍卖款又不能满足担保物权受偿时，可以发挥调查职权，从第三方获取相关证据来判别真伪；对一些可能通过伪造证据、串通虚构事实而损害船舶留置权和抵押权人利益的案件，如船员劳务报酬确权纠纷案，可以通过船舶向港监呈报的船员名单、船舶签证簿、船员服务簿等证据加以审查。同时，法官在审定债权的过程中，应当依照法定程序，更全面、客观地审核证据，依照法律的规定，运用逻辑推理和日常生活经验，对证据有无证明力

16　张乾成、马晓岚：《〈海诉法〉之确权诉讼的弊端及应对》，载航运信息网业内资讯频道，http://news.csi.com.cn/ec2a0167-49bd-4745-aefc-da74c3ea0de5.html，最后访问于2019年4月8日。

和证明力的大小进行判断。由于确权诉讼程序的特殊性和证据在确权诉讼中的重要性，相对而言，确权诉讼的错案率应偏低，但在审判实践中，确权诉讼认定真实债权的正确率却难以保障。所以，法官在审查海事确权诉讼证据时，需要充分运用合法的推理原则和经验法则，对证据的法律真实性、证据与债权的关系进行分析研究和推理判断，达到足以形成确信的程度，才能作出恰当的裁判。

2. 确权诉讼案件应采用普通程序，加强监督

《民事诉讼法》及相关司法解释中并未强行规定确权诉讼案件的审理程序，在实践中，不少海事法院采取简易程序独任审理，看似提高了效率，但鉴于债权登记提交的证据非常简单，本院也只是形式审查，到了确权诉讼阶段，审判人员往往为了辨别证据的真伪，防止双方之间恶意串通损害第三人的利益，花费大量的时间进行辨认，甚至要进行实地走访，使法律关系简单的案件也难以迅速结案，独任审理不利于法官审查确权诉讼债权的质量。笔者认为，对确权诉讼案件应采用普通程序审理，以起到审限充足及加强监督的作用。

3. 从目前的实践情况来看，确权诉讼不适宜调解

确权诉讼的案件是否适用调解？适用调解的时候会不会损害第三人的利益？这也是实践中需要考虑的问题。《最高人民法院关于人民法院民事调解工作若干问题的规定》第十二条提到：调解协议具有下列情形之一的，人民法院不予确认：（1）侵害国家利益、社会公共利益的；（2）侵害案外人利益的；（3）违背当事人真实意思的；（4）违反法律、行政法规禁止性规定的。《海事诉讼特别程序法》第一百一十六条仅规定了以判决和裁定结案，而未规定调解这种结案方式。根据确权诉讼案件的实际情况，笔者认为确权诉讼不适用调解结案，因为调解结案不符合确权诉讼的目的，民事诉讼中的调解是在当事人自愿协商、互相谅解、自觉让步、达成协议的基础上解决纠纷的，而从海事确权诉讼来看，每艘船舶、每次基金都会有数个债权人进行登记，每个确权诉讼的结果都会对其他众多债权的受偿产生影响，如果允许调解结案可能会对其他债权人利益造成损害。

小结

经过上文的总结，债权登记及受偿制度是海事诉讼特别程序法中特有的制度，要使此制度达到立法者的初衷，除对相关法律予以完善外，还要审判人员考虑其特殊的标准而发挥自由裁量权。这种调整一方面使债权登记的内容更明确，另一方面也更有利于解决司法实践中出现的问题。拟出以上优化设计上的拙见，如能增加若干启迪思想，亦是本文撰写的目的之一。

一船二卖的类型与规制分析

——以司法解释、交付方式为切入点

申　晗*

【内容提要】《最高人民法院关于审理买卖合同纠纷案件适用法律问题的解释》第十条规定了特殊动产的一物二卖发生争议的处理方式，该司法解释确定了三项原则，明确了交付为特殊动产物权发生效力的要件。本文通过对两个买卖行为中船舶交付、转移登记的有无进行排列组合，得出该司法解释能够适用的9种情形。司法解释中规定的受领交付，仅指现实交付。观念交付与现实交付共存的一船二卖类型共有12种，善意取得制度同样可以适用观念交付，在一船二卖中对买受人能否最终取得船舶所有权起到决定性作用。

【关键词】一船二卖　交付生效主义　现实交付　观念交付

引言

一物二卖为民法老生常谈的问题，其牵涉的物权行为理论、物权公示制度、所有权转移制度等历来为学术研究、实践探讨的富矿。一物二卖因物权转让生效方式不同，物的交付、登记先后有别，争议解决亦不尽相同。我国《物权法》以动产和不动产的区分作为其立法的基本方针，船舶、航空器和机动车这类特殊动产，在理论上虽属于动产，但《物权法》第二十四条规定，其物权未经登记，变动不得对抗善意第三人，因此，他们在法律地位上接近不动产[1]。对于该类特殊动产，因其在物权转让生效上不同于一般动产和不动产，法律上经常将

*　申晗——广州海事法院海事行政庭法官助理。

1　梁慧星著：《物权法》，法律出版社2010年版，第47页。

其单独列出、特定规定。一物二卖据此可以分为：动产一物二卖、不动产一物二卖和特殊动产一物二卖。《最高人民法院关于审理买卖合同纠纷案件适用法律问题的解释》（以下简称《买卖合同司法解释》）第十条确立了特殊动产一物二卖的处理方式，海事法院应在一船二卖纠纷中准确理解该规定的精神和原则。

一、买卖合同司法解释下一船二卖的处理

（一）现实交付下一船二卖的情形

我国《物权法》将船舶放入动产交付章节中予以规制，我国主流观点认为，船舶物权变动模式同于一般动产，采用交付说[2]。船舶转移登记仅具有对抗效力，并不影响船舶基于双方的合意与交付发生所有权转移。一船二卖纠纷中从出卖人签订买卖合同时起，影响船舶所有权归属的因素主要有：合同成立有无及时间、船舶交付有无及时间、船舶登记有无及时间。《买卖合同司法解释》第十条规定了在合同均为有效情况下，一船二卖的买受人均要求履行合同的处理方式。出卖人通过依法成立的买卖合同将船舶先后出卖给甲和乙，在对船舶交付和转移登记的有无进行排列组合后，会出现以下情形：

乙 甲	已交付、已登记	已交付、未登记	未交付、已登记	未交付、未登记
已交付、已登记	1	2	3	4
已交付、未登记	5	6	7	8
未交付、已登记	9	10	11	12
未交付、未登记	13	14	15	16

因交付在物权法下存在现实交付和观念交付，观念交付是占有之观念转移，即让与人在转移动产所有权时，并未将物直接交付给受让人，而仅仅是间接转移的占有，但根据法律规定或当事人约定仍能产生交付效力的行为[3]。观念交付又分为简易交付、占有改定、指示交付三种情形。需注意的是，《物权法》第二十三条“动产物权的设立和转让，自交付时发生效力，但法律另有规定的除外”中的交付仅指现实交付，全国人大法工委民法室明确“此处作为船舶所有权变动生效要件的‘交付’应当理解为直接占有的转移，即一方按照法律行为的要

2　李海著：《船舶物权之研究》，法律出版社 2001 年版，第 59 页；胡康生主编：《中华人民共和国物权法释义》，法律出版社 2007 年版，第 69 页；崔建远：《再论动产物权变动的生效要件》，载《法学家》2010 年第 5 期。

3　杨震：《观念交付制度基础理论问题研究》，载《中国法学》2008 年第 6 期。

求，将物的直接占有移转给另一方的事实”[4]。另外，《买卖合同司法解释》第十条并未简单采用“交付”一词，而使用“受领交付”。观念交付是学者进行理论构建的产物，《物权法》第二十五条、第二十六条、第二十七条关于观念交付的规定，在法律用语选择上未有观念交付的定义，亦未将观念交付可以理解为交付，仅是明确物权在法律行为生效时、该约定生效时发生效力，以及负有交付义务的人可以通过转让请求第三人返还原物的权利代替交付。观念交付非真正之交付，乃动产占有在观念上转移[5]。交付词义上仅指现实交付，交付在法律上不能当作观念交付来使用，除非在交付前加上定语观念、指示、简易等。因此，《买卖合同司法解释》下的交付应理解为现实交付。至于观念交付下一船二卖的处理方式会在后文中进行论述。

(二)《买卖合同司法解释》第十条一船二卖纠纷处理原则

前文16种情形，因出卖人不可能分别向甲和乙完成船舶转移登记，所以第一、三、九、十一种情形不可能在现实中发生。此外，出卖人在一船二卖中也不可能向甲和乙均完成现实交付义务，交付只能履行一次，不可能多次交付，所以第二、五、六种情形也能够被排除。因此，出卖人先后将船舶出卖于甲和乙共有9种情形，该9种情形亦是《买卖合同司法解释》第十条的适用情形。

甲＼乙	已交付、已登记	已交付、未登记	未交付、已登记	未交付、未登记
已交付、已登记	×	×	×	A
已交付、未登记	×	×	B	C
未交付、已登记	×	D	×	E
未交付、未登记	F	G	H	I

一船二卖情形下的买受人甲和乙，可根据《买卖合同司法解释》第十条的规定，请求出卖人交付船舶并且/或者协助办理所有权转移登记手续的途径来保障自己的权利。无论采用何种方式，法律所保护的买受人最终能够完全无妨碍地占有船舶，并依法办理转移登记手续。对于A、F情形，乙、甲分别取得船舶所有权无争议。我国法律对债权合同和物权的取得作了不同的规定，债权合同效力的存在是独立的，只要具备合同成立并生效的要件，就应认定有效，物权

4 全国人大常委会法制工作委员会民法室编著：《中华人民共和国物权法解读》，中国法制出版社2007年版，第53页。

5 谢在全著：《民法物权论（上）》，中国政法大学出版社1999年版，第99～100页。

的效力不影响合同的成立。因此，A情形下的甲、F情形下的乙，在买卖合同已合法成立并生效的情况下，均可要求出卖人承担无法转移船舶所有权的违约责任。

1. 先交付者优先原则

该原则包含两种情况，分别体现在《买卖合同司法解释》第十条第一项和第四项的规则中。第一种情况分别为C、G情形，此时一方买受人已受领交付船舶但未办理转移登记手续，另一方亦未转移登记手续。根据该解释第十条第一项“先行受领交付的买受人请求出卖人履行办理所有权转移登记手续等合同义务的，人民法院应予支持”的规定，此时C情形下的乙、G情形下的甲均可依照法律规定取得最终船舶所有权。

第二种情况为B、D情形，此时一方已受领交付船舶但未办理转移登记手续，另一方未受领交付船舶却办理转移登记手续。根据解释第十条第四项“出卖人将标的物交付给买受人之一，又为其他买受人办理所有权转移登记，已受领交付的买受人请求将标的物所有权登记在自己名下的，人民法院应予支持”，此时B情形下的乙、D情形下的甲可依照法律规定取得最终船舶所有权。司法解释在该情形下，坚持了交付为特殊动产物权变动的生效要件。质言之，出卖人向买受人交付了船舶、航空器或机动车，即使没有登记，物权也发生变动，只是不能对抗善意第三人；反之，转让人没有交付船舶、航空器或机动车，即使办理了登记，受让人也未取得其物权[6]。

有观点认为已交付但未能登记的一方取得所有权，能够对抗未交付但已登记的另一方，与未经登记不得对抗第三人存在矛盾[7]。该观点错误地理解了第三人的含义，第三人应为信赖船舶登记证书内容的其他人，而不能是登记证书上的人。最高人民法院在司法判例中对该情形有明确的观点：“船舶物权的变更自交付时发生效力。虽然李梦文与延东公司签订有《船舶交接协议书》，亦进行了船舶登记，但根据原审查明的事实，涉案船舶在纠纷发生前一直由梁同明基于与李梦文的租赁协议占有和使用，延东公司不能举证证明李梦文依据《物权法》第二十三条的规定，向其交付船舶，或者依据《物权法》第二十七条的规定，通过占有改定的方式交付船舶，即在船舶所有权转移时，李梦文和延东公司约定，由李梦文继续占有船舶。综上，延东公司原审期间未能举证证明涉案船舶交易的实际履行情况，以支持其取得涉案船舶所有权的主张，应承担举证不能

6 崔建远：《再论动产物权变动的生效要件》，载《法学家》2010年第5期。

7 吴正栋：《船舶所有权变动模式研究——兼评最高院〈买卖合同司法解释〉第十条》，载《大连海事大学2014年硕士学位论文》。

的不利后果。”[8]

2. 先转移登记者优先原则

《买卖合同司法解释》第十条第二项规定“均未受领交付，先行办理所有权转移登记手续的买受人请求出卖人履行交付标的物等合同义务的，人民法院应予支持”。根据该项规定，E 情形下的乙、H 情形下的甲能够获得法院支持，取得船舶的最终所有权。在 E 和 H 情形下，甲和乙均未受领船舶，并不因先取得船舶的转移登记而当然取得船舶所有权，各买受人在该情形下只是享有债权，出卖人有权选择交付的对象，该司法解释明确在买受人均请求出卖人交付船舶的情形下，法院支持向已经转移登记的一方进行交付。笔者认为，该规定主要是从经济效率的角度考虑，向已转移登记一方交付船舶比向未转移登记交付更有利于纠纷的解决并避免了再次变更登记的不必要成本。

3. 先成立合同者优先原则

出卖人先将船舶卖于甲，未交付和登记，又将船舶卖于乙，亦未交付和登记，对应的情形为 I。在两个买卖合同均为有效的情况下，甲与乙对出卖人享有平等的债权。此时有四种不同的观点：第一，根据债权平等原则，出卖人享有任意履行权，由出卖人决定先向谁履行；第二，买受人先请求出卖人履行者先取得所有权；第三，有证据证明后买受人乙属于恶意情形或者出卖人与乙恶意串通的，不能取得标的物；第四，一物多卖通常是由于出卖人见利忘义，具有过错所引发，为维护诚实信用原则，避免举证困难，促进合同的善意履行，应当由成立在先的合同买受人取得所有权。

最高人民法院在司法解释的制定过程中采用了第四种观点，但未解释另外三种观点究竟错在哪里[9]。第一种观点中，出卖人享有任意履行权没有疑问，但是法院不能判决由出卖人决定所有权归属，这等于拒绝裁判。如果出卖人决定向甲或乙履行交付或者登记船舶，则此时一船多卖转化成其他情形，不存在本情形适用的情况。同理也适用于第二种观点即买受人先请求履行决定论。对于第三种观点，如有证据表明后买受人恶意侵害先买受人或与出卖人恶意串通损害其他买受人的合法利益，均符合《合同法》中关于买卖合同无效的情形，此时买卖合同不成立，不适用本条规定，也不能取得船舶所有权。I 情形下的甲和乙享有平等的债权，债权平等原则与债务人的任意履行规则密切相关，出卖人有权自由选择向哪个债权人履行债务[10]。但是债权平等原则与债务人任意履行

---

8 最高人民法院（2013）民申字第 1946 号民事判决书。

9 最高人民法院民事审判第二庭编著：《最高人民法关于买卖合同司法解释理解与适用》，人民法院出版社 2016 年版，第 179 页。

10 韩世远著：《合同法总论》，法律出版社 2004 年版，第 391 页。

规则并非在任何情况下都需要坚持，如果这一原则的存在不能够达到正义的效果，则应当适当予以突破[11]。如果仍然遵从出卖人的自主选择权，明显会放任当事人的恶意失信或违约行为。同时，数个买受人均要求实际履行时，如果仍然坚持出卖人的任意履行规则，则出卖人很容易与其中一买受人恶意串通，进而损害其他买受人的利益[12]。

4. 小结

《买卖合同司法解释》第十条对一船二卖情形下的纠纷解决具有十分重要的意义。该条确定了交付作为船舶所有权转移的生效要件，优于仅有转移登记行为的买卖合同，同时适当突破了对平等债权的平等保护，有利于提高经济行为的效率。在多个买卖合同均已成立、不涉及观念交付情况下，能够基本解决一船二卖下的相关纠纷。

二、观念交付下一船多卖的处理

船舶物权能够通过观念交付转移毋庸置疑，但在买卖合同均为有效，观念交付与现实交付互相存在，甚至观念交付之间相互并存的情况下，一船多卖所有权归属如何确定，法律并无明确规定，需要结合现实交付的司法解释和一般法理予以确定。对于后买受人来说，可以通过善意取得主张船舶所有权，但一个重要的前提是船舶仍然登记在出卖人名下，后买受人基于船舶登记证书的公示效力才能与出卖人签订买卖合同。若船舶已经登记在先买受人名下，后买受人即使不知出卖人与先买受人之间的买卖合同，也不能主张善意取得。根据新近通说，善意取得应将善意理解为非因重大过失而不知让与人无让与的权利，受让人在此场合受让动产的占有，才受法律保护，才能取得所有权[13]。后买受人不去查询或了解出卖人是否享有登记证书上的权利，而与出卖人签订船舶买卖合同，明显构成重大过失。

在买卖合同均为有效且船舶所有权依然登记在出卖人名下时，出卖人先后向甲和乙通过现实交付和观念交付的形式出让船舶，存在以下情形：

11　曹宇：《债权的平等与优先——兼论债权平等理论的反思》，载《河北法学》2012 年第 10 期。

12　宋晓明、张勇健、王闯：《〈关于审理买卖合同纠纷案件适用法律问题的解释〉的理解与适用》，载《人民司法》2012 年第 15 期。

13　梁慧星著：《物权法》，法律出版社 2010 年版，第 214 页。

甲 \ 乙	简易交付	指示交付	占有改定	现实交付
简易交付	×	1	2	×
指示交付	3	4	5	6
占有改定	7	8	9	10
现实交付	×	11	12	×

（一）简易交付下一船二卖所有权确定规则

《物权法》第二十五条规定了简易交付下物权发生效力时间为物权设立或转让的法律行为生效时，简言之，就是当双方之间的买卖合同成立并生效时所有权发生转移。简易交付买受人已经先占有船舶，其他买受人已无通过现实交付或简易交付而占有船舶取得船舶所有权的可能性，但出卖人却有可能通过指示交付、占有改定的形式再次出卖船舶。

1. 简易交付与指示交付并存下的规则

第一种情形：出卖人{甲（指示交付）
乙（简易交付）

第三种情形：出卖人{甲（简易交付）
乙（指示交付）

出卖人通过简易交付和指示交付的方式，先后将船舶出卖于甲和乙，实践中存在两种情况。列表第一种情形：出卖人通过指示交付的形式将乙占有的船舶出卖与甲，后通过简易交付形式出卖与乙。列表第三种情形：出卖人先通过简易方式将船舶出卖于甲，后向不知情的乙以指示交付的方式出卖与乙。该两种情形下，甲均已获得船舶所有权，疑问的是乙能否依据善意取得制度取得船舶所有权。

指示交付下所有权何时发生转移，存在是否应向合法占有船舶的第三人履行通知义务后方才转移的问题。《物权法》第二十六条规定："通过转让请求第三人返还原物的权利代替交付"，即只要受让人自转让人处取得了返还请求权，也就取得了动产所有权，这与是否通知了占有媒介人无关，受让人取得了动产所有权之后，他基于所有权人的地位而非债权的返还请求权的身份[14]。返还请求权可能于买卖合同成立时取得，也可能在买卖合同成立后取得，因为出卖人与船舶占有人可能存在某法律关系（船舶租赁、船舶留置等），暂时无法请求第

14 崔建远：《再论动产物权变动的生效要件》，载《法学家》2010 年第 5 期。

三人返还船舶，在妨碍消除的情况下，受让人取得转让返还请求权。

观念交付下一船多卖的处理结果，需明确善意取得制度是否适用观念交付，还是仅适用现实交付。通说认为观念交付均可以适用善意取得制度[15]。动产善意取得构成要件为：出卖人须为动产的占有人、出卖人须为无权处分人、须基于法律行为而受让动产的所有权、须受让人受让动产的占有、受让人须为善意、受让人须以合理的价格受让动产[16]。第一种情形下，乙基于简易交付已实际占有船舶，在符合善意取得其他条件情况下，依法取得船舶所有权。

第三种情形下，甲根据简易交付而实际占有船舶。乙能否取得船舶所有权，存在两种意见。第一种，乙基于指示交付的善意取得而取得船舶所有权；第二种，乙的行为不构成善意取得。《物权法》关于指示交付的规定要求出卖人通过转让请求第三人返还原物的权利代替交付。但是甲为船舶所有人，出卖人不享有请求甲返还船舶的权利。笔者赞成第二种意见，此时不符合"须受让人受让动产的占有"的条件，乙未通过指示交付受让船舶占有，指示交付须出卖人享有对甲返还原物的权利，在甲已经合法拥有所有权情况下，出卖人不能指示甲返还船舶于乙，乙不构成善意取得。指示交付的善意取得须出卖人对第三人具有合法的返还请求，无论该返还请求权为所有权返还请求还是借用返还请求[17]。

2. 简易交付与占有改定并存下的规则

第七种情形：出卖人{甲（简易交付）
乙（占有改定）

第二种情形：出卖人{甲（占有改定）
乙（简易交付）

《物权法》对占有改定的规定是：双方约定继续由出卖人占有该动产。此处的占有不仅包括直接占有，还包括间接占有[18]，因出卖人转让的船舶可能仍由第三人合法占有，但出卖人又未通过指示交付的方式转让船舶。因此出卖人可同时通过简易交付与占有改定的方式出让船舶。列表第七种情形，船舶目前由甲合法占有，出卖人先通过简易交付形式出卖船舶于甲，后向乙欺骗表示船舶仍为其所有并占有，通过占有改定形式再次出卖于乙；此时乙能否基于占有改

15　梁慧星著：《物权法》，法律出版社 2010 年版，第 47 页；王泽鉴著：《民法物权 2（用益物权・占有）》，中国政法大学出版社 2010 年版，第 265 页。

16　梁慧星著：《物权法》，法律出版社 2010 年版，第 213～214 页。

17　梁慧星著：《物权法》，法律出版社 2010 年版，第 213 页。文中对指示交付善意取得举例：甲出借相机给乙，乙转借给丙，其后乙擅自将相机作为己物出售给丁，并让与其对丙在借用合同上的返还请求权，以代交付，此时若丁为善意，即可依指示交付取得相机所有权。

18　梁慧星著：《物权法》，法律出版社 2010 年版，第 93 页。

定的善意取得制度取得船舶所有权？占有改定须出卖人占有该动产，在船舶已经由甲合法占有的情况下，出卖人对船舶既非直接占有，也非间接占有，不符合以占有改定形式出让船舶于乙的善意取得条件。甲对船舶所有权应予保护。

列表第二种情形，船舶目前由乙合法占有，出卖人先通过占有改定形式出卖船舶于甲，后通过简易交付出卖于乙。该情形下甲已先取得船舶所有权，出卖人与乙签订的买卖合同构成无权处分，因乙已经占有船舶，在符合善意取得条件时，依法能够取得船舶所有权。

（二）指示交付下一船二卖所有权确定规则

指示交付在实践上与简易交付不同的是，指示交付能够与另外三种方式并存，构成一船多卖的可能情形。

1. 指示交付与现实交付并存下规则

第六种情形：出卖人{甲（现实交付）
乙（指示交付）

第十一种情形：出卖人{甲（指示交付）
乙（现实交付）

列表第六种情形，出卖人先通过现实交付转让船舶于甲，后欺骗向乙表示船舶仍为其所有，再次通过指示交付出卖于乙。该情形类似于第三种，甲已经成为船舶所有人，出卖人不享有请求甲返还船舶的权利，乙不能依据善意取得制度获得船舶所有权。

列表第十一种情形，出卖人先通过转让对丙的返还船舶请求权于甲出让船舶，后丙却将船舶返还于出卖人，出卖人再通过现实交付转让于乙。该情形类似第一种，乙基于现实交付的善意取得制度取得船舶所有权。

2. 指示交付之间的所有权确定规则

第四种情形：出卖人{甲（指示交付）
乙（指示交付）

列表第四种情形，出卖人先后通过指示交付形式将丙占有的船舶出让与甲和乙。该情形类似于第三种，虽甲和乙均未实际占有船舶，但甲已经成为船舶所有人，出卖人不享有请求丙返还船舶的权利，乙不能依据善意取得制度取得船舶所有权。

3. 指示交付与占有改定并存下规则

第五种情形：出卖人{甲（占有改定）
乙（指示交付）

第八种情形：出卖人{甲（指示交付）
乙（占有改定）

出卖人出卖船舶前与丙签订协议，由丙合法占有船舶并使用。列表第五种情形，出卖人通过与甲签订占有改定方式转让船舶，后通过转让对丙的返还船舶请求权于乙。列表第八种情形，出卖人先通过转让对丙的返还船舶请求权于甲出让船舶，后通过与乙签订占有改定方式转让船舶。此两种情形，分别类似于第三种、第七种情形，乙不能基于指示交付、占有改定的善意取得制度取得船舶所有权。

（三）占有改定下一船二卖所有权确定规则

1. 占有改定与现实交付并存下确定规则

第十种情形：出卖人{甲（现实交付）
乙（占有改定）

第十二种情形：出卖人{甲（占有改定）
乙（现实交付）

列表第十种情形，出卖人通过现实交付船舶于甲，后通过占有改定方式出卖于乙。处理结果同第七种情形，甲取得船舶所有权，理由不再赘述。

列表第十二种情形，出卖人通过占有改定方式出卖船舶于甲，后现实交付于乙。处理结果同第二种情形，乙取得船舶所有权，理由不再赘述。

2. 占有改定之间所有权确定规则

第九种情形：出卖人{甲（占有改定）
乙（占有改定）

列表第九种情形，出卖人分别通过占有改定形式先后出让船舶于甲和乙。此情况较为特殊，乙作为后买受人通过占有改定形式受让船舶，与第七、八、十种情形不同的是，此情形下出卖人仍占有船舶。乙能否取得船舶所有权，有两种意见，第一，虽然出卖人此时占有的为甲所有船舶，但符合占有改定下出卖人继续占有船舶的条件，乙在满足善意取得条件情况下，依法取得船舶所有权；第二，出卖人继续占有的船舶须为出卖人所有，否则乙不能依据占有改定取得船舶所有权。笔者赞成第一种意见。

（四）小结

观念交付通过法律的规定在效果上等同于现实交付，又因船舶不需要实际转移占有给买受人，所以在几个观念交付同时存在的情况下，各个买受人均能够从形式外观上取得船舶所有权。此时，后买受人若通过简易交付、现实交付取得船舶占有，能够通过善意取得制度获得法律上的保护。若后买受人并未实际占有船舶，在先买受人已经取得船舶所有权的情况下，后买受人不能通过指示交付、占有改定的善意取得制度取得相应船舶所有权，唯一的例外是先后买受人均是通过占有改定形式与出卖人签订买卖合同。

结语

《买卖合同司法解释》对一船二卖的争议在一定程度上起到了定分止争的效果，在司法实践中对船舶物权转让的交付生效主义原则的确定，以及对债权平等原则的适当突破，基本上为解决相关纠纷画上了圆满的句号。司法解释中规定“受领交付”而非“交付”，以及对交付含义的理论探讨，可以得出该司法解释对物权转让发生效力的交付应理解为现实交付。基于该司法解释确立的原则和观念交付的同等效力，自然能够解决观念交付下一船二卖的争议。

无人船合法性与责任承担问题研究

徐锦堂　禤燕珊*

【内容提要】无人船符合船舶的传统定义，是法律意义上的船舶，但目前不符合“最低安全配员”的要求，无法获得我国国籍登记、通过我国船舶检验。无人船可以满足《国际海上人命安全公约》“免除”规则和“等效”规则的适用条件，也符合《国际海上避碰规则》“良好船艺”和“正规瞭望”的要求。无人船产品的缺陷是未来无人船舶碰撞的重要原因，此时，民事责任主体既可以是海商法下承担过错责任的船舶所有人、管理人等，又可以是侵权责任法下承担无过错责任的船舶生产者、销售者，甚至是无人船零部件、软件系统的生产者、销售者。因产品缺陷导致的无人船碰撞事故，船舶所有人、管理人与生产者、销售者等责任主体之间应承担连带责任。全自动无人船的承运人无法享受海商法上的航行过失免责权利，但可继续限制其赔偿责任。

【关键词】无人船　合法性　责任承担

一、无人船概述

在人工智能技术不断发展的今天，与无人机、无人驾驶汽车一样，“无人船”日益引起人们的重视。未来的无人船不需要船长和船员在船舶上操纵航行，只需要配备远程操作人员，甚至不需要配备远程操作人员就能完全自动航行。然而，无人船在带来许多便利的同时，也存在着一定的风险。

---

*　徐锦堂——华南师范大学国际航运法律与政策研究中心主任，法学院副教授，主要研究领域：航运法学；禤燕珊——华南师范大学法学硕士。

（一）无人船的概念

无人船作为新兴事物，各方对其定义并不相同。依据船舶的自动化程度，无人船被划分为四个等级。

1. 无人船的定义

目前，对无人船的定义有以下几种具有代表性的观点。

国际海事委员会无人船国际工作组对无人船的定义是：可以受控制的在水上移动的船舶，但是没有任何船员。[1] 中国船级社对智能船舶的定义是：利用技术手段获得信息和数据，能够智能化航行的船舶。[2] 作为研究无人船的领先者，罗尔斯·罗伊斯公司对无人船的定义是：动态自主控制的船舶，即根据船舶航行的状态与其所执行航行任务的复杂程度决定自主操控程度的船舶。[3]

由此可见，无人船是指以人工智能技术为基础，能够在不同程度上自主航行的船舶。

2. 无人船的分级

2018 年 12 月，国际海事组织根据船舶的自动化程度，将无人船划分为以下四个等级[4]：一级无人船，船舶具有自动化处理以及决策支持的功能，船员在船上操作船舶的系统，有些自动化的操作不需要船员的监督，但在船上的船员可以随时接管系统。二级无人船，可以实现远程操控，船上有船员，在船上的船

---

1 CMI International Working Group Position Paper on Unmanned Ships and the International Regulatory Framework, https://comitemaritime.org/work/unmanned-ships/, "Unmanned ships are those which are capable of controlled movement on the water in absence of any onboard crew."

2 2015 年中国船级社发布的《智能船舶规范》第一条第一款第三项：智能船舶系指利用传感器、通信、物联网、互联网等技术手段，自动感知和获得船舶自身、海洋环境、物流、港口等方面的信息和数据，并基于计算机技术、自动控制技术和大数据处理和分析技术，在船舶航行、管理、维护保养、货物运输等方面实现智能化运行的船舶，以使船舶更加安全、更加环保、更加经济和更加可靠。

3 参见王国华、孙誉清：《21 世纪海盗：无人船海上航行安全的法律滞碍》，载《中国海商法研究》2018 年第 4 期。

4 MaritimeSafetyCommittee (MSC), 100th session, 3-7 December 2018, http://www.imo.org/en/MediaCentre/MeetingSummaries/MSC/Pages/MSC-100th-session.aspx/. "The degrees of autonomy identified for the purpose of the scoping exercise are: Degree one: Ship with automated processes and decision support: Seafarers are on board to operate and control shipboard systems and functions. Some operations may be automated and at times be unsupervised but with seafarers on board ready to take control. Degree two: Remotely controlled ship with seafarers on board: The ship is controlled and operated from another location. Seafarers are available on board to take control and to operate the shipboard systems and functions. Degree three: Remotely controlled ship without seafarers on board: The ship is controlled and operated from another location. There are no seafarers on board. Degree four: Fully autonomous ship: The operating system of the ship is able to make decisions and determine actions by itself."

员也可以操作和控制船舶的系统。三级无人船，即遥控无人船，实现远程操控，船上没有船员。四级无人船，即全自动无人船。本文讨论的是三级遥控无人船和四级全自动无人船。

（二）无人船的发展现状与未来预测

早期的无人船由于受到技术条件的限制，活动范围和功能都十分有限，主要被应用于军事、科考、搜救等领域。进入21世纪后，随着通信、传感器、导航、人工智能等技术的发展，无人船迎来了发展高峰期。

1. 无人船的发展现状

（1）国际发展现状

欧美国家对无人船的研究处于领先地位。2014年3月，美国船级社批准了一艘2200立方米的无人驾驶液化天然气驳船的建造，用于美国沿海水域船对船的液化天然气转运以及液化天然气散装运输。

2015年7月，英国的罗尔斯·罗伊斯公司宣布其开展了投资660万欧元的先进自动化水上应用项目。此后，其又在2016年4月首次公开展示了无人船陆地操控中心的运营版本，阐述了“无人航运”这一概念。

由于政策、技术和地理方面的综合优势，挪威已经成为无人船发展的领先国家。2016年10月，挪威海事局与挪威海岸管理局在挪威西部的特隆赫姆峡湾共同建立了世界上第一个无人船测试区。2018年8月，挪威航运公司威尔森集团和康士伯合资成立的世界第一家无人船航运公司——“Massterly”全面投入运营，该公司为无人船提供涵盖设计、开发、控制系统、物流服务和船舶运营服务。

（2）国内发展现状

我国近期对无人船的研究较为关注。2017年7月，由中国船舶工业集团公司、大连海事大学、中国船级社、交通运输部水运科学研究院共建的“无人船技术与系统联合重点实验室”正式成立。该实验室对建造无人船所涉及的技术、设备以及相关的法律法规进行研究和探讨。

2017年12月，中国船级社举办了“智能船/无人船新技术”论坛，介绍了与《智能船舶规范》配套的《船舶智能机舱检验指南》《船舶网络系统要求与安全评估指南》等系列技术文件。这些技术文件对智能船舶的各项功能提出了明确的技术要求，尤其对系统相关的产品认可、图纸审查、建造检验及营运检验等环节作出了详细的规定。中国船级社向中远海运散货运输有限公司“新富海”轮授予了智能能效管理附加标志i-Ship（E），该轮为第一艘获得此附加标志的营运船舶。

2018 年 11 月，由中国船级社、武汉理工大学、珠海云洲智能公司、珠海市政府共同策划的，位于广东珠海万山群岛的无人船海上测试场正式启用，这是我国第一个经船级社认可的海上测试基地，也是全球最大、亚洲首个无人船海上测试场。

2019 年 5 月，交通运输部联合中央网信办、国家发展改革委、教育部、科技部、工业和信息化部、财政部举办的“2019 智能航运发展工作推进会”在青岛召开，在会议上发布了《智能航运发展指导意见》，为以智能船舶为基本要素之一的智能航运指明未来 30 年的发展方向。

2. 无人船的未来预测

在“海洋强国”的背景下，船舶智能化发展是大势所趋。[5] 我国未来将重点发展消费类无人船和商用类无人船。[6]

关于无人船投入运用的时间，国际船级社协会认为 2035 年左右第四级无人船将被投入运用。我国对无人船投入运用时间的预估较为保守，在 2014 年中国船舶工业集团公司主办的“大数据与智能船舶发展”高峰论坛上，与会代表预计在 2020 年可成功研发第二级无人船，在 2040 年研发第三级无人船，在 2050 年之后逐步研发第四级无人船。

（三）无人船的优势与风险

无人船的优势与风险是并存的，需要对其有全面的认识。既要认识到无人船在减少人力、资金、能耗方面的优势，又要明确其在客观上存在的风险。在充分发挥无人船优势的同时，也要做好应对风险的准备。

1. 无人船的优势

与传统的船舶相比，无人船在减少船员数量、简化船舶设施、减少航行事故、节能环保以及提高经济效益上具有较大优势。无人船的出现是革命性的，能够极大地提高全球航运的效率，催生全新的船舶业务[7]，实现航行模式与运营格局的转型。

（1）无人船的使用能够减少配备船员的数量

随着无人驾驶技术的发展，船舶配备的船员数量可逐步减少。船员职业生涯的高风险性、航海生活的单调性等，都使船员职业缺乏吸引力。许多海运企

5 参见吴兆麟：《船舶驾驶自动化与航海智能化》，载《中国海事》2017 年第 8 期。

6 2017 年 7 月 8 日，国务院《新一代人工智能发展规划》提出：重点突破复杂动态场景感知与理解、实时精准定位、面向复杂环境的适应性智能导航等共性技术、船舶自动驾驶等智能技术，发展消费类和商用类无人船。

7 参见白玉峰：《航运应对无人船的策略研究》，载《中国水运》2018 年第 5 期。

业都面临难以招募足够的船员这一难题。无人驾驶技术的出现让再大的船舶也无须配备众多船员。

（2）无人船的使用能够实现船舶设施的简化

无人船上没有配备船员，就不再需要为船员提供驾驶台、船员舱和其他的服务设施。由此可简化与人员相关的船舶设备。

（3）无人船的使用能够减少航行事故

目前绝大多数船舶碰撞事故是由船员（包括操作不当、玩忽职守）造成的，而由船舶自身原因和海上恶劣天气原因造成的船舶碰撞事故较少。若无人船具有足够安全可靠的性能，在不存在人为因素的情况下，将会减少66.7%上述事故的发生。[8]

（4）无人船的使用能够促进节能减排

无人船取消了与船员相关的一些功能，减少了与船员有关的设施，不再需要给船员供电供暖，能够起到明显的节能减耗效果。

通过削减船员数量、简化船舶设施不仅能解决海运企业难以招募船员的问题，为其节省大笔的船员薪水支出，还能腾出大量空间，增加船舶的载货量与载油量，降低造船费用和维护成本，提高经济效益。

2. 无人船的风险

虽然使用无人船有许多现实优势，但也伴随着一定的风险。如何确保操作系统的可靠性、故障修理的及时性和信息传输的安全性，是无人船面临的问题。

（1）操作系统的可靠性

无人船由技术驱动驾驶，按照程序预设的路线航行，因此需要确保船舶操作系统能够正确地规划航行路线。无人船的航行首先应遵循海上航行规则还是避免碰撞危险，是设置程序系统需要解决的问题。

（2）故障修理的及时性

如何及时修理无人船的故障也是需要解决的问题。由于无人船上没有船员，在航行中与陆地距离较远，若其发生故障将难以获得及时的修理。因此，需要确保无人船设备的安全稳定。

（3）信息传输的安全性

如何提升信息数据的安全性是无人船需要突破的技术障碍。一方面要维护无人船控制系统的安全，避免黑客入侵无人船的控制系统；另一方面要维护海运企业自身的信息系统安全，避免企业的商业机密泄露。[9]

---

8 参见林平：《无人船规模应用指日可待》，载《交通与运输》2015年第3期。

9 参见吴兆麟：《船舶驾驶自动化与航海智能化》，载《中国海事》2017年第8期。

二、无人船的立法现状与法律挑战

自无人船诞生以来，其法律地位、责任承担问题就一直为各界人士所讨论。其能否适用现行的法律法规、如何有效地保障无人船的发展、如何对无人船进行有效监管，是需要解决的问题。

（一）无人船的立法现状

法律具有滞后性，虽然无人船技术正在迅速发展，但国内外尚未出现专门针对无人船的立法。

1. 国内外暂无针对无人船的专门立法

在国际法上，与船舶有关的法源主要是《联合国海洋法公约》《国际海上人命安全公约》及《国际海上避碰规则》。

在中国国内法上，《海上交通安全法》《海洋环境保护法》《船舶登记条例》《船员条例》《船舶和海上设施检验条例》《海商法》是与船舶有关的法源。但上述法律没有对无人船作出专门的规定，目前也没有针对无人船的专门立法。

2. 目前对无人船的立法研究

2012 年，欧洲防务局推出 Safety and Regulations for European Unmanned Maritime Systems（SARUMS）项目，研究无人船设计和运营的立法与监管。

2017 年 6 月，国际海事组织海上安全委员会第 98 次会议正式将海上自动水面船舶的监管列入其工作范围[10]，第 99 次会议决议成立跨部门的无人船工作组，以便对无人船的相关问题进行研究。[11]

2017 年，国际海事委员会也成立了专门的国际工作组以识别与解决无人船与现行法律体系之间的冲突。

然而，相较于国际组织对无人船立法问题的重视程度而言，我国主管部门目前对无人船立法问题的重视程度不足。

（二）无人船对法律提出的挑战

在无人船迅速发展的今天，其是否符合船舶的传统定义、能否达到海上安全行政法规的要求、船舶碰撞事故的责任分配、海上保险问题，都是对法律提

---

10 Maritime Safety Committee（MSC），98th session，7-16 June 2017，http：//www. imo. org/en/MediaCentre/MeetingSummaries/MSC/Pages/MSC-98th-session. aspx.

11 IMO takes first steps to address autonomous ships，http：//www. imo. org/en/MediaCentre/PressBriefings/Pages/08-MSC-99-MASS-scoping. aspx.

出的挑战。

1. 无人船是否具有合法性

无人船首先面临的是其是否符合船舶传统定义的问题。若无人船符合船舶的传统定义，其能否满足《国际海洋法公约》《国际海上人命安全公约》《国际海上避碰规则》以及我国相关法律法规对海上航行的安全要求是有争议的。

2. 无人船碰撞事故的责任分配

无人船是一种新型产品，由于产品缺陷发生碰撞事故时，既可以适用《海商法》的规定，又可以适用《侵权责任法》的规定，如何在无人船的所有人、管理人与无人船的生产者、销售者之间进行责任分配，是需要解决的问题。责任承担主体是否享有赔偿责任限制的权利也是需要解决的问题。

3. 无人船的保险问题

与传统的船舶相比，无人船的技术更加复杂，与技术性能有关的风险也更为突出。无人船保险需要考虑的因素（如同类型船舶的出险概率、赔付记录等[12]）尚未形成，是对现行海上保险制度的挑战。

本文将重点研究无人船的合法性、能否达到海上安全行政法规的要求，以及无人船碰撞的责任分配问题。

三、无人船的合法性问题

明确无人船与现行国际、国内法律框架下船舶的关系，是研究无人船安全要求和碰撞事故责任承担的大前提。笔者认为，无人船符合现行法律对船舶的定义，但并不符合海上安全行政法规的某些要求。

（一）无人船符合船舶的传统定义

通过对国内外法律文本的分析，可以得出无人船符合船舶传统定义的结论。

1. 无人船符合国际法上的船舶定义

当前国际法上并没有对“船舶”作出统一的定义。由于目的和调整范围不同，不同公约对船舶的定义各不相同。

《国际防污公约》的船舶定义为：能在海洋环境中运行的任何船舶。《国际海上避碰规则》所规定的船舶为：能够用作水上交通运输工具的各类船筏。《统一提单的若干法律规定的国际公约》《联合国船舶登记条件公约》则将船舶定义为具有运输功能的商用船舶。《联合国海洋法公约》没有对船舶作出定义，而是使用“ship”和“vessel”这两个词代指船舶，两者没有法律地位上的不同。

12 李鲁宁：《内河船舶污染保险费率影响因子》，载《中国航海》2017 年第 4 期。

《国际海上人命安全公约》也没有对船舶作出具体的定义。

从上述法律文本可以看出国际法上大多将船舶定义为能在水上航行的任何船舶。据此，笔者认为无人船符合上述定义，属于国际法定义中的船舶。

2. 无人船符合国内法上的船舶定义

《海上交通安全法》《船舶登记条例》《船舶和海上设施检验条例》《海商法》对船舶的定义都较为宽泛，一般将船舶定义为水上移动装置，也没有要求船舶必须包含船员这一要素，因此无人船符合中国国内法上的船舶定义。

3. 无人船属于法律意义上的船舶

无人船与船舶是从属关系，无人船是船舶的一种。“船舶”不仅包括传统的船舶，也包括无人船。尽管现行规则只对传统船舶进行规制，并没有对无人船进行规制，但是缺乏规范本身并不能推翻无人船是船舶这一命题。船员也不是船舶的构成要件，如今无人船被分为四级，其中第一级、第二级无人船仍在船上配备船员，而第三级无人船仅配备远程操作人员，第四级无人船完全不配备船员，也不配备远程操作人员。尽管如此，无人船仍属于法律意义上的船舶。

（二）无人船目前不符合“最低安全配员”的要求

在国际法上，《联合国海洋法公约》与《国际海上人命安全公约》都规定了船舶须配备足够数量和胜任的船员。[13] 无人船是否满足“最低安全配员”的要求是其与海上安全行政法规最有冲突的一点。然而，这两项公约字面上都并没有作出船舶必须在任何时间至少一名船员在船上的规定。国际海事组织仅在《安全配员准则》中提出包括“船舶的自动化水平”“船公司在岸上提供给船舶的帮助的程度”[14] 等在确定最低配员水平时应当考虑的 12 个要素，以供参考。

我国《海上交通安全法》对船舶也有配备足够数量的合格船员的要求。[15] 我国《船舶最低安全配员规则》根据船舶的种类、吨位、航程、航行时间等因素，具体地规定了船上最低船员配额的数目，如总吨位 3000 及以上的一般船舶的甲板部至少要配备船员 5 人。[16] 因此，无人船不能满足我国现行“最低安全配员”的要求。

---

13 参见 1982 年《联合国海洋法公约》第九十四条、1974 年《国际海上人命安全公约》第五章第十四条。

14 See IMO Resolution A. 1047 (27), Principles of Safe Manning (adopted on 30 November 2011), Annex 2 Guidelines for Determination of Minimum Safe Manning, 1. 1. 3 and 1. 1. 10.

15 参见 2016 年修正的《海上交通安全法》第六条。

16 例如，2018 年修正的《船舶最低安全配员规则》附录一《海船、轮机部和客运部最低安全配员表》规定：总吨位 3000 及以上的一般船舶的甲板部，需配备船长、大副、二副、三副各 1 人，值班水手 3 人。若航程不超过 300 海里或连续航行时间不超过 36 小时，可减免三副和值班水手各 1 人。

（三）无人船目前无法获得我国国籍登记和通过我国船舶检验

如前文所述，无人船符合绝大多数法律文本对船舶作出的定义。因此，无人船可适用上述法律法规。但由于无人船具有“无人”这一特点，目前将无法获得我国国籍登记，也无法通过我国船舶检验。

1. 无人船目前无法获得我国国籍登记

国际法上，国家有授予船舶国籍的权利，由国内法制定悬挂该国国旗的条件。[17]在现行法律框架下，通常认为船舶取得中国国籍的必要条件之一是船舶上必须配备持有中国船员适任证书的船员。[18]据此，无人船上要配备持有中国船员适任证书的船员才能获取中国国籍，而无人船的第三、四阶段并不在船舶上配备船员，因此无人船不能获得中国国籍。获得一国国籍并悬挂该国的国旗是船舶在中国管辖水域和公海上自由航行的前提[19]，因此无人船不能悬挂我国国旗在我国管辖水域和公海上自由航行。

2. 无人船目前无法通过我国船舶检验

《联合国海洋法公约》要求船舶的船旗国应当为保证海上安全对船舶的构造、装备和适航条件安全采取必要措施，确保船舶接受合格的船舶检验人的检查，并在船上备有船舶安全航行所需要的海图、航海出版物以及航行装备和仪器。[20]我国也要求为船舶申请中国国籍的船舶所有人，须交验由法定的船舶检验机构签发的船舶技术证书，且须向中国船级社申请入级检验。[21]

然而，由于目前无人船法定检验和入级检验标准缺失，依照现有的对传统船舶进行检验的标准来规范无人船显然是不科学的。就算船舶所有人按照规定申请船舶检验，船舶检验机构也无法根据有效的检验标准为船舶签发证书。因此无人船目前难以满足船舶检验的要求。

（四）无人船符合“免除”和“等效”规则的适用条件

无人船具有新颖性特征且有足够的安全性，与《国际海上人命安全公约》要求配备的装置具有同等效能。

---

17 参见1982年《联合国海洋法公约》第九十一条。

18 参见2014年修订的《船舶登记条例》第七条。

19 参见1982年《联合国海洋法公约》第九十条、第九十二条。

20 参见1982年《联合国海洋法公约》第九十四条。

21 参见2014年修订的《船舶登记条例》第十五条，2019年修正的《船舶和海上设施检验条例》第十三条。

1. 无人船符合“免除”规则的适用条件

“免除”规则是指对于具有新颖性特征且具有足够安全性的船舶可以免除适用《国际海上人命安全公约》中关于船舶构造、救生设备与装置、无线通信设备的规定。[22] 据此，可主张无人船具有新颖性特征且有足够的安全性，而公约规定的部分技术标准会阻碍无人船的研发和使用，因此无人船可以免除适用《国际海上人命安全公约》的部分规定。

2. 无人船符合“等效”规则的适用条件

“等效”规则是指对于《国际海上人命安全公约》要求的为船舶配备的装置，如果其他装置经试验被主管机关确认与《国际海上人命安全公约》要求配备的装置具有“同等效能”则准许使用替代装置。[23] 例如，《国际海上人命安全公约》对轮机员报警装置的要求[24]，可以通过无人船的智能决策装置、海上通信装置来代替。因此，亦可主张无人船的装置与公约要求配备的装置具有同等效能。

（五）无人船符合“良好船艺”和“正规瞭望”的要求

尽管无人船具有“无人”的特征，其仍可以通过技术手段满足“良好船艺”“正规瞭望”的要求。

1. 无人船符合“良好船艺”的要求

《国际海上避碰规则》规定，船舶应该根据本条约关于驾驶和航行规则的规定，采取避免碰撞的行动，并且在有条件的情况下积极运用“良好船艺”。[25] 然而，“良好船艺”的要求通常需要经验丰富的船员才能满足。无人船能否满足“良好船艺”的要求，关键在于“良好船艺”这项义务能否在船上没有船员的情况下履行。

笔者认为，无人船通过智能融合分析系统、深度学习、知识库、情景计算等技术手段，[26] 能够达到甚至超越普通船舶的安全程度，足够灵敏地感应危险或特殊情况，并且能作出良好的处理，并不违背“良好船艺”的要求。

---

22 参见1974年《国际海上人命安全公约》第一章第四条。

23 参见1974年《国际海上人命安全公约》第一章第五条。

24 1974年《国际海上人命安全公约》第二章甲第三部分第三十八条：应设有一个从发动机控制室或操纵平台（视具体情况而定）进行操作的轮机员报警装置，且报警信号应能在轮机员居住舱室清晰地听到。

25 参见1972年《国际海上避碰规则》第二章第八条。

26 参见高宗江等：《无人船研究综述》，载《大连海事大学学报》2017年第2期。

2. 无人船符合“正规瞭望”的要求

《国际海上避碰规则》规定，为了保证航行安全，船舶应当用视觉、听觉等有效手段进行瞭望。[27]无人船是否符合“正规瞭望”的要求，关键是该瞭望义务能否以技术方式完成。

笔者认为，尽管《国际海上避碰规则》运用了“视觉”“听觉”的字眼暗示瞭望需要通过人的感知来完成，但如前文所述，立法者在制定公约时并未预料到无人船的出现。如今，无人船通过红外热成像仪、雷达等技术手段能够对航行情况作出比人的视觉、听觉更精准的判断。[28]另外，从该规则的目的来看，“正规瞭望”是保障船舶能够对局面和碰撞危险作出充分的估计。所以在技术条件达到一定水平时，“正规瞭望”可以通过技术手段来完成，即无人船符合“正规瞭望”的要求。

四、无人船的责任承担问题

本部分主要讨论无人船碰撞责任承担问题。人为因素、恶劣天气和机械故障是当前船舶碰撞事故的重要原因，由于无人船的使用能够极大减少人为因素造成的船舶碰撞事故，可以预见无人船的产品缺陷是未来的船舶碰撞事故的重要原因。不同于由国际公约和国内法共同规制的船舶安全要求，无人船碰撞责任分配由各国国内法规定。无人船的碰撞责任可以适用《海商法》中的具体规定。与此同时，无人船作为一款产品，也具有适用《侵权责任法》中产品责任的可能性。

（一）无人船发生海上事故的归责原则

与传统船舶发生碰撞事故相同，无人船能够适用《海商法》下船舶碰撞的过错责任原则。与此同时，无人船作为一款新型的产品，存在产品缺陷时适用《侵权责任法》下产品责任的无过错责任原则也具有合理性。

1. 海商法下船舶碰撞的过错责任原则

《海商法》下的船舶碰撞事故的归责原则为过错责任原则，造成船舶碰撞事故的各方应向财产损害的受害方承担比例赔偿责任、向人身损害的受害方承担连带赔偿责任。如前文所述，无人船属于《海商法》定义下的船舶，因此《海商法》第八章关于船舶碰撞的规定也应当适用于无人船发生的碰撞事故。对船舶碰撞事故不存在过错的各方不承担赔偿责任，对船舶碰撞具有过错的各方应

---

27 参见1972年《国际海上避碰规则》第二章第五条。

28 参见高宗江等：《无人船研究综述》，载《大连海事大学学报》2017年第2期。

当承担赔偿责任。

2. 侵权责任法下产品责任的无过错责任原则

《侵权责任法》下的产品责任适用无过错责任原则。2016 年，联合国教科文组织通过了《关于机器人伦理的初步草案报告》，该报告将智能产品视为通常意义上的科技产品。[29] 无人船作为一款新型智能产品，因其存在产品缺陷造成船舶碰撞事故时，可适用《侵权责任法》第五章关于产品责任的规定。[30] 无人船的生产者和销售者承担不真正连带责任，对外赔偿时，无人船的生产者与销售者承担无过错责任，对内追偿时，无人船的销售者仅承担过错责任。此外，由于缺陷产品责任属于侵权责任，若无人船因其零部件、软件系统存在缺陷导致船舶碰撞，则无人船零部件、软件系统的生产者、销售者也需要承担责任。

（二）无人船碰撞的民事责任主体

如前文所述，在我国现有的法律体系下，因无人船产品存在缺陷造成船舶碰撞事故时，既可以适用《海商法》下船舶碰撞的相关规定，又可以适用《侵权责任法》下产品责任的相关规定。据此，无人船碰撞事故的民事责任主体不仅有无人船的所有人、管理人，也包括无人船的生产者、销售者，甚至包括无人船的零部件、软件系统的生产者、销售者。

1. 无人船的所有人、管理人是船舶碰撞的基本责任主体

无人船属于《海商法》定义下的船舶，因此《海商法》第八章关于船舶碰撞的规定也应当适用于无人船发生的碰撞事故。无论是依据“物主责任”理论、“实际控制”理论，还是依据新的“实际受益”理论[31]，无人船的所有人、管理人作为无人船的所有权人、实际控制人、实际受益人，都是船舶碰撞的责任主体。

《海商法》中有承运人航行过失免责的规定，即在责任期间货物发生的灭失或者损坏是由于船长、船员、引航员或者承运人的其他受雇人在驾驶船舶或者管理船舶中的过失造成的，承运人不负赔偿责任。第三级的遥控无人船中，远程操作人员履行维持航行安全的职责，视为船员。此时，若无人船远程操作人员存在驾驶船舶的过失导致船舶碰撞，则作为承运人的船舶所有人、管理人可

---

29 参见张新宝、任鸿雁：《我国产品责任制度：守成与创新》，载《北方法学》2012 年第 3 期。

30 Zhu Zuoxian, How to Reform Maritime Law with Respect to Unmanned Merchant Ships?, the 11th East Asia Maritime Law Forum 2018 (2018).

31 参见司玉琢：《侵权法的发展对船舶碰撞法律制度的影响》，载《中国海商法研究》2012 年第 1 期。

主张航行过失免责，不承担因船舶碰撞导致的本船货物灭失或者损坏的赔偿责任。而第四级的全自动无人船由于不存在船长、船员的驾驶、管理船舶行为，也就不存在承运人航行过失，因此承运人不享有航行过失免责的权利，作为承运人的船舶所有人、管理人要承担因船舶碰撞导致的本船货物灭失或者损坏的赔偿责任。船舶碰撞造成第三人财产损失的，各船的赔偿责任均不超过其应当承担的比例。互有过失的船舶对造成的第三人的人身伤亡负连带赔偿责任，若一船连带支付的赔偿超过其过失程度比例，有权向其他有过失的船舶追偿。

2. 无人船的生产者、销售者是船舶缺陷导致碰撞事故的责任主体

无人船作为一种新型智能产品，若其存在缺陷，被侵权人可以按照《侵权责任法》中产品责任的规定请求无人船的生产者、销售者承担责任。此外，如果是船舶的零部件，包括船体的材质结构、发动机及其他设备[32]造成无人船碰撞事故，则无人船零部件的生产者、销售者也是责任主体。如果是无人船软件系统的缺陷导致船舶碰撞事故，则无人船软件系统的生产者、销售者也是责任主体。[33]

因无人船本身存在缺陷导致船舶碰撞事故时，被侵权人可以按照《海商法》向船舶所有人、管理人追究责任，也可以直接按照《侵权责任法》中的产品责任向无人船的生产者、销售者请求侵权损害赔偿；若无人船因其零部件、软件系统存在缺陷导致船舶碰撞，则被侵权人可向无人船零部件、软件系统的生产者、销售者请求侵权损害赔偿。此时被侵权人需要证明无人船具有危及他人人身、财产的不合理危险。由于人工智能技术的独特性、专业性，被侵权人向无人船的生产者、销售者追究产品责任可能存在举证上的困难，较难证明无人船存在产品缺陷。

需注意的是，由于无人船的所有人、管理人与无人船的生产者、销售者对船舶碰撞事故的发生属于共同过失侵权，即无人船的所有人、管理人与无人船的生产者、销售者为共同侵权人，被侵权人可以同时向共同侵权人请求承担赔偿责任。至于无人船的所有人、管理人与无人船的生产者、销售者承担侵权之债的形态，笔者认为其应当承担连带责任。即无人船的所有人、管理人与无人船的生产者、销售者对被侵权人均承担清偿全部债务的义务。连带债务人之间按照过错和原因力大小确定责任。这种责任承担方式一方面便于被侵权人行使权利，另一方面可以同时处理船舶的所有人、管理人与船舶的生产者、销售者

32　参见范怀谷：《智能无人船舶发展面临的问题和解决办法》，载《船舶标准化工程师》2018 年第 3 期。

33　参见王欣、初北平：《研发试验阶段的无人船舶所面临的法律障碍及应对》，载《中国海商法研究》2017 年第 3 期。

之间的纠纷，节约司法资源。

3. 无人船的所有人、管理人享有赔偿责任限制权利

由于船舶不断向大型化、专业化方向发展，一旦发生船舶碰撞事故往往损失惨重，如果事故发生后要求责任人全额赔偿，则会导致责任人面临破产的风险，因此《海商法》第十一章有关于海事赔偿责任限制的规定，通过海事赔偿责任限制制度将船舶责任方的责任限制在一定范围内，以促进航运业和世界经济健康发展。无人船是《海商法》意义上的船舶，因此无人船的所有人，包括船舶承租人和船舶经营人享有赔偿责任限制权利。据此，三级、四级无人船的所有人等都享有赔偿责任限制权利。

五、对无人船合法性与责任承担问题的立法建议

与无人船的发展速度相比，法律有一定的滞后性，有些法律的条款甚至与无人船的特点相悖，这将为无人船的发展带来不良影响。因此，需要对现行法律体系进行甄别，能够适用现行法律法规的，就正确适用，必要时对现行法律法规进行扩大解释；不能适用现行法律法规的，就尽快修订现有规定，或制定针对无人船的新规定，以保证有法可依。

（一）免除“最低安全配员”要求

目前，我国《船舶最低安全配员规则》具体地规定了船上最低船员配额的数目，而第三、第四阶段的无人船并不在船舶上配备船员，不能满足“最低安全配员”的要求。

笔者建议，在《船舶最低安全配员规则》中增加免除适用的条款，只要无人船在技术上能够满足国内外法律规定的安全标准，能够保证海上航行安全，就不需要受“最低安全配员”的限制，免除适用《船舶最低安全配员规则》。

（二）扩大解释或修改船舶取得中国国籍的现行规定

按照对当前法律规定的解释，船舶欲取得中国国籍，必须配备持有中国船员适任证书的船员。然而第三、第四阶段的无人船并不在船上配备船员，即无人船无法满足这一条件。这将会成为现行船舶登记制度下无人船申请中国国籍的最大障碍，也是无人船悬挂中国国旗在中国管辖水域和公海上自由航行的阻碍。

笔者建议，扩大解释或修改《船舶登记条例》第七条的规定，明确无人船上并无应持适任证书的船员，进而中国籍无人船无须配备持有中国适任证书的船员，以避免阻碍无人船航运事业的发展。

（三）制定无人船管理规定

面对未来大量投入使用无人船的趋势，应该尽快研究制定无人船管理规定。目前，国际海事组织、国际海事委员会正在对无人船的法律问题进行研究，我国也应当积极开展对无人船法律问题的研究，为制定无人船管理规定做准备。

笔者建议，制定无人船的管理规定可以参照《无人驾驶航空器飞行管理暂行条例（征求意见稿）》《轻小无人机运行规定（试行）》《智能网联汽车道路测试管理规范（试行）》，[34]由交通主管部门牵头，在多次听取行业专家建议的基础上对无人船系统、无人船驾驶员、航行水域等方面的条件与要求和法律责任作出具体规定。

（四）制定无人船设计、制造等方面的检验规范

目前无人船法定检验和入级检验标准缺失，依照现有的船舶检验规范对无人船进行检验显然是不科学的。中国船级社发布了《智能船舶规范》《船舶智能机舱检验指南》《船舶网络系统要求与安全评估指南》等系列技术文件，但这些文件只是对船舶授予附加标志的规范，并未形成无人船法定检验和入级检验的标准。

笔者建议，我国应当积极开展对无人船的研发与试验，在实践中总结无人船的技术要求，尽快研究制定无人船的设计、制造等方面的检验规范。

（五）扩大解释“良好船艺”“正规瞭望”

目前通常认为，经验丰富的船员才能满足“良好船艺”的要求，“正规瞭望”需要通过人的感知来完成，但第三、第四阶段的无人船上并不配备船员，不能通过人员满足“良好船艺”“正规瞭望”的要求。

笔者建议，对“良好船艺”“正规瞭望”作扩大解释。若无人船与普通船舶的驾驶达到同样的安全程度，则认为无人船具备“良好船艺”，技术瞭望也可以代替人工瞭望。

（六）明确无人船碰撞的责任主体和责任承担方式

当无人船发生碰撞事故时，无人船的所有人、管理人是基本责任主体；当

---

34 国务院、中央军委空中交通管制委员会办公室于2018年组织起草了《无人驾驶航空器飞行管理暂行条例（征求意见稿）》，中国民航局于2015年发布《轻小无人机运行规定（试行）》，国务院工业和信息化部、公安部、交通运输部于2018年发布《智能网联汽车道路测试管理规范（试行）》。

无人船存在产品缺陷导致碰撞事故时，无人船的生产者、销售者也是责任主体；当无人船的零部件、软件系统缺陷导致碰撞事故时，无人船零部件、软件系统的生产者、销售者也是责任主体。

笔者建议，针对无人船所面临的责任分配方面的法律问题应从如下方面予以明确：第一，因无人船存在缺陷导致船舶碰撞事故时，由无人船的所有人、管理人和无人船的生产者、销售者等责任主体承担连带责任；第二，第三级的遥控无人船中，若无人船远程操作人员存在驾驶船舶的过失导致船舶碰撞，则作为承运人的船舶所有人、管理人可主张航行过失免责，而第四级的全自动无人船由于不存在船长、船员的驾驶、管理船舶行为，也就不存在承运人航行过失，承运人不享有航行过失免责的权利；第三，无人船的所有人、管理人的责任承担适用《海商法》的规定，享有海事赔偿责任限制的权利，无人船生产者、销售者的责任承担适用《侵权责任法》的规定，不享有《海商法》中海事赔偿责任限制的权利。

结语

无人船的迅速发展对现行法律提出了挑战。虽然无人船符合国际法、国内法对船舶的传统定义，但无人船不符合我国“最低安全配员”的要求，目前无法获得我国国籍登记，无法通过我国船舶检验。无人船符合“免除”“等效”规则的适用条件，也符合“良好船艺”“正规瞭望”的要求。在责任承担问题上，因无人船存在缺陷导致碰撞事故时，其责任承担既可以适用《海商法》下船舶碰撞的过错责任原则，又可以适用《侵权责任法》下产品责任的无过错责任原则。不能将规制传统船舶的法律机械地适用于无人船，而是应该在适用法律时作出适当的调整，为无人船的发展提供良好的法律环境。

实务研究

职务犯罪认罪认罚从宽制度的问题及其完善

——以G省司法审结的500件职务犯罪案件为样本

付　余*

【内容提要】 2018年新修订的《刑事诉讼法》明确规定了认罪认罚从宽制度的适用范围和条件，职务犯罪案件理应属于认罪认罚从宽处理的范畴。根据近三年G省已经审结的500件职务犯罪案件，职务犯罪认罪认罚从宽存在情节适用较混乱、变更强制措施案件少、简易程序适用少、审理期限长、检察建议较笼统等问题。基于此，我们应从规范层面构建职务犯罪认罪认罚体系、明确适用的罪名和认定情节、细化适用程序，并通过相对明确职务犯罪认罪认罚适用标准、确认认罪认罚程序效力、配置简化的庭前程序和内部程序、保障犯罪嫌疑人的选择权和反悔权来完善职务犯罪认罪认罚从宽工作机制，助推职务犯罪案件认罪认罚从宽制度步入规范化运行的轨道上来。

【关键词】 职务犯罪　认罪认罚　刑罚从宽　实证研究

2016年11月，两高三部发布了《关于在部分地区开展刑事案件认罪认罚制度试点工作的办法》（以下简称《试点工作办法》），制定了适用认罪认罚从宽处罚的条件。2018年10月26日新修订的《刑事诉讼法》对认罪认罚从宽制度的适用范围和条件予以法定化，认罪认罚的全面实施得以正式铺展开来。职务犯罪案件性质特殊，办案难度大，耗费办案资源多，在当前全面从严治党、司法体制改革和监察体制改革的背景下，建构合理的职务犯罪认罪认罚从宽制度

---

* 付余——西南政法大学博士研究生，广东省佛山市纪委监察委干部，原广东省佛山市人民检察院二级检察官。本文系2018年度最高人民检察院检察理论研究课题“认罪认罚从宽制度中规范性量刑建议研究”（项目编号：GJ2018C22）、西南政法大学2017年度“十九大”专项项目“司法综合配套改革背景下认罪认罚实体从宽研究”（项目编号：2017XZZXQN-14）的阶段性研究成果。

是提升反腐败工作成效、节省办案资源的一项重要任务。基于此，笔者拟从实务视角出发，对当下职务犯罪的认罪认罚适用情况进行一番检视，并对其中存在的部分问题提出合理性对策。

一、职务犯罪认罪认罚从宽的必要性

职务犯罪案件适用认罪认罚制度，不仅在法律规范中已有明确规定，而且对提高办案效率、提升办案质量、保障犯罪嫌疑人的合法权益、降低办案成本具有十分重要的作用。

（一）现有法律规范提供了良好的法治运行基础

《刑法》第八章规定，贪污罪、受贿罪、行贿罪在提起公诉或被追诉前主动交代自己罪行的，可以从轻、减轻或者免除处罚。[1] 相对于《刑法》总则的规定，职务犯罪认罪认罚的从宽幅度更大。[2] 2015 年《刑法修正案（九）》对贪污、受贿罪中减免处罚的条件进行了限制，但对认罪退赃和挽回损失的从宽处理则更加突显。《监察法》将涉嫌职务犯罪的被调查人认罪认罚作为向人民检察院提出从宽处罚建议的条件。[3] 2018 年《刑事诉讼法》将适用认罪认罚的案件范围和条件予以明确，并且将监察机关办理的认罪认罚的职务犯罪案件纳入速裁程序的范畴；[4] 司法解释方面，2009 年两高颁布的《关于办理职务犯罪案件认定自首、立功等量刑情节若干问题的意见》、2012 年两高颁布的《关于办理职务犯罪案件严格适用缓刑、免于刑事处罚若干问题的意见》，在职务犯罪案件从宽处罚情节认定和缓免刑的适用上严格控制，但在认罪认罚、退赃等情节上则体现出从宽的一面。笔者认为，因为职务犯罪案件相比普通刑事案件具有特殊性，调查难度大，为了鼓励犯罪人认罪认罚，职务犯罪案件不仅适用认罪认罚制度，而且比普通犯罪的从宽幅度更为明显。

（二）有利于提升办案效率并减轻办案压力

党的十八大以来，反腐败的力度不断加大，职务犯罪案件的数量较以前力度出现大幅上升，大案要案的比例明显增加。我国近五年办理的职务犯罪案件

---

1 参见《刑法》第三百八十三条、第三百八十六条、第三百九十条、第三百九十二条的规定。

2 《刑法》第六十七条第三款。

3 《监察法》第三十一条。

4 参见《刑事诉讼法》第十五条、第一百七十二条、第一百七十四条的规定。

人数为254419人，较前五年上升了16.4%。[5]当前，职务犯罪的办案人员并没有随着案件量而增加，司法改革后具备办案资格的检察官和法官人数相对减少，案多人少的矛盾较为明显。职务犯罪案件从侦查（调查）、起诉到审判，相比其他案件需要花费更大的办案资源，犯罪人如果能认罪认罚，减少与办案机关的对抗，能够明显地提升办案效率，节省诉讼资源，降低诉讼成本，从而有效地减轻办案压力。

（三）有利于加强人权保障和防止冤假错案

刑事诉讼期限的漫长给犯罪人及犯罪人家属带来了精神和肉体上的痛苦，适用认罪认罚制度，可以缩短犯罪人的羁押期限，对犯罪人来说是一件好事。但在其他犯罪领域的认罪认罚案件中，有将认罪认罚作为引诱犯罪人口供的条件，或将认罪认罚作为放纵犯罪人的“幌子”，甚至徇私枉法的现象。党的十八届四中全会明确提出，大力加强人权的司法保障，完善对限制人身自由司法措施和侦查手段的司法监督，防止冤假错案。因此，职务犯罪案件认罪认罚制度必须规范相应的标准，避免办案人员滥用认罪认罚制度，导致出现冤假错案。

（四）有利于司法实践经验的推广实施

职务犯罪案件适用认罪认罚最多的案件是行贿案件，因为司法实践中，职务犯罪案件重视言词证据，行贿人的证言对突破案件起着关键的作用，不少行贿人在被追诉以前主动交代的话能够被从轻、减轻或免于刑事处罚。对于数额较小的职务犯罪案件，认罪认罚的案件作出相对不诉和判处缓刑的比例也相应增加。尤其是试点以来，检察机关在职务犯罪案件中适用简易程序，提出认罪认罚的从宽建议和量刑建议的案件也在逐年增多，法院对检察建议基本上都予以采纳。[6]基于前期司法实践中积累的经验，在当下司法体制改革的推进之中，应当合理地予以吸取，从而助推法治治理现代化的目标有序实现。

二、职务犯罪案件适用认罪认罚的实践现状

本文选取了G省2016年至2018年司法审结的职务犯罪案件500件作为分析样本，涉及的罪名有贪污罪、受贿罪、行贿罪、挪用公款罪、单位行贿罪、私

---

5 以上数据源自2018年《最高人民检察院工作报告》。

6 陈卫东：《认罪认罚从宽制度研究》，载《中国法学》2016年第2期。

分国有资产罪、介绍贿赂罪。[7] 文章采用了统计分析法、个案分析法、描述性分析法、比较分析法的实证研究方法，通过对实践中职务犯罪适用认罪认罚的情形进行梳理归纳，现总结出以下规律。

（一）认罪认罚情节的适用

1. 自首和立功情节的适用情况

在样本中，适用自首的案件有贪污罪 40 件，受贿罪 50 件，行贿罪 58 件，挪用公款罪 25 件，单位行贿罪 32 件，私分国有资产罪 35 件，介绍贿赂罪 29 件，平均适用自首的比例为 55.71%。[8] 适用立功情节的案件有贪污罪 4 件，受贿罪 4 件，行贿罪 1 件，挪用公款罪 1 件，单位行贿罪 0 件，私分国有资产罪 0 件，介绍贿赂罪 0 件，平均适用立功情节的比例为 1.83%。统计显示，职务犯罪认罪认罚案件中适用自首情节的比例较高，一半以上的案件有自首情节，适用立功情节的案件比例很低。

2. 坦白的适用情况

案件样本显示，在判决书中提到坦白情节的情况为：贪污罪 19 件，受贿罪 25 件，行贿罪 16 件，挪用公款罪 12 件，单位行贿罪 10 件，私分国有资产罪 8 件，介绍贿赂罪 9 件，平均适用比例为 19%，坦白适用比例远低于自首情节。究其原因，在于坦白情节的降低量刑幅度较小，加上认定的标准模糊，导致实践中重“自首”轻“坦白”的现象比较突出。

3. 认罪态度的适用情况

认罪态度在判决书中表述有“对指控的犯罪事实和定性均无异议”，“对主要的犯罪事实没有意见”和“自愿认罪悔罪”等不同的认定形式。在 500 份判决书中，认定为认罪认罚的有 350 份，占比为 70%。[9] 其中，被告人全部认可公诉机关指控的犯罪事实和定性的有 280 份，部分认可犯罪事实的有 50 份，对犯罪事实无异议，但对证据和定性有异议的有 20 份。这说明实践中因认罪态度的标

7　G 省是在全国职务犯罪案件高发的省份，也是认罪认罚从宽制度试点的省份，有一定的代表性。本文在中国裁判文书网统计 G 省 2016 年至 2018 年案例共 500 件，采用统计学上的系统抽样法，即从第一个案件开始，每隔一定的数量抽取一个样本的方法。根据 G 省的职务犯罪案件数量特点，按照从高到低的顺序，选取了受贿罪 100 件，行贿罪 100 件，贪污罪 100 件，单位行贿罪 50 件，挪用公款罪 50 件，私分国有资产罪 50 件，介绍贿赂罪 50 件。

8　平均适用比例为先用每个罪名适用情节的案件数除以抽样的案件数，然后再计算七个罪名的平均数。

9　认罪认罚案件为贪污罪 58 件，受贿罪 62 件，行贿罪 78 件，挪用公款罪 35 件，单位行贿罪 38 件，私分国有资产罪 32 件，介绍贿赂罪 47 件。

准没有统一的解释，导致适用过程中认定形式多样，适用效力上较为混乱。[10]

（二）强制措施的适用情况

1. 直接适用取保候审的情况

在认罪认罚案件中，直接适用取保候审的情况是贪污罪 22 件，受贿罪 38 件，行贿罪 55 件，挪用公款罪 8 件，单位行贿罪 22 件，私分国有资产罪 10 件，介绍贿赂罪 26 件，平均适用比例为 48.13%。直接适用取保候审的案件数接近二分之一，说明认罪认罚案件适用非羁押措施比例较高，在适用取保候审的案件中，行贿罪和介绍贿赂罪、单位行贿罪所占比例相对其他罪名较高。

2. 逮捕措施变更为取保候审措施的情况

认罪认罚案件中，逮捕转取保候审的案件情况为：贪污罪 12 件，受贿罪 2 件，行贿罪 8 件，挪用公款罪 3 件，单位行贿罪 12 件，私分国有资产罪 3 件，介绍贿赂罪 5 件，平均适用比例仅为 13.28%。统计显示认罪认罚案件中变更逮捕为取保候审的案件所占比例很低，尤其是受贿案件，适用比例最低。这与职务犯罪案件重言词证据、办案观念较为谨慎有着较大关系。[11]

（三）认罪认罚的审理程序和期限

1. 审理程序情况

认罪认罚案件主要采用的是普通程序，适用简易程序的情况是贪污罪 4 件，受贿罪 5 件，行贿罪 6 件，挪用公款罪 3 件，单位行贿罪 3 件，私分国有资产罪 4 件，介绍贿赂罪 3 件，平均适用比例为 8.3%。总体看来，职务犯罪案件适用普通程序是普遍现象，适用简易程序是例外现象，甚至一些涉案金额小、案情简单，能适用简易程序的认罪认罚案件也常适用普通程序。

2. 审理期限情况

在 350 份职务犯罪案件认罪认罚判决书中，审理期限最短为 8 天，审理期限最长的为 540 天，平均审理期限为 113.47 天，认罪认罚案件从起诉到法院一审判决的平均时间反而比未认罪认罚案件还要长 12 天。适用简易程序平均审理时限为 13.5 天，没有一件当庭判决。职务犯罪认罪认罚案件平均审理期限过长，直接导致认罪认罚案件的程序简化效果降低，增加了司法负担。

10　在统计样本中，只要有认罪的情节，即使对罪名、部分事实或证据有异议，都认定为认罪认罚案件。

11　朱孝清：《职务犯罪侦查措施研究》，载《中国法学》2006 年第 1 期。

（四）认罪认罚从宽的程序效力

1. 检察建议的适用情况

在认罪认罚的职务犯罪件中，提到从轻或减轻处罚的建议情况是：贪污罪 52 件，受贿罪 58 件，行贿罪 55 件，挪用公款罪 22 件，单位行贿罪 18 件，私分国有资产罪 20 件，介绍贿赂罪 17 件，平均适用比例为 66.1%。检察机关的量刑建议多数表述为对自首、认罪、坦白、退赃等情节可以从轻或减轻处罚，并未对情节进行区分。在职务犯罪认罪认罚案件中，检察建议中对认罪认罚情节的从宽处罚建议适用的比例不高，表述也比较笼统，判决书中采纳被告人或辩护律师提出的从宽处罚建议的现象较普遍。

2. 量刑建议的适用情况

检察机关的量刑建议很少提出具体量刑的幅度，在认罪认罚案件中仅有 35 个案件提到了量刑建议，占认罪认罚案件数的 10%，量刑结果提出是否适用缓刑或免于刑事处罚的仅有 3 件，占提出量刑建议案件的 8.6%。2018 年《刑事诉讼法》对认罪认罚量刑建议作了硬性规定，但因之前法律规定的相对滞后、办案观念较为保守，间接阻碍了认罪认罚案件量刑建议的正常适用，尤其是建议判处缓刑和免于刑事处罚的案件所占比例极少。[12]

三、职务犯罪案件适用认罪认罚从宽制度存在的问题

自 2016 年全国部分地区开展认罪认罚从宽试点工作以来，对案件的繁简分流起到了很好的推动作用，对于提高司法办案效率、提升案件质量都取得了明显的效果。但是在司法实践中，包括试点城市在内，多数案件在适用认罪认罚制度过程中仍然存在着不同的问题。究其原因，现有立法规定和司法实践都存在着亟待完善之处。

（一）立法上存在的不足

1. 认罪认罚体系化发展相对滞后

虽然认罪认罚制度的试点是从 2016 年开始，但是认罪认罚的理念在刑法和其他法律中早就已经存在。《刑法》但书的规定，《刑事诉讼法》中相对不诉的条件都蕴含着认罪认罚的内涵。但现有法律发展相对滞后，概念较为模糊，标

---

12 《刑事诉讼法》第一百七十六条第二款规定：“犯罪嫌疑人认罪认罚的，人民检察院应当就主刑、附加刑、是否适用缓刑等提出量刑建议，并随案移送认罪认罚具结书等材料。”

准缺乏统一，给认罪认罚的适用带来了较大的困扰。[13]

一是认罪认罚的法律概念和基本体系存在缺陷。从法律概念来看，《刑事诉讼法》总则第一章第十五条规定："犯罪嫌疑人、被告人自愿如实供述自己的罪行，承认指控的犯罪事实愿意接受处罚的，可以依法从宽处理"，该条款可以作为认罪认罚的程序概念，但《刑法》总则中仅对限制刑事责任能力人、无刑事责任能力人、年满七十五周岁人、盲聋哑人、正当防卫和紧急避险的情形、自首、坦白和立功情节提出了从宽处罚规定，没有对认罪认罚情节从宽处理进行界定。[14]笔者认为，要明确认罪认罚的法律概念，《刑法》总则应对接《刑事诉讼法》总则，对认罪认罚从宽处理的实体概念进行界定，并明确认罪认罚与自首、坦白、立功等其他情节之间的关系。

从基本体系来看，认罪认罚的规定分布在不同的法律规定中，《刑法》与《刑事诉讼法》在衔接上存在矛盾之处。《刑法》分则仅对贪污罪、行贿罪、受贿罪、介绍贿赂罪作出认罪认罚从宽处理的规定，《刑事诉讼法》对适用认罪认罚的条件和程序作出了明确规定，《监察法》对职务犯罪调查阶段适用认罪认罚作出了从宽处罚的规定。[15]建立认罪认罚从宽处理的法律体系，法律规定之间必须保持协调一致，问题在于：新修订后的《刑事诉讼法》规定的认罪认罚案件适用于所有自愿供述、承认犯罪事实并接受处罚的罪名，而《刑法》分则只是对部分罪名作出了认罪认罚的规定，两者在衔接上出现了矛盾。笔者认为，《刑法》应当只列举不能适用认罪认罚的罪名，而不是列出适用认罪认罚的罪名，只有这样，才能形成协调统一的认罪认罚法律体系。

二是认罪标准和认罪认罚效力的不统一。《刑法》和《刑事诉讼法》对认罪的标准并未作出明确的规定，对于认罪应当达到什么程度没有明确，如果涉及多宗犯罪事实，是切割开来认定，还是综合全案来考虑，在司法实践中也存在着争议；在认罪认罚效力上，《刑法》没有规定认罪认罚量刑减让的效果。2016 年两高五部《关于在部分地区开展刑事案件认罪认罚制度试点工作的办法》（以下简称《试点工作办法》）中提到，"认罪认罚案件，可以依法从宽处理"，但在统计的 350 件职务犯罪认罪认罚案件中，检察建议中提到量刑建议的仅有 35 份；在认定具有认罪认罚情节的个案中，存在一些案件没有体现出从宽

---

13 熊秋红：《认罪认罚制度的理论审视和制度完善》，载《法学》2016 年第 10 期。

14 黄京平：《认罪认罚从宽制度的若干实体法问题》，载《中国法学》2017 年第 5 期。

15 《刑事诉讼法》第八十一条、第一百二十条、第一百六十二条、第一百七十二条、第一百七十三条、第一百七十四条、第一百七十六条、第一百八十二条、第一百九十条、第二百零一条、第二百二十二条对认罪认罚案件在告知程序、强制措施适用、量刑建议、速裁程序适用等作出了明确的规定。

的效力。例如，2017年，某市地税局局长周某贪污案和某市A区地税局副局长李某贪污案，涉案金额都是220万元，法院认定周某有自首和认罪认罚、退赃情节，李某只有自首和退赃情节，但两者的量刑都是有期徒刑5年。

2. 适用职务犯罪的罪名和认定情节模糊

首先，《刑法》中适用职务犯罪的罪名规定模糊。《刑法》中规定的适用认罪认罚的职务犯罪罪名有贪污罪、受贿罪、行贿罪、介绍贿赂罪，但职务犯罪的其他罪名是否能适用认罪认罚的规定呢？[16]在《刑法》总则没有明文规定的情况下，实践中是不能随意加以适用的。例如，私分国有资产罪、单位受贿罪等，虽然在法定刑上相对较轻，但犯罪的性质和社会危害性都是基本一致的，人为进行区分不符合认罪认罚制度的精神。

其次，《刑法》对认定情节的规定也较为模糊。以贪污罪为例，《刑法》第三百八十三条第三款规定，在提起公诉前，有坦白、认罪悔罪、退赃情节的，可以从轻、减轻或免除处罚，受贿罪也是此规定。就汉语的表述习惯，该法条可以得出两个结论：一是在法条中规定坦白、认罪、退赃三者为并列关系，三者之间没有“或”字，只有同时具有三种情节的，才能从轻、减轻或免除处罚；二是起诉后具有三种情节的，不能从轻、减轻或免除处罚。一旦基于上述法条字面的理解，则会违背认罪认罚的基本政策“认罪认罚可以从宽处理”；坦白的犯罪人将会越来越少，因为只有坦白没有认罪和退赃，也不能从轻、减轻或免除处罚。在现有职务犯罪模式主要依靠“由供到证”的情况下，无疑会加大职务犯罪查处的难度。起诉之后被告人也不会再退赃，因为已经无法得到量刑减让的效果，这将不利于挽回国家遭受的损失。[17]

3. 职务犯罪认罪认罚的程序规范不足

职务犯罪案件在那些阶段适用认罪认罚从宽处理，认罪认罚的情节与从宽处理如何对应，现有的立法规定不是很完善。

一是适用认罪认罚的阶段不明确。《刑法》规定的职务犯罪适用认罪认罚从宽阶段是在提起公诉前；《试点工作办法》中没有明确认罪认罚的适用阶段，新修订的《刑事诉讼法》规定，在批捕阶段应当考虑认罪认罚情节，在审查起诉期间应当告知犯罪嫌疑人认罪认罚的法律规定，法院在审判期间，应当告知被

---

16 参见《刑法》第三百八十三条、第三百八十六条、第三百九十条、第三百九十二条的规定。

17 韩成军：《职务犯罪认罪认罚从宽制度中的检察职能发挥》，载《福建法学》2016年第6期。

告人认罪认罚的权利；[18]《监察法》规定，涉嫌职务犯罪的被调查人认罪认罚的，报上一级监察机关批准，可以在移送人民检察院时提出从宽处罚的建议。[19]从以上规定可以看出，职务犯罪认罪认罚在适用阶段上是不太明确的；《刑法》《监察法》与《刑事诉讼法》的衔接也不太一致，到底是在哪一个阶段适用认罪认罚，没有形成统一的规定。在抽样的案件中也可以看出，法院认定的认罪悔罪，基本上只写明了认罪认罚的情节，但没有写明在哪个阶段。检察机关的检察建议中也没有写明认罪认罚的具体阶段；此外，在时间上，认罪认罚的早晚问题是否影响从宽处罚的幅度，现行法律法规也没有作出明确规定。

二是认罪认罚情节与具体从宽处理对应关系不明确。其一，认罪认罚情节适用从宽处罚的表述不一致。在法律规定上，《刑法》规定贪污罪、受贿罪、行贿罪、介绍贿赂罪可以从轻、减轻或免除处罚，《试点工作办法》规定可以依法从宽处理，新修订的《刑事诉讼法》规定依法可以从宽处理。在统计的案例中，在认罪的情节适用从宽处罚的规定上，多数的判决书表述的是"可酌情从轻处罚"，部分判决书表述为"依法对其从轻处罚"，也有少数判决书写的是"可以从轻或减轻处罚"，极少数案件判决书表述的是"可以免除处罚"。[20]实践中如此模糊的表述，再加上认罪认罚情节作为授权型量刑情节，最终决定权在法官处，导致最终结果是可以从宽，也可以不从宽。[21]其二，认罪认罚情节与从宽处罚的对应不一致。根据最高人民法院《人民法院量刑指导意见（试行）》和《关于常见犯罪的量刑指导意见》（以下简称《量刑指导意见》）规定，单纯的当庭自愿认罪只能减让基准刑的10%，在所有从轻量刑的幅度情节中，这几乎是量刑幅度最小的，但认定自首和坦白的除外。因为这种笼统的规定，实践中认罪与量刑从宽处理的对应不一致。在抽样案件中，适用认罪、自首、立功减轻处罚的有285人，占总人数的81.4%。在刑罚适用上，认罪加自首和退赃适用缓刑的案件有295人，占总人数的84.3%，由此可见，认罪加自首和退赃被宣告缓刑成为常态，同时存在量刑失衡的个别案例。如在某市A区电信公司营销部总经理王某贪污案和某市B区照明集团公司副总李某贪污案中，适用情节都认定的是认罪、自首和退赃，两个案件的涉案数额都是一百五十多万元，但

18　参见《刑事诉讼法》第十五条、第八十一条、第一百七十六条、第一百九十条、第一百二十条的规定。第一百二十条是规定侦查人员自讯问阶段应当告知犯罪嫌疑人认罪认罚的诉讼权利，但监察体制改革后，该条不适用于职务犯罪案件。

19　《监察法》第三十一条。

20　多数判决书将自首和坦白、立功、初犯、退赃等情节放在一起表述，无法区分具体认罪情节的量刑减让。

21　［德］托马斯·莱塞尔著：《法社会学基本问题》，王亚飞译，法律出版社2014年版，第20~22页。

王某适用缓刑，李某被判处一年有期徒刑。

（二）司法实践中的困境

1. 职务犯罪认罪认罚的适用混乱

职务犯罪案件侦查模式采取较多的是“由供到证”，虽然坦白的情节在职务犯罪案件认罪认罚中适用较多，但量刑上却没有得到明显的体现；出于办案的需要，职务犯罪认罪认罚的案件在强制措施适用上也没有让犯罪嫌疑人得到应有的优待；在现有的考核机制下，职务犯罪认罪认罚案件作出相对不诉的比例较低，制约了认罪认罚案件的审前分流。

一是坦白情节适用率较低。统计的职务犯罪认罪认罚案件中，在判决书中提到如实供述自己的或同案人的全部或部分犯罪事实的有90份（除自首中认定的如实供述自己犯罪事实之外），占认罪认罚案件的比例为25.7%，这说明坦白情节的适用比例较低。根据最高人民法院《量刑指导意见》，坦白可以减少基准刑的20%以下，虽然没有自首减轻幅度那么大，但对当事人来说却是一个重要的量刑减让情节。从实践现状来看，职务犯罪案件坦白情节适用过低的原因有两方面，其一是坦白情节容易被自首情节所涵盖，担心重复评价；其二是坦白情节的从宽幅度小，没有给予足够的重视。如抽样案例中的某市国土局局长王某受贿案，其主动投案后交代了侦查机关尚未掌握的其他20多宗受贿事实，但法院判决书中只是对自首情节进行了评价，并未提及坦白情节。坦白情节适用率过低，将会挫伤犯罪嫌疑人到案后坦白交代的积极性，即使交代罪行也是有选择性地交代，因为坦白交代了不但不会作为量刑减轻的依据，反而还会增加量刑。这对办理职务犯罪来讲是一个“硬伤”，既影响办案效率和质量，还会导致量刑不均衡和不公正的现象发生。

二是变更强制措施的适用较少。对职务犯罪认罪认罚的犯罪人来讲，除了判决时得到一定的量刑减让，在强制措施适用上也应当有所区别。在统计的案件中，逮捕转为取保的仅占认罪认罚案件总数的12.8%，大部分案件都是直接适用逮捕或取保，还有少数案件是取保转逮捕。统计案件情况表明对职务犯罪的犯罪嫌疑人和被告人通常都会采取逮捕措施，即使认罪认罚，也不会轻易变更为取保候审。[22]究其原因，实践中主要有两方面的因素：其一是出于安全考虑，担心犯罪嫌疑人变更为取保候审后串供和毁灭证据；其二是防止外界的误

22 何永星、倪集华著：《职务犯罪侦查谋略》，中国检察出版社2007年版，第13页。

解，误以为办案人员收受了犯罪嫌疑人的好处。[23] 值得注意的是，对于某些国企或民营企业涉嫌行贿案件，对已经认罪认罚的行贿人长时间采取羁押措施，将会对企业带来很大的影响。[24] 例如，某市房地产开发商王某涉嫌单位行贿案中，尽管王某认罪认罚，法院最后判处的也是缓刑，但王某在立案后被羁押长达六个月，最后导致企业资金链断裂。根据《刑事诉讼法》第六十五条和第七十九条的规定，在犯罪嫌疑人不具有社会危险性的情况下，均可以由逮捕转为取保候审。从长远来看，加强非羁押强制措施在职务犯罪认罪认罚案件中的运用，能够进一步提升犯罪人认罪认罚的主动性，而且能取得较好的社会效果。

三是作出相对不诉的案件受限制。在统计的职务犯罪案件中，涉案数额在 10 万元以下的有 60 件，占案件总数的 17.1%，这部分案件中判处缓刑和免于刑事处罚的有 54 件。从判决书可以看出，被判处缓刑和免于刑事处罚的案件都具有认罪认罚情节，而且事实清楚，证据充分。根据《刑事诉讼法》第一百七十三条第二款规定，这部分案件依照《刑法》规定不需要判处刑罚或免除刑罚的，依法应当作出不起诉的决定。但《试点工作办法》第二十六条规定："本办法没有规定的，适用刑法、刑诉法等有关规定"，对于不起诉案件则援引现有的《人民检察院办理不起诉案件质量标准（试行)》规定，由于该规定对不起诉案件质量和标准规定抽象、模糊，认定主观性强，这无形中提高了在审查起诉阶段对认罪认罚案件不起诉被认定为错案或者质量不高的风险，公诉机关为了稳重起见，不会主动去适用相对不诉。[25]

2. 认罪认罚的程序效力难以体现

职务犯罪案件的程序效力主要体现在检察机关的起诉建议中，据统计的数据可以看出，检察建议存在以下两方面问题。

一是检察机关的从宽处罚建议适用较少。案件样本显示，职务犯罪认罪认罚案件中提出从宽处罚建议的仅占认罪认罚案件的 10%，这足以说明实践中仍然偏重指控犯罪、忽视量刑减让。从判决书的说理部分可以看出，客观上的原因是某些量刑减让情节存有争议，主观上的原因却是某些情节在案件事实中确实存在（起诉书也已经提到了认罪认罚的情节)，在检察机关的量刑建议部分却未提及。如 2016 年，某市检察机关办理的医疗器械供应商张某行贿案中，张某在被检察机关带回调查期间，主动交代了侦查机关尚未掌握的行贿事实，起诉

23 郭立新著：《检察机关侦查实务 · 侦查证据文书鉴定卷》，中国检察出版社 2005 年版，第 72 页。

24 张军检察长在 2019 年《最高人民检察院工作报告》中提到，认真学习贯彻习近平总书记在民营企业家座谈会上的重要讲话精神，强调审慎采用限制人身和财产权利的办案强制措施。

25 陈伟、霍俊阁：《认罪认罚审前分流的制度优化》，载《新疆社会科学》2018 年第 4 期。

书在指控的犯罪事实部分已经明确提到该情节，但在检察机关的起诉建议部分却未提及对此情节予以从宽处罚的建议，法院在判决说理部分接受了辩护律师王某的辩护意见后追认了该量刑减让情节。这说明职务犯罪案件认罪认罚从宽处罚建议适用较少将会直接影响检察机关的司法公信力。

二是检察机关的量刑建议适用较为笼统。首先，在统计的案例中，检察机关的量刑建议多数表述为对自首、认罪、坦白、退赃等情节可以从轻或减轻处罚，但无法辨别对哪些情节是从轻处罚，对哪些情节是减轻处罚。其次，检察机关的量刑建议很少提出具体量刑的幅度和适用刑罚的种类。这种笼统化的建议会导致法院在认定中不会去主动适用量刑减让，这对部分认罪认罚的职务犯罪案件被告人的量刑减让权益无疑是一种无形的剥夺。导致此现象有两个原因，第一是为了节省工作量，不对情节加以区分；第二是为了防止出现前面所述的案件质量考核问题，降低出现案件认定错误或质量不高的风险。[26]

3. 认罪认罚案件程序简化的不足

职务犯罪认罪认罚案件在程序上的简化也存在着不足。据统计样本看，职务犯罪认罪认罚案件的审理程序以普通程序为主，以简易程序为例外。简易程序适用率较低，案件审理时限普遍偏长，司法效率较为低下，犯罪人认罪认罚的程序性权益得不到有效保障。

一是简易程序适用率较低。在抽样的职务犯罪认罪认罚案件中，判处三年以下有期徒刑的案件所占比例为 70%，但主要是适用普通程序，适用简易程序的案件有 28 件，仅占所有认罪认罚案件的 8%。在适用简易程序的案件中，判处有期徒刑三年以下的有 3 件，占 10.7%，判处缓刑的有 18 件，占 64.3%，判处免于刑事处罚的有 7 件，占 25%。这说明适用简易程序主要集中在判处缓刑和免于刑事处罚的案件。简易程序之所以适用率低，主要原因是简易程序也要履行与普通程序同样的内部报批流程，鉴于适用简易程序的时间短暂，检察官与法官手头往往积压着大量案件，因此他们更倾向于适用普通程序。[27] 如某镇干部刘某在办理危房改造过程中受贿 3.8 万元，该案适用普通程序审理，审理期限 148 天，最后被判处拘役 6 个月，缓刑 6 个月。《刑事诉讼法》第二百零八条明确规定了基层人民法院适用简易程序审理案件的条件，只要案件事实清楚，证据充分，被告人对指控的犯罪事实和适用简易程序无异议即可适用。但实践中这项

---

26 张国轩著：《检察机关量刑建议问题研究》，中国人民公安大学出版社 2010 年版，第 234 ~ 235 页。

27 《刑事诉讼法》第二百二十条规定："适用简易程序审理案件，人民法院应当在受理后二十日以内审结；对可能判处的有期徒刑超过三年的，可以延长至一个半月。"

规定贯彻得并不到位。[28]

二是审理期限较长。职务犯罪认罪认罚案件的平均审理期限较长，司法效率较为低下。归结原因，主要有两点，第一是职务犯罪案件本身比较复杂，有些案件可能涉及补充侦查和延期审理，如某市政府副秘书长宴某贪污受贿案，涉案金额300多万元，该案件涉及的犯罪事实较多，检察院又退回补充侦查，导致法院审理期限高达540天。第二是办案人员对审理期限的重视程度不够。在职务犯罪案件的办理过程中，办案人员将主要精力放在指控犯罪嫌疑人的犯罪事实上，对程序性方面的审理期限问题没有给予足够的重视，存在“借时间”的情况。[29]如某市电信公司经理刘某行贿案，审查起诉期间两次退查，但补充的仅为一些程序性的文书，存在公诉部门“借时间”的嫌疑。

4. 告知程序的形式化

《刑事诉讼法》第一百二十条第二款、第一百七十三条第二款、第一百九十条第二款明确规定了侦查机关和检察机关、法院有告知犯罪嫌疑人和被告人依法享有的诉讼权利和认罪认罚的法律规定[30]，但在职务犯罪认罪认罚案件中，能够实际履行告知程序的较少。[31]实践中，告知程序适用较少的原因有两方面，一方面是办案人员对适用告知规定存在着顾虑。尽管根据《刑事诉讼法》和《人民检察院刑事诉讼规则》（以下简称《刑事诉讼规则》）的规定，当办案人员履行完告知程序后，才开始讯问犯罪嫌疑人是否有犯罪行为，但办案人员往往只是对《刑法》有明确规定的自首和立功的规定进行告知，却很少告知犯罪嫌疑人认罪认罚的规定。办案人员主要担心的是告知认罪认罚的规定可能会被误解为引供、诱供，使得侦查工作陷入比较尴尬的境地。另一方面是告知工作缺乏一定的程序设计和专业培训。实践中如何将讯问和告知工作有效融合到一起，不对讯问工作带来障碍和影响，将法律职责转化为一项具体工作，这不是简单的技术操作层面的问题，而是需要办案人员更多地去学习相关程序规定，还应有必要的专门培训，督促办案人员变被动适用为主动适用，否则，告知程序规定难免落入形式化。[32]

---

28 朱孝清：《认罪认罚从宽制度中的几个问题》，载《法治研究》2016年第5期。

29 陈卫东著：《被告人认罪案件简化审理程序》，中国检察出版社2004年版，第253~254页。

30 此处的侦查机关指的是原职务犯罪侦查部门（反贪局、反渎局）。

31 统计的案例中，只有适用简易程序的案件提到检察机关告知犯罪嫌疑人认罪认罚从宽处理的建议，其他适用普通程序的案件则很少提到。这不排除判决书将建议省略的情况，但总体上告知程序的适用不多。笔者也对部分办案人员进行过调查访谈，实践中真正能落实告知制度的不多，普遍存在告知程序形式化的现象。

32 韩成军：《职务犯罪认罪认罚从宽制度中的检察职能发挥》，载《浙江学刊》2016年第6期。

四、职务犯罪认罪认罚从宽制度的完善构想

针对职务犯罪认罪认罚案件在司法实务中出现的问题，如何适应新《刑事诉讼法》修改的需要，完善职务犯罪认罪认罚从宽制度，笔者建议从规范层面完善现行法律法规，从实务层面构建认罪认罚从宽工作机制。

（一）提出立法和司法解释的建议

1. 构建多元化的认罪认罚体系

我国《刑法》已经将自首和立功作为认罪认罚的两种表现形式，但没有对认罪认罚作出单独规定，也没有对认罪认罚的概念作出规定，如在自首和立功之外，还是否存在认罪认罚的情节，如坦白等。笔者建议，首先，《刑法》应当将认罪认罚纳入《刑法》总则当中，在自首、立功之外，对认罪认罚单独作出规定。新修订的《刑事诉讼法》虽对认罪认罚的适用阶段作出了较为明确的规定，但尚不成体系，建议将认罪认罚作为程序编，单独成章，进行系统归纳。《刑事诉讼规则》也应当对应《刑事诉讼法》，将认罪认罚作为单独章节进行规定。司法解释尽管对贪污罪、受贿罪作出了认罪认罚的从宽处理规定，[33]但并不全面，可以针对《刑法》和《刑事诉讼法》适用认罪认罚过程中出现的特殊情形，再作出更加细化的规定。

其次，在认罪标准和认罪效力上，法律规定必须明确。对于认罪认罚的标准，司法解释必须作出明确规定，新修订的《刑事诉讼法》将自愿如实供述自己的罪行作为认罪，将承认的犯罪事实并愿意接受处罚作为认罚，这个标准仍然比较笼统。在实践中，可能存在对犯罪事实认同、对定性不认同的情形，或者对犯罪事实认同、对证据不认同，还有对部分犯罪事实有异议的情形，司法解释应当明确界定认罪认罚的不同情形，统一认罪认罚的标准，防止出现多重认定标准的情形。[34]在认罪认罚效力上，司法解释也应当进一步明确不同的量刑减让效力，对认罪认罚的情节、程度、事实，必须结合全案来综合考量，赋予法官一定的自由裁量权，由法官来确定认罪认罚的刑罚减让量。[35]

---

33 《刑法修正案九》第四十四条规定："犯第一款罪，在提起公诉前如实供述自己的罪行……可以从轻处罚。"

34 如前所述，实践中出现了多种认定认罪认罚的不同表述。

35 王瑞君：《认罪认罚实体法视角的解读及司法适用研究》，载《政治与法律》2016年第5期。

2. 确定职务犯罪认罪认罚适用罪名和适用情节

首先，《刑法》分则应当扩大职务犯罪适用认罪认罚的罪名。在《刑法》分则中，现有认罪认罚从宽处理的规定仅仅适用于贪污罪、受贿罪和行贿罪，而没有适用到其他职务犯罪的罪名，从案件的社会危害性和作案方式来看，贪污贿赂犯罪具有同质性，都应采用从宽处理措施，而不应该有所区分。笔者建议将贪污罪的认罪认罚从宽处理规定适用于私分罚没财物罪和私分国有资产罪，将受贿罪的从宽处理规定适用于单位受贿罪和利用影响力受贿罪，将行贿罪的特殊从宽处理规定适用于单位行贿罪、对单位行贿罪和对有影响力的人行贿罪。渎职犯罪也可以参照贪污贿赂罪来适用从轻处罚规定。只有这样，才能统一职务犯罪从轻处罚的标准，也能使司法机关的办案过程更加便捷。

其次，统一职务犯罪认罪认罚适用情节的相关规定。在情节认定上，建议修改《刑法》第三百八十三条的规定，改为在提起公诉前有坦白、悔过、积极退赃、避免和减少损害结果发生的这几种情形之一的，在量刑时可以从轻处罚，将这几种情节改为“或”的关系，而不是并列关系。另外，增加设置在起诉之后，对具有认罪认罚情节的也应当采用从轻处罚的规定，只是在从轻处罚的适用幅度上低于在提起公诉之前。[36]综合看来，《刑法》总则应当将认罪和悔罪的情节规定予以优化，统一情节适用的规定，对既有认罪情节，又有悔罪情节，犯罪情节轻微，社会危害性也很小的案件，应当建议适用免于处罚。只有优化职务犯罪认罪从轻处罚的情节规定，统一适用的标准，才能更好地鼓励犯罪嫌疑人主动认罪悔罪，并主动退赃，弥补为国家造成的损失。[37]

3. 明确职务犯罪认罪认罚适用的程序

首先，明确好职务犯罪认罪认罚的适用阶段。《刑法》《刑事诉讼法》《监察法》在职务犯罪适用认罪认罚上应当作出协调一致。参照《监察法》第三十一条和《刑事诉讼法》第一百二十条第二款的规定，职务犯罪案件在调查期间与其他犯罪在侦查期间具有适用认罪认罚的同一性质。因此，笔者建议将职务犯罪认罪认罚从调查阶段开始适用，在审查起诉、法院审判阶段理应适用。不同的阶段，以及同一阶段认罪认罚的早晚也应有所区分，虽然目前修订的《刑事诉讼法》没有规定这个问题，《刑法》《监察法》及相关司法解释也未提及，但根据法理可以得出，认罪认罚从宽处理的幅度应该与认罪认罚的阶段和认罪认罚的早晚相对应，建议司法解释进一步明确这一点，通过量刑减让进行区分，

---

36 吴林生：《刑法修正案（九）草案的得失与修改建议》，载《中国刑事法杂志》2015 年第 1 期。

37 陈光中、马康：《认罪认罚制度若干重要问题探讨》，载《法学》2016 年第 8 期。

鼓励犯罪嫌疑人能尽早认罪认罚。[38]

其次，将职务犯罪认罪认罚中的授权型量刑情节提升为应当型量刑情节。[39]在职务犯罪认罪认罚案件中，法院的判决理由中对认罪认罚都是采用“可以”从轻处罚或“可以”酌情从轻的字样，并没有采用“应当”从轻处罚的字样。司法机关采用授权型量刑情节，存在多种因素考虑，诸如办案部门已经掌握犯罪线索，自首或坦白对节约司法资源作用不大；有的案件涉及数额大，性质恶劣，不适宜从宽；有的案件对国家造成了较大损失，即使坦白和退赃也无法弥补等。[40]但笔者认为，应当将授权型量刑情节提升为应当型量刑情节，理由有两点，一是符合罪刑法定和罪责刑相适应原则。因为在立法阶段，我们应当根据犯罪嫌疑人对本身罪行的认识来衡量其责任，在司法阶段，我们再根据罪行的轻重、给国家造成的损失，以及对司法资源的节省程度来综合考量，最后在从宽的幅度内进行量刑，这样也更加符合法律的公平正义。二是更加符合认罪认罚从宽的本义，体现出认罪认罚的法律效果和社会效果。认罪认罚从宽的本义是认罪应当从宽，而不是认罪认罚可以从宽，可以不从宽；也不是多数从宽，少数不从宽。一旦没有统一的标准，则会出现负面效果，犯罪嫌疑人会认为不认罪，可能不会被定罪，即使认罪了，也不一定会被从宽处理，两相对比，犯罪嫌疑人更加倾向于选择不认罪。从社会效果看，同样是职务犯罪认罪认罚的案件，有的从宽，有的不从宽，群众对司法机关的公信力也会产生质疑。

（二）完善职务犯罪认罪认罚从宽的工作机制

1. 明确职务犯罪案件认罪认罚的适用标准

此次《刑事诉讼法》修改吸收了认罪认罚从宽制度，正是体现出诉讼分流、繁简分流的原理。刑事案件适用繁简分流正是化解案多人少矛盾、提高司法效率，实现以审判为中心的刑事诉讼制度改革的重要措施。职务犯罪认罪认罚必须正确厘清情节适用标准、程序适用标准，才能更好地构建从宽处理的审前分流机制。[41]

（1）设置坦白情节在职务犯罪认罪认罚中的适用标准。由于自首在《刑法》中的规定是“主动投案，并如实供述犯罪事实”，与坦白情节在某种程度上

---

38 陈卫东：《认罪认罚从宽制度研究》，载《中国法学》2016年第2期。

39 谭世贵：《实体法与程序法双重视角下的认罪认罚从宽制度研究》，载《法学杂志》2016年第8期。

40 左卫民、吕国凡：《完善被告人认罪认罚从宽处理制度的若干思考》，载《理论视野》2015年第4期。

41 樊崇义：《2018年〈刑事诉讼法〉最新修改解读》，载《中国法律评论》2018年第6期。

有重合之处。实践中往往觉得自首的外延大于坦白，因此对自首的重视程度远高于坦白，自首的从宽幅度也远高于坦白，只有自首无法认定的情况下，才考虑认定坦白。但实际上，认罪的真正内涵就是坦白，在案件中能够体现认罪的主要表现就是坦白。笔者建议，在司法实践中，应当重视对坦白情节的认定，即使存在自首情节，也应当在案件中考虑坦白情节。只有构建合理的坦白情节适用标准，提高坦白对量刑减让的幅度，才能在实践中促使犯罪嫌疑人到案后主动去供述犯罪事实。

（2）明确职务犯罪认罪认罚案件变更强制措施和相对不诉的适用标准。职务犯罪案件因其特殊性，以及办案人员观念相对比较谨慎，导致案件适用变更强制措施少，适用不起诉案件比例低等现象。为了构建职务犯罪认罪认罚案件的程序分流机制，必须明确变更强制措施和相对不诉案件的适用标准。[42]笔者认为，对于可能判处三年以下的职务犯罪案件，只要犯罪嫌疑人和被告人认罪认罚，便可以变更逮捕措施为取保候审，实现法律效果和社会效果的统一；对于可能判处一年以下的案件，如果犯罪嫌疑人或被告人认罪认罚，并有自首、坦白、退赃等情节，检察机关可以作出相对不诉的决定。[43]

2. 确认职务犯罪认罪认罚从宽的程序效力

（1）职务犯罪认罪认罚案件应当适用检察建议。判决书中的检察建议本身是对犯罪嫌疑人的事实与情节、性质和后果的综合认定，对法官在综合考量被告人的量刑情节时起着重要参考作用。[44]但从实践来看，判决书中被告人的认罪认罚情节较少在检察建议中体现，法院在判决说理部分较多采纳了被告人的供述和辩解与辩护人的辩护意见。尽管法院会综合全案事实来认定职务犯罪被告人的认罪认罚情节，但检察建议的弱化会导致浪费司法资源，审理期限延长，剥夺了犯罪嫌疑人和被告人的合法权益。因此，笔者建议在审查起诉阶段，检察机关将犯罪嫌疑人的认罪认罚情节先核实清楚，并在起诉书中予以列明，检察建议部分必须列明所有认罪认罚的情节，即使是检察机关不予认可的认罪认罚情节，也应当予以说明。[45]

（2）职务犯罪认罪认罚案件的检察建议要体现从宽的程序效力。检察建议过于笼统会直接导致职务犯罪认罪认罚案件的从宽程序效力弱化。首先，职务犯罪认罪认罚案件中的检察建议应当区分适用的认罪认罚情节，细化从宽的表述。比如对于自首和坦白，可以建议适用非羁押的强制措施，在量刑时予以考

---

42 王敏远：《认罪认罚从宽制度疑难问题研究》，载《中国法学》2017年第1期。

43 郭烁：《酌定不起诉制度的再考查》，载《中国法学》2018年第3期。

44 林钰雄著：《检察官论》，法律出版社2008年版，第153～158页。

45 例如，自首的认定，实践中也是认定标准不一，但都应当在检察建议中予以说明。

虑从轻或减轻处罚；对于立功，可以建议量刑时予以从轻或减轻处罚；既有自首，又有立功的，可以建议量刑时予以从轻、减轻或免除处罚；对于退赃等情节，可以建议量刑时予以从轻或减轻处罚。只有区别对待不同的量刑情节，才能更好地发挥从宽处罚的程序效力。其次，在检察建议中应当明确提出量刑减让幅度，或者适用刑罚的种类。《刑事诉讼法》第一百七十六条明确规定："犯罪嫌疑人认罪认罚的，人民检察院应当就主刑、附加刑、是否适用缓刑等提出量刑建议"，量刑建议是法院在认定被告人判处刑罚种类和幅度的重要参考依据。《试点工作办法》第二十条规定，对于认罪认罚案件，人民法院依法作出判决时，一般应当采纳人民检察院指控的罪名和量刑建议。职务犯罪案件的认罪认罚情节，对被告人的量刑有着极为重要的影响，检察建议应当对量刑幅度和种类予以明确化。[46]

3. 配置职务犯罪认罪认罚案件简化的庭前程序和内部程序

（1）建立职务犯罪认罪认罚案件审查起诉阶段程序分流机制。职务犯罪在审查起诉期间，应当考虑繁简分流、诉讼分流，加大对简易程序和速裁程序的适用。[47]2018年《刑事诉讼法》新增了一节"速裁程序"，对于基层法院管辖判处三年以下的案件，案件事实清楚，证据确实充分，被告人认罪认罚并同意适用速裁程序的，可以适用速裁程序。《试点工作办法》第十八条也明确规定，对于基层法院可能判处三年以上有期徒刑的，被告人认罪认罚的，可以依法适用简易程序审判，一般应当当庭宣判。因此，职务犯罪认罪认罚案件，应当构建审查起诉阶段程序分流机制。[48]笔者认为，职务犯罪认罪认罚案件原则上应当优先考虑适用速裁程序，如果判处刑罚可能在三年以上，则考虑适用简易程序，但发现有《刑事诉讼法》第二百一十五条、第二百二十三条规定情形的，则转化为普通程序。[49]

（2）职务犯罪认罪认罚案件内部工作程序的简化。职务犯罪案件有其自身的特点，很多案件案情复杂，涉案金额大，涉及人数多，审理期限相对比较长。但除了案件自身的特点，检察机关和法院的内部工作程序也存在烦琐之处，案件报批程序复杂，导致绝大多数职务犯罪认罪认罚案件适用普通程序。内部报

---

46 张国轩著：《检察机关量刑建议问题研究》，中国人民公安大学出版社2010年版，第234～235页。

47 孙谦：《检察机关贯彻修改后刑事诉讼法的若干问题》，载《国家检察官学院学报》2018年第6期。

48 魏晓娜：《完善认罪认罚从宽制度：中国语境下的关键词展开》，载《法学研究》2016年第4期。

49 《刑事诉讼法》第二百一十五条规定了不适用简易程序的四种情形；第二百二十三条规定了不适用速裁程序的六种情形。

批程序耗时长成为检察机关不愿意适用简易程序的主要原因。为了发挥认罪认罚案件的辐射效果，内部审查的报批程序应当相应从简，缩短报批流程，提高审查效率，从而节省办案资源。职务犯罪认罪认罚案件应当考虑建立一套特殊认罪认罚诉讼程序，实现调查部门、审查起诉部门与审判部门的无缝对接，做到有别于其他不认罪认罚的职务犯罪案件，能够真正达到快审快诉快判的效果。[50]

4. 充分保障职务犯罪认罪认罚案件犯罪人的选择权和反悔权

（1）健全职务犯罪认罪认罚的告知程序。新修订的《刑事诉讼法》对认罪认罚的告知程序予以明确规定，保障犯罪嫌疑人和被告人依法享有认罪认罚能从宽处理的权利。在审查起诉期间，人民检察院除了应当告知犯罪嫌疑人认罪认罚的法律规定，还应当听取犯罪嫌疑人和辩护律师的意见，并记录在案，犯罪嫌疑人同意量刑建议和程序适用的，还应当在辩护人或者值班律师在场的情况下签署认罪认罚具结书。为了将职务犯罪认罪认罚的告知程序落到实处，笔者认为应从两方面去完善现有制度：一是在调查阶段，监察机关在第一次讯问笔录之前应当向被调查对象出示《被调查人权利义务告知书》，并在告知书中向其明确认罪认罚可以从轻处罚的相关规定；二是在审查起诉阶段，起诉卷中应当将职务犯罪认罪认罚的告知文书和听取犯罪嫌疑人、辩护律师意见单独装订，并在起诉书中予以明确，而不能只在讯问笔录中一笔带过。以上两项制度应当作为案件质量考评的一项内容，在案件评查过程中予以考评，促使其成为常态化的制度。

（2）规范职务犯罪认罪认罚的程序回转机制。既然职务犯罪案件的认罪认罚从宽处罚是犯罪嫌疑人的一项选择性权利，当然也应当赋予其撤回权利。职务犯罪案件的被告人可以在法院判决前提出撤回认罪认罚协议的申请，法院应当改变审理程序，将简易程序或速裁程序变更为普通程序或简易程序进行审理。[51]另外，法院对职务犯罪认罪认罚期间被告人的供述应当重新进行审查，不得将其作为认定被告人有罪的证据；[52]检察机关重新审查职务犯罪案件的证据材料后，可以退回补充调查。犯罪嫌疑人撤回承诺之后，不再享有职务犯罪认罪认

50　谭世贵：《实体法与程序法双重视角下的认罪认罚从宽制度研究》，载《法学杂志》2016年第8期。

51　《刑事诉讼法》第二百一十四条、第二百二十六条规定，速裁程序可以变更为普通程序或简易程序，简易程序可以变更为普通程序。具体表现为：如果对指控犯罪事实有异议，则必须变更为适用普通程序；如果只是对量刑建议有异议，则可以变更为适用简易程序。

52　胡亚金、欧清彪：《我国认罪认罚从宽处理制度构建研究——以惩治职务犯罪为视角》，载《闽南师范大学学报（哲学社会科学版）》2016年第2期。

罚的非羁押措施和量刑减让等从宽处罚的权利。[53]

从现有的程序性规范来看，职务犯罪认罪认罚的案件，被告人原则上仍然享有上诉权。从现有的实践情形来看，二审法院一般只对适用职务犯罪认罪认罚的意愿进行审查，不再对全案的事实证据进行全面审查，只要在适用认罪认罚过程中没有违背当事人的自愿，没有违反适用认罪认罚的法律规定，则“维持原审判决”就成了常态化的上诉结果。笔者认为，基于诚信原则和节省司法资源的考虑，职务犯罪认罪认罚被告人的上诉权应当在后期保留与限制并行，从而实现被追诉人的权利保障与制度规范科学设计之间的协调与平衡。

53 吴春妹、贾晓文：《认罪认罚从宽制度的实践经验与理性》，载《中国检察官》2017 年第 6 期。

认罪认罚制度的程序构建的实证研究

——以广州市南沙区人民检察院试点为视角

赵 剑 李东蓊 王利飞*

【内容提要】 有关认罪认罚从宽制度，目前理论界已经进行了诸多有价值的探讨，但在实务方面，虽有《关于认罪认罚从宽制度改革试点方案》作为指导，但尚未形成统一的、行之有效的制度框架。广州市南沙区人民检察院（以下简称南沙检察院）作为一家基层检察院，对认罪认罚制度的试点工作走在广东省甚至是全国的前列，对认罪认罚制度各方面都进行了有益的探索。认罪认罚制度的概念、内涵是什么？其是否是中国版的辩诉交易？其程序机制如何构建？试行当中该制度存在哪些争议与分歧？试点之初，众说纷纭，南沙检察院对认罪认罚从宽协商程序的探索实践，或可对上述问题作出回答，且在试点中取得的经验、面临的问题，对认罪认罚制度的程序构建与路径选择具有一定的借鉴意义。

【关键词】 认罪认罚制度 程序构建

2014年10月23日，中共十八届四中全会通过的《中共中央关于全面推进依法治国若干重大问题的决定》中明确提出："完善刑事诉讼中认罪认罚从宽制度。"2015年，最高人民法院、最高人民检察院先后在五年工作规划文件中提到认罪认罚从宽制度的改革内容。2016年7月22日，中央全面深化改革领导小组审议通过了《关于认罪认罚从宽制度改革试点方案》（以下简称《试点方案》）。同年9月3日，全国人大常委会授权最高人民法院、最高人民检察院在18个城

---

* 赵剑——广东省广州市南沙区人民检察院检察长；李东蓊——广东省广州市南沙区人民检察院公诉科检察官；王利飞——广东省广州市南沙区人民检察院公诉科检察官。本文系该院向最高人民检察院申报的课题"认罪认罚从宽制度的程序机制构建"的最终成果。

市开展刑事案件认罪认罚从宽制度（以下简称认罪认罚制度）试点工作，广州也在试点城市之列。而早在全国人大常委会的授权作出之前，南沙检察院已成功向最高人民检察院申报了关于认罪认罚从宽制度程序构建的课题，并于2016年7月会同南沙法院联合签署了《关于“认罪从宽协商”工作实施办法（试行）》。2017年2月，根据上级检察机关下发的指导文件，以及试点以来总结的经验教训，南沙区检察院再次起草文件，并会同区法院、公安局、司法局正式会签《关于开展刑事案件认罪认罚制度试点工作实施细则》（以下简称《实施细则》）。截至2017年8月25日，该院已经成功启动认罪认罚从宽协商程序的刑事案件共计831件、875人。

一、理论探源：认罪认罚制度的概念内涵与时代背景

（一）认罪认罚制度的概念内涵

有关部门并未就认罪认罚制度的概念给出权威性界定，学术界司法界对此亦有不同解读，认罪认罚从宽制度的概念与内涵、适用范围应该是怎样的？2016年4月，南沙检察院起草《关于“认罪从宽协商”工作实施办法（试行）》之时，《试点方案》尚未出台，南沙检察院的起草人员根据改革初衷、制度功能，对认罪认罚从宽制度作出如下定义：认罪认罚从宽协商制度是指刑事案件犯罪嫌疑人、被告人在充分了解认罪后果和全案证据的基础上，在提供法律帮助的律师或辩护人的帮助下，自愿认可检察机关的指控；检察机关在此基础上对犯罪嫌疑人、被告人作出刑期或者犯罪情节上的从宽认定并载明书面文件；人民法院在查清被告人确系自愿认罪、认罪从宽协商合法以及案件事实清楚、证据确实充分的情况下，认可被告人与检察机关达成的书面文件，据此作出判决的一种诉讼程序改革。从《试点方案》以及一年来的试点情况来回看，南沙检察院对认罪认罚制度的上述定义是非常准确、恰当的。

最高人民法院、最高人民检察院、公安部、司法部《关于在部分地区开展刑事案件速裁程序试点工作的办法》第一条规定了适用速裁程序的条件，其中“犯罪嫌疑人被告人自愿认罪”“同意检察院提出的量刑建议”可谓最核心的条件。最高人民法院出台的《人民法院第四个五年改革纲要（2014—2018）》指出：“明确被告人自愿认罪、自愿接受处罚、积极退赃退赔案件的诉讼程序、处罚标准和处理方式，构建被告人认罪案件和不认罪案件的分流机制，优化配置司法资源。”在此文件中，最高人民法院将被告人“自愿认罪”“自愿接受处罚”和“积极退赃退赔”并列，作为被告人认罪认罚的可能形态。在以往的追诉程序中，往往强调被追诉人认罪，却忽视了其是否“认罚”。被追诉人只有到了审判阶段，收到了检察院的书面量刑建议才能知道自己可能被判处的刑罚，

一旦认为自己被判处的刑罚过重，要么翻供要么上诉，造成司法资源的浪费。认罪认罚制度让犯罪嫌疑人在审查起诉阶段即可以了解到自己可能被判处的刑罚，从而根据犯罪嫌疑人是否认罪且是否认罚的态度，在审前阶段即进行案件的分流。

（二）认罪认罚制度改革的时代背景

中央提出完善认罪认罚从宽制度的改革，与当下刑事政策、案件高发态势、司法改革等时代背景紧密相关。

1. 认罪认罚制度是公正效率兼顾下的必然选择。作为司法追求的价值目标，司法公正与效率有时虽然对立，但并非不可以和谐相处。人们期望通过细致、严谨的诉讼程序，取得合乎法律规定的实体裁判，但另外，按部就班、不分繁简依从相同的程序进行的冗长司法过程，不仅造成了司法资源的浪费，也损害了犯罪嫌疑人、被告人的合法权益。没有公正就没有效率，没有效率也谈不上公正，单纯追求任何一方面都是对整个司法价值的损害，二者应在更高层次上达到统一。认罪认罚制度鼓励引导犯罪嫌疑人、被告人自愿如实供述罪行，既确保严格公正司法，又及时有力惩罚了犯罪，最大限度地实现公正与效率的统一。认罪认罚制度改革的核心，就是在保障被追诉人合法权益和保证案件质量的基础上，尽可能地提高诉讼效率、简化办案程序，是一项从制度设计上为了提高司法效率的改革措施。目前，我国已经确立了普通程序和简易程序两种审判程序，结合正在试点的刑事速裁程序，我国有望在不远的将来形成普通程序、简易程序和速裁程序并存的三元化审判程序模式。按照制度设计的意图，认罪认罚制度将是在全部案件的诉讼程序中予以贯彻的一项改革措施。

2. 认罪认罚是宽严相济刑事政策下的法治路径。宽严相济刑事政策，是党中央在构建社会主义和谐社会新形势下提出的一项重要政策，是我国的基本刑事政策。宽严相济刑事政策是对严打政策的反思和纠正，对于最大限度地预防和减少犯罪、化解社会矛盾、维护社会和谐稳定，具有特别重要的意义。最高人民检察院、最高人民法院先后出台了关于贯彻宽严相济刑事政策的相关文件，要求各级司法机关将宽严相济政策贯彻落实到刑事检察工作、刑事审判工作的每一个环节中去，切实做到该宽则宽，当严则严，宽严相济，罚当其罪。推动认罪认罚制度的深化发展，正是突出彰显了宽严相济刑事政策的核心价值。在我国，无论是立法、司法实践还是理论研究，认罪态度对案件审理、量刑的影响都尚未得到足够重视。完善认罪认罚制度，是进一步将宽严相济刑事政策贯彻刑事诉讼的体现。

3. 认罪认罚制度是合理配置司法资源的应有之义。近年来，随着《刑法修正案》的出台，醉驾入刑、网络新型案件等使我国刑事司法领域出现犯罪轻型化的倾向，轻微刑事案件的数量呈现上升的趋势，且占总体刑事案件数量的比重越来越大。2016年8月，最高人民法院院长周强同志在关于授权部分地区开展认罪认罚制度试点的会议上强调，当前严重危害社会治安犯罪案件呈下降趋势，但轻微刑事案件的数量仍在高位徘徊，司法机关“案多人少”矛盾突出。[1]综观我国当前的司法制度，从实体法层面看，我国尚未构建一种对被告人认罪认罚从宽普遍认同的刑罚制度[2]，从程序法方面看，在审判阶段虽然以被告人是否认罪为标准，确立了认罪与不认罪有别的庭审程序——简易程序与普通程序，但在审前阶段，并未确立以犯罪嫌疑人是否认罪认罚为标准的不同程序处理机制。根据被追诉人认罪与否、案件难易、刑罚轻重等情况进行划分，探索速裁程序、简易程序、普通程序有序衔接、繁简分流的多层次诉讼制度体系，是当前深化刑事诉讼制度改革，构建科学刑事诉讼体系的需要。员额制、司法责任制等司法制度的改革，也要求建立更为完善、更为明晰的案件繁简程序分流机制。实现认罪认罚案件快速办理，是合理配置司法资源的有效方法和必然要求。

二、实证考察：认罪认罚制度在试行中取得的效果及遭遇的困境

认罪认罚制度作为一项新的制度，其在试行中必然暴露一些问题，同时，一些理论上的争议也还大量存在，正是因为这些问题的暴露与争议的存在，才使得南沙检察院在认罪认罚制度的探索上更行更远。

（一）数据反映出来的部分实务问题

1. 认罪认罚制度在三大程序中的适用情况

经过对认罪认罚制度概念与内涵的剖析，可知认罪认罚制度是指犯罪嫌疑人、被告人在刑事诉讼当中“认罪”且“认罚”，从而适用的一种有别于不认罪不认罚的案件程序处理机制，它适用于任何案件性质、诉讼程序类型，广泛存在于刑事诉讼过程中。它不是脱离于刑事实体法、程序法规范而独立存在的

1　最高人民法院院长周强于2016年8月29日在第十二届全国人民代表大会常务委员会第二十二次会议上所作《关于〈关于授权在部分地区开展刑事案件认罪认罚从宽制度试点工作的决定（草案）〉的说明》，http：//www. npc. gov. cn/npc/xinwen/2016－10/12/content_ 1998977. htm，最后访问于2019年4月7日。

2　左卫民、吕国凡：《完善被告人认罪认罚从宽处理制度的若干思考》，载《理论视野》2015年第4期。

一项诉讼制度。[3]对于犯罪嫌疑人、被告人认罪认罚的案件，无论是采用速裁程序、简易程序还是普通程序审理案件，都可以启动认罪认罚程序。这一点在试点之初争议很大，但现在基本已达成共识。2016年7月以来，南沙区检察院率先试行刑事案件认罪认罚制度，至今已成功启动531件575人，占同期起诉案件比例的46%。在提起公诉案件中适用速裁程序的案件450人，简易程序93人，适用普通程序案件13人，还有19人作出相对不起诉处理，相关数据绘图如图1所示。

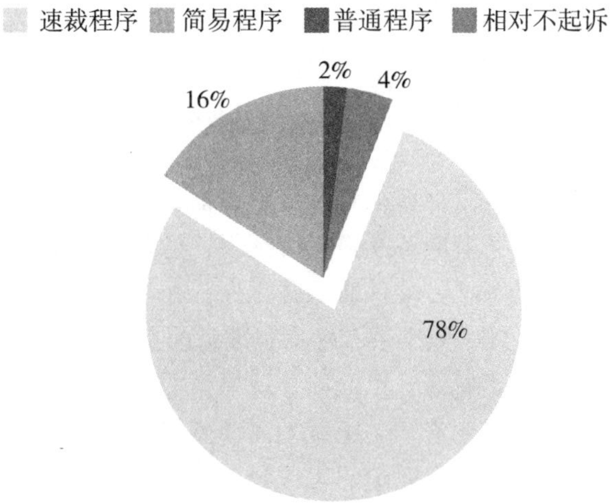

图1　认罪认罚制度适用各程序的案件数

虽然对所有程序的案件均可启动认罪认罚程序，但从数据来看，轻罪案件中被追诉人更容易认罪且认罚。

以图1表的南沙检察院一年来的数据，随着认罪认罚工作的开展，各项数据与总体数据指标又不一样，笔者将最新一个月适用认罪认罚案件的各项比率公布如下，读者可从中查看认罪认罚案件给检察工作带来的巨大改变：南沙检察院2017年8月以认罪认罚程序提起公诉44件45人，占本月起诉案件比例为98%，其中建议法院以速裁程序审理的为34件，建议法院适用简易程序审理的为10件，提出确定量刑建议的案件占全部起诉案件的93%，当庭裁判率为95%，指控采纳率为100%，上诉率为0%，抗诉率0%。

2. 适用认罪认罚制度前后办案时间对比

认罪认罚制度的设立初衷旨在于实现繁简案件分流，提高司法效率。根据南沙检察院前半年的试行情况，笔者将按照普通程序（即非认罪认罚程序）与启动认罪认罚程序的案件在办案时间进行了一个大概的对比：

3　陈卫东：《认罪认罚制度研究》，载《中国法学》2016年第2期。

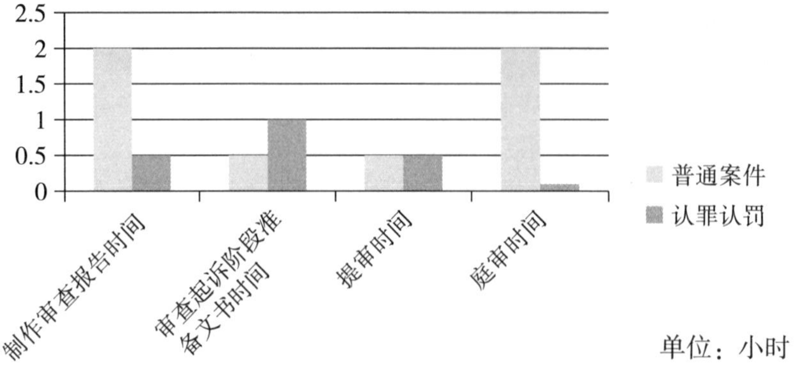

图2　普通案件与适用认罪认罚制度案件办案时间对比

通过图2可知，在制作审查报告及庭审方面，认罪认罚案件相比于普通案件时间大大缩短，但在文书准备及提审时间上，认罪认罚案件花费的时间并不少，甚至更多。原因是一旦启动认罪认罚程序，在审查起诉阶段需要制作证据开示清单、权利义务告知书等文书，检察官准备的文书多达五六份，相对来说，普通案件仅需要准备提审笔录。讯问时，认罪认罚案件除提审外，还需要进行证据开示及冗长的权利义务告知，嫌疑人需要签署的文书多达七八份，且部分文件还需要一式二份。检察官耗费的工作量不减反增，耗费的时间与普通案件差不多，甚至多于部分按照普通程序办理的案件。

3. 认罪认罚启动后失败的原因分析

自试行认罪认罚制度以来，启动程序后，因各种原因导致程序终止的案件不在少数。究其原因主要有图3所示几种。

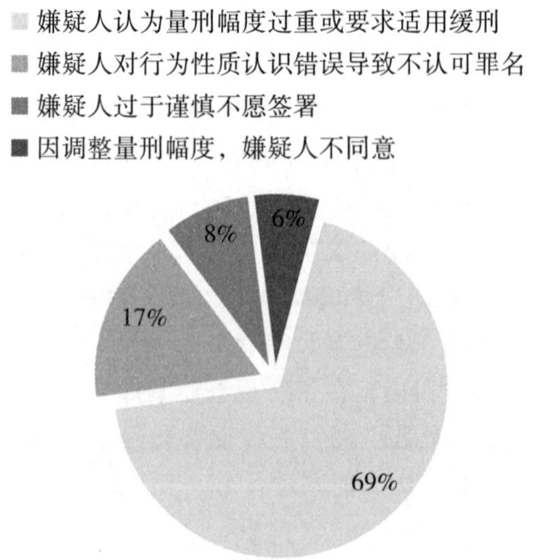

图3　认罪认罚制度启动后失败的原因探析

嫌疑人认为检察官所提量刑幅度过重，或者要求适用缓刑而未得逞，是启动认罪认罚后嫌疑人拒绝适用认罪认罚程序的主要原因。而嫌疑人不相信检察官所提的量刑幅度的主要原因又在于自身法律知识的欠缺，嫌疑人根本不知道自己所犯罪行可能被判处多久的刑罚。虽然认罪认罚制度本身就允许嫌疑人的反悔，但仅仅因为嫌疑人的不了解以及知识的欠缺导致程序的终止，不仅浪费了检察官前期的工作付出，也使嫌疑人不能享受该制度带来的进一步从宽的权益。

在后续实施细则的制定中，南沙区检察院将实务中遇到的问题深加剖析，一直在探索解决上述问题的方法。

（二）认罪认罚制度在实务中引起的理论争议

作为一项新的制度，关于该项制度的理论争议也不少。在争议中探索，在探索中完善是南沙区检察院秉承的宗旨。

1. 认罪认罚后如何从宽？

被追诉人认罪认罚后，即在程序上、量刑上从宽是认罪认罚从宽制度的应有之义，确切地说，认罪认罚的后果是实体上的后果，认罪认罚制度虽说是一种刑事司法制度，除了独立的程序价值之外，究其本源指的是刑事实体法的制度[4]。被追诉人认罪认罚，检察机关在提出量刑建议的时候如何在量刑上给予优惠呢？如果仅仅根据刑法给予量刑优惠，对于犯罪嫌疑人来说并无“优惠”，犯罪嫌疑人为何要认罪认罚？如果在原有基础上进一步给予量刑上的让步，检察机关如此做的法律依据又在哪里？当前司法改革正在进行，配合员额制改革，一般案件均有员额检察官自行决定量刑幅度，认罪认罚制度的“从宽”又尚无相关制度约束，是否导致员额检察官权力过大？

2. 如何保障犯罪嫌疑人自愿认罪认罚？

认罪认罚制度作为一项提高司法机关效率、分流繁简案件的制度，甫一面世就遭到了质疑：这项制度会不会沦为司法机关解决自身压力的手段？如何保障被追诉人的合法权益？的确，如何保障被追诉人的合法权益是认罪认罚制度的核心。在起草该制度的实施办法时，南沙区检察院一直紧紧围绕着该问题进行，并将试行中遇到的问题转化为制度进行保障，后文会详细阐述。

3. 认罪认罚制度的启动权是否专属于检察院？

认罪认罚的启动权也是有争议的。作为审判机关，法院不宜自行启动认罪认罚制度，这基本已经达成共识。《试点方案》将启动权赋予了侦查机关与人民

---

4 王敏远：《认罪认罚从宽制度疑难问题研究》，载《中国法学》2017 年第 1 期。

检察院，但侦查机关是否适合启动该程序？在试点当中，南沙区检察院就该问题多次与公安机关进行沟通，也在实务中探讨侦查机关启动认罪认罚制度的利弊。

4. 检察机关与犯罪嫌疑人签订关于量刑幅度的协议是否侵犯了法院审判权？

认罪认罚制度应兼具实体从宽和程序从宽的法律效果。在实体层面，检察机关对被追诉人提出更为从宽的量刑建议，法院在一般情况下都应接受检察院与被告人达成的书面协议，从而作出对被告人更为有利的判决。那么，问题产生了，有人提出：检察机关是否侵犯了法院的审判权？

5. 如何保障犯罪嫌疑人的律师帮助权？

律师参与，是保证被告人自愿认罪认罚的制度保障。在被告人未聘请辩护律师的情况下，应当保障选择认罪认罚从宽程序的被告人能够得到必要的法律帮助。但在实务中，刑事案件如此之多，而认罪认罚制度设计的初衷又是覆盖刑事案件全范围的，如果对每一个被追诉人都提供单独的、全面的法律援助的话，不仅不现实，而且容易拖延时间，违背认罪认罚程序从简、从速办理的初衷。那么究竟要给予犯罪嫌疑人什么样的律师帮助权，才既能保障犯罪嫌疑人的合法权益，又能够符合认罪认罚制度提高效率的初衷呢？

三、制度构建：认罪认罚制度的构建方向和制度设计

厘清了认罪认罚制度的理论渊源，经过一年多的实践探索，南沙检察院对认罪认罚从宽制度的程序进行了构建，现已基本成形，大大提高了工作效率，赢得了被追诉人的认可及其他兄弟检察院的赞誉。在试点中，南沙检察院不可避免地遭遇了实务难题和理论困惑，但我们秉承“在争议中大胆探索，在探索中积极完善”的理念，大胆尝试，勇于破解，现将南沙检察院探索的认罪认罚制度公之于众，希望抛砖引玉，对认罪认罚制度的最终设计有所裨益。

（一）南沙检察院构建的认罪认罚程序

经过一年多的试点，南沙检察院对认罪认罚制度的适用已经构建了一整套完整的流程，并制作了操作指引，所有检察官及检察官助理对认罪认罚程序的操作均已驾轻就熟。同时，检察官及检察官助理也会及时地将工作中发现的问题上报领导，而后召开会议进行总结与分析，对构建的程序进行修改与完善。具体来说，案件受理后，检察官应该及时对自己的案件进行审查，大部分案件经检察官审查后即决定是否启动认罪认罚程序，确定量刑幅度，即交给检察官助理进行《认罪认罚具结书》《认罪认罚从宽刑事案件证据开示表》等相关文书的制作。之所以在未讯问之前即由检察官决定是否启动程序，原因在于基层

检察院办理的大部分轻罪案件，犯罪嫌疑人的认罪态度都很好，且全案事实清楚、证据确实充分，如讯问之后再行决定启动认罪认罚程序，并再次讯问犯罪嫌疑人、签署文书，势必导致办案时间延长，不符合认罪认罚程序设置的初衷。当然，对于检察官自行决定启动认罪认罚程序的案件，也会有少部分的嫌疑人拒绝适用该程序，但总体来说，拒绝适用的嫌疑人极少。少部分案件则在讯问犯罪嫌疑人后决定是否启动认罪认罚程序——该部分案件一般是犯罪嫌疑人的认罪态度存在反复，或是对自己的行为性质存在辩解，或是案件证据有所欠缺，检察官讯问嫌疑人之后，认为嫌疑人对主要犯罪事实供认不讳，全案事实清楚、证据确实充分，嫌疑人也同意适用再行启动认罪认罚程序。

另外，南沙检察院设置的认罪认罚程序允许存在一定的协商，即犯罪嫌疑人如对量刑存在意见，可将意见详细向承办检察官进行陈述，承办检察官认罪听取后认为嫌疑人的异议有理的，可以变更量刑建议；如认为嫌疑人异议无理的，则可坚持原来的量刑建议，嫌疑人拒绝签署则认罪认罚程序终止。笔者现将南沙检察院设置的认罪认罚程序以图 4 表示如下，以便读者一目了然。

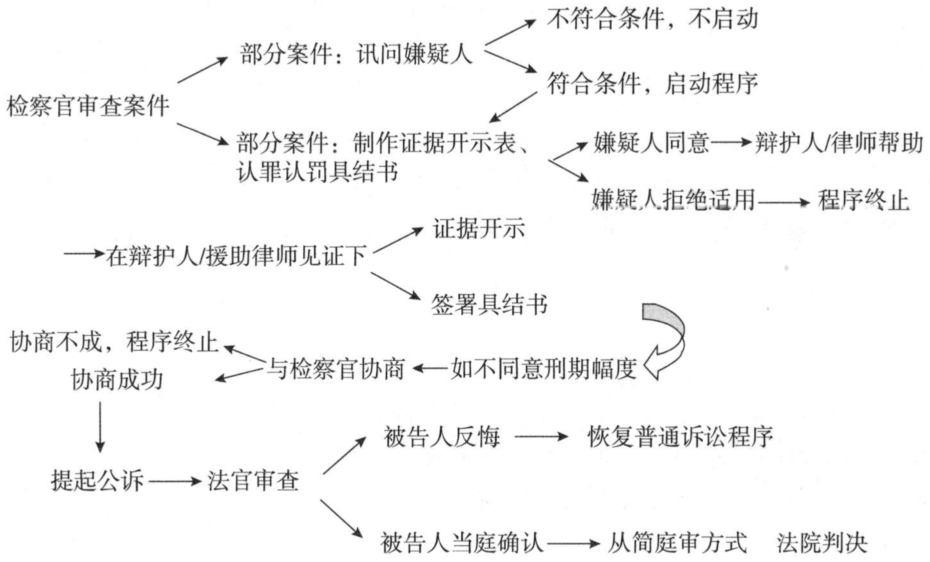

图 4　南沙检察院设计的认罪认罚流程表

（二）权利保障“足”：全程赋予被追诉人知情权和选择权

认罪认罚制度的目的旨在对繁简案件进行分流，其所面临的最大争议即该制度的施行可能损害被追诉人的合法权益，南沙区检察院对认罪认罚制度的探索，自始至终都体现着对被追诉人合法权益的保障。

1. 保障被追诉人对认罪认罚制度的知情权。检察官在征求犯罪嫌疑人是否同意启动认罪认罚制度时，应详细向犯罪嫌疑人解释认罪认罚制度的基本含义、法律后果，以供犯罪嫌疑人自行决定是否同意。在认罪认罚的协商过程中，被追诉人实际是以选择认罪认罚换取更低刑罚，实际上意味着基本上放弃了辩护权。不仅检察官要对被追诉人进行详细的释明，辩护人或值班律师也必须再次确认被追诉人对该制度的充分知情，并签署相应的法律文书。

2. 全程赋予被追诉人程序选择权。南沙检察院对认罪认罚制度的程序设计，使犯罪嫌疑人、被告人对认罪认罚制度的启动、终止都具有绝对的选择权。为防止司法机关滥用权力、侵犯被追诉人的权益，认罪认罚制度的核心问题是如何保障被告人认罪认罚的自愿性。南沙检察院试行认罪认罚制度近一年以来，犯罪嫌疑人不同意启动认罪认罚程序的案件时有出现，大部分原因是犯罪嫌疑人不同意检察院提出的量刑建议，认为检察机关的量刑建议过重。如在危险驾驶案件当中，相当多的犯罪嫌疑人认为自己的罪行较轻，希望检察院向法院提出对自己适用缓刑的量刑建议。

3. 构建了被告人反悔后的程序回转机制。被追诉人在法院作出裁判之前，有权反悔，此时应当将程序转化为普通程序审理。终止认罪从宽协商后，犯罪嫌疑人、被告人在认罪认罚程序中自认的对自己不利的事实，不得作为检察机关指控其构成犯罪的证据使用。程序回转机制的设置，可使犯罪嫌疑人、被告人免除后顾之忧，同时也防止检察人员利用该制度，诱使不认罪的犯罪嫌疑人、被告人认罪，有效地保障了犯罪嫌疑人、被告人的权利。

（三）程序流转“快”：发挥认罪认罚制度节约司法资源、提高办案效率的作用

设立认罪认罚制度的关键在于有效分流繁简案件，提高司法效率，推行诉讼程序的合理简化，这是保证认罪认罚从宽制度能够得以推行的关键。但在对该制度的探索当中，南沙检察院发现认罪认罚程序的启动、告知权利、开示证据等工作耗费的司法资源也不少，在一步步地探索中，南沙区检察院探索出一系列使程序流转快的配套制度。

1. 法律文书制作时间“短”。建立要素填充式法律文书制作模式，对审查报告、提审笔录、起诉书、量刑建议书进行系统简化，实行表格填充式制作。如在证据开示前提下，审查报告只列证据目录，不再详细摘抄证据内容，制作审查报告仅需0.5—1小时，全部文书制作时间压缩至2—3个小时。随着司法改革的进行，对于员额检察官自行决定的案件，南沙检察院正在探索适用速裁程序及简易程序审理的认罪认罚案件不再制作审查报告。在以往的三级审批中，

审查报告的作用主要在于将案件全貌呈现给审批领导，现员额检察官的权限已可对大部分案件自行决定并终身负责，故不再要求检察官制作审查报告。这一探索减轻了检察官的工作量，有利于解决“案多人少”的现实难题。

2. 庭审效率“高”。在审查起诉阶段完成证据开示后，对于适用刑事速裁程序的认罪认罚案件，公诉人不再宣读起诉书、讯问被告人及出示相关证据，仅就定罪与量刑情节发表综合意见，对适用简易程序进行审理的认罪认罚案件，仅宣读证据目录。由于认罪认罚案件中上述程序的简化，速裁案件庭审时间压缩到约5分钟，简易案件庭审时间压缩到约15分钟，普通案件庭审时间压缩到约40分钟，庭审效率大大提高。

3. 三集中办案模式操作“快”。针对审查起诉环节认罪认罚案件权利义务告知耗时、签署的材料较多、提审时间增加的问题，南沙区检察院创新推出“集中告权、集中签署、集中办理”的三集中办案模式。南沙检察院设置了专门的认罪认罚工作区，用于权利告知、律师会见、证据开示、法律文书签署等工作。为使认罪认罚案件有序进行，公诉部门统一安排值班检察官、法律援助律师，在固定的工作日开展认罪认罚工作。三集中的办案模式，促进认罪认罚工作的规范化运作，大大节省了办案时间。

（四）程序构建“细”：确保认罪认罚制度实现设立初衷

在对认罪认罚制度的探索过程中，南沙区检察院一直重视对该制度的初衷的关注，程序构建紧紧围绕着认罪认罚制度设立的初衷。

1. 案件适用范围广，启动权专属检察院。对认罪认罚制度的适用范围，理论界与实务界一直存在着争议。南沙区检察院试行的认罪认罚制度适用于速裁程序、简易程序及普通程序的所有案件，以提升制度探索样本的多样性，扩大司法办案的效果。据目前的试行情况来看，只要被追诉人认罪，无论该案件适用哪种程序进行审理，均可启动认罪认罚程序；但启动权专属于检察院。《试点方案》将启动权赋予了侦查机关与人民检察院，南沙区检察院的《实施细则》则将该项启动权专属于检察院。以何罪名起诉到法院，以及提出量刑建议是检察院在审查起诉之后才能作出的判断，如果过早在侦查阶段即由公安机关启动认罪认罚，有可能使公安机关遗漏重要的犯罪事实。

2. 建立律师集中援助制度。律师参与，是保证被告人自愿认罪认罚的制度保障。在被告人未聘请辩护律师的情况下，应当保障选择认罪认罚从宽程序的被告人能够得到必要的法律帮助。目前，为保障被告人自愿认罪认罚，南沙检察院在认罪认罚程序中设置了庭前法律援助律师把关环节，即聘请法律援助律师定期在检察院、看守所值班，启动认罪认罚程序的被告人在庭前可与法律援助律师进行沟通，被告人可就与检察院签署的《认罪从宽协商意愿书》向律师进行咨询，如被告人在获取了充分的法律帮助后不同意适用认罪认罚程序，则认罪认罚程序终止。需要指出的是，南沙区检察院确定的律师帮助权，主要是由律师确定犯罪嫌疑人签订认罪认罚具结书的自愿性与真实性，律师并不介入具体的案情，与辩护律师存在本质区别。这样既保证了犯罪嫌疑人的合法权益，也符合认罪认罚制度要求的效率性。

四、路径探索：如何进一步完善认罪认罚制度？

随着一年多的探索，南沙检察院开展的认罪认罚试点工作取得了较为显著的成效，大大缩短了轻罪案件的办理时间，也充分保障了犯罪嫌疑人、被告人的合法权益。但南沙检察院并不止步于已经取得的成绩，一直在不断探索进一步完善认罪认罚制度的实施路径。

（一）探索精准量刑建议机制

犯罪嫌疑人认罪认罚后如何从宽，在理论界一直存在争论，有学者认为我国实体法和程序法中对犯罪嫌疑人、被告人认罪认罚从宽缺乏具体而明确的规定，也有学者质疑认罪认罚后被追诉人所获得的从宽量刑幅度具体如何操作[5]。如何从宽在实务界也确实是个难题，随着改革的进行，要求检察院提出幅度越来越小，甚至是确定幅度的量刑建议已成趋势，如何量刑才能既保障犯罪嫌疑人的合法权益，又能够做到罪责罚相适应？

为规范认罪认罚案件的办理，同时也使被追诉人、辩护人更加认同检察院所提量刑建议，南沙区检察院正积极开发量刑建议决策支持软件，利用科技引入检察大数据，打通检法之间的裁判文书数据库，利用电脑软件对辖区内的相关裁判文书量刑情节的数据抓取及分析，开展同类型案件筛查、同情节量刑幅度的比对，自动生成相应的量刑建议表，当场告知犯罪嫌疑人具体的量刑幅度，确保犯罪嫌疑人对自身刑期的正确预判，防止仅仅因嫌疑人不懂可能判处的刑罚而抵制认罪认罚。同时，也可防止检察官随意、恣意滥用权力，提高量刑建议被法院采信的比例。

（二）探索批捕阶段提前启动认罪认罚程序

虽然依照目前确定的认罪认罚制度，该制度不仅在审查起诉、审判阶段适

---

5 相关争议见谭世贵：《实体法与程序法双重视角下的认罪认罚从宽制度研究》，载《法学杂志》2016年第8期；左卫民：《认罪认罚何以从宽：误区与正解——反思效率优先的改革主张》，载《法学研究》2017年第3期。

用，在侦查阶段也适用；但实际上在侦查阶段，犯罪嫌疑人只能作出认罪与不认罪的选择，侦查人员虽可告知犯罪嫌疑人涉嫌犯罪的法定刑，但无法就具体的量刑情节给出更为精确的量刑幅度，犯罪嫌疑人也就无从选择是否认罚。故虽然某些地区在侦查阶段即可以启动认罪认罚程序，但实际上仅仅是认罪案件而已，犯罪嫌疑人并不享有认罪认罚带来的“从宽”利益。诚如某些学者所说，认罪认罚从宽，不仅仅是指实体上的从宽，也指程序上的从宽，犯罪嫌疑人、被告人一旦认罪认罚，不仅仅在实体上可获得刑期的从宽，也应在刑事程序意义上获得从宽[6]。鉴于此，南沙检察院拟由公诉科的检察官在批捕阶段介入案件，对案件事实清楚、证据确实充分的认罪犯罪嫌疑人启动认罪认罚程序，先行签署《认罪认罚具结书》。犯罪嫌疑人签署《认罪认罚具结书》后，批捕阶段的承办检察官可据此提高批准逮捕的门槛，对认罪认罚的犯罪嫌疑人不批准逮捕，或者要求公安机关在批捕后的若干个工作日内侦查终结，将案件尽快移送检察院审查起诉。当然，这还是一个设想，需要侦查机关与检察院批捕部门、公诉部门的有效合作、无缝对接。笔者认为此种做法符合诉讼规律，进一步节约了诉讼资源，提高了诉讼效率，也使认罪认罚的犯罪嫌疑人真正享受到了认罪认罚的“红利”。

（三）建议限缩适用认罪认罚程序的被追诉人的部分权利

如前所述，适用认罪认罚程序的犯罪嫌疑人、被告人全程具有程序选择权与知情权，且享受了检察院让渡的量刑更为从轻的权益。那么是否应该对适用认罪认罚程序的犯罪嫌疑人、被告人适当限缩部分权利呢？比如上诉权。南沙检察院自试点以来，适用认罪认罚程序后又再上诉的案件一共为 61 件 72 人，上诉率为 3. 12%。虽然这个比例相比普通程序的上诉率大大降低，但笔者认为毫不限制认罪认罚程序被告人上诉权的做法不妥。被告人在签署《认罪认罚具结书》后，经辩护人、法律援助律师确认系本人真实意思表示，又经庭审确认，获得认罪认罚从宽的利益。如果仍旧享有上诉权，并受“上诉不加刑”原则的庇护，不仅是对司法资源的严重浪费，也是对司法权威的践踏。认罪认罚制度一旦入法，必须考虑实务情况，设置几种除外情形，原则上限制适用认罪认罚程序的被告人的上诉权。同理，对于签署《认罪认罚具结书》后作出相对不起诉的案件，也应该限制被不起诉人的申诉权。

---

6 王敏远：《认罪认罚从宽制度疑难问题研究》，载《中国法学》2017 年第 1 期。

利用南沙自贸区创新政策实施犯罪主要特点及防控对策

沈志民　何正华*

【内容提要】 广东自贸区南沙片区自挂牌成立以来，在投资管理、国际贸易、金融服务和财税政策等方面进行了诸多创新，有效促进了高标准国际投资贸易规则的压力测试，为全国新一轮深化体制改革创造了新鲜经验。但自贸区的创新政策依然存在一定的刑事犯罪风险。本文的目的在于研判自贸区创新政策带来的刑事法律风险，分析犯罪的类型及主要特点，并从检察视角构建自贸区刑事犯罪防控机制，为自贸区建设营造优质法治环境。

【关键词】 自贸区政策犯罪类型　犯罪特点　防控对策

建设自由贸易试验区，是我国在新形势下全面深化改革，扩大对外开放的一项重大战略举措。继 2013 年上海自贸试验区成立后，我国先后设立了 11 个自由贸易试验区。国家赋予自贸区更加灵活的政府管理权，即更多的行政自主权，更加精简的政府管理模式，旨在将权力更多的赋予自由市场，发挥市场在资源配置中的基础性作用。自贸区金融管制方式的转变、便利化的投资贸易措施、更加宽松的海关监管制度，以及跨国资本与人员的流动，导致自贸区内一些创新政策和平台不可避免地存在刑事法律风险。据统计，南沙自贸片区自 2015 年成立以来，利用自贸区政策和平台实施刑事犯罪呈现逐年增长的态势，主要涉及组织、领导、参加传销组织罪，诈骗罪，虚开增值税发票罪，走私罪和逃税罪等罪名。

---

* 沈志民——广州大学法学院教授，硕士生导师，主要研究领域：中国刑法学；何正华——广州市南沙区人民检察院副检察长，三级高级检察官。

一、南沙自贸片区背景下容易引发的犯罪类型

（一）南沙自贸片区发展概况

1993年广州南沙经济技术开发区成立，2005年广州市行政区划调整，成立南沙区，2012年国务院批准《广州南沙新区发展规划》，南沙新区成为国家级新区。2015年4月，国务院批准设立中国（广东）自由贸易试验区，实施范围共116.2平方公里，涵盖广州南沙片区、深圳前海蛇口片区、珠海横琴片区。其中，广州南沙片区面积60平方公里，成为广东自由贸易区最大的片区。南沙自贸片区按经济功能分为七大区块：一是海港区块，定位为国际航运发展合作区；二是明珠湾起步区块，定位为金融商务发展试验区；三是南沙枢纽区块，粤港澳融合发展试验区；四是庆盛枢纽区块，定位为国际教育和医疗合作试验区；五是南沙湾区块，定位为粤港澳科技创新合作区；六是蕉门河中心区块，定位为境外投资综合服务区；七是万顷沙保税港加工制造业区块，定位为加工贸易转型升级服务区。目前，南沙区面积804平方公里，常住人口72.5万[1]，下辖9个街镇。

自2015年以来，南沙自贸片区的战略定位包括：自贸区、国家战略新区、广州城市副中心、21世纪海上丝绸之路重要节点、粤港澳大湾区核心区、国家自主创新示范区、粤港澳合作区、国际航运中心、国际贸易中心等。截至2018年4月南沙自贸区成立三周年，全区新设企业累计50318家，落户99个世界500强企业投资项目和103家总部型企业，平均1天就有45家企业在南沙诞生，催生出人工智能、海洋科技、新一代信息技术、新材料等一批特色科技创新产业集群。如人工智能方面，落户了科大讯飞、中科院等4个开放性人工智能平台，腾讯、亚信、云从科技、小马智行等30多家业内顶尖企业投资项目，成为粤港澳大湾区人工智能产业新兴集聚地。[2]

（二）南沙自贸片区创新政策

一是实行外商投资负面清单管理体制。南沙自贸片区在投资、金融、航运、商贸、专业服务等领域扩大开放，逐步减少投资准入限制。2018年出台《自由

---

1 《2017年广州南沙区国民经济和社会发展统计公报》，载广州市南沙区人民政府网，http：//www. gzns. gov. cn/zwxxgk/tjxx/201808/t20180806_ 372232. html，最后访问于2019年4月25日。

2 宾红霞，黄颖川：《1天诞生45家企业、3天一项改革……3组数据透视南沙这三年》，载e南沙网，http：//www. gznsnews. com/index. php？ m = content&c = index&a = show&catid = 8&id = 32400，最后访问于2019年4月20日。

贸易试验区外商投资准入特别管理措施（负面清单）》[3]，按照“法不禁止即可为”的原则，对负面清单之外的领域，实行外商投资项目备案制。同时实行商事登记确认制，允许商事主体自行申报注册地址、注册资本，全面实行电子化办理[4]，实现商事登记一天办结。

二是建设现代金融服务体系。在自贸试验区内扩大人民币跨境使用，探索以资本项目可兑换为重点的外汇管理改革，支持自贸试验区内符合条件的企业根据自身经营和管理需要，开展集团内跨境双向人民币资金池业务，便利自贸试验区内跨国企业开展跨境人民币资金集中运营业务。

三是建设国际贸易中心。按照一线放开、二线管住的原则，建立与国际贸易发展需求相适应的监管模式。自贸试验区海关特殊监管区域与境外之间的管理为“一线管理”，海关特殊监管区域与境内区外之间的管理为“二线管理”。境外货物进入围网区域，可以实行先入围网区域、再报关的通关模式，对围网区域内保税存储货物不设存储期限。按照进境检疫、适当放宽进出口检验，方便进出、严密防范质量安全风险的原则，除重点敏感货物外，进入围网区域的其他货物免于检验。

四是创新自贸区高端产业发展政策。鼓励企业在自贸试验区设立全球总部、亚太总部、地区总部及营运总部、研发总部等多形态总部，建立整合物流、贸易、结算等功能的营运中心。鼓励在自贸试验区设立各类金融法人机构、区域总部、业务总部、专业子公司、离岸金融中心、财富管理总部等。自贸试验区支持新型要素交易平台、保税展示交易、期货保税交割、融资租赁、境内外维修、跨境电子商务、汽车平行进口等新型贸易业态发展。

（三）南沙自贸片区背景下容易引发的犯罪类型

一是组织、领导传销犯罪。自贸试验区鼓励资本融资方式的创新，允许金融创新与科技创新的融合，可能催生以此为背景的组织、领导传销犯罪。如犯罪分子可能通过互联网向社会发布公开募集股份的众筹方案，诱导投资者购买未经国家主管部门批准的拟上市股份，在发行众筹股份过程中许诺层级发展代理人，对代理人予以一定的奖励提成，而其筹集的资金并未用于实际生产经营。

---

3 《自由贸易试验区外商投资准入特别管理措施（负面清单）（2018年版）》，载中国（广东）自由贸易试验区，http://www.china-gdftz.gov.cn/zcfg/tzl/201807/t20180711_4339.html#zhuyao，最后访问于2019年4月20日。

4 《广东省自贸办关于印发依托中国（广东）自由贸易试验区降低国际贸易成本促进贸易便利化若干意见》，载中国（广东）自由贸易试验区网，http://www.china-gdftz.gov.cn/zcfg/myl/201604/t20160427_2669.html#zhuyao，最后访问于2019年4月20日。

这种募集资金的方式，可能涉嫌集资诈骗和组织、领导传销犯罪等多种犯罪类型。

二是走私犯罪和逃税犯罪。自贸区特殊监管区内企业允许委托区外境内企业开展加工业务，并将加工成品运入区内免征关税，有可能将区内的原材料和零部件进行境内区外销售，而将未使用区内原材料的加工成品送入区内，逃避关税。同时，由于货物通关的便利化，普遍由企业自行申报货物名称，对信用评级较好的企业通关效率更高，可能存在个别企业采取伪报、瞒报、少报等方式走私普通货物。此外，自贸区允许特殊监管区开展国际集拼业务，即允许对拼箱柜中的货物在监管区按照国际中转和区外境内销售的方式进行分拆，有可能将销售到境内区外的货物按照国际中转货物进行处理，逃避海关税收等。

三是洗钱犯罪。从自贸区商事登记确认制看，自贸区允许企业住所集群注册，仅对企业自报的申请材料进行形式审查，有可能造成一批伪造企业住所地产权证明、伪造股东身份证明的皮包公司的存在。洗钱犯罪分子有可能利用皮包公司的主体，从事资本项目限额内可兑换的业务，不断进行人民币资本的境内投资、境外支付等资本兑换业务。同时，洗钱犯罪分子也可能通过购买人民币债券或以跨境贸易等方式，将犯罪所得收益转换为合法收入等。

四是玩忽职守犯罪。自贸试验区为吸引总部型企业、科技创新型企业以及其他新兴产业的落户，出台了不少产业扶持政策，并对税收征管关系、统计关系和注册地在南沙的相关企业给予政策性补贴[5]，甚至在土地招标挂过程中对相关中标企业给予政策性的扶持，如要求中标企业必须在180天内将企业总部迁入南沙自贸区等。但可能相关企业在骗取政策性补贴和获得优惠价格出让土地后，并未按照战略合作备忘录的承诺对相关地块进行投资开发，或者仅仅对地块进行小规模的产业投资，有可能会偏离南沙产业扶持政策的初衷，引发相关国家机关工作人员对投资项目审批不严、监管不到位等玩忽职守的行为。

二、南沙自贸区犯罪特点剖析

（一）利用南沙自贸区商事登记便利化政策实施的犯罪

南沙自贸区借鉴新加坡、新西兰等商事登记效率世界前茅的国家，全面推行商事登记流程改革，实行“一个窗口”受理商事登记申请，二十六章联办，一天之内颁发营业执照。商事登记机关只要求股东身份证明和商事主体住所地

---

5 《南沙区推出“1+1+10”产业政策体系打造产业发展新高地》，载中国（广东）自由贸易试验区广州南沙新区片区网，http：//ftz. gzns. gov. cn/zcfg/tzl/201706/t20170607_ 347328. html，最后访问于2019年4月20日。

产权证明提供复印件，极大降低了注册企业门槛，也使普通公民身份证信息和房产信息被冒用来注册企业，相关涉案人员可能构成伪造公司、企业、事业单位、人民团体印章罪，伪造、编造、买卖身份证件罪，使用虚假身份证件、盗用身份证件罪。2017年南沙自贸区商事登记机关在例行核查中发现，2家公司在设立登记时涉嫌冒用他人身份证、202个公司在设立登记时涉嫌提供伪造的房地产权证明。

如2017年5月，广州市南沙区市场和质量监督管理局发现，吕某的身份证被冒用注册为广州市壬朋建材有限公司的股东、广州市雄丽企业管理咨询有限公司法定代表人及股东。吕某对涉案两家公司的成立均不知情，公司的工商登记资料中的法定代表人或股东的签名均系伪造。广州悦河进贸易有限公司等五家公司设立登记时提供的房地产权证复印件经核查均涉嫌伪造不动产登记证书。广州市南沙区市场和质量监督管理局依法撤销上述公司的注册登记，并按照南沙区检察院的案件移送函将案件移送公安机关立案侦查。

由此可见，自贸区国际化商事登记改革一方面提高了商事登记效率，增加市场经济的活力，另一方面在改革过程中还存在制度漏洞，容易被不法分子利用。在上述两个案例当中，行政机关和司法机关在遇到新情况、新问题时都迅速反应，开展专项活动，清除违法登记，堵塞改革漏洞，移送刑事案件，追究相关人员责任。

（二）利用南沙自贸区金融创新政策实施的犯罪

近年来，南沙自贸区积极落实金融创新政策，鼓励金融产品创新，尤其注重科技创新与互联网金融的融合，但相关金融或类金融企业相关风险管理措施较为滞后，或者利用自贸区金融创新的背景，大肆开展互联网金融领域的非法集资或股权网络传销，严重扰乱社会经济秩序。

如2015年4月，林某某借自贸区成立的东风，率先在南沙自贸区内设立广州放飞旅游有限公司。2015年12月，放飞旅游有限公司在未经国家有关主管部门批准，没有取得发行股票等资格的情况下，发起以众筹广州放飞旅游有限公司30%注册资本为名的“中国放飞股权众筹网络平台”。放飞平台运营期间，广州放飞旅游有限公司通过设立微信群、开展公司年会等一系列活动，宣传放飞平台的零风险及高回报率，规定放飞平台1股价值人民币1元，承诺持有1000股以上放飞股一定时长可享有每天1%至2%的利息收入的静态收益。放飞股持有人通过发展下线，可获“推荐奖”及“管理奖”等动态收益。2015年12月至2016年10月，放飞平台累计滚动交易金额7亿多元，涉及全国17000多名投资者。最后，林某某等人由于资金链断裂，平台崩盘，携带资金出逃国外，严重扰乱了自贸区内市场经济秩序。2018 年南沙区法院对林某某及放飞旅游有限公司认定犯组织、领导传销活动罪，并处以相应的刑罚。

在南沙自贸区金融创新政策支持下，区内金融活动出现了前所未有的活跃，但是在繁荣背后，却滋生了不少违法犯罪活动。从上述案例可以看到，犯罪分子对南沙金融创新政策片面夸大宣传，利用他人对创新政策的误解，以互联网金融、互联网投资为华丽包装，通过虚构金融投资项目，实施互联网金融犯罪，危害自贸区经济发展和金融秩序稳定。

（三）利用自贸区产业发展政策实施的犯罪

为吸引总部型企业和世界 500 强企业落户，南沙出台了一些政策补贴措施，并在招商引资等方面给予了众多的优惠政策。同时将企业的监管模式转为以信用评级、随机抽查和执法检查为主。[6]这种监管模式在激发市场活力的同时，也导致一些企业利用监督管理不到位实施违法犯罪活动。

如王某伙同他人虚开增值税发票案。案中，王某伙同夏某利用实际控制的三家在自贸区区内设立的总部集团公司，在并无实际交易的情况下，由集团内一家公司以销售铁矿石粉为名向沈阳的一家公司（以下简称沈阳公司）开具增值税专用发票 500 多万元，再由沈阳公司以销售铁矿石粉为名向集团内另一家公司开具增值税专用发票 700 万元。王某等人设立总部集团公司，利用南沙区对总部企业引进政策，虚开增值税发票牟取非法利益。

南沙自贸区相关扶持政策的确发挥了重大作用，很多大型总部企业和高端人才落户南沙，成为南沙自贸区发展的助推器。政策在发挥正面巨大作用的同时不可避免地形成了一些风险。上述案件就是其中的典型例子。因此，为了更好地发挥政策的引导作用，必须对相关的扶持政策建立配套的监督机制，以保障更多总部企业落户，实现南沙自贸区的经济健康发展。

（四）利用南沙自贸区跨境电商诚信度高实施的犯罪

近两年，南沙区自贸区为了打造华南地区跨境电商发展核心城市，上线运行了跨境电商 B2C 进出口监管中心，搭建了全国首个跨境商品质量溯源平台，实现了 B2C 直购进口模式。同时，南沙以该模式为支点，利用国际班轮航线形成多条跨境电商远洋货运通道，拓宽了跨境电商物流通道，聚集了京东、聚美

6　《广东省自贸办关于印发〈进一步加强中国（广东）自由贸易试验区事中事后监管体系建设总体方案〉的通知》，载中国（广东）自由贸易试验区网，http：//www. china-gdftz. gov. cn/zcfg/zhl/201801/t20180123_ 3773. html#zhuyao，最后访问于 2019 年 4 月 20 日。

优品、苏宁、唯品会、天猫等大型电商企业，形成了诚实守信的跨境电商营商环境，正向华南跨境电商枢纽中心迈进。但不少犯罪分子利用南沙自贸区跨境电商的诚信营商环境，实施了诈骗犯罪。

如马某通过在南沙自贸区设立的跨境电商企业实施诈骗。2015年前后，马某与他人在广州市南沙区注册了一家电子商务有限公司。自2017年2月开始，为获取顾客信任，马某将在网上经营一间名为“Global姐妹淘”的微店从个人店转为企业店，“Global姐妹淘”微店转变为电子商务有限公司注册的微店，由南沙区风信子海淘汇供应日用商品。马某作出“免费跨境购物，免费购物，消费全返”的虚假承诺，将经营网店的商品价格标价为同类商品2—3倍，对部分购买者的小额商品进行返款，骗取更多受害者在其网点购买高额商品，非法获取购物款与正常款之间的差价。2017年5月，马某把网店的全部商品下架，卷款潜逃，其获利的300多万元用于购买价值约230万元的店铺一间、劳力士手表及名牌衣服、日常消费等。

南沙自贸区诚实守信的跨境电商营商环境依靠多渠道、多举措、多平台进行支撑，而犯罪分子对该营商环境的利用产生了严重的负面影响。为保持诚实守信的营商环境，保障跨境电商的高速增长，必须形成严厉打击此类违法犯罪的常态化、法治化机制，实现跨境电商健康有序良性发展的目标。

（五）利用南沙自贸区地缘优势实施的犯罪

南沙地处粤港澳大湾区的核心位置，在国家新区与自贸试验区“双区”叠加、自贸试验区与国家自主创新示范区“双自”联动的优势下，目标是打造国际航运枢纽、国际航空枢纽、国际科技创新枢纽三大战略枢纽，依托网络互联互通，实现高端要素集聚，发挥在国家中心城市中应有的辐射和带动作用。南沙在广州市副中心的崭新定位下，着力建设“枢纽型网络城市”，形成新的发展动力源和增长极。同时，该地缘优势和枢纽型网络城市的建设被犯罪分子利用，滋生了走私香烟、冻肉，甚至走私毒品的犯罪。

如吴某走私香烟案中，吴某就把南沙自贸区作为走私的中继站。2017年3月，吴某伙同晏某、梁某为牟取高额运费，接受委托，多次将明知不合法的香烟从广西运至南沙区东涌镇一个仓库。2017年4月27日凌晨，吴某安排晏某、梁某驾驶拖挂货车，将车内装有价值人民币2400多万元的专供出口卷烟、非法进口雪茄烟等运输至南沙仓库，再转运到珠三角的其他地方进行销售。晏某、梁某在转运香烟过程中被当场抓获。

再如戴某等六人走私贩卖毒品案中，利用南沙区自贸区跨境物流便捷的状况，走私毒品。戴某作为毒品大麻的吸食人员，多次从加拿大购入毒品大麻吸食。通过大麻吸食者网络论坛“飞行员论坛”认识多名大麻吸食者后，戴某萌生贩卖大麻获利的想法。戴某看中南沙区地处珠三角中心位置，快递物流便捷的特点，租住南沙区某楼盘作为走私大麻的快递接收点，将大麻贩卖到东莞、深圳、佛山等省内城市和江西、浙江、四川等其他省，形成较大的大麻贩卖网络。南沙公安机关经过侦查后，将以戴某为首的贩卖毒品网络一举捣毁，当场抓获戴某等人。

地缘优势和发达的交通网络是南沙自贸区得天独厚的发展基础，在枢纽结构带来的经济红利的同时，还承受随之而来的秩序破坏因子。为了应对复杂的网络犯罪形势，降低违法犯罪对社会管理、社会经济发展的影响，提高打击犯罪和社会治理的水平，显得尤为重要。

三、防控自贸区刑事犯罪风险的检察对策

（一）立足检察职能，完善涉自贸区刑事犯罪的检察监督机制

一是建立行政执法与刑事司法衔接机制。从利用自贸区政策措施实施的犯罪以及相关政策措施可能潜在的刑事犯罪风险看，防控自贸区逃税、洗钱、走私、侵犯知识产权等犯罪，离不开自贸区检察机关与自贸区行政执法机关的通力合作。海关、税务、金融、市场监管等部门需要建立对涉自贸区刑事犯罪线索的甄别与认定机制，检察机关需要与上述涉自贸区执法部门建立更加紧密的行政执法与刑事司法衔接机制，如南沙区检察院成立诉讼监督办案组，指定专门检察官负责上述衔接犯罪线索的咨询和指导，及时为执法机关提供收集证据、适用证据标准与移送犯罪程序的指导意见，确保上述执法机关与司法机关形成执法司法的无缝衔接。同时，检察机关应当与涉自贸区行政执法机关建立执法信息互换、互认、共享等机制，争取行政执法机关将作出行政处罚决定的全部涉案信息上传到共享系统，并运用大数据技术对行政处罚中可能存在的“以罚代刑”犯罪线索进行分析，及时督促行政执法机关将有价值的犯罪线索移送司法机关处理。对于行政执法机关移送侦查的犯罪线索，有关侦查机关不予立案的案件，检察机关有必要从侦查监督的角度，对行政执法机关与侦查机关之间的分歧进行协调，必要时启动立案监督程序，督促侦查机关依法立案。

二是建立提前介入引导侦查取证机制。从提高涉自贸区刑事犯罪办案质量的角度看，检察机关有必要强化对侦查活动的监督，提前介入相关案件的侦查，确保检察机关指控犯罪案件的质量。如南沙区检察院建立派驻自贸区派出所检察官办公室，定期到自贸区派出所提前介入涉自贸区的侵犯知识产权、污染环境、食品药品、生产销售伪劣产品等案件，并及时从审查起诉的角度提出引导侦查意见，减少了检察机关审查案件过程中退回补充侦查的次数，提高了指控

犯罪的效率。如前文提到的放飞旅游有限公司组织、领导传销案件过程中，检察机关就资金流向、运作模式、组织层级等问题向公安机关提出引导侦查意见，确保本案较为复杂的犯罪事实均得到法院认定。

三是建立重大监督事项案件化办理机制。从扩大办案效果的角度看，检察机关有必要转变检察监督的方式。近年来南沙区检察院在涉自贸区刑事犯罪的检查监督过程中，全面推行重大监督事项的案件化办理。检察机关对监督事项形成从监督线索受理、审查立案、调查核实、实施监督、审核决定、跟踪反馈、复查复核到结案归档的案件化办理流程。如在办理提供虚假材料骗取商事登记的两法衔接案件过程中，南沙区检察院对相关证据全面开展调查核实，并协助市场监管部门梳理证据链条，提出移送司法机关立案的理由和依据，促使该批案件顺利被公安机关立案侦查。鉴于商事登记形式审查存在的监督管理漏洞，及时发出检察建议，建议商事登记机关与公安机关微警身份认证系统、房地产交易中心产权管理系统加强互联互通，增强办证窗口发现伪造文件材料的能力。此举得到商事登记机关的高度重视，并专门调研落实健全商事登记管理措施，一定程度堵住了对接国际高标准投资贸易规则所产生的社会风险漏洞。

（二）加强分析研判，及时预警自贸区政策的刑事犯罪风险

自贸区的创新政策承载着高标准国际投资贸易规则压力测试的任务。与传统政策相比，其潜藏着的经济金融风险并不会立即爆发，可能存在一定的潜伏期。同时，相关创新政策专业性强，普通群众很难识别政策中存在的风险，因此利用自贸区刑事政策实施的犯罪普遍为高智商的犯罪。因此，从检察职能的角度防控自贸区刑事犯罪风险，需要强化对自贸区创新政策及创新政策背景下相关犯罪的研判分析。

一是从刑法理论的角度，检察机关可以对自贸区投资、贸易、金融、财税政策运行过程中可能存在的犯罪类型进行预估，及时发现政策运行中可能存在的犯罪灰色地带，为自贸区职能部门完善政策措施和化解经济金融风险提出检察意见。

二是从样本实证分析的角度，检察机关可以对一定时期内自贸区知识产权、金融犯罪与事中事后监管相关的职务犯罪进行统计分析，总结自贸区政策运行中发生刑事犯罪的规律、特点以及相应的应对建议，为决策机关控制自贸区政策运行风险和评估政策运行效果提供参考。

三是从系统研判的角度，检察机关在处理涉自贸区个案过程中，针对法定犯适用存在的问题，也可以专门到自贸区相关职能部门调研前置性行政法规适用问题，梳理总结自贸区法定犯适用的规律和一般性的规则，为检察机关处理

法律适用有分歧的自贸区内与自贸区外互涉案件提供经验借鉴。

（三）打造服务平台，为自贸区经济社会发展提供精准检察服务

一是成立命名检察官办公室，专门负责自贸区企业和个人权益保障。自贸区司法机关对内资与外资，对国内与国外当事人应当坚持主体平等、程序平等和责任平等，让自贸区无论公产权还是私人产权，无论实体财产还是智慧财产均可以得到平等的、可以预期的保护，这样才能彰显我国法律的公平与司法的公正。对此，自贸区检察机关有必要创新检察平台，促使自贸区产权得到最公平的保护。如借鉴西方发达国家大法官员额制的做法，成立由专业能力强的检察官命名的检察官团队，专门负责办理侵犯知识产权、侵犯企业财产权益，并采取审查逮捕与审查起诉合一的刑事检察模式，既兼顾对产权保护的效率，又确保产权保护的质量。这方面，南沙区检察院已经由专门的检察官负责办理侵犯知识产权和侵犯企业犯罪的案件，特别是在引导公安机关侦查网络侵权国际知名商标商品犯罪问题上，自贸区命名检察官发挥了把控证据质量、有效解决争议焦点问题的重要作用。

二是成立法律服务中心，为自贸区工业园区和大型企业提供全方位而精准的法律服务。法律服务中心在相关工业园区建立法律服务工作室，走访专利、商标、商业秘密较为集中的高科技企业，征求企业对检察机关保护知识产权的刑事法律需求，为企业防控侵犯知识产权刑事犯罪风险提供参考。尤其在当前人工智能和新能源汽车高歌猛进的背景下，一些互联网企业技术同质化问题较为严重，更有必要加强对知识产权的刑事司法保护。几年来，南沙区检察院在技术密集、资金密集和劳动力密集的广船国际工业园区建立了法律服务工作室，近距离为企业提供刑事法律服务，同时将法律服务覆盖到周边的海港区块，针对走私冻肉案件相关仓单不完善影响案件侦查的问题，结合办案向有关冷库仓储企业提出检察意见，要求强化对提单人和仓储委托人的身份信息管理，促进对销售、运输冷库变质食品的有效打击。

自贸区法律政策具有较强的专业性和国际性，需要不断从刑事法律控制角度，加强对自贸区政策潜在刑事犯罪风险的评估，更好促进高标准国际投资贸易规则的测试，使改革朝着更加有利于创新发展的方向迈进。检察机关在新的时代下，应当充分履行好刑事检察职责和社会治理的重任，既打击犯罪，又防控风险，为国家新一轮改革提供防控风险的实证样本。

我国城市更新中的土地所有权确权：问题与出路

耿　卓　于凤瑞　李　冰*

【内容提要】土地所有权确权在城市更新土地法制保障中居于基础地位。国有土地确权存在的突出问题，一是《宪法》关于城市土地属于国家所有的规定与物权变动规则的冲突，二是法律规定与社会现实在确权方式和登记能力上的疏离。集体土地所有权的确权主要在于转性为国家所有后的确权问题。违法占地和违法建筑的权利归属及其处置依据模糊、笼统，使得确权难、颁证难。对此，我们应坚持共享发展理念和法治原则。土地所有权的确权，应分类进行。城市规划区内可以也应该存在集体土地，应结合土地制度改革和最新修改的法律，准确理解《宪法》第十条；为贯彻不动产统一登记和保护国有土地，应赋予其登记能力。集体土地“转性”为国有土地后应对已“转性”而补偿不到位的土地予以补偿，对应返还而未返还之土地（使用权）予以返还。违占违建土地及其上建筑物的确权，应尊重历史和现实，依法处理，分类施策。

【关键词】城市更新　土地确权　国有土地　集体土地　违法建筑

产业是城市发展的基础和动力，改革开放以来，我国工业化、城市化快速发展，同时也遇到了空间资源紧约束问题，土地供需矛盾突出，资源环境压力

---

*　耿卓——广东外语外贸大学法学院、土地法制研究院教授、博士生导师，主要研究领域：民法、土地法；于凤瑞——广东外语外贸大学土地法制研究院副教授，主要研究领域：民法、土地法；李冰——广东外语外贸大学法学院硕士研究生。本文系基金项目广州市社科联 2017 年度“羊城青年学人”资助研究项目“广州城市更新的土地法制保障”（17QNXR23）的阶段性成果。

日益凸显，给城市与产业可持续发展带来挑战。在加快转变经济发展方式的关键时期，进一步创新土地利用方式，盘活城镇存量建设用地，释放闲置、低效用地的潜力，已成为破解当前土地供需困局、满足产业转型空间需求的迫切要求。[1]城市更新是一项复杂的社会系统工程，牵涉诸多主体土地权益的调整和纠纷解决。产权制度是社会主义市场经济的基石。中共中央、国务院印发《关于完善产权保护制度依法保护产权的意见》，专门就产权保护法治化进行了全面部署。法治化是实现城市更新的基本路径和根本保障。只有把城市更新实践探索纳入法治轨道，方能有效厘清各种土地产权关系，解决突出矛盾，维护社会公平正义。一方面，通过法定纠纷解决机制可以化解城市更新过程中的各种土地产权纠纷；另一方面，通过法律手段，明晰各类产权的主体与内容，为从源头上预防和减少各种社会矛盾提供了更为合理和有效的制度空间。

不动产物权确权是法治化的前置性环节，在土地制度中居于基础地位。随着市场经济的日益发展成熟，土地作为生产要素的价值不断提高，土地及其上建筑物上包含的利益关系愈加复杂，土地确权成为土地制度改革的核心问题。土地及其上建筑物所有权的确权则是城市更新顺利有序推进的前提和基础。为此，我们应充分认识到土地产权法治化的重大意义，探寻土地确权的法理基础，以权利为中心，以“权利赋予和回归、权利行使和运作、权利救济和保障”为逻辑主线构建土地确权的制度体系，以理顺、平衡、协调城市与乡村的关系以及个体、集体与国家的关系，进而为各方主体之间经济利益分配提供公平务实的科学规则、运行方式以及制度支撑。

一、土地所有权确权的现状与问题

（一）土地所有权人与土地上权利人的关系

土地所有权是土地上权利体系顶端的权利，是涵盖权能最多的物权，是土地上其他权利的源泉。城市更新中，土地所有权人与土地上权利人之间的关系主要表现为两种形态：一是土地所有权人之间的关系；二是土地所有权人与土地用益物权人之间的关系。

国家土地所有权与集体土地所有权之间的关系需要进一步明确，这是整个研究的起点。从主体的角度看，根据《宪法》《物权法》等法律，我国土地所有权包括国家所有和集体所有两种。在我国土地为国家和集体所有的二元所有制下，集体土地所有权权能受到限制，相较于国家土地所有权，具有不完整性。

1　陆新亚：《新型城镇化：新时期的“昆山之路”探索》，载《江苏城市规划》2016 年第 9 期。

国家土地所有权与集体土地所有权在权利主体、客体范围、权利内容、所有权的移转变动方面不同。至于土地所有权与土地用益物权之间的关系，这在物权法理上至为明确，兹不赘述。

此外，在土地物权体系中还有占有的情形。占有是对物的实际管领，主要表现为一种事实，往往是各种物权特别是用益物权得以存续、发挥效用的基础。占有具有法律效力，主要表现为公示、推定和保护等。无正当权源而对土地的占有尽管为无权占有，也并不意味着在法律上无任何效力、可以随意处置，需要根据具体情况分类处理。

（二）国有土地及其确权

我国现行国有、集体所有的土地二元所有制大致经历了中华人民共和国成立前的私有制阶段、中华人民共和国成立后农村合作社之前的混合制阶段、在推行合作化与公社化后城乡二元所有制雏形，最后以 1982 年《宪法》正式确立的土地二元所有制结构。之后的《土地管理法》及其实施条例、《物权法》等法律对《宪法》的规定予以继承。不过，这种通过一个条文完成的土地所有权“转性”，难以直接成为“活法”，不仅不能消弭各种利益纷争，甚至会引发利益冲突。

1. 关于城市土地属于国家所有。随着城市化的进展，原先属于农村地区的土地被纳入城市当中，关于城中村土地所有权性质是否需要转变，涉及对《宪法》第十条“城市的土地属于国家所有”这一规定的理解。关于该条款的内涵，在多个层面上都存在不确定性：首先，“属于国家所有”应理解为“应当属于国家所有”还是“可以属于国家所有”？其次，“城市”指的是 1982 年《宪法》确立该条之时的城市，还是包括城市化进程中从乡镇或农村新兴发展起来的城市？最后，“城市”指的是狭义的“城市规划区”，还是广泛意义上的“城市市区”？现有文献在这一问题上已经取得一定进展，学界提出的方案包括：修改《宪法》，删除“城市的土地属于国家所有”，允许城市的土地归农民集体所有；[2] 维持《宪法》的规定，将已经城市化的农村集体土地直接转为国有；[3] 消除对《宪法》第十条的误解，将其理解为“城市土地可以归国家所有”，[4] 切断由此

---

2 傅鼎生：《“入城”集体土地之归属：“城中村”进程中不可回避的宪法问题》，载《政治与法律》2012 年第 12 期。

3 韩松：《集体建设用地市场配置的法律问题研究》，载《中国法学》2008 年第 3 期。

4 程雪阳：《论城市的土地属于国家所有的宪法解释》，载《法制与社会发展》2014 年第 1 期；程雪阳：《“城市的土地属于国家所有”的规范内涵》，载《政治与法律》2017 年第 3 期。

造成的城市化和征收之间的瓜葛。[5]通过探究1982年《宪法》修订该条的原意，该条款的确立并非基于宪法规范的科学构建，而是基于当时社会发展的需要。如何作出兼顾历史沿革、尊重社会现实和回应社会发展需求的正确理解，有待进一步探讨。

2. 关于确权与登记。在城市化进程中，城市的边界不断向四周推进，集体土地和国有土地犬牙交错。不仅如此，在集体土地“转性”为国有土地的进程中，各种所有权性质转变（“转性”）方式要么本身存在问题，要么执行落实不够，从而模糊了土地的权属；而由此造成并因土地增值收益激增而催生大量抢占违建、“种房”强占的现象，使得土地权属更趋复杂。

国有土地的确权有两种方式，一是正面划定国有土地的边界，予以确认；二是反面划定集体所有土地的边界，此外的土地即为国家所有，也可以称为排除法。从法规范解释来看，《物权法》第九条第二款规定的“依法属于国家所有的自然资源，所有权可以不登记”，并非强制性规定，没有强行要求国有自然资源必须进行登记。从现实来看，我国采行的是第二种方式，这虽然有助于确保土地等自然资源的国有，但未能够有效做到非集体土地即可推定为国家所有。因为集体土地所有权的登记往往限于具有利用价值的土地，大量荒地等不可利用的集体土地并未纳入现有的不动产登记中来，单纯作非此即彼的推定加大了土地归属的不确定性，使得权利行使时缺乏有力的具体依据。

在确权登记中还存在国家土地所有权是否具有登记能力的争议。《不动产登记暂行条例》第五条未将国家土地所有权列为需要登记的不动产权利，这种做法有待商榷。虽然《物权法》第九条第二款规定了“依法属于国家所有的自然资源，所有权可以不登记”，但土地作为自然资源，不同于矿藏、水流等自然资源所有权的单一，同时存在两种所有权类型，并且在中华人民共和国成立以来国家土地所有权的构建过程中存在诸多复杂的历史因素，权属并不明确。此外，国有土地确权的现实问题还表现为地籍规范化管理和审批后监管等问题，这都进一步加剧了土地国家所有权确权登记的难度。

（三）集体土地所有权“转性”与确权

在我国，土地所有权的变动是有限的，受制于我国的社会主义公有制，土地只能属于集体或国家所有，任何私人和企业都不得拥有土地所有权；土地所有权的变动又是单向的，即从集体土地所有权转向土地国家所有，国家对集体

---

5 张千帆：《城市土地“国家所有”的困惑与消解》，载《中国法学》2012年第3期。

土地的利用需求，主要通过征收包括具体征收和概括征收[6]的方式满足。

在我国的城市更新过程中，存在将集体土地一次性统征统转为国家所有的做法，以深圳为代表。深圳市经历了两次大规模的整体性征转，1992年的“特区内统征”和2004年的“特区外统转”，两次转地行为使深圳短时间内实现了土地的国有化，深圳市成为国内第一个没有农村建制的城市。这种统征统转方式为城市化快速推进、资源保障和规划实施提供了政策支撑，为土地管理制度改革奠定了良好基础，对各方利益也有所兼顾。[7]此外，在各地还存在调整城市规划而把集体土地纳入城市市区的情况。这种方式在本质上与深圳的做法是一致的，只是在更大程度上保留了原状。

统征统转和城市区划调整等土地所有权国有化的方式始终存在着合宪性争论。[8]统征统转和城市区划调整的所谓依据是《土地管理法实施条例》第二条第五项。上述规范依据存在以下问题：第一，该条例有违上位法，该条例仅仅为行政法规。依据《物权法》确立的物权法定原则，物权变动应依据法律的规定进行，且集体土地所有权变更为国家土地所有权的途径只有一种，即为征收。第二，这种“无需补偿”的土地所有权“转性”不符合公正补偿原则。

需要指出的是，集体土地所有权“转性”后出现的确权难可以说是“娘胎里带来的”，在“转性”之前就受制于各种因素[9]而一直未完成确权。

---

6 有学者称之为“概括国有化”。参见陈甦：《城市化过程中集体土地的概括国有化》，载《法学研究》2000年第3期。“概括征收”虽然指出了这种现象的实质，但与实践并不完全吻合，因为这种概括征收并未按土地征收的方式实行。还有学者作了类似概括，称之为“集体土地的整体转权”。参见宋志红：《城市化进程中集体土地的整体转权》，载《国家行政学院学报》2010年第4期。在实践中，这种现象也被称为“统征统转”，如深圳。

7 有学者基于务实的现实主义立场，认为集体土地整体转权是我国城乡二元土地所有制结构在城市化背景下运行的特殊产物，具有独立存在的价值，应趁《土地管理法》修改之机承认其地位，对集体土地整体转权的适用范围、实施程序、补偿标准等予以严格规范，以免被地方政府不当扩大使用以规避有关征地的各种管制。参见宋志红：《城市化进程中集体土地的整体转权》，载《国家行政学院学报》2010年第4期。

8 从事情的后续发展来看，深圳实施统征统转后，国土资源部和国务院法制办等部门联合到深圳对这种做法进行调查。根据最终的调查结论，《土地管理法实施条例》第二条第五项的含义是指“农村集体经济组织土地被依法征收后，其成员随土地征收已经全部转为城镇居民，该农村集体经济组织剩余的少量集体土地可以依法征收为国家所有”。这在事实上叫停了统征统转的做法。参见国务院法制办公室、国土资源部：《关于对〈中华人民共和国土地管理法实施条例〉第二条第五项的解释意见》（国法函〔2005〕36号，2005年3月4日）。

9 “有意的制度模糊”和“无奈的制度无力”共同造成这种局面。参见程雪阳：《集体土地登记制度及其面临的问题》，载《师大法学》2017年第1辑。

（四）违法占地、违法建筑处置的现状与问题

除了土地所有权本身以外，权利人在土地上建造和保有建筑物、构筑物及其附属设施，甚为常见。当然，权利人建造建筑物、构筑物及其附属设施必须符合设立目的，遵守权利设立用途，遵守城市整体规划，同时得到政府房产管理部门批准方可建造，否则，权利人对建筑物、构筑物及其附属设施拥有的权利就会受到限制甚至被剥夺。此外，建设用地使用权人依法建造的建筑物、构筑物及其附属设施，必须依法进行登记。

我国《城乡规划法》第六十四条规定了违法建设认定与处置的基本规则，住房和城乡建设部印发的《关于规范城乡规划行政处罚裁量权的指导意见》对违法建设范围、种类、处理处置等内容进行了规范，但关于违法建设认定、查处的相关工作要求仍需进一步规范和细化，如对应予以安置补偿之违法建筑的认定方面就存在诸多不确定性。根据实务中的典型情形，可将城市更新实践遇到的违法建筑分为三类：一是历史遗留违法建筑，此类违法建筑建造时间久远，因建造当时法律法规不健全等客观原因造成；二是违法建造之后一直未被及时处理的违法建筑；三是房屋征收范围确定后，突击抢建产生的违法建筑。这对城市整体的功能布局和发展秩序造成冲击，并且存在安全隐患。除此之外，由于各地情况不同，违法建筑的类型亦有特殊之处。[10]

我国目前在违法建筑处置方面尚缺乏有效的规范，实际中遇到的难题只能以个案形式探索解决，导致城市更新困难重重，其中确权难和颁证难问题日益凸显。（1）确权难。“城市更新项目范围内未办理房地产权登记、又不属违法用地或者违法建筑的建筑物、构筑物或者附着物，应当根据本市有关房地产权登记历史遗留问题处理的相关规定完善手续后，方可作为权属确定的更新对象。”[11] 但是“这些违法建筑的特点是权属不清晰，权责不明确，各种利益关系缠绕其中”。[12] 而且，政府部门与世代生于斯长于斯的原村民在所有权归属的认识存在对立，从而难以确权。确权拖延时间越长，因违章建筑转让等事实，使确权更是难上加难。而确权难，亦会进一步影响城市更新的顺利实施。（2）颁证难。《不动产登记暂行条例》要求不动产统一登记，而且拥有合法建设用地使用权和合法建筑的地上建筑物才能获得不动产统一登记。但是，一方面，原集体土地

10　宋娟：《关于深圳市城市更新问题的探讨》，载《经济特区》2015 年第 8 期；邹广：《深圳城市更新制度存在的问题与完善对策》，载《规划师》2015 年第 12 期。

11　《广东省人民政府关于提升“三旧”改造水平促进节约集约用地的通知》（粤府〔2016〕96 号）第四条亦有类似规定。

12　宋娟：《关于深圳市城市更新问题的探讨》，载《经济特区》2015 年第 8 期。

通过“统转”已经变为国家所有，原集体成员未经出让等合法程序且未缴纳土地出让金的情况下占据“统转”土地，并不拥有合法的建设用地使用权；另一方面，原集体成员“违建”和“抢建”的建筑物，也并非合法建筑物。因此，无论是从地还是从房的角度看，违章建筑均难以纳入不动产统一登记、依法获得权属证书。

对于如何应对集体土地“统转”为国有土地造成的历史遗留问题，有学者主张既“急不得：铁腕拆违的风险不可控”，也“拖不得：久拖不决代价高昂”。[13]这种主张正确认识到了历史遗留问题的复杂性，有其合理性。但这种主张在坚持尽早解决的同时又不明确依法采取强制措施，意味着要政府全部埋单，一体承认“合法外土地”的合法性，显然缺乏法治思维和类型化思维，因此并不可取，也因只是停留在表态上而没有可行性。还有学者建议“整体统筹确权，实行土地房屋分离处置”。[14]这种主张实质是“房地分离”确权的解决方案。在不动产统一登记的政策语境中，“房地分离”方案因不符合《不动产登记暂行条例》统一登记的立法要求而面临操作上的难题。目前无论是《不动产登记暂行条例》还是其实施细则，均没有预留“房地分离”的特例，因此以“房地分离”方案解决城市更新中的土地历史遗留问题并非理想方案。

二、土地所有权确权的理念和思路

在现行土地制度及土地政策的影响下，城市更新呈现出越来越强的经济利益驱动性和利益冲突的特征，严重制约城市发展。[15]这要求转变观念，深入贯彻党的十八大以来确立的“五大发展理念”“四个全面”战略布局等治国理政新理念新思路新战略，“坚持以人民为中心的发展思想”，建设法治政府，全面推进土地产权法制现代化，为城市更发展、城乡居民共享发展成果奠定坚实基础。

城市更新关系到居民生活、经济发展、产业结构、自然生态和社会稳定等方方面面，其中尤以土地的确权为关键，涉及政府、集体、企业与个人四方主体，存在诸多互相冲突的价值目标，且各方主体角色多重、力量对比失衡、行

---

13 北京大学国家发展研究院综合课题组：《更新城市的市场之门——深圳市化解土地房屋历史遗留问题的经验研究》，载《国际经济评论》2014 年第 3 期。

14 胡盈盈：《快速城市化地区城市更新用地管理研究——以深圳市坪山新区为例》，载《全国商情（理论研究）》2012 年第 7 期。

15 何深静、刘玉亭：《房地产开发导向的城市更新——我国现行城市再发展的认识和思考》，载《人文地理》2008 年第 4 期；黄晓燕、曹小曙：《转型期城市更新中土地再开发的模式与机制研究》，载《城市观察》2011 年第 2 期。

动目标与策略各异，[16]因此我们必须树立正确的价值理念和科学的原则。

（一）贯彻共享发展理念，实现城市更新可持续发展

共享发展是以人民为中心的，是普惠、平衡、可持续和包容性的，[17]因而有助于发展更协调、更有力、更可持续，有助于增强获得感，实现人的自由全面发展，[18]使得社会分配正义和经济发展效率之间具有共融性，[19]因而适用领域广阔，与城市更新治理内在契合。我们应当将共享发展理念与城市更新土地治理体系和治理能力问题的提升相联系，在后者中贯彻前者，发挥前者的指导价值。

随着城市化的快速推进，大量农民所赖以生存的集体土地因征转完成了土地的城市化，农民本身的城市化往往难以随之一并完成。而城镇化和城市更新的理念本质是要回应人的现实需求，[20]必须以人民为中心，尊重人民的主体地位，坚持共享发展。在基本立场上，政府不应替民做主，不能大包大揽，要相信城乡居民是理性的经济主体，会对自身的利益作出准确的判断。[21]因此，城市更新中的土地确权制度必须始终坚持以人为本，尊重民意，尊重其主体地位，发挥其积极性和创造性，使其充分参与、有效参与相关法律制定，赋予其更完整、更充分的各项土地权利。在制度安排上，作为城市现代化的城市更新，既涉及城市改造升级，又涉及农地、农民的城市化，还涉及农民工的城市化，[22]必须对所涉及土地上的城市居民和农民的权益承认、赋予，保障其依法有效行使权利，实现土地的高效利用。

城市更新必然涉及对存量建设用地的再开发，是对土地权益的深刻调整，能否有效推进的关键就是能否保护广大人民群众的利益，调动村民的积极性，积极探索各方特别是农民集体及其成员共享发展成果的具体实现途径。在城市更新中贯彻共享发展理念要求：一是集体土地平等“入城”，二是农民的土地使

---

16 耿卓：《农民土地财产权保护的观念转变及其立法回应——以农村集体经济有效实现为视角》，载《法学研究》2014 年第 5 期。

17 刘凤义：《共享发展的政治经济学解读》，载《中国特色社会主义研究》2016 年第 2 期。

18 余达淮：《共享发展思维的方式、目标与实践路径》，载《南京社会科学》2016 年第 5 期。

19 魏波：《以共享理解发展》，载《中国特色社会主义研究》2006 年第 1 期。

20 陈柏峰：《新型城镇化建设的法治保障：一个研究框架》，载《求是学刊》2018 年第 2 期。

21 陈小君：《我国农村土地法律制度变革的思路与框架——十八届三中全会〈决定〉相关内容解读》，载《法学研究》2014 年第 4 期。

22 在广州和深圳，分别有 500 万和 1100 万外来务工人口住在城中村。参见陈品妤：《农民工居住报告：深圳广州①难获城市住房保障，转向城中村》，https：//www. thepaper. cn/newsDetail_ forward_ 2106960，最后访问于 2019 年 5 月 2 日。

用权平等“转换”，三是农民集体及其成员平等享有城市更新等二次开发资格，落实党的十八届三中全会决定集体土地“与国有土地同等入市、同权同价”的改革要求。

（二）坚持法治原则，推进城市更新治理现代化

当前我国正处于经济社会转型时期，正在经历一个价值更替、秩序重构、文明再生的过程。[23]在研究城市更新土地制度体系时，不仅要坚持并继续深化各学科的研究成果，更需要在城市更新的土地确权制度体系中引入法治化思维，为共享发展理念的切实贯彻提供法制保障。就基本原则而言，必须坚持重大改革于法有据，既不能合用就用、不合用就弃置一旁，也不能选择性执行法律[24]。包括城市更新土地确权在内的我国土地法律制度改革必须坚持，并在坚持中完善以下理念：一是坚持权利本位思维，依法平等保护产权。坚持权利本位思维也是共享发展理念的必然要求，也是实践发展、价值取向和改革目标的必然要求。二是处理好政府和市场的关系，公权力依法切实行使，以贯彻城市更新中土地上各方主体利益的协调共赢的基本理念。城市更新所涉土地上的权利类型多样，成因复杂，相关主体既有个人独特的权益要求又有共同的利益诉求，面对权利、机会和规则的差异甚至冲突，陷入剪不断理还乱的困境。对此，唯有法治才是解决问题的正途。因此，一方面，我们需要一套法治化、制度化的法律修改机制，来自动调节社会变迁中产生的新问题，做到重大改革于法有据；另一方面，也需要科学地将法律适用机制，通过公正司法、严格司法，既发挥法院作为社会纠纷的中立第三方和最终解决者的定分止争功能，又发挥司法的能动性，促进法律规范的自我演进，使新型问题可以在法律框架下妥当解决。

法律制度的确立过程是社会公共利益同个人利益的权衡过程，相关制度设计应努力实现民众土地权利与社会公共利益之间的平衡。[25]从公权力与私权利的关系来看，包括土地权利在内的各项民事权利，任何个人、单位或公权人不得侵害，非依公正法律程序不得加以限制和剥夺，权利人享有排斥各种侵害的法定权利。[26]在“历史上和旧体制下权力过度膨胀，个体的权利和自由受到严

---

23 袁曙宏、韩春晖：《社会转型时期的法治发展规律研究》，载《法学研究》2006年第4期。

24 于凤瑞：《法治现代化视野下集体土地所有权转性问题研究》，载耿卓主编：《土地法制科学》（第1卷），法律出版社2017年版。

25 蒋省三等：《土地制度改革与国民经济成长》，载《管理世界》2007年第9期。

26 陈小君：《我国〈土地管理法〉修订：历史、原则与制度——以该法第四次修订中的土地权利制度为重点》，载《政治与法律》2012年第5期。

重压抑”的我国，[27]倡导民事权利对行政权力的制约仍然具有重要现实意义。从本身存在价值和目的来看，行政权力从来就是以实现公共利益、保护公民的人身权利和财产权利为己任而存在的，自应受到民事权利的有效约束。[28]在土地法律制度改革进程中，民事权利与行政权力应被慎重审视，重新定位，以确立民事权利对行政权力的有效制约的机制。在城市更新进程中，土地上的权利种类繁多、形成历史复杂，不要说公权力与私权利之间的边界存在模糊不清的地方，即使各种私权利的关系也因具体情形不同而有待理顺。应在法治原则下理顺私权利的运行机制，进而实现与公共利益、公权力之间的平衡：既要改变民众在土地权益享有方面的不公正待遇，保障城乡居民共享社会发展成果，又要对公权力的依法行使予以充分保障，对公共利益的维护落到实处。总之，在城市更新土地确权制度体系中，既要保证公权力保护私益，避免公权力的缺位、错位、越位损害私益，又要做到私权利与公益的平衡，推动城市更新中土地确权治理体系和治理能力的现代化。

城市更新作为土地一、二级联动开发模式，从前期的计划申报、规划审批、拆迁补偿、实施主体确认，到后期的拿地开发、回迁安置，所涉及的流程十分漫长。每个环节都牵涉各类土地权利。因此，法治思维必须贯穿于城市更新始终，要求土地产权依法保护、土地权属依法确权和公权力依法运行。所依之法要求从政策过渡到法律，从各种“红头”文件过渡到法律法规，要有稳定性和严肃性，有可操作性；法的实施要有确定性和一定的刚性。

需要指出的是，民主表决机制只是为了达到城市更新之公共利益属性的“内部意见联接手段”[29]，主要是为了解决“一致决”难题，并整合多数权利人之利益，其仅为城市更新正当性的考量因素之一。因此，在理论和实践中应避免通过一味提高同意意见的比例以增强改造项目正当性的误区。

（三）土地所有权确权制度完善的逻辑进路

我们应以共享发展理念为引导，坚持法律在场、立法先行原则，保障公民参与权，保证政府行为的合法性和有效性，利用民主协商平衡各方利益，重视城镇建设规划立法，努力化解城市更新的制约因素。

针对城市更新土地所有权确权中的重点和难题，进行城市更新中各类土地产权的权利化、体系化构造，除科学、准确确定土地权利的归属外，还应为利

27 童之伟：《权利本位说再评议》，载《中国法学》2000 年第 6 期。

28 陈小君：《我国农村土地法律制度变革的思路与框架——十八届三中全会〈决定〉相关内容解读》，载《法学研究》2014 年第 4 期。

29 方玮晨：《都市更新制度模式与法理分析》，台湾元照出版公司 2015 年版，第 168 页。

益分配和权利配置提供公平、务实的正当规则；同时划定政府与市场（自由与管制）在城市更新中的边界，切实转变政府职能、创新行政管理方式、增强政府公信力和执行力，平衡城市与乡村，以及国家、集体、村民、非村民之间的利益，建立协调各方主体之间利益关系的制度。

三、土地所有权确权的建议与对策

（一）土地国家所有权的确权

1. 准确理解《宪法》第十条“城市的土地属于国家所有”。对此，要回归到法律体系，依据法律的逻辑进行宪法解释，可基于《宪法》的稳定性将“城市的土地属于国家所有”理解为一种赋权，即赋予国家对城市土地享有所有权的资格，当集体土地在城市化进程中纳入城市规划中时，国家有行使国有化的权力。在具体法律适用方面，则类推适用《宪法》第十条第三款关于征收补偿的规定，而不宜对其进行扩大解释，不应将通过城乡规划或行政区划的变更等土地国有化的方式纳入其规范意涵。当然，当集体土地被纳入城市规划中时，国家也可以不行使国有化的权力，土地所有权依然属于集体所有。如此理解，既能够契合党的十八届三中全会以来集体土地制度深化改革的需要，也符合全面依法治国方略下保障产权、推动社会和谐发展的要求。

2. 积极推进确权登记。我国目前所采取的排除法，未能够有效做到非集体土地即可推定为国家所有。从社会现实来看，集体土地所有权并未普遍得到登记，即使已登记集体土地也主要是具有现实经济利用价值的土地，大量难以利用的“四荒”地往往并未纳入不动产登记中。这就使得单纯进行非此即彼推定的做法难以实行，从而大大增加了权利的不确定性和不稳定性。因此，只有通过对国家土地所有权予以登记，才能更好地明确土地的权利归属。从法规范解释上看，《物权法》第九条第二款中规定的为“可以不登记”，并非强制性规定。综上，未来我国不动产登记制度应当将国家土地所有权纳入登记范畴。城市更新中，对于权属相对清晰的国有已出让用地和国有未出让用地，可以通过档案数据清理、地籍调查等传统方法确定权属。

（二）集体土地转性后的确权

集体土地统征统转和城市区划调整后的确权之所以成为问题，主要是因为前述《宪法》第十条关于“城市的土地属于国家所有”的规定，即国家对城市土地所有权实行垄断，阻隔了集体土地上建城的可能。从理想情况来看，集体土地和国有土地应处于平等地位，均可依法依规划建城，自然也就不存在集体土地统征统转和城市区划调整后转为国有土地的确权问题了。自务实立场观之，我们应对《宪法》第十条的规定作授权性理解，国家只能够在法律明文规定的情况下，以及通过征收的途径，对土地进行国有化。需要说明的是，为简化城市土地的所有权关系，允许已经变为“城中村”的城郊农民集体向国家转让集体土地自是当然之理。[30] 依据最新修改的《土地管理法》，经营性建设用地使用权依法可直接入市，统征统转必将成为个案和历史，城市区划调整也不再成为集体土地转性的依据和理由。[31]

对于已经完成集体土地统征统转和城市区划调整后转为国有土地的确权问题，则应当遵循法律的规定，尊重农民集体在土地上的所有权与发展权，通过让利让权，提高农民集体和农民参与确权和改造的积极性。具体而言：(1) 对已“转性”而补偿不到位的土地予以补偿。在补偿费未完全支付对价之前，被征收土地权利人有继续使用该土地之权。根据 2004 年国土资源部《关于完善农用地转用和土地征收审查报批工作的意见》第十四条的规定，批文失效后，原批准范围内的土地权属性质不发生变化；经批准农转用和征收的土地，在实施土地征收前，土地权属性质为集体所有。(2) 对应返还而未返还土地（使用权）予以返还。对于未落实之征转返还地指标，应当兑现承诺，把指标落到地块，为原集体或原村民确权发证。对于确实没有足够土地资源用于指标落地的农民集体，可开展建设用地指标交易，允许原集体或原村民将无法落地的指标，转让给尚有空地的社区。

对于作为集体土地所有权主体之农民集体是否保留，学界存在不同认识，主要有撤销说和维持说。[32] 以集体土地“转性”为前提，笔者赞同维持说。理由有二：一是集体成员抱团生活的社会观念和物质基础仍在；二是从实践来看，由农民集体改头换面为集团/公司、经济（联）社后仍长期存在。不仅如此，长期的跟踪研究表明：充满弹性的社区是中国“危而不倒”的密码，而随着城中村改造的推进，作为精神家园的社区却在不断消亡，显然不利于基层治理的现代化。[33]

---

30 韩松：《论农民集体土地所有权的处分权能》，载耿卓主编：《土地法制科学》（第 1 卷），法律出版社 2017 年版。

31 令人欣慰的是，2019 年 8 月 26 日，《全国人民代表大会常务委员会关于修改〈中华人民共和国土地管理法〉、〈中华人民共和国城市房地产管理法〉的决定》将《城市房地产管理法》第九条修改为：“城市规划区内的集体所有的土地，经依法征收转为国有土地后，该幅国有土地的使用权方可有偿出让，但法律另有规定的除外。”此次修改意味着，一是对城市规划区内的集体土地并不必然转为国家所有的重申，二是该集体土地可依法径直转让土地使用权而无须在转征为国有后才有偿出让。

32 傅鼎生：《“入城”集体土地之归属——“城中村”进程中不可回避的宪法问题》，载《政治与法律》2010 年第 12 期。

33 刘金龙、黄小慧、邓宝善：《城市化过程中城郊农村社会治理结构变迁——基于广州 A 区的研究》，载《中国农村观察》2018 年第 3 期。

（三）违占违建土地及其上建筑物的确权

违章建筑一般是指违反了《土地管理法》《城乡规划法》等相关法律法规的规定而建造的建筑物和其他工作物，[34]具体包括不符合土地总体利用规划、城乡整体规划，违反国家相关法律法规，未办理建设用地规划许可证、建筑工程规划许可证、擅自建筑的建筑物和构筑物，或超越其权限进行建筑行为，以及依法被认定为不符合要求的建筑物或构筑物。[35]

城市更新地域性、政策性强，由于各地城市化速度不同，启动城市更新的时间点与措施亦有所不同，因此，各地在为违法建筑确权的时候，应当根据有关法律、法规的基本原则，结合各地实际，区分违法建筑的违法程度，分别予以处理，分类确权并进行合目的性考量。不管怎么分类，需要我们注意的是，在城市更新或集体土地征收过程中，政府部门往往忽略对房屋的鉴定环节，直接以村民的房屋无乡村建设规划许可证或者无宅基地使用权证书为由，一律将其认定为违法建筑，不属于村民的合法财产，因此不予补偿安置。这种简单的以有无证书的“一刀切”式的做法，并不符合农村房屋建设的实际。在认定历史遗留违法建筑时，不应以是否有建设规划许可证作为唯一标准，而应具体案件具体考虑，根据有关法律、法规的基本原则，结合各地实际，区分违法建筑的违法程度，分别予以处理。[36]简单来说，违占违建行为可以分为三类：第一类是可补正的，第二类是不可补正的，第三类是违法占地建筑物既有可补正的部分，又有不可补正的部分。概括而言，违占违建的处理结果也大体可以分为三种：一是行为人补办手续、缴纳罚款，从而通过这些补正手段对违占违建合法保有；二是行政机关依法予以拆除；三是行政机关予以行政没收。

1. 对于可补正的违法占地和违建行为，可依法向“合法”转化。从私权角度看，违法建筑作为不动产，依事实行为的完成而由建造人直接取得所有权，公法上对违法建筑的限制，不是针对违法建筑的所有权的取得，而是针对所有人的权利的行使。[37]从违法建筑这种不完全产权的界定来看，这一过程实质上是建筑人获取公共领域利益的过程，具有经济合理性和社会合法性，进而部分

---

34 周友军：《违章建筑的物权法定位及其体系效应》，载《法律适用》2010年第4期；陈晋、喻晶：《农村违法建筑征收补偿问题研究——以宅基地上的违法建筑为研究对象》，载《四川师范大学学报（社会科学版）》2013年第2期。

35 吴兴国：《违法建筑治理的困境与出路》，载《理论学刊》2013年第7期；王卫城：《深圳“违法建筑”的产权分析》，载《特区经济》2010年第3期。

36 分类处理是理论界和实务界普遍认可的做法。参见王洪平：《违法建筑的行政处理——以小产权房为主要对象》，载耿卓主编：《土地法制科学》（第2卷），法律出版社2018年版。

37 刘武元：《违法建筑在私法上的地位》，载《现代法学》2001年第4期。

违法建筑具有政治上的合法性。[38] 从社会政策来看，部分违法建筑与农民就业、养老保障和低收入群体居住密切相关，[39] 又与物尽其用的经济效率有关。因此，实现违法建筑的有效治理，要本着尊重历史与照顾原住农民利益的原则，在兼顾社会公共利益和各方当事人利益的基础上完善相关立法。[40]

2. 对于不可补正的违占违建行为，应依法实施拆除等强制措施，同时也应该严格适用《行政强制法》第四十四条规定的特别程序，以保障当事人合法权益如声明异议权并遵循比例原则，规范强制拆违行为。[41] 从各地城市更新实践来看，不可补正的违占违建行为，典型的至少有抢建而形成的违建、未办理建设规划许可且占用耕地而形成的违建、相关规范性文件生效后新产生的违建三种类型。对这三种类型的违法建筑，在拆除时均不予补偿，这已形成统一认识，兹不赘述。虽然对这三种类型的违法建筑不予补偿，但并不意味着对这些建筑可以随意拆除，对违法建筑处理行为应进行合目的性审查。行政机关是治理违法建筑的主导力量与责任主体。[42] 政府对违法建筑的处理，首先应当使自身行为符合行政权力行使之比例原则。"任何不追求正当目的的决定显然是不合理的。"[43] 我国相关规范性文件中已有对行政行为目的正当性的规定，如 2004 年国务院《全面推进依法行政实施纲要》第五条、2012 年《最高人民法院关于办理申请人民法院强制执行国有土地上房屋征收补偿决定案件若干问题的规定》第六条。在城市更新中，对违法建筑予以认定与查处的目的，应当是协调城乡空间布局，改善人居环境，促进城乡经济社会全面协调可持续发展。基于比例原则的要求，行政机关在认定违法建筑时，应当兼顾行政目的与所采取手段之间的平衡，在有多种方式达到同一目的时，在不违背或减弱所追求目的的效果的前提下，尽可能选择对相对人权益损害最小的方法。例如，对城中村违法建筑的处置就应适当考虑其对低收入群体的居住保障职能。此外，鉴于违占违建

38 王卫城：《深圳"违法建筑"的产权分析》，载《特区经济》2010 年第 3 期。

39 崔彩周：《"城中村"农民私人违章建筑拆除及其权益保护问题再探讨》，载《特区经济》2006 年第 6 期。

40 吴兴国：《违法建筑治理的困境与出路》，载《理论学刊》2013 年第 7 期。

41 丁晓华：《强制拆除违法建筑行为定性与规范——基于对〈行政强制法〉第四十四条的解读》，载《法学》2012 年第 10 期。

42 2015 年 12 月最高人民法院《第八次全国法院民事商事审判工作会议纪要（民事部分）》第二十一条即明确指出，对于未取得建设工程规划许可证或者未按照建设工程规划许可证规定内容建设的违法建筑的认定和处理，属于国家有关行政机关的职权范围，应避免通过民事审判变相为违法建筑确权。

43 Julian Rivers, Proportionality and Variable Intensity of Review, 65（1）Cambridge L. J. 174, 195（2006）.

不动产上往往存在多重占用关系，因此应对相关当事人利益予以考虑。在实施违法建筑行政处罚时，可以考虑“行为责任”与“状态责任”两部分，构建以物为中心的行政处罚模式，避免将仅仅“违法建设行为人”作为行政处罚相对人，以有效回应违法建筑“建设行为人”与“持有人”相分离的情形。[44] 不仅如此，对各类违法建筑处置的同时，政府还应当通过各种手段发展集体股份合作公司自有产业，使得集体经济组织单位不再单纯依靠扩大物业规模进行出租获利；同时，应加快提供保障性住房的有效供给和配置，减少市民和企业对违法建筑的依赖，从源头上减少经济社会发展对违法建筑的需求。

3. 对于既有可补正部分又有不可补正部分的违占违法建筑，可以在参考上述两类情形的处理方案的基础上加以改造。具体可以分为两步走：第一步，根据以往处理合法外用地的历次文件规定，设立一个人均占地和建筑面积的基本标准。凡在此标准之内的各类用地、住宅和工商建筑，均可在履行必要义务和承担相应行政责任后予以登记。第二步，对超过合理限度的物业，应采取行政没收处罚，这一步的处理方案有别于对不可补正的违占违法建筑予以拆除的方案。之所以采取没收这种处罚方式，原因主要在于：一是直接拆除违法建筑的做法不经济，是对社会财富的极大损害和社会资源的极大浪费；二是直接合法化违法建筑既有违公平，造成合法行事者吃亏而违法者得利，造成又与法治相抵牾，架空土地管制、城乡规划、工程监管、物权法等法律法规，还严重影响法律的实施、法治的权威，造成恶劣的示范效应；三是缴纳“确权税”或“累进确权税”的方案[45] 与合法化方案在根本上是一致的，只是在程度上有所缓和而已，因而亦不可取；四是对违法所得和非法财物采取没收措施符合法理。[46] 需要注意的是，没收处罚与强制拆除措施都是严厉的行政责任承担方式，对行政相对人利益影响甚巨，必须严格遵循合目的原则、比例原则，遵守法律程序，畅通救济途径。

44　夏雨：《以物为中心——违法建筑行政处罚相对人认定新路径》，载《江淮论坛》2010 年第 5 期。

45　有些学者建议，“以缴纳‘确权税’（一个各方可接受的比例的土地）为前提，更新‘合法外用地’和‘违法建筑’的法律产权关系，并以此促进城市再开发”。参见北京大学国家发展研究院综合课题组：《更新城市的市场之门——深圳市化解土地房屋历史遗留问题的经验研究》，载《国际经济评论》2014 年第 3 期；陶然、王瑞民：《城中村改造与中国土地制度改革：珠三角的突破与局限》，载《国际经济评论》2014 年第 3 期。也有学者提出类似的“国有化”方案，参见黄泽勇：《小产权房国有化：治理小产权房的可选途径》，载《西华大学学报（哲学社会科学版）》2012 年第 5 期。

46　《行政处罚法》第八条第三项对没收有明文规定，而且，这在个别地方已有实践探索。李增辉：《石家庄将没收违规住房　震慑违规开发商和小产权房》，载《人民日报》2011 年 5 月 8 日。

结语

城市更新是高度城市化背景下土地利益的重新分配和调整，是一个全面城市化和深度城市化的长期过程，核心在于明晰权益，而土地所有权的确权则是前提和基础。

从现实来看，随着城市化的快速推进，在城市郊区甚至在城市中心地带都存在大量的违法占地和违章建筑，在时间和空间上混杂分布，主体呈多元化特点。不仅是违法占用的土地，即使是合法占用的土地也面临各种复杂的确权难题。发展中的问题要在发展中解决。城市化进程中的土地确权问题也只有在城市化特别是城市更新等城市土地二次开发中解决。在当前利益诉求多元、开发收益预期巨大的条件下，必须结合土地二次开发来推动。只有二次开发，才能提高土地增值收益空间，才有助于在政府、权利人（集体和村民）和开发人之间合理共享增值收益，最终达到明晰产权的目标。

各地在实践中探索的确权方式和模式尚难以全面彻底地从根本上解决现实问题，因此亟须我们从观念与制度、理论与实践、立法、司法与执法等多维度、多层次、多视角进一步深入研究，进行理论创新和制度创新，为土地利益的分配、调整、共享以及土地的有序高效可持续利用提供法制保障。

制造强国战略下我国增值税立法完善的逻辑进路

张富强　赖梦珠*

【内容提要】近年来，我国通过实行从生产型向消费型增值税的转型、全面推开“营改增”等举措，不断巩固和加强增值税作为商品交易税体系主体税种的地位，同时通过允许对固定资产的进项税额进行有条件的抵扣，在打通增值税的抵扣链条、促进制造业的分工细化等方面，取得了良好的进展。但客观而言，现行增值税立法仍然存在不少缺陷，特别是适用制造业的增值税制，显然难以满足《中国制造2025》有关制造业强国战略有序推进的强烈需求，特别是进项抵扣、税收优惠和小规模纳税人等制度设计的不完善明显有碍于中国传统制造业向创新驱动和智能制造业转型的迫切需求。有鉴于此，以制造业强国战略为指导，通过本轮增值税立法，扩大并完善增值税的抵扣范围，采取灵活的增值税优惠组合措施，完善纳税主体制度和税收征管程序，理应构成中国制造业转型升级、实现从“中国制造”向“中国智造”转型的逻辑进路。

【关键词】强国战略　转型升级　中国智造　立法完善　逻辑进路

制造业是国民经济的基础和支柱产业，也是一国经济实力和竞争力的重要标志。增值税是以应税商品或者劳务在其生产交易过程之中产生、以其增值额计算征收的一种商品流转税。[1] 增值税因其税收中性、不重复征税的优越制度设

---

* 张富强——华南理工大学法学院教授，博士生导师，中国法学会财税法学研究会副会长，主要研究领域：经济法、财税法；赖梦珠——华南理工大学财经法研究所研究人员。

1　张富强著：《税法学》，法律出版社2007年版，第253页。

计，得到了世界上市场经济发达国家的青睐而广为采用，目前也成为我国流转税体系甚至是税种体系中的第一大税种。增值税的重要性决定了其每一次制度变革都将对纳税人权益和国家利益，抑或对微观经济活动和宏观经济运行等诸多方面产生重要的影响。[2]但客观而言，目前增值税制还存在着不少有待完善之处。我们应当在中央将《中国制造 2025》[3]上升为国家发展战略之际，加快增值税立法的步伐，完善进项抵扣、税收优惠和小规模纳税人等制度设计，切实降低企业税费负担，为中国制造业的转型升级提供税法保障。

一、中国制造强国战略的提出

在新一轮工业革命的竞技中，已经处于工业化中后期的中国，虽然已是制造业大国，但当务之急却是切实实施由大变强的转型步伐，这是新时代下制造业的新的历史使命，是中国制造业螺旋式上升的发展使然，更是中华民族奋起直追的迫切需求和适应当前国情世情的战略性决定。

1. 制造强国战略的目标

制造强国战略是我国在新的时代背景和发展要求下提出的一项国家发展战略。《中国制造 2025》对我国的制造业发展水平作出了战略性的目标安排：第一步，即从 2015 年到 2025 年第一个十年，我国将成为制造强国；第二个十年即到 2035 年，制造业的整体水平要达到制造强国成员中的中等水平；最后，在中华人民共和国成立一百年之时，我国的制造业强国地位更加巩固，国家综合实力进入世界制造强国前列。概括而言，实现制造强国战略，就是要实现制造业的转型升级，推动制造业从要素驱动向创新驱动转变、生产型企业向服务型企业转变，沿着自动化、信息化、数字化的方向升级，以实现智能制造为主攻方向，将我国目前的“中国制造”转变为“中国智造”。[4]

2. 制造强国战略提出的背景

2008 年金融危机以来，西方发达国家的眼光又重新聚集到了制造业，相继打出了“再工业化”的口号，试图在新一轮国际竞争抢夺先机。美国出台了“先进制造业”的国家战略计划，配合着多项措施力图使本国的制造业重新回流

---

2 张守文：《增值税的“转型”与立法改进》，载《税法理论与实务》2009 年第 8 期。

3 国务院：《关于印发〈中国制造 2025〉的通知》（国发〔2015〕28 号），载国务院网政策频道，http：//www. gov. cn/zhengce/content/2015 – 05/19/content _ 9784. htm，最后访问于 2019 年 1 月 22 日。

4 国务院：《关于印发〈中国制造 2025〉的通知》（国发〔2015〕28 号），载国务院网政策频道，http：//www. gov. cn/zhengce/content/2015 – 05/19/content _ 9784. htm，最后访问于 2019 年 1 月 22 日。

到美国本土；德国施行“工业 4.0”战略，旨在提高制造业智能化水平；日本则发布了制造业竞争策略，制定对先进制造业的前瞻性发展框架。而新兴国家也不甘落后，利用自身的人工低廉等成本优势吸引外国投资建厂。发达国家和发展中国家已成“前后夹击”之势，我国的制造业却成本逐渐上涨、人口红利消失，可以说制造业的发展面临着内部和外部的双重挑战。[5]新一轮工业革命的浪潮已近在眼前，科学技术带来的变化正在推动人类社会方方面面的深刻变革。“信息技术 + 制造业”的组合带来了无限可能，大数据、云计算等能给制造业指明方向，3D 打印、新能源、新材料等技术的重大突破更是对制造业的生产模式带来了重大深远的影响。可以预想，哪个国家率先掌握了新技术，哪个国家就将占领制造业的新高地，也就是占领了经济发展和国家发展的新高地，并将引领、重塑全球制造业发展格局。

3. 制造强国战略实施的意义、进展及税革的配合

工业是现代国家的立国之本，制造业更是现代工业的核心，关乎着国防安全，也最能体现一国的综合实力。我们清楚地了解，西方国家在工业革命、实现经济发展模式转型之后并没有弃制造业于不顾，而是仍然依靠制造业成为制造强国，继而在全球制造业链条中处于高技术、高品牌、高附加值的主导地位，其他国家就只能处于价值较低的制造加工地位。在此意义上，唯有实施“制造强国战略”并建成制造强国，才是中国步入世界经济强国行列、实现“百年”梦想的重要保障。

目前中国正处于“制造强国战略”的提出和部署阶段，“制造强国战略”对于制造业发展和经济转型升级的重要意义已开始显现，这着重表现为以下三个方面：一是制造业发展的整体环境得到逐步地改善，其中特别表现为重视制造业的良好舆论环境正在形成，制造业转型升级的现实条件正在得到逐步改善；二是一些重大的制造业创新成果已经或正在取得突破性的进展；三是经济动能从要素驱动向智能驱动的转换以及经济结构的优化正在获得稳健的加速。在世界整体经济趋缓、工业承受下行压力的背景下，2015 年和 2016 年中国工业三大门类中制造业一直保持较高增速，特别是“制造强国战略”提出重点发展的制造业领域对经济增长的贡献十分明显。[6]

税制在世界各国制造业发展历程中通常起到积极的引导、调整和加速作用，特别是世界主要经济体为加快培育本国制造业技术创新的核心竞争力，推动传

---

5 张富强：《国际减税趋势下中国制造业强国战略的税法改革路径》，载《华南师范大学学报（社会科学版）》2017 年第 6 期。

6 张莉：《解读〈中国制造 2025〉》，载今日中国网经济频道，http：//www. chinatoday. com. cn/chinese/economy/fxb/201507/t20150715_ 800035214. html，最后访问于 2019 年 1 月 22 日。

统制造业产业结构向“现代化”的转型升级，政府相继出台一系列政策和措施以支持现代制造业的发展，其中最为显著的就是通过税制改革以降低现代制造业企业的所得税税负，激励企业技术创新和引导企业运用现代科学技术，加快本土制造企业转型升级的步伐。美国制造业之所以能在第二次世界大战后崛起并一跃成为世界头号制造强国，固然有着殊多因素，但实施轻税政策无疑是其中一个重要的因素。美国联邦政府的税制结构长期呈现以直接税为主，间接税为辅的特点，目前所得税和社会保障税等直接税占联邦税收总额的97%，而间接税仅有销售税（或称消费税）一项，占税收总额的3%。可见制造企业交纳的税收主要体现为公司所得税。美国制造业公司所得税收入占联邦税收总额约为10%，根据普华永道统计口径的总税率约为44%，可知其公司所得税的实际税率约为4.4%，如此低的税负，有力地保障和促进了美国本土制造业得以长时期的繁荣发展。而德国、英国和法国等主要制造强国虽然同时征收增值税，且税率并不低，但与所得税各项税率综合起来，其总税率在全球190多个经济体中却并不高。根据2018年普华永道的统计，总税率排名最高的都是一些不发达或发展中的国家，其中中国排在第12位，总税率为67.3%；世界七大经济强国中，美国排名第67位，总税率为43.8%；日本排名第53位，总税率为47.4%；英国排名第139位，总税率为30.7%；德国排名第44位，总税率为48.9%；法国排名第20位，总税率为62.2%；加拿大排名第169位，总税率20.9%；意大利排名第50位，总税率为48%。可以说，不同国家的制造业均因各国良好的税收环境而得以稳健发展。相比之下，我国制造业的税费负担较重，与世界主要制造业强国（7G）相比，比加拿大高46.4%，比英国高36.6%，比美国高23.5%，比日本高19.9%，比意大利高19.3%，比德国高18.4%，比法国高5.1%。[7]

诚然，自中央提出制造强国战略以来，我国逐渐采取一系列清费减税等措施让利于企业，将更多资金留在企业，鼓励企业进行产品研发和技术改造，对于促进制造企业的转型升级、做大做强起到积极的促进作用。但客观而言，我国税费改革的步伐并不大，离现代税收国家和预算国家的建设目标还有着较大的距离，[8]特别是现行增值税制仍然存在着不少难以适应制造强国战略的欠缺之

7 总税率指的是税占商业利润的百分比，是企业减免掉法律允许部分之后必须缴纳的税额占商业利润的比例。世界银行和普华永道采用模拟推算方法，通过模拟一个从事劳动密集型制造业的中型企业，根据各经济体的税种税率推算企业总税率，以反映该经济体代表性企业的税负。参见《〈世界纳税指数2018〉出炉！2018年尚未过半，消费已经拉响警报》，载泓远移民网新闻动态频道，http://www.hopewinner.com/news/9765.html，最后访问于2019年1月22日。

8 张富强：《论税收国家的基础》，载《中国法学》2016年第2期。

处。正因为如此，随着制造强国战略的进一步实施，迫切需要增值税制的深层次改革相配合。如何通过本轮增值税立法，进一步推进增值税制度深层次改革，已成当前一项必须认真对待的重要任务。

二、强国战略下我国增值税制的变迁

无论是从生产型到消费型的转型方向，还是全面实施“营改增”，增值税的改革都是通过理顺国家与企业之间收入分配的关系，来实现调动企业生产经营的积极性和技术开发的创造性，促进市场经济稳定增长和推进制造强国战略的目标。[9]

1. 从生产型增值税到消费型增值税

根据对外购固定资产能否完全抵扣这一问题的处理方式的不同，增值税被分为生产型、收入型和消费型三种类型。不同的增值税类型在不同的历史时期都能发挥积极的作用：我国在2009年1月1日以前实施的是生产型增值税，曾经对遏制固定资产投资膨胀有一定作用，但随着社会发展其重复征收、加重企业负担的弊端也不断凸显，[10]从2004年到2009年我国逐步推进增值税由生产型向消费型转变。相对于生产型增值税和收入型增值税，消费型增值税允许纳税人将当期购入固定资产的已纳税金一次性全部扣除，纳税人的固定资产投资全部被排除在税基之外，无须重复计算缴纳增值税，这样可以有效地降低投资成本，鼓励企业将闲置资金投资到固定资产之中，扩大企业的规模和提高企业生产水平，并且彻底地解决重复征税的问题。因此大多数实行增值税的国家都采取了这种类型。可以说，这一转变使大量采购设备、固定资产投入很高的制造业受益颇多。而事实上，根据相关调查也得出了相同的结论：我国增值税的转型对鼓励企业投资固定资产、提高生产率等均有良好效果。[11]

2. 从“营改增”试点到全面“营改增”

增值税从生产型到消费型的转型，使得增值税能够覆盖商品投资、生产、交易等的各个流程，进项和销项税额前后抵扣而形成一个环环相扣的链条，链条中的各个环节相互稽核从而有效避免了重复征税，达到“税收中性”的效果。[12]我国对消费型增值税的推广，始于上海部分行业进行的“营改增”试点，在上

9 张守文：《“营改增”的经济法理论思考》，载《经济法研究》2014年第14期。

10 张富强著：《税法学》，法律出版社2007年版，第255页。

11 聂辉华、方明月、李涛：《增值税转型对企业行为和绩效的影响——以东北地区为例》，载《管理世界》2009年第5期。

12 邓建军：《消费型增值税制设计的理论依据》，载《税务研究》2005年第4期。

海取得良好成效之后，即逐步扩大到国内其他地区和其他行业，最终在2016年5月1日扩大到建筑、生活和金融三大行业，实现了全国范围消费型增值税的全覆盖以及抵扣链条的完整性。显然，“营改增”的全面实施，极大地激发了我国市场活力和企业的积极性，特别对制造型企业而言，其外购服务得以抵扣进项税额，有效地降低了企业税负，增强其盈利能力，有力地推进了我国制造业由大转强的进程。

3. 现行制造业增值税制的主要特色

目前我国制造业增值税计征的主要依据是2017年11月19日修订的《中华人民共和国增值税暂行条例》，此后，国务院及财税部门出于应对经济下行压力的需要，依法对制造业增值税制进行了一系列调整，旨在通过“清费减税”等措施，为企业减负，同时激发它们开展科技创新的积极性，从而形成了以下特色：

第一，我国实施全面的消费型增值税制，覆盖了金融服务这一世界性公认难以课税的领域。在世界范围内率先对金融核心服务和间接金融服务全面征税，不仅能够有效降低金融企业税负，从而降低制造型企业消费金融产品的成本，将金融业纳入增值税范围使得金融行业可以更广泛、深入地参与到社会经济发展的方方面面，也对制造型企业融资、投资等行为起到了促进作用，进一步为制造企业的稳健发展提供极大的金融便利。[13]

第二，降低整体税负。制造业等行业适用的最高档次的增值税率已由原来的17%降至16%，基础电信、运输、建筑等行业适用的增值税税率也从11%降为10%，[14]下调增值税率无疑是最为直接的减税措施。

第三，加大支持重点产品出口的力度。比如将多元件集成电路、非电磁干扰滤波器、书籍、报纸等产品出口退税率提高至16%，[15]鼓励其走出国门、走向世界。

第四，着重减轻小微企业的税负。2018年国务院将工业、商业的小规模纳税人标准统一上调为年销售额不超过500万元的企业，并允许已登记成为一般

---

13 李万甫：《精准研判营改增效应的三个维度》，载《税务研究》2017年第1期

14 《关于调整增值税税率的通知》（财税〔2018〕32号），载财政部税政司网政务信息频道，http：//szs. mof. gov. cn/zhengwuxinxi/zhengcefabu/201804/t20180404_ 2862283. html，最后访问于2019年1月16日。

15 《关于机电、文化等产品出口退税率的通知》（财税〔2018〕93号），载财政部税政司网政务信息频道，http：//szs. mof. gov. cn/zhengwuxinxi/zhengcefabu/201809/t20180905_ 3010310. html，最后访问于2019年1月16日。

纳税人的企业在一定期限内改为小规模纳税人；[16] 2019年1月国务院决定再推出一批针对小微企业的普惠性减税措施，首先是大幅放宽可享受所得税优惠的小型微利企业标准，对年应纳税所得额不超过100万元、100万元到300万元的部分分别减按25%、50%计入应纳税所得额，使税负降至5%和10%。这一优惠将覆盖95%以上的纳税企业，其中98%为民营企业。其次是对主要包括小微企业、个体工商户和其他个人的小规模纳税人，将增值税起征点由月销售额3万元提到10万元。最后是允许各省（区、市）政府对增值税小规模纳税人，在50%幅度内减征资源税、城市维护建设税、印花税、城镇土地使用税、耕地占用税等地方税种及教育费附加等。上述减税政策自2019年1月1日实施，期限暂定三年，预计每年可再为小微企业减负约2000亿元。[17] 与此同时，国务院决定，对这类企业的融资贷款实行间接的优惠，通过免征金融机构向此类企业所取得的小额贷款利息收入增值税而鼓励其贷款服务，从而间接减轻了小微企业的融资成本。[18]

第五，鼓励支持特定行业发展。除了原有软件行业享受的即征即退优惠措施，[19] 还新增了对部分行业适用留抵退税的规定，[20] 装备制造、研发服务等与制造业转型升级密切相关的行业将拥有对企业更充足的留用资金。

第六，鼓励创新创业。国家级、省级科技企业孵化器、大学科技园和国家备案众创空间向在孵对象提供孵化服务取得的收入，免征增值税。[21]

---

16 《关于统一增值税小规模纳税人标准的通知》（财税〔2018〕33号），载财政部税政司网政务信息频道，http：//szs. mof. gov. cn/zhengwuxinxi/zhengcefabu/201804/t20180404_ 2862327. html，最后访问于2019年1月16日。

17 中华会计网：《专家解读：国务院关于小微企业普惠性免税政策出台》，http：//www. chinaacc. com/kuaijishiwu/ghy/li1901101992. shtml，最后访问于2019年1月24日。

18 《关于金融机构小微企业贷款利息收入免征增值税政策的通知》（财税〔2018〕91号），载财政部税政司网政务信息频道，http：//szs. mof. gov. cn/zhengwuxinxi/zhengcefabu/201809/t20180906_ 3010849. html，最后访问于2019年1月16日。

19 根据相关政策，自行开发生产的计算机软件产品，可按法定16%的税率征收后，对实际税负超过3%的部分实行即征即退，详见《财政部、国家税务总局关于软件产品增值税政策的通知》（财税〔2011〕100号），载财政部税政司网政务信息频道，http：//szs. mof. gov. cn/zhengwuxinxi/zhengcefabu/201110/t20111014_ 599682. html，最后访问于2019年1月16日。

20 根据相关政策，对装备制造等先进制造业、研发等现代服务业符合条件的企业和电网企业在一定时期内未抵扣完的进项税额予以一次性退还，详见《关于2018年退还部分行业增值税留抵税额有关税收政策的通知》（财税〔2018〕70号），载财政部税政司网政务信息频道，http：//szs. mof. gov. cn/zhengwuxinxi/zhengcefabu/201806/t20180628_ 2941537. html，最后访问于2019年1月16日。

21 《关于科技企业孵化器 大学科技园和众创空间税收政策的通知》（财税〔2018〕120号），载财政部税政司网政务信息频道，http：//szs. mof. gov. cn/zhengwuxinxi/zhengcefabu/201811/t20181105_ 3059775. html，最后访问于2019年1月16日。

应当看到，我国也在逐步地完善增值税，但是“中国制造 2025”对制造行业所提出转型升级和跨越发展的任务紧迫而艰巨，增值税在我国实施的时间也不长，客观而言，我国增值税制仍然存在着殊多与“中国制造 2025”发展纲要不相适应之处，亟待通过本轮增值税立法加以完善。

三、现行增值税立法难以满足“中国智造”的发展需要

“中国制造 2025”的指导思想对我国制造业提出了实现创新驱动、推动生产型制造向服务型制造转变、实现从“中国制造”到“中国智造”的跨越式发展等的要求。而依据我国现行的增值税制，更适合“大进大出”的传统制造业，技术或产品（服务）只要能够从外部购买，企业就可获得进项税额用以抵扣。因此，在此种增值税制之下，只能鼓励企业进行拆分，从“大而全”转变为“小而专”的企业，既不利于鼓励企业对产业进行投资升级，也不利于先进制造产业的起步发展和行业基础技术的研究开发。这与我国倡导的“创新驱动”“结构优化”和“人才为本”等指导思想是相互矛盾的，不利于实现“中国智造”。具体而言，我国制造业增值税制度存在着以下不足。

（一）增值税抵扣制度不完善

增值税之所以能达到中性税收和仅对私人消费征收的效果，其核心在于抵扣制度。企业抵扣的范围应当涵盖为征税交易服务的所有相关经营支出，[22]而根据《增值税暂行条例》和增值税其他规定进行简单分类可知：目前可抵扣的进项税额主要包括物料消耗、运输费用和外购固定资产等。部分成本和期间费用如用资成本、人工成本、研发费用、广告营销费用等均无法获得合理的抵扣，而随着企业转型升级，产品科技含量提高、附加值增加，消耗物料等可以抵扣的进项减少，无法抵扣的进项增加，企业只能通过提高产品价格来分担部分未能抵扣的费用，最终销项税额增加而进项税额减少，实际税负上升，导致现有增值税抵扣制度对企业创新升级起到负激励的效果。因而扩大增值税的抵扣范围，对于完善增值税制度具有重要意义，从促进制造业转型升级的角度来说，以下几个成本费用在制造业成本费用之中占比较大，亟待改善。

1. 人工相关成本费用无法抵扣

人才是创新的根基，创新驱动实质上是人才驱动。企业为了开发新产品、新技术首先需要培养、引进高技能型人才，但高额的人工成本在我国企业成本

---

22 翁武耀：《论增值税抵扣权的范围》，载《北京工商大学学报（社会科学版）》2015 年第 3 期。

中占比较高且有逐年增长的趋势。根据国家统计局分行业分岗位就业人员年平均工资数据显示，仅 2014—2017 年，制造业就业人员年平均工资为 47241 元、50684 元、54338 元、58049 元，上涨幅度均超过 5%，与国际相比，我国劳动力成本快速上涨，与主要发达国家差距缩小，相比起东南亚等国家已经不具有人工成本的优势。而职工工资未能像外购物料一样进行抵扣，加上随之而来的社会保险费等相关费用的提升，企业的用人成本一直居高不下。

2. 研发费用等期间费用无法抵扣

从成本费用的角度来看，在制造业转型升级过程中，除了购置相关固定资产和人工成本，还需要企业花费相当长的时间进行相关产品研究开发工作。而研究开发意味着存在失败的风险，一旦失败前期投入便化为泡影，况且即使研究成功也需要时间和后续持续的投入将技术成果转化为实际可出售的产品。可以说在转型升级中企业的每一步探索都以高昂的资金作为代价，而投入的这些资金绝大部分不能进行抵扣，只能增加产品的销售价格来消化这部分的费用，这又导致了销项税额也即企业应纳税额的增加，同时也会因产品售价提高而降低产品在市场上的竞争力，最终是降低了企业进行研发创新的意愿。

3. 借款利息无法抵扣

融资成本对企业来说逐年增加，2014 年我国规模以上制造企业利息支出占主营业务收入比重相较于 2009 年已提升了 50%，平均资产负债率为 55.8%。[23]

“融资难、融资贵”已成普遍状态，尤其是制造业初始投入和持续投入都比较高，产品周期也较一般企业更长，这就使得企业资金较为紧张，贷款进行研发、生产已成为制造企业普遍而又背水一战的举动，大有背负着高额的债务将企业命运赌在技术研发上的悲壮之感。即使研究成功，技术成果转化也需要一定的时间，这一切都使企业融资利息支出在转型升级之中占据了成本的重要一部分。而目前我国增值税关于制造业融资方面的规定，却没有对融资成本有任何抵扣或者鼓励的规定，仅对金融机构向小微等企业发放小额贷款取得的利息收入免征增值税以侧面鼓励融资，但此项规定对制造业的鼓励作用微乎其微：即使小型微利企业的年应纳税所得额上限已由 30 万元提高至 50 万元，对大部分制造业特别是单品价格较高的装备制造业来说，这一标准能覆盖的企业范围还是太过狭窄，制造业的大部分企业基本都无法享受此融资优惠，制造企业初始与转型升级的用资困难仍然没有得到解决。

23 国家发展和改革委员会产业经济与技术经济研究：《降低我国制造业成本的关键点和难点研究》，载《经济纵横》2016 年第 4 期。

（二）增值税优惠措施对制造业引导作用不强

我国现行增值税的优惠措施主要集中在公共领域，对鼓励性行业则更多地采用了降低税率、免税等容易割裂增值税抵扣链条的方式，长期来看不利于上下游企业的协同发展。而零税率、即征即退、留抵退税等不会割裂抵扣链条、比较合理的优惠方式涉及的企业范围则十分有限，仅对部分细分制造业有特定的激励作用，对制造业的整体转型升级而言引导性不强。制造业要从要素驱动型向创新驱动型转变、生产型制造向服务型制造转变，对此企业的人才、管理等投入都需要成倍增加，如此大的投入如果缺少国家相应的税收支持，难免让企业信心不足。

1. 留抵退税的适用范围较窄

留抵税额即未抵扣完进项税额的产生与增值税的计算方法有关，我国规定企业应缴纳的增值税额是将销项税额抵减了进项税额之后的余额。然而，一些行业的产品生产周期长，从材料购进到产品售出，往往要经过数月甚至更长时间，或者因季节性明显，销售额与时间的不匹配导致进项税额大于销项税额等情形，根据我国《增值税暂行条例》第四条的规定，不足抵扣的部分可结转下期继续抵扣，因而这部分常被称为“留抵税额”。留抵税额占用了企业资金，对企业现金流提出了更高的要求，加之金钱时间收益的存在，留抵税额实际上成为企业的税收负担。我国虽从 2018 年 5 月 1 日起允许部分行业在一定时期内退还留抵税款，但仅对特定行业的企业如装备制造业、符合条件的研发企业和电网企业实行，可见我国实行的留抵退税制不仅受惠的行业有限，且退税不彻底，明显有时间和范围的限制。

2. 即征即退对制造行业的引导性不足

即征即退是指征税机关先对纳税人足额征收增值税，再将全部或部分税款退还至企业，目前我国此优惠政策适用于软件企业：当相关企业的增值税整体税负超过 3% 时，超过部分在纳税之后可以申请退税。[24] 与此相关的优惠方式还有先征后退，这与即征即退相似，只是退税时间上略有差异。此外还有先征后返，是指征税机关将增值税征收之后由财政机关按相关政策规定审核并返还部分缴纳税额，我国曾对部分产品如数控机床、模具等出台过先征后返的优惠政策。这三种优惠方式实质上是国家对部分行业进行税收方面的补贴，降低其整体负担，相较于其他两种方式，即征即退的操作较为便捷，且对资金不存在时

24　辛连珠著：《营业税改增值税政策讲解与案例分析》，中国税务出版社 2013 年版，第 172 页。

间上的占用，对企业而言最为优惠，因而我国目前采用即征即退的方式相对较多。但我国现行即征即退政策覆盖的行业范围太过狭窄，仅适用于软件、管道运输等行业，对初期投入巨大的制造企业引导性不足。

3. 零税率政策对创新激励不足

零税率并非免税，而是其税率为零，指以零计算增值税，但仍然属于增值税的征收范围。这意味着不仅纳税人在这一环节无须缴纳增值税，而且上一环节缴付的增值税款也可以抵扣，对纳税人来说适用零税率比免税方式更为有利，因为免税是指纳税人无须缴纳此环节的增值税，同时也不抵扣上一环节纳税人所缴纳增值税的优惠措施，因而免税安排并不一定能达到减轻税负的目的。尤其是处于生产链条中的上游环节的纳税人，免税政策虽然免除了本环节的税收，但该环节得不到抵扣的进项税额也因此转为成本，将原本应该抵扣的进项税额转嫁给不应当承担税负的纳税人，破坏了完整的抵扣链条，无形之中对下游企业进行了重复征税。目前，除国务院另有规定的货物以外，零税率方式基本仅适用出口货物，而对于进口则通常只采用免税的方式。这样的优惠方式实际上并未能达到鼓励创新的效果，在现行全球化背景之下，任何创新都要建立在开放的基础之上，借鉴、研究外国的设备与方法也是我国实现“中国智造”的重要途径之一，并且能起到参考对比的作用，可以说进口国外产品与服务是科技创新很重要的来源，应该对此进行制度上的安排。

（三）小规模纳税人制度不利于中小制造企业做大做强

我国的增值税纳税人有一般纳税人和小规模纳税人两种类型之分，这不仅仅是在纳税人规模上的简单区分，而且代表了两种不同的增值税征收模式：小规模纳税人并非采用增值税销项税额减进项税额的一般计税方式，而是采用 3% 的征收率乘以销售额的方式计算增值税额，也不能与一般纳税人同等适用抵扣制度。这种简易征收办法从本质上看与营业税并无区别，同时采用这两种征收方式相当于又回到了部分“营改增”的状态，并且涉及范围更加宽泛，同样会切断两类企业的增值税抵扣链条。[25] 当一般纳税人按标准税率 16% 缴纳税款时，如果他向同为一般纳税人的企业购买货物（服务），此时他可以抵扣 16% 的进项税额；但若他向小规模纳税人购买货物（服务）却只能按 3% 进行抵扣，于是就存在 13% 的税负差距，无法完全抵扣的这部分实际是由购买方承担的。这使得一般纳税人与小规模纳税人交易时承担着更多的“增值税沉淀”，因而他们更倾向于和一般纳税人相互交易而非小规模纳税人，此种制度安排既不利于市

25 郑备军、夏海舟：《增值税的国际比较与借鉴》，载《中央财经大学学报》2000 年第 9 期。

场交易，某种程度上也不利于小规模纳税企业的发展。现行小规模纳税人的制度其实是与我国增值税“简税制、宽税基、低税率、严征管”的改革方向背道而驰的，是针对我国增值税抵扣制度不完善、部分行业税负较高而采取的无奈之举。2018年将小规模纳税人的年销售额标准统一提高为500万元以后，扩大了小规模纳税人的适用标准，让更多纳税人享受低税负的同时从侧面鼓励了大企业进行拆分，弃增值税一般纳税方法不用而采用小规模纳税人的简易计税方式。此举初衷是减轻现有小型企业的税负，出发点是好的，但是年销售额标准的陡然提高大大地拓宽了这一制度适用的企业数量，这与我国建立全面增值税制度的做法是相左的，也打破了两种制造业企业之间抵扣制度的运行链条，反而不利于两种类型企业的发展壮大。

（四）按月/次缴纳等纳税期限不符合制造企业的经营特点

制造企业涉及大量的固定资产投资，建设周期较长，若为装备制造等大型、重型的制造企业，其产品从研发、投产到出售可能要历经数月或数年，资金回笼的速度较慢，研发、设备购置等都导致企业发展对资金投入的要求比较高；若为初创企业则还普遍存在研发失败、投入与产出不匹配的风险。而我国的增值税纳税期限最长仅有一个季度，还仅适用于小规模纳税人。对于一般纳税人则是按月缴纳或者按次缴纳，明显不符合制造企业的产品周期和经营状况。较短的纳税期限固然有利于政府税收回笼，却明显加剧从企业取走利润、抽取资金的频次，增加企业的运营成本，不利于企业的良性发展。

四、国外增值税立法的经验借鉴

自法国1954年实施增值税以来，因其税收中性、税不重征的特点而广受其他国家青睐，目前实行增值税制的国家和地区已有175个。综观世界各国的增值税立法实践，在增值税抵扣制度、优惠措施、纳税人和纳税期限方面存在以下值得借鉴之处。

1. 建立充分的增值税抵扣制度

欧盟各国的抵扣制度基本采取“负面清单”的方式，仅规定不可抵扣的进项增值税，通常参考所得税规定，集中在招待费等最终个人消费的费用上，可见国外增值税得以抵扣的范围较为宽泛。而在技术上大多数国家都采用凭票抵扣的方法，少数情况存在计算抵扣的方式，这是建立充分的增值税抵扣制度不可忽视的因素。我国也是采用凭票抵扣的办法，目前允许抵扣的“票”包括增值税专用发票和进口增值税专用缴款书，这两项是采用发票上注明的金额计算税额，另外，还有农产品收购发票用以计算抵扣增值税，常见的普通发票并不允许抵扣，因此我国是严格的以发票抵扣为主、计算抵扣为辅的体系。同样采用凭票抵扣制度，大多数国家却并非像我国这般严格地“以票控税”，其标准一般是发票记载的信息能否真实、准确地反映交易事实，而无须一定是增值税专用发票，这一规定使得国外增值税制实现“充分抵扣”成为可能。[26]

2. 合理设计增值税优惠措施

世界各国对免税的范围都进行严格把控，主要是基于民生、历史问题或者征收难度等原因对医疗服务、教育事业和金融服务业等实行免税。零税率在各国应用的范围则更为狭窄，一般只是对出口商品实行。但澳大利亚、英国等国却在较大范围内使用零税率。例如，英国对多数食物、水、书籍、药品、污水处理、新闻服务和房屋建筑等交易均适用零税率。[27]零税率增加了征管成本，其所要达到的社会目的也可以通过专门的财政拨款来实现，因而理论界认为零税率只能被视为一种过渡性措施，适用范围应逐步缩小而改用低档税率。但相较于完全割裂增值税抵扣链条的免税政策，零税率又显得更有利于减轻纳税人的税收负担，更有利于提升纳税人的竞争力，因而对于推进我国正在进行的结构性减税具有积极的借鉴意义。对于留抵退税即进项税额大于销项税额的情况处理，我国的做法也与国外大相径庭，留抵退税在国外一般被称为当期即退制度，严格来说并不是一种优惠方式，而是国外增值税的普遍做法，要求退回多付的税额被认为是纳税人的应有权利。[28]鉴于我国目前对纳税人权利的研究还不够充分，此种制度设计思路值得我国深思。

3. 尽可能减少对小型企业的特殊安排

目前世界各国增值税立法对小型企业的安排，可大致分为三种模式：第一，不区分一般纳税人和小规模纳税人的，一般采用较高起征点或者是免征额的方式尽量将大部分企业纳入增值税的征纳范围，仅排除部分小企业，允许其选择是否登记为增值税纳税人、缴纳增值税，主要的区别是各国的起征点标准不同。例如，日本消费税法[29]规定，企业的年销售额在1000万日元以下的，可以自主选择是否登记注册成为增值税的纳税人，英国则是73000英镑。[30]第二，规定小型企业采用简易征收率的特殊核算方式。其中较为典型的是我国，但也有一

26 李旭红：《国际视野下的增值税改革和选择》，载《中国财经报》2018年8月28日。

27 OECD著：《消费课税趋势：增值税/货物服务税和消费税的税率、趋势以及管理问题（2012年版）》，中华人民共和国财政部税政司译，中国财政经济出版社2014年版，第58~61页。

28 苏铁：《完善本国立法视阈下的中欧进口增值税比较研究》，载《海关法评论》2016年第6期。

29 日本的消费税不同于我国的消费税含义，其本质是为增值税类型。

30 OECD著：《消费课税趋势：增值税/货物服务税和消费税的税率、趋势以及管理问题（2012年版）》，中华人民共和国财政部税政司译，中国财政经济出版社2014年版，第62~63页。

些国家采用依行业利润率而适用不同固定征收率的制度安排。[31]第三，采用特殊核算方式将小企业也纳入增值税抵扣链条之中。例如，澳大利亚增值税法中的“小企业征管模式”，允许小企业采用收付实现制的会计方法，在年终汇算全年应纳税额，可以按正常的进项税额抵扣销项税额的办法计税。[32]

我国模式尤其是2019年提高小规模纳税人的标准后更是将较大数量的小规模纳税人排除到了增值税范围以外，不符合普遍征收的要求。而第一种对低收入经营者实行免纳增值税的方式，相对于我国对小规模纳税人采用低征收率的方式，显然是一种更加优惠并且便利的办法，但是此种方法同样不允许小型企业进行进项销项税额计算，割裂了与其他纳税人间的抵扣链条，看似给企业主赋予选择权，实际上还是对增值税征纳作了两种不同的制度安排。在以上三种方式当中，从增值税抵扣链条的完整性而言，第三种方式无疑最符合增值的设计原理，这种征管模式虽可能会增加增值税的管理成本，却有利于保障进项与销项抵扣链条的完整，使得大小企业可以在同样的增值税法律制度之下畅通交易，减少了制度阻碍，应当是本轮我国增值税立法的改革方向。

4. 纳税期限以季度、年度缴纳为主

世界各国都要求企业按期提交纳税申报表并缴纳增值税，但规定的征管期限却长短不一，主要有按月申报、按季申报和按年申报三种方式。澳大利亚一般要求按季度申报并缴纳增值税，其他特殊情况如营业额超过2000万美元、营业期限不超过三个月或者有未依法纳税历史的企业则需按月申报缴纳。[33]法国对中小型企业采用按季预征、年终结算的方式，但考虑到大型企业所涉应纳税额较大，为减少偷税漏税现象的发生，则普遍采用按月申报纳税的方式。[34]减少申报频次有助于降低企业尤其是中小型企业的遵从成本，为企业留存更多的资金以稳妥地促进生产经营的良性运转，对征税机关而言，也有利于提高征管效率。

五、增值税立法的逻辑路径探索

完善制造业增值税立法，应当遵循我国制造强国战略的逻辑机理，在税收中性的原则下逐步推进。其合理的逻辑路径，应当是通过扩大进项抵扣的范围，

---

31 陈琍：《世界增值税制度发展趋势及特点》，载《国际税收》2017年第10期。

32 李林木：《全面营改增后增值税不遵从的规制》，载《税务研究》2017年第7期。

33 参见A New Tax System（Goods and Services Tax）Act 1999. Chapter 2 Part 6. Division 27，载澳大利亚政府网Acts频道，https：//www. legislation. gov. au/Details/C2018C00285，最后访问于2019年1月22日。

34 林祥：《法国增值税的管理及借鉴》，载《福建税务》1999年第7期。

构建商品产销的完整的增值税抵扣链条，通过形成灵活的增值税优惠组合，保障制造业拥有较为充足的资金流，通过完善纳税主体及相关征管制度，促进中小制造企业的良性发展。

（一）进一步拓宽增值税的抵扣范围

抵扣制度是增值税制得以良性运行的核心，从增值税的设计原理来看，如果进项税额可以实现完全抵扣，企业就仅仅负担其产品增值部分的税额即可，尽管最终税额由消费者承担，但商品的价格却因此而下降了。[35] 因而本轮增值税立法首先应将重点放在完善增值税抵扣制度上，拓宽制造业增值税的抵扣范围，建立完全意义上的消费型增值税法律制度，对于保障我国制造业向智能制造方向发展，实现从“中国制造”向“中国智造”的转型，具有十分重要的意义。

1. 将社会保险费用等企业人工成本纳入抵扣范围

支持企业创新驱动发展，增值税制度应充分考虑企业用人的普遍性需求，通过完善抵扣制度激励对企业人才智力要素投入给予必要的补偿，降低企业人工成本。企业的人工成本由直接给个人的薪酬福利、社会保险费和公积金等组成，在我国已经呈现刚性上升的趋势，这是无法逆转的事实，其中社会保险费等在2019年个人所得税改革之后也同比上升。从减轻企业负担和征管成本角度来说，社会保险费以后将由税务机关统一征收，应考虑将其纳入增值税抵扣范围，准予企业按实际缴纳社会保险费的一定比例计算进项税额进行成本抵扣，这不仅体现了增值税成本抵扣的应有性质，在实践上也让此举具备可操作性。同时，可进一步将薪酬成本、培训成本等人才相关的成本费用逐步纳入增值税的抵扣范围之中，鼓励制造企业为创新驱动注入人才要素，进而加强原始创新能力。

2. 将技术研发等内生性费用纳入抵扣范围

产品、技术研发与企业命运紧密相关，行业基础研究则是一直被忽略的创新源泉，重要却无法直接给企业带来直观利益，对企业来说几乎是一项长期不见回报的“公益”性质的活动。可以预见，如果没有国家的政策支持，企业是不会冒着风险将真金白银投入行业基础性研究上的。为了鼓励企业进行研发投入，形成良好的创新氛围，应当允许其对相关费用如技术转让费、研发费用、新品试制费等比照《增值税暂行条例》第八条中农产品按买价和11%扣除率的方法计算进项税额；对于企业购买的技术与研发服务，可准予企业参考所得税

35 张守文著：《税法原理（第七版）》，北京大学出版社2016年版，第158～159页。

中加计扣除的办法进行加计抵扣，或者是提取一定数额的技术风险或准备金，进一步降低技术消化与技术成果转化的成本，以此鼓励企业长期投入资金到行业基础研究、技术创新研究和技术成果转化之中去。

3. 将专项贷款的利息支出纳入抵扣范围

准许企业将用于技术研究与开发活动、生产活动的专项性贷款利息支出进行增值税的抵扣。从增值税抵扣的理论分析，一般贷款不属于企业日常的经营活动，不应该纳入抵扣范围。但是如果贷款确实是为了产品研发、生产而使用，此种支出就符合增值税抵扣范围的目标原则，考虑产品研发所需资金量的庞大和鼓励技术研发的目的，应该将此种明确为了经济活动而发生的贷款利息支出纳入抵扣范围之内。

（二）通过灵活的增值税优惠组合引导制造业发展

与所得税相比，增值税的征收不以企业利润为前提，其优惠措施主要是一种“事前”的调整手段，常见的优惠措施包括免税、税率折扣、税额减免等，也有部分“事后”的调整手段，比如即征即退等方式。在全面“营改增”以后，为了不增加纳税人的负担，原有的营业税优惠政策需要平稳地嫁接到增值税制度之中，因此还增加了差额纳税等计算方式。[36] 但是并非所有优惠措施都能起到减轻纳税人税负的作用，增值税“环环相扣”的特点使其在制度运行之中不应存在太多割裂抵扣链条的优惠方式，因此我国在本轮增值税立法完善时应当对各类优惠方式作出谨慎考虑：免税范围应当严格限制在人民基本生活之内，鼓励性的经济活动则可以采用零税率、低税率等方式，尽量不破坏完整的增值税链条，以充分体现“道道征收、税不重征”的增值税制本质特征。

1. 扩大留抵退税的适用范围

增值税的税收中性原则的内涵应当包括退税的及时性，因为存在留抵税额，就相当于税务机关提前收取了企业一部分资金作为增值税，影响企业正常的资金流动和经营活动，有违增值税不过分干预企业经营活动的属性。而对国家来说，税额的总量其实并没有因实行留抵退税而有所减少，只是将时间所造成的资金收益归还企业。正因为如此，我国应在本轮增值税立法中建立留抵退税制度，以增加企业当期现金流，改善企业经营的资金环境，增强企业盈利能力和发展后劲。[37]

---

36 马超华：《“营改增”背景下完善增值税抵扣制度研究》，载《改革探索》2017年第7期。

37 《深化增值税改革激发市场活力》，载国务院网政策频道，http://www.gov.cn/zhengce/2018-04/24/content_5285323.htm，最后访问于2019年1月22日。

2. 扩大即征即退优惠措施的适用范围

即征即退的操作比先征后返快捷方便，且不像先征后退等方式对资金存在长时间的滞留，对企业可谓是降低税负的有效措施。我国采用即征即退的方式比较多，但覆盖的行业范围仍太过狭窄，应通过本轮增值税立法，将实际税负超过3%部分税额“即征即退”的优惠措施，从现行软件产业扩大到高端制造业，甚至全部制造业，或者参考内资研发机构和外资研发中心采购国产设备可享受全额退还增值税的做法，对高端制造行业的投资设置类似的优惠措施，鼓励制造企业大力进行研发创新，尽快实现向“中国智造”的转型。

3. 对进口环节的部分货物（服务）采取零税率

目前我国增值税的零税率措施仅适用于货物（服务）的出口环节，而欧洲国家大多已覆盖专门用于科研产品及资料的进口环节。例如，英国对进口货物和国际服务均可适用零税率的待遇。对于特许权使用费，区分“普通”软件和“特殊”软件而采用不同的进口增值税待遇，“特殊”软件可以获得零税率的优惠条件。[38] 为鼓励我国企业与国际研发成果接轨，对制造业企业用以提高自主研发水平而进口的国外先进设备、开发中所必需的原材料和相关配套零件和特许使用权等，根据性质的不同，采取免征进口环节增值税或者适用零税率的优惠方式；同时鼓励制造企业以进口设备的国际水平为研发创新的参考物，提升自主研发“中国智造”的创新能力，以更好地“走出去”。

（三）完善纳税主体制度及其纳税期限以促进中小制造企业发展

增值税纳税主体制度及纳税期限的完善同样应是本轮增值税立法需要考虑的重要内容。而作为增值税纳税主体组成部分的小规模纳税人制度的存在，显然不利于中国制造业快速做大做强。而今国务院一再出台扶持小规模纳税人的税收优惠政策，固然是应对经济下行大背景下中小企业生产经营面临殊多困难的不得已之举。但长远来看，企业只有做大，才有可能做强。要实现“中国制造2025”的宏伟目标，必须采取有效措施，克服“制造企业小化、弱化”的倾向，引导企业做大做强，因而改革不合理的小规模纳税人制度及纳税期限规定，已经成为本轮增值税立法的当务之急。

1. 逐步取消小规模纳税人制度

小规模纳税人制度采用的简易计税方法不允许纳税人享受进项抵扣的待遇，从本质上来说，更接近于按销售额征税的营业税，不符合增值税通过进项抵扣实现“税不重征”的特征。我国之所以设小规模纳税人制度，是减轻小型企业

---

38 邹昱：《欧盟型增值税：完善增值税的一种选择》，载《地方财政研究》2013年第5期。

税负的“无奈之举”，其征纳模式与一般增值税不同，应当归属增值税制实施初期的一种灵活的“应用例外”。[39] 而随着我国全面实行消费型增值税制，各项针对实体经济的“清费减税”措施落地，增值税制度也应当回归正轨，拓宽一般纳税人的覆盖范围而非反其道而行之。可借鉴澳大利亚的征管模式，将小型企业也纳入增值税抵扣链条之中，逐步取消小规模纳税人制度，从而打通两类企业之间的抵扣链条，促进竞争、鼓励企业做大做强而非“小化弱化”，也更好地给国家拓宽税基、培育税源、提高税收，达到国家和企业“共赢”的局面。

2. 新增按季、按年缴纳增值税的纳税期限

针对制造企业前期投入大、投资回收期长等的经营特点，[40] 应当建立起按季/年申报、按季预缴、年终清算的增值税征管制度，允许企业以季度或者是年度为期限先进行纳税申报，以季度为期限进行税额的部分预缴，最后在年末或者来年年初进行企业增值税的整体清算，可以适当辅以纳税担保等制度，提高征管效率的同时也避免税收流失，减轻征管与缴纳双方负担。延长纳税期限，更符合制造等行业的经营特点，更能减轻中小型企业的税收负担，让它们得以成为增值税这张大网的“漏网之鱼”，给企业留存更多的资金，让企业的经营利润能够更好地投入生产经营中去，这样企业才能稳步成长为“大鱼”。从长远来看，这也更有利于全行业的技术革新和扩大再生产，大大拓宽增值税的税基，最终达到国家让利于民、企业利润增多、国家税收同步增加的良性循环。

39 翁武耀：《欧洲部分国家增值税法立法架构特点与启示》，载《国际税收》2017 年第 1 期。

40 湖北省国家税务局课题组：《智能制造税收问题研究》，载《税务研究》2018 年第 2 期。

非法经营罪“限制买卖物品”的边界与认定

——涉“成品油”非法经营案的实践反思

潘志勇　陶李盈*

【内容提要】近年来涉“成品油”刑事案件呈较快的增长态势，但在涉“成品油”非法经营行为方面的理论研究和司法解释存在缺位的情况，导致司法人员在处理此类案件时出现多方面的问题，将行政许可才能经营的物品不加区分地认定为“限制买卖物品”的趋势较为严重。通过对涉“成品油”非法经营行为的研究，有益于准确理解非法经营罪中“违反国家规定”“限制买卖物品”的内涵，有助于纠正非法经营罪在法律适用上存在的误区，不应当将国务院决定设定的行政许可视为刑法意义上的“国家规定”。在办理涉“成品油”非法经营案时，应当出台专门司法解释，明确“成品油”的概念与界限，明确追诉标准和处罚原则等。

【关键词】非法经营罪　“成品油”　限制买卖物品　危险化学品

《刑法》第二百二十五条对非法经营罪列举了四种行为类型，笔者将其分别概括为“物品类”非法经营行为、“文件类”非法经营行为、“金融业务类”非法经营行为、“其他严重类”非法经营行为。第一种非法经营行为涉及的物品有三类：专营物品、专卖物品和其他限制买卖的物品。当前法律法规对专营、专卖的物品规定是罕见且明确的，其中香烟、食盐就是典型。但是相关立法和司法解释并没有明文规定“其他限制买卖物品”的概念和具体种类，这“是因为

* 潘志勇——浙江省桐乡市人民检察院一级检察官；陶李盈——浙江省桐乡市人民检察院检察官助理。

这些物品的范围随着市场经济的发展以及市场经济体制的逐步完善呈变化状态。不同的历史时期，不同的经济状况，国家限制或禁止自由买卖的物品种类有所不同”[1]。所以，对非法经营罪的物品种类进行“清单化”限定既不合理也不现实。但是根据经济发展状况，在社会发展的某个阶段，针对某一领域的突出问题制定专门的立法或司法解释是必要且可行的。近年来，我国“成品油”消费量猛增，[2]伴随而来的就是涉“成品油”违法犯罪行为的泛滥。所以，在现阶段对涉“成品油”非法经营行为的研究可谓“正当时”。

一、案例与“大数据”：涉“成品油”非法经营案的实践现状与理论缺位

（一）“大数据”

1. 涉“成品油”非法经营案的概况与趋势

由于中国裁判文书网每天都在更新案例，笔者以2019年3月5日，检索结果为参考。经搜索，2018年度（2018年1月1日至2018年12月31日）中国裁判文书网公开非法经营案件一审刑事判决书总计3301件，其中涉及“成品油”（汽油、柴油以及其他油）非法经营案320件535人，案件数占所有非法经营案的9.94%，近十分之一。该比例能否算多呢？这需要比较其他非法经营案件。如图1所示，2018年中国裁判文书网公开的涉“烟草”的非法经营案1701件，涉及“六合彩”的非法经营案234件，涉及期货、证券、保险的非法经营案117件，涉及资金支付结算业务的非法经营案52件。也就是说，涉“成品油”非法经营案的数量仅次于传统大户——涉“烟草”非法经营案。再看近年来涉“成品油”非法经营案的增长情况。笔者以“汽油非法经营”为关键词对近五年的判决情况进行了搜索。如图2所示，2014年至2018年，涉“汽油”非法经营案的数量分别为：64件、53件、47件、191件、224件，可见在2017年涉“汽油”案件数量激增。如此看来，涉“成品油”非法经营案的判例不可谓不多，这充分反映现实生活中涉“成品油”非法经营案的多发性和严重性，也在另外一个角度反映了非法经营罪这一“口袋罪之王”近乎侵略式的扩张步伐。

---

1 但伟：《论非法经营罪》，载《法商研究》1999年第2期。

2 2018年成品油消费量累计3.25亿T，同比增长6%。参见田磊等：《2018年我国石油市场形势分析与2019年展望》，载《中国能源》2019年第2期。

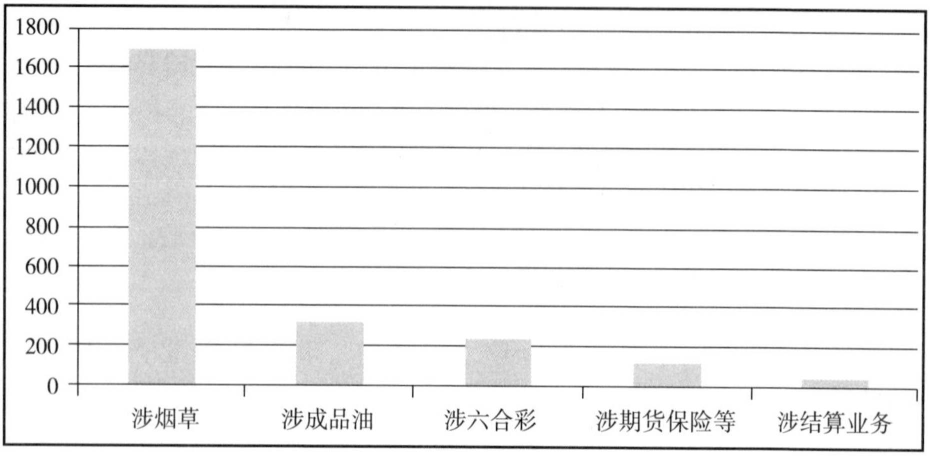

图 1　2018 年各领域非法经营案数量对比（单位/件）

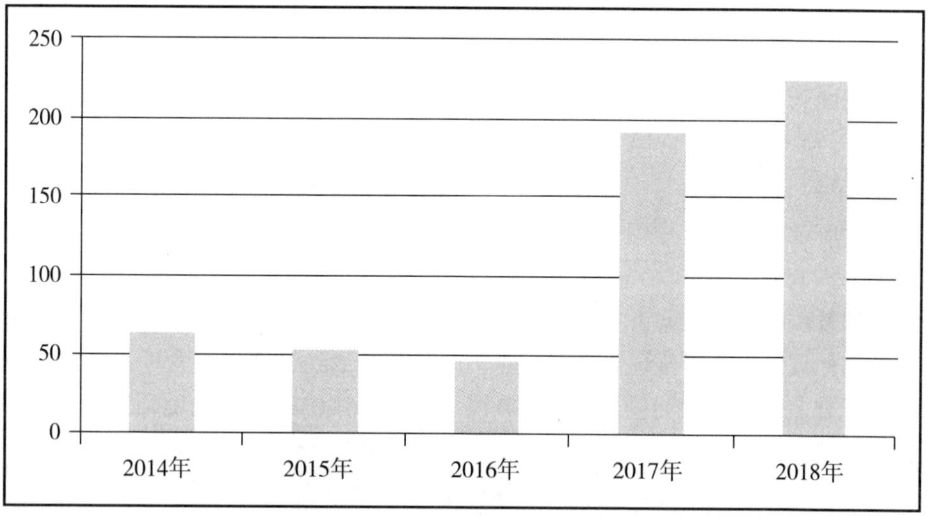

图 2　近五年涉“汽油”非法经营案情况（单位/件）

2. 涉“成品油”非法经营案的判决情况及特征

2018 年涉“成品油”被以非法经营罪判处刑罚的有 535 人，其中非法经营汽油 347 人，非法经营柴油 150 人，同时非法经营汽油和柴油 31 人，非法经营其他燃料油 7 人。在销售金额方面，小于等于 10 万元的有 112 人；销售金额大于 10 万元小于 20 万元的有 109 人；销售金额在 20 万元和 50 万元之间的有 108 人；销售金额在 50 万元至 100 万元之间的有 46 人；销售金额大于 100 万元的有 56 人；还有 104 人无法查明销售金额。在获利情况方面，获利金额小于 1 万元的有 59 人；获利金额 1 万至 2 万元之间的有 58 人；2 万至 4 万元的有 52 人；4

万元至10万元的有40人；大于10万元的有20人，还有306人无法查明获利金额。在扣押数量方面，小于10吨的有67人；10吨至20吨的有26人；20吨至50吨的有51人；50吨至100吨的有25人；大于100吨的有33人，还有333人无法查明扣押数量情况。关于判处刑罚方面。判处单处罚金的有12人；判处拘役的有29人；判处三年以下有期徒刑的有425人；判处三年及以上有期徒刑的有69人，判处最高刑罚的是五年九个月；所有宣告缓刑的有328人。可见在被统计的范围内，判处三年以下有期徒刑、拘役的比例为84.9%；判处自由刑但被宣告缓刑的比率为62.7%。具体情况如表1所示。总结看来，涉“成品油”非法经营案有以下几个特征：一是涉及汽油的非法经营案占比较大，占所有“成品油”非法经营案的64.9%。二是涉案的销售金额、获利金额中等，如销售金额10万元至50万元的占比40.6%。三是在处理“成品油”非法经营案时扣押油品的概率较大，总计有202人，占比37.8%。四是司法机关对涉“成品油”非法经营案的处理较为宽缓，我们从中也能看出市场经济社会中的司法裁判官们在办理此类案件时内心之纠结。

表1　2018年涉“成品油”非法经营案判决情况

油类	涉汽油	涉柴油	涉汽油且柴油	其他油	
	347人	150人	31人	7人	
销售金额[3]（单位/万元）	X≤10万	10万<X≤20万	20万<X≤50万	50万<X≤100万	100万<X
	112人	109人	108人	46人	56人
获利金额[4]（单位/万元）	X<1万	1万≤X<2万	2万≤X<4万	4万≤X<10万	10万≤X
	59人	58人	52人	40人	20人
扣押数量[5]（单位/吨）	X<10	10≤X<20	20≤X<50	50≤X<100	100≤X
	67人	26人	51人	25人	33人
刑罚	单处罚金	拘役	三年以下徒刑	三年及以上徒刑	宣告缓刑
	12人	29人	425人	69人	328人

3　据统计，有104人无法查明“销售金额”情况。

4　据统计，有306人无法认定“获利金额”情况。

5　据统计，有333人无法查明扣押数量情况。

3. 涉“成品油”非法经营罪的理论与司法解释缺位

虽然关于非法经营罪的研究一直是学界关注的热点之一，[6]但只有部分文章涉及“成品油”非法经营罪问题，且较为零碎与浅显。可见理论界对该问题的研究是显得尤为“冷清”。经以“成品油非法经营”“汽油非法经营”“柴油非法经营”为关键词在中国知网进行检索，笔者发现只有不足10篇文章发表在《检察日报》《西部法制报》等报纸上，未在学术期刊上发现涉“成品油”非法经营罪方面的学术文章，这些情况反映了“成品油”非法经营罪方面的理论非常薄弱甚至可以说是缺位。与此相映照的是，我国近年来通过立法决定、司法解释、指导意见、会议纪要等方式，不断扩容了非法经营罪的规制行为类型。如表2所示，近年来我国的最高司法或办案部门至少出台了19份相关文件，[7]涉及支付结算、出版、电信通信、食品药品、食盐、烟草、网络服务、股票、毒品等领域，但没有一份文件涉及“成品油”问题。这与当前涉“成品油”犯罪高发现象存在一定的矛盾，导致了司法办案人员在处理此类案件时面临困惑。具体有以下问题：

一是认为“成品油”属于“国家专营、专卖物品”。经笔者考察300余份判决书，许多法院都持此观点。如李某非法经营案中，审理法院认定“被告人李某违反国家规定，未经许可经营法律、行政法规规定的专营物品，扰乱市场秩序，情节严重，其行为已构成非法经营罪，应予惩处”。[8]

二是部分法院在判决时援引法条款项不明，并未直接写明援引的是《刑法》第二百二十五条的哪一项。例如，在侯志军、王岩等非法经营案中，[9]审理法院在引用法条时，只写明“依照《中华人民共和国刑法》第二百二十五条”，具体引用是该法条哪一项就不得而知了。

三是审理法院错误地引用《刑法》第二百二十五条第四项规定作为裁判依据。在被告人焦某某、孔某某、李某某犯非法经营罪一案的刑事判决书中，[10]审理法院则引用《刑法》第二百二十五条第四项规定，认为被告人违反的是该条的“其他严重扰乱市场秩序的非法经营行为”的规定，构成非法经营罪。但是，根据《最高人民法院关于准确理解和适用刑法中“国家规定”的有关问题

6 其中最受关注的焦点主要在三个方面：第一是对非法经营罪中“违反国家规定”的理解；第二是关于《刑法》第二百二十五条第一项中“其他限制买卖的物品”的理解；第三是关于《刑法》第二百二十五条第四项兜底条款的限制和适用。

7 张明楷著：《刑法学》，法律出版社2016年版，第839～841页。

8 （2018）津0117刑初185号，裁判机关为天津市宁河区人民法院。

9 （2018）吉0191刑初4号，裁判机关为长春经济技术开发区人民法院。

10 （2018）晋0822刑初96号，裁判机关为山西省万荣县人民法院。

的通知》，法院在适用上述“其他严重扰乱市场秩序的非法经营行为”时，司法解释尚未明确的，应当逐级向最高人民法院请示。

四是许多法院对非法经营罪引用的主要依据——《国务院对确需保留的行政审批项目设定行政许可的决定》《成品油市场管理办法》和《危险化学品安全管理条例》存在认识上的诸多不足，下文将详述。

表2　涉及非法经营罪的司法解释一览

序号	文件名称	发布部门	发布时间	涉及领域
1	关于惩治骗购外汇、逃汇和非法买卖外汇犯罪的决定	全国人大常委会	1998年12月	资金支付结算业务
2	关于审理非法出版物刑事案件具体应用法律若干问题的解释	最高人民法院	1998年12月	出版物出版发行等业务
3	关于审理扰乱电信市场管理秩序案件具体应用法律若干问题的解释	最高人民法院	2000年5月	国际电信业务或涉港澳台电信业务
	关于非法经营国际或港澳台地区电信业务行为法律适用问题的批复	最高人民检察院	2002年2月	
4	关于办理非法生产、销售、使用禁止在饲料和动物饮用水中使用的药品等刑事案件具体应用法律若干问题的解释	最高人民法院、最高人民检察院	2002年8月	药品
5	关于办理非法经营食盐刑事案件具体应用法律若干问题的解释	最高人民检察院	2002年9月	食盐
6	关于办理预防、控制突发传染病疫情等灾害的刑事案件具体应用法律若干问题的解释	最高人民法院、最高人民检察院	2003年5月	疫情灾害期间扰乱市场秩序
7	关于依法开展打击淫秽色情网站专项行动有关工作的通知	最高人民法院、最高人民检察院、公安部	2004年7月	网络服务经营
8	关于办理赌博刑事案件具体应用法律若干问题的解释	最高人民法院、最高人民检察院	2005年5月	彩票
9	关于整治非法证券活动有关问题的通知	最高人民法院、最高人民检察院、公安部、中国证券监督管理委员会	2008年1月	非法买卖股票

续表

序号	文件名称	发布部门	发布时间	涉及领域
10	关于办理妨害信用卡管理刑事案件具体应用法律若干问题的解释	最高人民法院、最高人民检察院	2009年12月	POS机
11	关于办理非法生产、销售烟草专卖品等刑事案件具体应用法律若干问题的解释	最高人民法院、最高人民检察院	2010年3月	烟草
12	关于审理非法集资刑事案件具体应用法律若干问题的解释	最高人民法院	2010年12月	基金
13	关于办理危害食品安全刑事案件适用法律若干问题的解释	最高人民法院、最高人民检察院	2013年5月	食品、饲料、生猪屠宰
14	关于进一步加强麻黄草管理严厉打击非法买卖麻黄草等违法犯罪活动的通知	最高人民法院、最高人民检察院、公安部、农业部、食品药品监管总局	2013年3月	毒品
15	关于办理利用信息网络实施诽谤等刑事案件适用法律若干问题的解释	最高人民法院、最高人民检察院	2013年9月	利用网络实施诽谤
16	关于依法办理非法生产销售使用“伪基站”设备案件的意见	最高人民法院、最高人民检察院、公安部、国家安全部	2014年3月	通信设备
17	关于办理利用赌博机开设赌场案件适用法律若干问题的意见	最高人民法院、最高人民检察院、公安部	2014年3月	赌博
18	关于办理危害药品安全刑事案件适用法律若干问题的解释	最高人民法院、最高人民检察院	2014年11月	药品
19	全国法院毒品犯罪审判工作座谈会纪要	最高人民法院	2015年5月	麻醉或精神药品

（二）典型案例

【案例1】未经许可销售“成品油”涉嫌非法经营罪被批准逮捕

2018年11月至2019年1月，犯罪嫌疑人朱某1、朱某2等人在没有取得《成品油经营许可证》的情况下，结伙利用改装过的箱式货车，在浙江省桐乡市某物流园门口附近等地，将硫含量超标的柴油销售给过路货车，销售金额达20余万元。经鉴定，犯罪嫌疑人朱某1、朱某2销售的柴油硫含量严重超标。2019年2月，检察机关审查认为犯罪嫌疑人涉嫌销售伪劣产品罪或非法经营罪，但以非法经营罪批准逮捕犯罪嫌疑人朱某1等人。[11]

【案例2】未经许可销售“成品油”不构成非法经营罪

2009年12月，被告人万某安在没有取得《成品油经营许可证》的情况下，通过伪造印章、合同等手段，冒用其他单位的名义以批发价从中国石油天然气股份有限公司江西南昌销售分公司购进柴油，再以零售价卖给相关施工单位，从中赚取差价牟利，差价共计人民币1139073.45元。2015年2月，人民法院对公诉机关指控的非法经营罪没有认定，仅以伪造公司印章罪定罪处罚。[12]

【案例3】未经许可销售“成品油”被判构成非法经营罪

2015年9月至2017年，被告人黄国荣在未授权的情形下以景某公司贸易二部的名义从事经营柴油活动。被告人黄国荣从颜永、颜某1兄弟及“老龚”、河南中巴生物有限公司等处采购柴油金额共计5311600元后，对外销售给洪龙、肖明勇、王某1、吴某1、余某1、黄某等人用于工程车上。2018年5月，人民法院以被告人黄国荣犯非法经营罪，判处有期徒刑三年，缓刑四年。[13]

【案例4】许可过期后仍销售汽油被判构成非法经营罪

2011年12月25日，被告人方观禄申请办理了《危险化学品经营许可证》，并开设了固始县郭陆滩乡樟柏利君加油站。《危险化学品经营许可证》到期后，被告人方观禄仍一直经营该加油站。经统计，从2015年3月以来，方观禄共卖出汽油12793.82升，销售金额为69726元。2016年12月，人民法院以《危险化学品经营许可证》过期为由，认定方观禄构成非法经营罪，判处有期徒刑一

11　该案例系本文作者所在检察机关一检察官承办的审查逮捕案件，目前主要犯罪嫌疑人以非法经营罪批准逮捕。

12　该案例来源中国裁判文书网，（2014）东刑初字第250号，裁判机关为江西省南昌市东湖区人民法院。

13　该案例来源中国裁判文书网，（2017）赣0202刑初148号，裁判机关为江西省景德镇市昌江区人民法院。

年，缓刑二年。[14]

二、罪与非罪：涉“成品油”非法经营案的认定难点与误区纠偏

《刑法》关于非法经营罪的规定“既有空白罪状，又有罪量要素，同时还有兜底行为方式和行为方法，几乎汇集了所有与刑法明确性相悖的立法方式”。[15]这种与罪刑法定原则相背离的“不明确性”势必导致法律适用上的混乱与突破。在涉“成品油”非法经营案中，主要有三个问题：第一是违法经营“成品油”是否违反刑法意义上的“国家规定”；第二是“成品油”是否属于非法经营罪中的“其他限制买卖物品”；第三是“柴油”作为一种比较特殊的限制买卖物品，需要对“柴油”的问题进行专门讨论。

（一）“违反国家规定”的认定

根据《刑法》第二百二十五条的规定，只有“违反国家规定，扰乱市场秩序，情节严重的”才构成非法经营罪。何谓“违反国家规定”?《刑法》第九十六条定义为：违反全国人民代表大会及其常务委员会制定的法律和决定，国务院制定的行政法规、规定的行政措施、发布的决定和命令。在涉及“成品油”方面的“国家规定”主要涉及《国务院对确需保留的行政审批项目设定行政许可的决定》(以下简称《国务院许可决定》)、商务部《成品油市场管理办法》(以下简称《商务部办法》) 和《危险化学品安全管理条例》(以下简称《危化品条例》)。

1.《国务院许可决定》不能认定为《刑法》意义上的“国家规定”

第一,《国务院许可决定》是一种非正常状态的规范性文件。《行政许可法》第十四条规定：“必要时，国务院可以采用发布决定的方式设定行政许可。实施后，除临时性行政许可事项外，国务院应当及时提请全国人民代表大会及其常务委员会制定法律，或自行制定行政法规。”此是一种“来不及立法”且又为行政管理所必需的“临时性权力”。[16]2004年6月，国务院根据《行政许可法》制定并公布《国务院许可决定》，并附《国务院决定对确需保留的行政审

14 该案例来源中国裁判文书网，(2016) 豫1525刑初585号，裁判机关为河南省固始县人民法院。

15 陈兴良:《刑法的明确性问题：以〈刑法〉第225条第4项为例的分析》，载《中国法学》2011年第4期。

16 沈福俊:《国务院决定行政许可设定权：问题与规制》，载《社会科学》2012年第5期。

批项目设定行政许可的目录》（以下简称《国务院许可目录》）。通过该《国务院许可决定》和《国务院许可目录》，国务院设定了500个涉及生产、生活方方面面的许可项目，其中该目录第183项为“石油成品油批发、仓储、零售经营资格审批”。这是办案机关将违法经营“成品油”入罪的最主要的引据。例如，在前文“案例3”中，审理法院认定被告人黄国荣“违反国家规定”就是以此为据。[17]但是就笔者看来，并非所有的“国务院行政法规、决定和命令”都能成为非法经营罪援引的依据。从性质上讲，“国务院决定并不是行政法的渊源”[18]，《国务院许可决定》并非按照行政法规制定程序出台的法律法规，而是一种非正常状态、临时性、应急性的规范性文件，不受《行政许可法》调整，存在管理不规范、随意性大的问题，[19]与法律明确性的价值取向存在矛盾与冲突，不适宜作为认定非法经营罪的依据。

第二，“国家规定的内容必须明确并无异议，否则适用不明确的国家规定亦可能背离罪刑法定原则”，[20]《国务院许可决定》就存在着多方面的不明确性。其一，《国务院许可决定》实质上属于“授权性”的法规文件，与国务院颁布的其他具有“实体性”内容的决定有显著区别，[21]存在着以下问题：“设定的行政许可数量过于庞大，涉及的部门过多；设定的行政许可内容不完全符合法律规定；某些行政许可的实施主体不够规范，不具备相应法定职权。”[22]笔者认为，“授权性”决定与“实体性”决定在效力层级、内容明确性、后果可控性等方面均有一定程度的差异，如果国务院有关部门“没有按照要求明确相关的许可条件，就有可能导致所设定的行政许可应当具备何种条件处于不确定的状态之中”。[23]其二，《国务院许可决定》对“成品油”范围并无明确的界定，现实生活中关于“成品油”的范围也是变动的。如图3所示，在1986年国家计委、商业部《关于改进商业计划工作的若干意见》中，成品油包括汽油、柴油、煤油、润滑油；在2004年《成品油市场管理暂行办法》中，成品油是指：汽油、柴油、煤油；在2015年《商务部办法》中，成品油是指汽油、煤油、柴油及其他符合国家产品质量标准、具有相同用途的乙醇汽油和生物柴油等替代燃料，可见“成品油”的范围是随着时代的变迁而变化的，并不具有确定性。其

17 （2017）赣0202刑初148号，裁判机关为江西省景德镇市昌江区人民法院。

18 沈福俊：《国务院决定行政许可设定权：问题与规制》，载《社会科学》2012年第5期。

19 徐继敏：《国务院设定行政许可实践研究》，载《行政法研究》2015年第1期。

20 武良军：《非法经营罪堵截条款异化之研究》，载《环球法律评论》2014年第5期。

21 例如，《国务院关于清理整顿各类交易场所切实防范金融风险的决定》，该决定对金融交易场所的资格等作出了具体限制，属于典型的“实体性”决定。

22 沈福俊：《国务院决定行政许可设定权：问题与规制》，载《社会科学》2012年第5期。

23 沈福俊：《国务院决定行政许可设定权：问题与规制》，载《社会科学》2012年第5期。

三，《国务院许可决定》只规定对“石油成品油”的经营实行许可制度，其特指“石油”类的成品油，并未包含其他“非石化”成品油。而《商务部办法》却将成品油的许可范围扩大至“其他符合国家产品质量标准、具有相同用途的乙醇汽油和生物柴油等替代燃料”，也就是说《商务部办法》规定的成品油许可范围超越了《国务院许可决定》所限定的“石油成品油”范畴，已涉嫌违反《立法法》第八十条规定。可见，“成品油”的概念和范围也存在不确定性。

综上，从《国务院许可决定》的性质看，通过考察其本质属性、自身的“非正常性”的缺陷以及存在的诸多不明确性等问题，《国务院许可决定》不能被认定为《刑法》意义上的“国家规定”。从逻辑关系的角度看，违反了国务院的决定并不一定就意味着违反了《刑法》上的“国家规定”。考察一项国务院决定是否属于《刑法》上的“国家规定”，不能仅以文件名称予以断定，而应当全面审视该决定的法律依据、制定背景和程序、适用对象和范围、内容明确程度等，只有那些通过了司法官全面实质性判断的国务院决定才能被认为是《刑法》上的“国家规定”。所以，以违反《国务院许可决定》为由，认定非法经营成品油的行为触犯刑律的理由是不充分的。

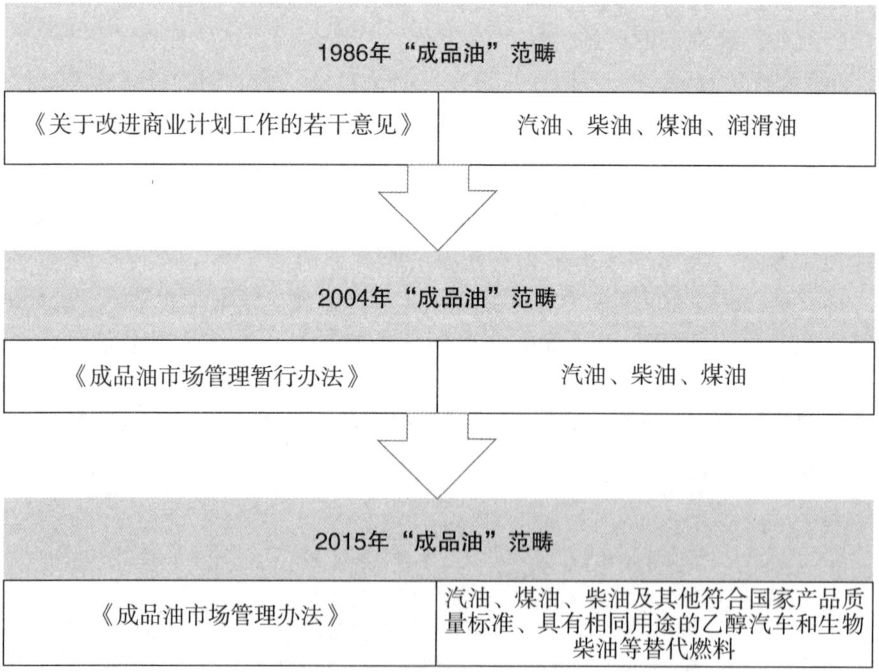

图 3　“成品油”范围变迁图示

2.《商务部办法》不能作为认定非法经营罪之依据

第一,《商务部办法》不属于《刑法》意义上的"国家规定"。《国务院许可目录》第一百八十三条列明"石油成品油批发、仓储、零售经营资格审批"的实施机关为"商务部省级人民政府商务行政主管部门"(如表3)。《商务部办法》第三条明确指出国家对成品油经营实行许可制度。虽然《商务部办法》是依据国务院《国务院许可决定》制定实施的,但并不能就此认定其属于国务院的"行政法规"。根据《立法法》的规定,行政法规只能由国务院根据宪法和法律制定,国务院的下属部门只有起草的职能。所以《商务部办法》不是国务院行政法规,不能认定为《刑法》意义上的"国家规定"。

第二,关于《商务部办法》第三条中的"国家许可制度"。该《办法》第三条规定:"国家对成品油经营实行许可制度"。作为国务院下属商务部的"部门规章"认定一项经营属于"国家制度"是否合理合法?笔者认为,由一个部门的规章宣示一项国家许可制度似有不妥,值得商榷。"虽然国务院各部委有权独立以自己的名义发布相关的行政规章,但规章并不具有与国务院制定的行政法规、发布的决定、命令相同的效力,它始终是处于下一位阶的规范性文件。"[24]从法律位阶来看,《商务部办法》属于宪法、法律、行政法规之下位阶较低的部门规章,由其宣示某项政策属于"国家制度"确不合理。

第三,《商务部办法》中"许可"性质探讨。根据我国《行政许可法》的规定,行政许可一般可以分为特许、一般许可、认可、核准、登记五个种类。在这五种行政许可中,违反后三者明显不构成非法经营罪,违反特许经营的一般可以认定为非法经营罪,但是对违反一般许可能否认定非法经营罪,学界存在着较大争议。经考察《商务部办法》中对成品油批发、零售资质的许可条款,《商务部办法》对相对人的经营资质有一定的条件限制,但并没有数量上的限制,所以《商务部办法》设定的成品油经营许可规定属于"一般许可"。一般许可的设置侧重对各类市场主体的管理和服务,而特别许可还涉及生产资料或资源的合理配置、市场经济秩序的维护等,对违反两者分别造成的社会危害性显然不可等同视之。[25]所以,违反一般许可的行为是否具有刑事违法性需要慎重审查。

---

24 奉新承:《非法经营罪中的"国家规定"及有关刑事罚则的理解》,载《法学》2008年第1期。

25 郑伟、葛立刚:《刑行交叉视野下非法经营法律责任厘定》,载《法律适用》2017年第3期。

表3　国务院决定对确需保留的行政审批项目设定行政许可的目录（部分）

序号	项目名称	实施机关
1	境外资源开发类和大额用汇投资项目审批	国家发展改革委
2	企业境外投资用汇数额审批（不涉及用汇来源、是否购汇以及购汇多少的管理）	国家发展改革委
3	铬化合物生产建设项目审批	国家发展改革委
4	道路机动车辆生产企业及产品公告	国家发展改革委质检总局
5	京都议定书清洁发展机制合作项目审批	国家发展改革委
6	境内外资银行外债借款规模审批	国家发展改革委
7	电力建设基金投资项目审批	国家发展改革委
……	……	……
183	石油成品油批发、仓储、零售经营资格审批	商务部省级人民政府商务行政主管部门
184	全国缫丝绢纺企业生产经营资格核准	商务部
185	鲜茧收购资格认定	省级人民政府商务行政主管部门或茧丝绸生产行政主管部门

3.《危化品条例》对认定非法经营罪仅具有重要的参考意义

首先，司法实践中将《危化品条例》作为定案的决定性依据的情况。先看前文案例2，审理法院认定被告人万某安不构成非法经营罪的评判意见是：从国家安全生产监督管理局公布的《危险化学品目录》可知，行政法规规定成品油中专营、专卖的对象仅限于汽油，柴油不在法律、行政法规规定的专营专卖之列，故被告人万某安非法经营柴油行为不属《刑法》第二百二十五条第一项规定之犯罪行为。在法律及有关司法解释未明确规定的情况下，不能认定被告人万某安非法经营柴油的行为属于“其他严重扰乱市场秩序的非法经营行为”，故被告人万某安的行为不构成非法经营罪。[26] 简言之，审理法院认为柴油不属于危险化学品，所以其不构成非法经营罪。再看前文案例4，审理法院认定被告人方观禄构成非法经营罪的理由是：被告人方观禄经营的加油站在《危险化学品经营许可证》已过期的情况下，擅自购进汽油，并非法经营，其行为已构成非法经营罪。[27] 该审理法院认定被告人构成非法经营罪的理由非常直接和简单，即被告人实质上未取得《危险化学品经营许可证》而经营汽油。从上述两个案

26　（2014）东刑初字第250号，裁判机关为江西省南昌市东湖区人民法院。

27　（2016）豫1525刑初585号，裁判机关为河南省固始县人民法院。

例可见，在司法实践中《危化品条例》既可以作为无罪的依据，也可以作为定罪的理由，而且起着决定性作用。

其次，《危化品条例》仅能作为认定非法经营罪的重要参考依据。该条例由国务院于2002年通过颁行，属于行政法规，自然也就属于《刑法》意义上的“国家规定”。这一点无须赘言。《危化品条例》第三十三条第一款规定：“国家对危险化学品经营实行许可制度。未经许可，任何单位和个人不得经营危险化学品。”哪些属于危险化学品？该条例第三条第二款规定，危险化学品目录由国务院安监等部门确定、公布并适时调整。根据该目录，所谓危险化学品的定义为：具有毒害、腐蚀、爆炸、燃烧、助燃等性质，对人体、设施、环境具有危害的剧毒化学品和其他化学品。通过表4可见，汽油在该目录上榜上有名。因此汽油不仅是一种重要或紧俏的生产资料，同时也是一种危险化学品，由此导致其不仅是《国务院许可决定》和《商务部办法》中必须经许可方能经营的商品，更是《危化品条例》中“未经许可，任何单位和个人不得经营”的其他化学品。所以，司法机关无论是依据上述何种法规或文件，行为人违法经营汽油的行为均能认定为非法经营罪。笔者认为，行为人违法经营列入《危险化学品目录》的汽油，确违反了《危化品条例》这一“国家规定”，同时又因该物品具有毒害、腐蚀、爆炸、燃烧、助燃等危险性特征，认定其涉嫌非法经营罪是不存在障碍的。但是，需要特别指出的是，这并不代表笔者同意所有违反《危化品条例》的经营行为均能认定为非法经营罪，其仅具有重要的参考意义，而非决定性作用。例如，根据《危险化学品目录》，小于等于60℃的含易燃溶剂的合成树脂、油漆、辅助材料、涂料等制品也属于危险化学品，行为人未经许可经营这些制品也能认定为非法经营罪？笔者的答案是否定的，因为我国对这些物品的销售并无其他限制性条件，这些物品也不属于稀缺性的重要资源。

表4　危险化学品目录（部分）

序号	品名	别名	CAS号	备注
1	阿片	鸦片	8008－60－4	
2	氨	液氨；氨气	7664－41－7	
……		……		
1630	汽油		86290－81－5	
	乙醇汽油			
	甲醇汽油			

（二）“限制买卖物品”的认定

1. “限制买卖物品”的界限范围具有时代性

“限制买卖物品”有其历史渊源及时代印记。非法经营罪的前身即投机倒把罪。1979年《刑法》中有三条是关于投机倒把罪的认定与惩处。[28]由1987年《投机倒把行政处罚暂行条例》及1990年《投机倒把行政处罚暂行条例施行细则》可以看出，20世纪八九十年代倒卖国家禁止或者限制自由买卖的物资、物品包括六类。尽管该条例在2008年1月由国务院宣布废止，但条例和细则中关于禁止或者限制自由买卖物品的分类对现今非法经营罪第一款中的“其他限制买卖的物品”的认定仍然具有一定的借鉴意义。《投机倒把行政处罚暂行条例》第一项的计划分配物资已随国家市场经济的逐步放开淡出历史舞台，第二项的涉税走私类行为也已成为独立罪名入刑，第四项的专营、专卖物品则已在《刑法》中被明确划定为非法经营罪的入罪范畴。剩下第三项的爆破、医药类物品及最后两项涉及的重要生产资料或者紧俏耐用消费品的规定则与本部分需要探讨的“限制买卖的物品”有极为密切的联系。简单来说，第三项的内容是一些具有高度危险性需要国家对此进行严格管制的物品，最后两项涉及的则是因其在人民生产生活中的不可或缺性及其本身的稀缺性特质而被单独赋予了特殊地位，是关乎经济正常运行和社会整体稳定的一类物品，但也可能随着技术的发展与新型资源的开发而被逐渐取代。笔者认为此种划分标准同样适用于非法经营罪中的“限制买卖物品”的认定，一类是高度危险品，另一类则是关乎国计民生的稀缺品。在无明文界定的情况下，根据刑法同类解释原则，将“限制买卖物品”归纳为在一定历史时期内因其本身的特性及社会作用需要国家授权经营并严格管制的物品更为合适，具有很大的时代性。

2. 行政许可对认定“限制买卖物品”具有参照作用

首先，为研究和表述方便，我们将某一类须经法律法规许可方能经营的物品简称为“许可物品”。其次，要明确一个重要的问题是：“许可物品”与非法经营罪中的“其他限制买卖物品”是何关系。所谓关系大体有同一、包含、并列、交叉四种。在司法实践和判例中，将“许可物品”等同于“限制买卖物品”的倾向较为严重，也就是说只要行为人违法经营行政许可所规定的物品就被认为触犯了非法经营罪。但我们认为，两者的关系总体是一种交叉关系，即“许可物品”与“限制买卖物品”的范畴并不相同，但“你中有我，我中有

28　参见1979年《刑法》第三章“破坏社会主义经济秩序罪”第一百十七条、第一百十八条和第一百十九条。

你”，如图 4 所示。在司法认定中，并不能仅根据行为人违反行政许可，就认定其经营的物品属于非法经营罪中的“限制买卖物品”，应当仔细审查该物品的危险性、稀缺程度以及国家法律法规的具体规定后予以综合认定。总之，行政许可中关于物品经营的限定，对认定“限制买卖物品”仅具有参考意义，不能将两者等同视之。最后，行政许可中的“危险化学品”概念可以作为认定“限制买卖物品”的参考依据。《危化品条例》明确规定“国家对危险化学品经营实行许可制度”。因此，未取得相关的经营许可资质而经营相关的危险化学品就可能会触犯刑法。与此同时，我们也应该看到，“危险化学品”是一种物理性状判断，而“限制买卖物品”更多的则是一种法律上的人身危险性及社会危害性的价值判断，二者看似有千丝万缕的联系，实则是一个事物的两个方面，不能简单地将两者合二为一。二者虽有重合，但判断标准不同，不宜混为一谈。综上，笔者认为，行政许可中关于危险化学品的概念可以作为认定非法经营罪中的“限制买卖物品”的参考依据。

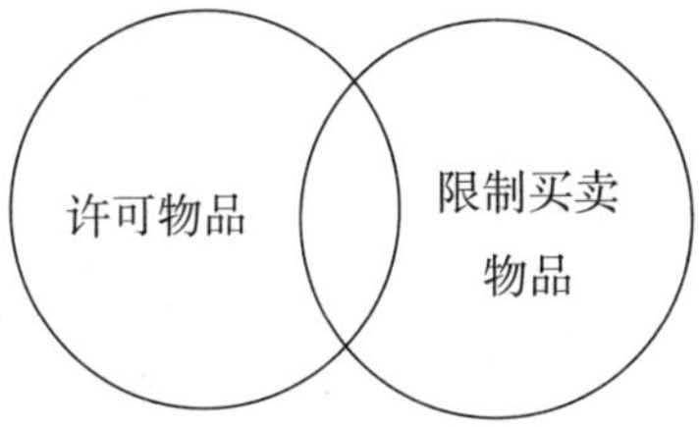

图 4　许可物品与限制买卖物品关系图示

3. 符合危化品标准的“成品油”属于限制买卖物品

在全球化浪潮中，国家的市场开放程度及贸易自由化程度不断提高，市场准入负面清单事项也处于不断缩减的趋势之中。在此大背景下，无端扩大非法经营罪中“限制买卖物品”的入罪范畴并非明智之举。综观《国务院许可目录》（见表 5），有关物品类的许可项目共计 23 项，其中又可大体分为能源资源类、武装设备类、危化产品类、医药器械类及日常用品和文化产品类。经考察，《投机倒把行政处罚暂行条例》及其细则规定的内容与《国务院许可目录》中涉及物品的项目有一定程度的吻合，但相较之下，《国务院许可目录》涉及的范围更广，增加了武器装备及医药器械方面的限制许可。笔者认为应对“限制买卖物品”的入罪门槛进行严格把控，一种是普通的“限制买卖物品”，譬如未取得《国务院许可目录》中提及的物品经营许可而擅自生产、经营该物品的，不宜对其作刑事犯罪的认定；另一种则是《刑法》意义上的“限制买卖物品”。对该物品的认定需要严格执行罪刑法定原则。尽管在《国务院许可目录》中石油成品油已在列，但该《目录》更类似于一个国务院的授权性文件，并不能简单将其作为《刑法》意义上的“国家规定”，笔者前已对此加以论述。因而，以《国务院许可决定》及其目录为依据认定非法经营罪中的“限制买卖的物品”的大前提就已发生偏差。如前文所述，《刑法》意义上的“限制买卖物品”应当为两类物品，一类是高度危险品，另一类则是关乎国计民生的稀缺品，其中第一类物品可以参考的依据为国务院发布的《危化品条例》中列举的危化品。第二类物品则参考《投机倒把行政处罚暂行条例施行细则》的相关规定予以认定。所以笔者认为，就现实的可操作性而言，需要对照《危化品条例》的项目先行认定其是否为危化品，只有符合危化品标准的“成品油”最后方可认定为《刑法》意义上的限制买卖物品。

表5 对确需保留的行政审批项目设定行政许可的目录部分（物品类）

16	煤炭出口经营许可+B4	国家发展改革委（会同铁道部、交通部、商务部、质检总局、海关总署等部门）
27	武器装备科研生产许可	国防科工委
28	核产品转运及过境运输审批	国防科工委商务部
32	弩的制造、销售、进口、运输、使用审批	省级人民政府公安机关
51	麻黄素运输许可	省级人民政府公安机关
53	易制毒化学品购用证明核发	县级以上地方人民政府公安机关
54	易制毒化学品进出口许可证核发	公安部
56	烟花爆竹运输许可证核发	县级人民政府公安机关
61	核乏燃料道路运输通行许可	公安部
62	核材料国内运输免检通行许可	公安部
67	假肢和矫形器（辅助器具）生产装配企业资格认定	省级人民政府民政部门
128	铁路工业产品制造特许证核发	铁道部
154	军工电子产品出口立项审批	信息产业部
156	军工电子装备科研生产许可	信息产业部
180	钨、锑生产企业出口供货资格审批	商务部
183	石油成品油批发、仓储、零售经营资格审批	商务部省级人民政府商务行政主管部门
184	全国缫丝绢纺企业生产经营资格核准	商务部

续表

196	美术品进出口经营活动审批	文化部
206	人体血液、组织器官进出口审批	卫生部
216	黄金及其制品进出口审批	人民银行
284	民用航空化学产品设计、生产批准	民航总局
288	民用航空油料企业安全运营许可	民航总局
349	生产、经营麻黄素审批	国家食品药品监管局

(三) 非法经营柴油行为的认定

《商务部办法》第四条规定，该办法所称成品油是指汽油、煤油、柴油及其他符合国家产品质量标准、具有相同用途的乙醇汽油和生物柴油等替代燃料。如此看来，“成品油”的种类比较广泛。在司法实践中，汽油和柴油最为常见。经上文分析，笔者认为非法经营汽油以非法经营罪定罪处罚是有充分的依据的。那经营柴油、煤油等其他油品也能以非法经营罪入罪？囿于篇幅，本文仅以比较常见的柴油为例进行探讨。非法经营柴油在司法实践中被定罪的情况较为普遍。但是，关于非法经营柴油能否被认定为非法经营罪，无论是在司法判决中还是在学者笔下都存在一定的争议。所以，非法经营柴油问题值得单独讨论。

1. 司法实践中的入罪逻辑

在前文案例 1 中，犯罪嫌疑人朱某 1、朱某 2 等人没有取得《成品油经营许可证》的情况下私自销售硫含量严重超标的柴油，因涉嫌非法经营罪被批准逮捕。经笔者了解，私自销售柴油的行为在某些地区难以认定构成非法经营罪。然而，近年来有的办案部门出台了涉成品油刑事案件的会议纪要，[29] 其中明确“未获得许可经营成品油（包括柴油等），严重扰乱市场秩序的”行为涉嫌非法经营罪。许多犯罪行为人被认定涉嫌非法经营罪的主要依据就是这些会议纪要精神。在前文案例 3 中，被告人黄国荣被认定构成非法经营罪的入罪路径为：被告人黄国荣销售的柴油属于商务部的《商务部办法》第四条所称的成品油，成品油是《国务院许可决定》中列明的“经许可”才能经营的项目，《国务院许可决定》又属于“国家规定”，所以被告人黄国荣违反国家规定，未经许可经营法律、行政法规规定的专营、专卖物品（指柴油），扰乱了成品油的市场秩序，情节严重，构成非法经营罪。被告人黄国荣这一入罪逻辑也是绝大多数司

29 有的会议纪要甚至规定，走私、非法买卖白糖、冻品等涉嫌犯罪的，参照该纪要办法依法处理。其蕴含的意思大概就是，非法买卖白糖、冻品，情节严重的，也可以认定为涉嫌非法经营罪。

法判例的惯常循例。

2. 司法实践中的出罪逻辑

在前文案例 2 中，审理法院认为被告人万某安未经依法许可擅自销售柴油的行为不构成非法经营罪，出罪逻辑是：《危化品条例》和《危险化学品目录》只规定汽油属于危险化学品，而柴油不在法律、行政法规规定的专营专卖之列，所以被告人万某安非法经营柴油行为不属《刑法》第二百二十五条第一项规定之犯罪行为，不构成非法经营罪。类似比较经典的还有湖南省邵阳市中级人民法院在国家赔偿决定书（2014）邵中法赔字第 2 号所载明的：湖南省高级人民法院经审理认为，张某某伙同姜中秋、李某乙等人销售零号柴油虽属无证经营，但零号柴油并非“法律、行政法规规定的专营专卖物品或其他限制买卖物品”，且其销售对象基本限于为某公司提供运输的货车司机，并进行了临时税务登记及缴纳税金，也不符合“其他严重扰乱市场秩序的非法经营行为”，故该行为不符合非法经营罪的构成要件，不应认定为非法经营罪。所以，“私卖柴油”不认定为非法经营罪的主要“救命稻草”就是《危化品条例》，得益于该条例没有把柴油和汽油一视同仁地列为危险化学品。遗憾的是，笔者没有发现审判机关对不适用《国务院许可决定》和《商务部办法》的理由作出解释，笔者只能认为审判机关选择了回避。

3. 认定非法经营罪的路径校正

市场经济是发展变化的，具体的行为是否具有社会危害性，是否扰乱市场秩序，必须结合当前的经济发展阶段进行认定。即便相应的经营行为违反了市场准入的限制性规定，也不应当都作为非法经营罪处理，[30] 所以笔者只能妥协地指出：“私卖柴油”能否认定为非法经营罪，应当视情况而定。就如前文所述，行为人违反《国务院许可决定》并不意味着违反了《刑法》意义上的“国家规定”，而作为部门规章的《商务部办法》第四条所称“国家许可制度”更不能成为“入罪”的理由。所以，在处理涉柴油非法经营案时不能以《国务院许可决定》和《商务部办法》为圭臬。其实在最新版的《危险化学品目录》（2015 年）中，柴油也赫然在目，但必须满足“闭杯闪点≤60℃”的条件才属于危险化学品。所以，笔者认为，应当以柴油是否属于危险化学品为标准来界定“私卖柴油”的罪与非罪。司法机关首先应当证明的是涉案柴油是否属于危险化学品，如果答案是肯定的，则以行为人销售的柴油属于危险化学品又属于稀缺性资源，违反了《危化品条例》为由认定为非法经营罪。如果答案是否定的，则以行为人销售的柴油不属于危险化学品为由，依法不认定为非法经营罪。

30　郑勇：《非法经营罪的扩张：原因及其对策》，载《中国刑事法杂志》2018 年第 1 期。

三、结语与建言：办理“成品油”非法经营案的理念回归与规制提要

本文讨论的重点在于分析当前涉“成品油”非法经营案的实践现状和认定困境，以期提醒司法者甚至是立法者注意这一方面问题的严重性和紧迫性：大量涉“成品油”（尤其是柴油）非法经营案的判决缺乏充足的法理依据，助长了非法经营罪这一“口袋罪之王”的进一步扩张，冲击了刑法最基本的“罪刑法定原则”——部分地方司法机关制定的涉“成品油”刑事案件的指导意见、会议纪要就是例证。如此看来，与其说接下来的所谓“司法解释”建议是本文最终的“结论”，不如说是笔者在文末的“再次提醒”。

首先，在认定涉“成品油”非法经营罪时，应当明确引用的是《刑法》第二百二十五的第一项规定，即认定其属于“未经许可经营其他限制买卖的物品”。一是在认定涉“成品油”非法经营案时，不得认定“成品油”系国家专营、专卖物品。从上文分析可知，“成品油”的经营属于“一般许可”，并无对经营者进行数量限制，其并非属于国家专营、专卖物品，审理法院认为“成品油”属于“专营物品”或属于用词错误，或属于适用法律错误；二是在认定涉“成品油”非法经营案时，不得适用《刑法》第二百二十五条第四项兜底条款。因为，根据《最高人民法院关于准确理解和适用刑法中“国家规定”的有关问题的通知》，法院在适用《刑法》第二百二十五条第四项规定的“其他严重扰乱市场秩序的非法经营行为”时，司法解释尚未明确的，应当逐级向最高人民法院请示。未经请示不得适用。总之，为准确认定事实和严格法律适用，在审理涉“成品油”非法经营案时，应当要求司法机关把“成品油”认定为“国家限制买卖的其他物品”，继而援引该条第一项予以定罪处罚。

其次，明确《刑法》意义上“成品油”的界限。司法实务中对“成品油”能否列入非法经营罪调控的物品范围的困惑，与其说是《刑法》条文本身的不明确性，不如说是司法办案人员据以参照的相应法律法规甚至是司法解释的不明确。所以，通过司法解释对“成品油”进行界定就显得尤为重要。值得重申的是，对“成品油”的界定应当限缩在上文所提出的理念之下：不能将行政许可规定作为认定“限制买卖物品”的决定性依据。根据《商务部办法》第四条的规定，“成品油”是多种油类的统称，包含汽油、煤油、柴油及其他符合国家产品质量标准、具有相同用途的乙醇汽油和生物柴油等替代燃料。在现代社会，成品油主要是以石油为原料。用途最广、用量最大的是汽油和柴油。笔者认为，汽油作为一种重要、稀缺的生产生活资料，同时又属于法律法规规定的“危险化学品”，无论是从资源的有限性还是从社会安全角度考虑，笔者都赞成将汽油

列为《刑法》意义上的“成品油”；柴油则应当视情况而定。一般而言，从危险性角度看，违法经营柴油的行为尚未严重到需要适用《刑法》予以规制的程度。但是，如果涉案的柴油经鉴定为“危险化学品”，则可以认定为属于非法经营罪所称的“其他限制买卖的物品”，应当认定为非法经营罪。反之，则不能认定为非法经营罪。总而言之，《刑法》意义上的“成品油”是指：依法被鉴定为危险化学品的汽油、柴油、乙醇汽油和生物柴油等替代燃料。

再次，明确追诉标准和情节特别严重标准。虽然最高人民检察院、公安部《关于公安机关管辖的刑事案件立案追诉标准的规定（二）》规定了“从事其他非法经营活动”的追诉标准。但笔者认为，考虑到“成品油”的特殊性，应当设定以下标准：一是要经营数额（销售金额）标准。该标准可以在调研的基础上予以确定。二是非法经营数量标准，可以考虑以吨或升为单位设定一个合理的入罪标准。对于确实无法计算价格的情况，直接以“成品油”的“数量”作为定罪量刑标准是较为简便的方式。三是违法所得金额标准。具体标准可以根据调研确定。四是查扣数量标准。在涉“成品油”案件中，查扣到尚未销售的“成品油”是较为常见的情况，在实践中办案机关对查扣到的“成品油”如何处理存在一定的困惑，所以可以考虑设定一个查扣数量标准作为入罪标准。五是行政犯再犯的入罪标准。非法经营罪是典型的法定犯，处罚的次数尤其可以反映行为的主观恶性大小，故可以成为非法经营罪的定罪依据。具体可以设定为：两年内因同种违法经营行为受过两次以上行政处罚，再违法经营“成品油”的。六是“情节特别严重”的标准，即在上述追诉标准上乘以一定的倍数予以确定。值得提出的是量刑参考次序问题。由于非法经营罪是典型的经济类犯罪，因此在量刑时首先考虑经济要素。经济要素包括三种：一是经营数额，二是非法所得，三是经营数量。不同情况应不同对待：有经营数额的按照经营数额，没有实际经营的按照经营数量折算，在经营数额确定不甚合理的情况下按照非法所得计算。此外，在对非法经营罪量刑的时候应考虑犯罪所致损失的因素。[31]

最后，明确鉴定问题和数罪处罚原则。关于鉴定问题，在司法实践中，有部分行为人辩解自己所售燃料不是“成品油”的情况。“成品油”作为一种较为特殊的化学品，其成分、含量有各自的国家标准，而且成分、含量的不同决定了涉案油品是否属于伪劣产品、危险化学品。尤其是对柴油而言，鉴定出来的“闪点”结论决定了行为人罪与非罪的问题。所以应当在司法解释中明确合理的鉴定机构、需要鉴定的主要项目等。关于数罪的处罚原则。在涉“成品油”刑事案件中，主要涉及生产、销售伪劣产品罪、以危险方法危害公共安全罪、

---

31 马宁、王瑀：《非法经营罪的认定和适用研究》，载《甘肃政法学院学报》2014年第6期。

污染环境罪、非法经营罪等。一般来说，行为人涉及生产销售伪劣产品罪和非法经营罪时，应当择一重罪处罚。但是，当行为人在非法经营“成品油”的过程中，对环境造成污染或危害到公共安全的，应当以非法经营罪和该两罪名实行数罪并罚。

监察证据庭审使用问题研究

李懿艺*

【内容提要】根据《监察法》，监察机关收集、固定、审查、运用证据应当与刑事审判关于证据的要求和标准相一致。监察证据庭审使用的关键环节在于证据能力获得的合法化与证明力审查认定的规范化，前者存在非法证据排除规则的适用、证人或调查人员出庭作证、调查措施的合法性等适用难题；后者则要面对证据客观性与相关性的审查认定风险。为此，监察证据的庭审使用应当在以审判为中心的诉讼制度改革与推进刑事庭审实质化的背景下，坚持发现真实与正当程序相结合的理念，明确监察证据的证据能力获得的合法性范围与原则，探索规范监察证据证明力的法庭审查规则与形成统一的采信标准，同步构建规范化的监察证据庭审使用配套机制。

【关键词】监察证据　证据能力　证明力　非法证据排除　庭审实质化

引言

证据乃诉讼的灵魂，证据的收集与使用是刑事裁判的前提与基础。监察证据，是指监察机关在职务犯罪调查过程中所取得的证据材料。随着《监察法》的实施，《监察法》与《刑事诉讼法》如何实现“两法”有效对接，是广受关注的重点议题之一。研究监察证据的庭审使用问题有其重要意义：通过规范监察机关的证据收集标准，统一对接于检察机关的证据审查标准和审判机关的证

* 李懿艺——中山大学法学院博士后研究人员，主要研究领域：刑事诉讼法、证据法学。本文是中山大学2018年度高校基本科研业务费青年教师培育项目“司法责任制综合配套改革协同机制研究”（项目号：18wkpy08）的阶段性成果。

据采信标准，能够有效加强审判权对监察调查权的指引与制约力度，进一步规范监察机关的调查取证行为，落实“以审判为中心”，实现“两法衔接”。为此，本文从诉讼法与证据法的视角考察当前监察证据在职务犯罪审判中的现状，重点关注监察证据的收集及其在庭审使用过程中可能存在的问题与障碍，并提出完善之策。

一、监察证据的主要特征

当前《监察法》确立的职务犯罪调查体系以实现高效、精准打击腐败犯罪为目的，“之所以进行监察体制的改革，就是为了克服以往多头负责、资源分散的反腐机制，建立集中统一、权威高效的监察体系”[1]，在这样的制度目的之下，由监察权主动开启、接续或终结调查程序，呈现出一定的“犯罪控制”[2]程序特征：追求效率至上的价值目标，要求国家机关以最大限度投入力量抓获并惩罚犯罪分子；在程序设计上以科层式司法程序作为官方程序，并且有助于建立以“案卷”或“书面记录”为中心的司法权力组织体系。[3]在新形成的监察体制背景下，监察证据相较于一般意义上的诉讼证据具有如下特征。

（一）证据材料具有“纪法”复合性

监察机关对案件的调查过程是违纪、违法与犯罪调查活动一体化的过程，因此，监察机关在纪检监察阶段收集到的材料既可能作为违纪证明材料、违法证据材料，也可能作为刑事诉讼证据，呈现高度的同质性与复合性。首先，从取证活动的性质看，监察权行使对象不仅包括轻违纪、重违纪的情形，也包括严重违法和犯罪行为，这就使得监察机关的调查行为具有纪律检查的属性，也具有案件调查的属性。其次，从证据取得的方式看，《监察法》规定的12种调查措施均适用于所有的公职人员违纪、违法与犯罪情形，并对调查措施的适用设置了相应的程序。最后，从证据的证明对象看，《监察法》规定监察证据无须转化即可进入庭审，因此，纪检监察阶段获得的证据材料既可以用作证明调查对象违纪事实的证明材料，也可能用作证明其违法或犯罪的证据。此种高度一

---

1 参见马怀德：《〈国家监察法〉的立法思路与立法重点》，载《环球法律评论》2017年第2期。

2 美国学者帕克提出刑事诉讼模式可区分界定为犯罪控制模式与正当程序模式，二者在价值取向、程序设置、职权与人权的关系、组织体系等方面均有明显区别。See Herbert L. Packer, Two Models of the Criminal Process, 113 U. Pa. L. Rev. 1 (1964).

3 ［美］米尔伊安·R. 达马什卡著：《司法和国家权力的多种面孔——比较视野中的法律程序》，郑戈译，中国政法大学出版社2004年版，第81～86页。

体化的制度安排在证据领域中使监察证据呈现同质化特征，减少了证据从纪检监察阶段到诉讼阶段的转换带来的资源耗费，有助于高效、精准打击犯罪。

（二）证据的取得有赖于监察机关的高度自律

监察证据主要通过监察机关行使调查措施而获得，调查措施的采取与适用以监察机关审批为主，即证据的取得有赖于监察机关的高度自律。在调查程序上，对何种行为适用何种调查措施，其审批主体均为监察机关，对搜查、勘验检查、鉴定、留置、技术性调查措施的适用规定了更为严格的审批程序或要求，如《监察法》第二十八条规定，监察机关调查涉嫌重大贪污贿赂等职务犯罪，根据需要，经过严格的批准手续，可以采取技术调查措施。其中“重大”“根据需要”等情形，由监察机关自行裁量；同时，留置措施仅有监察机关内部决定审批，排除了其他司法权力的监督。此种制度安排，一方面能够有力提高对违纪违法、职务犯罪行为的打击力度与效率，有效遏止腐败行为；但另一方面，由于监察机关对案件实施调查行为而非侦查行为，人民检察院难以对调查行为进行诉讼监督或法律监督，从而容易带来缺乏外部监督的隐忧。

（三）证据能力的取得有别于一般诉讼证据

根据《监察法》，在违纪、违法阶段收集到的监察证据无须转化即可在刑事诉讼中作为证据使用，意味着监察证据的证据能力取得有别于由司法机关收集到的刑事案件证据材料或由行政机关在行政执法和查办案件中收集到的证据材料。在监察调查活动一体化之下，监察机关收集的证据在证据能力的取得上与这两类证据既有区别也有联系：第一，在取得主体上，监察证据主要是由监察机关根据《监察法》规定收集，监察机关具有对职务犯罪案件的调查权，但不等同于司法机关。而一般诉讼证据则由司法机关主要依据《刑事诉讼法》收集，其他行政执法案件证据由有关行政机关收集。第二，在证据能力取得程序上，监察证据不需转化手续即获得进入刑事庭审的证据能力。监察机关纪检监察阶段调查取得的证据包括收集到的被调查人的谈话材料、证人证言、物证、电子数据等材料，“可以作为证据使用，是指这些证据具有进入刑事诉讼的资格，不需要刑事侦查机关再次履行取证手续”[4]。由此可见，监察证据证据能力的取得并不受纪检监察与诉讼的权力区隔影响，不需额外的转化手续而得以进入审查起诉阶段。

4　中共中央纪律检查委员会、中华人民共和国国家监察委员会法规室编写：《〈中华人民共和国监察法〉释义》，中国方正出版社2018年版，第168页。

（四）证据的收集与审查坚持“以审判为中心”

监察证据的收集与审查活动坚持“以审判为中心”，是在证据法意义下能够实现“两法”衔接的重要保证。根据《监察法》对证据收集的有关要求，明确了监察机关在收集、固定、审查、运用证据时，应当与刑事审判关于证据的要求和标准相一致，即要求案件事实清楚，证据确实、充分，从诉讼法原理上看，这一“高配”的证据要求与证明标准对监察调查活动中证据是否能够证明案件事实以及在多大程度上反映案件事实的问题上提出了更为严格的要求，监察证据的收集过程是执纪与执法一体化的过程，与刑事诉讼中的侦查行为的取证规则与标准有所差异。造成此种差异性的原因主要是行为性质不同导致启动门槛各异。由于监察活动必须体现执纪与执法活动相统一，而且往往是以“违纪”作为启动监察调查程序的触发条件，“坚持实事求是的原则，以事实为依据，以纪法为准绳……坚持纪在法前、纪严于法的原则，对党员干部的行为首先要用纪律的尺子进行衡量和认定，在此基础上再用法律的尺子分析是否构成职务违法或职务犯罪”。[5]而从一般的证据法理论来看，刑事侦查的启动门槛则只需要判断是否存在“合理的犯罪嫌疑”即可开启。二者相较，监察调查的启动门槛相对较低，而对证据收集与审核则要求更全面、严格。

综上，职务犯罪案件的监察调查体系中呈现的发现真实的目的恰恰与当前我国反腐败的高压态势与高效、精准打击职务犯罪的治理需求相契合，在这一价值取向下获得的监察证据具有与一般刑事证据所不同的特征，而这些特征将为监察证据在我国刑事审判的具体使用与法官采信带来新的改变与挑战。

二、监察证据庭审使用的关键环节及实践隐忧

与一般的刑事证据相较，监察证据在庭审使用上的新变化主要体现为《监察法》第三十三条第三款当中：第一，证据的转化问题。《监察法》第三十三条第一款规定了监察机关通过调查程序收集的证据无须转化，直接可以作为刑事诉讼证据在庭审上使用，即通过法律规定使调查程序获得的证据与侦查程序获得的证据具有同等的法律效力，无须额外转换。第二，取证的要求和标准方面，要求监察机关在收集、固定、审查、运用证据时，应当与刑事审判关于证据的要求和标准相一致，包括证据种类、取证程序和证据的审查认定等。第三，赋予监察机关在调查期间的非法证据排除义务，根据《监察法》第三十三条第三

5　参见陈国猛：《切实履行好案件审核把关和监督制约职能》，载《中国纪检监察报》2019 年 4 月 11 日，第 7 版。

款，“以非法方法收集的证据应当依法予以排除，不得作为案件处置的依据”。从表述上看，与一般的刑事证据相较，监察证据对非法证据排除的要求更为严格，采用一律排除的标准。总的来说，所有刑事案件的审理都必须贯彻落实好证据裁判原则，该原则要求庭审使用的证据在证据能力的获得与证明力的审查认定过程方面必须符合法律规定与诉讼原理的要求。以此作为原则来检视监察证据的庭审使用，尚存在不少法律适用上的障碍与难点。

（一）监察证据的证据能力取得及其庭审使用风险

证据的证据能力，又称为证据资格，是指证据作为认定犯罪事实的依据的资格及其限制。证据要获得证据能力必须符合两项条件，即证据能力的消极条件和证据能力的积极条件。[6] 证据能力的消极条件是指证据用作定案根据的禁止性规定，即证据排除。证据能力的积极条件是指未经禁止使用，或者说未被证据排除，同时又符合严格证明法则的要求。证据材料必须经过严格证明的调查程序之后，才能最终获得证据能力，成为认定犯罪事实的定案根据。所谓严格证明，系指犯罪事实之证明与调查，必须使用法定之证据方法，并且遵守法定之调查程序。[7] 根据上述证据法原理，监察证据要成为定案根据，首先必须符合我国对证据适用非法证据排除规则的有关要求，其次要在庭审上符合法定证据种类的要求，并且经过严格证明，才得以成为定案根据。反观《监察法》实施后监察证据的庭审使用，尚存在不少理论与实践上的隐忧。

1. 监察证据与非法证据排除

非法证据排除规则的适用是监察证据庭审使用的第一个关键环节。然而在我国两法衔接的背景下，《监察法》与《刑事诉讼法》的有关条文在非法证据范围、取证的程序规范等方面不能做到完全一致，尚存在较多细节和技术性操作有待完善。

（1）“非法证据”的范围

非法证据排除的对象是“以非法方法收集的证据”，对于何为“非法方法收集的证据”，《刑事诉讼法》和《监察法》有不同的立法表述。《刑事诉讼法》第五十六条规定，“采用刑讯逼供等非法方法收集的犯罪嫌疑人、被告人供述和采用暴力、威胁等非法方法收集的证人证言、被害人陈述，应当予以排除”。《监察法》第三十三条第三款则规定，“以非法方法收集的证据应当依法予以排除，不得作为案件处置的依据。”从法条表述上可知，《监察法》规定的以非法

---

6 参见林钰雄：《刑事诉讼法》（上册），中国人民大学出版社2005年版，第345页。

7 参见林钰雄：《刑事诉讼法》（上册），中国人民大学出版社2005年版，第346页。

方法收集的证据范围不仅包括言词证据，也包括实物证据。也就是说，无论是以非法手段收集到的言词证据还是实物证据，都一律排除。对此，一方面表明《监察法》对监察机关取证行为的合法性采取极为严格的态度，彰显依法惩治腐败的决心与力度；另一方面也容易为监察证据的合法性审查与认定带来现实的不确定。"如果采取'一刀切'的强制排除模式，未免过于严厉，亦不符合违法与制裁相均衡的基本原则。"[8]对于瑕疵证据，是否可以参照《刑事诉讼法》的有关规定，通过程序补正或作出合理解释的方法来使该证据得以继续使用，在实务中尚未明确。

（2）取证方式的规范性

取证程序的合法性直接影响到监察证据是否适用非法证据排除规则。然而，当前的《监察法》对调查措施的程序性规定与《刑事诉讼法》对刑事侦查措施的程序规范尚存在一定的差异，当然此种差异或不一致并非就一定是缺憾。例如，《监察法》对调查措施的严格程度就高于《刑事诉讼法》中规定的侦查措施。然而，两法规定上的不一致也同样展现了对监察机关调查取证的规范性与合法性的隐忧。

第一，调查措施的规范性问题。《监察法》规定的 12 种调查措施，相较《刑事诉讼法》及其司法解释对证据取得的具体规定来说相对简单，且《监察法》的规定对讯问的案件适用范围、操作程序、讯问被留置人的情况规定得比较原则，如第四十四条规定讯问被留置人员应当合理安排讯问时间和时长，讯问笔录由被讯问人阅看后签名，但何为合理安排的讯问时间？何为合适的时长？休息时间能否得到保证？在立法或司法解释层面尚无进一步规范明确。

第二，被调查人及其近亲属的申诉与非法证据排除申请的衔接问题。《监察法》第六十条规定了监察机关取证过程中的违法行为的申诉处理事由与程序。如果监察机关的复查结果是情况不属实、不需予以纠正，那么案件诉至法院之后，被告人及其辩护人能否据此提出非法证据排除？如果提出了，法院应当如何应对？监察机关对申诉的处理决定是否具有诉讼法意义上的终局决定？还是可以复议或上诉？对此，关于被调查人辩护权的保障与救济问题，目前还没有看到进一步的解决方法。

第三，证据的合法性来源问题。由于监察机关的调查措施同样适用于一般的违纪违法调查和职务犯罪行为的调查，因而在一般的违纪调查中所收集的言词证据和实物证据，在何时适用何种措施转化为符合刑事诉讼要求的证据，尚

8　参见汪海燕：《审判中心与监察体制改革——以证据制度为视角》，载《新疆社会科学》2018 年第 3 期。

存在合法性来源与合法性方式的说明需要，否则辩方在辩护中对此提出质疑，将使检察机关、监察机关乃至审判机关陷入被动。尤其是《监察法》第二十八条规定技术性调查措施的适用问题，由于缺乏外部监督与司法控制，仅由监察机关“根据需要”和“严格审批程序”而使用的技术调查措施的合法性来源如何保证，与保障人权是否会存在紧张关系等问题，亟待解决。

2. 监察证据与严格证明

严格证明是指“对于攸关认定犯罪行为之经过、行为人之责任及刑罚之高度等问题的重要事项，法律规定需以严格之方式提出证据”。[9] 证据材料获得证据能力的又一必要条件为必须经过贯彻严格证明法则下的调查程序。这就要求对认定事实起到关键作用的监察证据在法庭上必须经历严格的举证、质证程序，此种程序必须在严格证明法则与直接言词原则之下进行，仅仅依靠案卷或书证是无法符合严格证明法则的要求的。反观我国当前以书证与卷宗为中心的诉讼环境与庭审现状，监察证据似乎难以在法庭上适用严格证明，此也会为监察证据的庭审使用带来隐忧与风险。

（1）对监察证据的庭审调查与认定主要以案卷材料为对象

对监察证据的庭审调查和认定绝大部分还是以案卷材料为对象。这是因为：首先，我国的刑事审判素有“以案卷笔录为中心”的传统，在法庭上对证据的质证也主要为对案卷笔录、情况说明材料的调查与认定，而且《刑事诉讼法》第一百九十条规定从制度上承认了案卷笔录的合法性。其次，职务犯罪的特点在于犯罪行为的隐秘性，这决定了办案机关对口供具有高度依赖性。[10] 因此监察机关在调查取证过程中基本上以被调查人的口供为主。最后，情况说明材料对事实认定往往起到隐性的决定作用。“情况说明材料”主要是办案人就自己办理案件所了解的情况，向法庭进行说明，供法庭在处理案件时作为参考。“从司法时效看，这些情况说明材料往往成为最后定案的依据。”[11] 若监察机关办理职务犯罪案件调查时大量使用情况说明材料，则切断了严格证明法则下对证据进行当庭调查的要求，也不符合直接言词原则的证据法原理，往往容易成为证人或调查人员不出庭作证的“挡箭牌”与“保护伞”，反而不利于查清事实和审判公正。

---

9 参见［德］克劳思·罗科信著：《刑事诉讼法》，吴丽琪译，法律出版社2003年版，第208页。

10 参见韩旭：《监察委员会调查收集的证据材料在刑事诉讼中使用问题》，载《湖南科技大学学报（社会科学版）》2018年第2期。

11 参见秦宗文、戴晓雨：《监察体制改革中的若干证据问题探讨》，载《湖南科技大学学报（社会科学版）》2018年第2期。

(2) 监察证据涉及国家秘密等保密内容，证人难以出庭作证

职务犯罪案件的一大特点在其隐秘性。“贪腐案件具有高度隐秘性特点，贿赂案件更是众所周知的‘四知’案件——天知、地知、你知、我知。”[12]而职务犯罪案件中的证人更是有许多出庭作证的困难：一方面是案件隐蔽，能够作证的人少之又少，另一方面是其提供的证词往往涉及国家秘密、商业秘密、行业秘密、个人隐私等方面，根据《刑事诉讼法》属于保密的范畴。加之我国并没有完善的证人保护制度，尤其在一些涉及行业重大利益或涉黑的案件中，证人出庭的人身安全都无法完全保障。这就造成监察机关获得的证人证言难以在庭审上接受严格证明，反而非常依赖于案卷笔录。

(3) 缺乏法律依据，调查人员不出庭作证

如前所述，大量情况说明材料的存在与被重视，切断了调查人员出庭作证的积极性；加之《监察法》仅仅是对监察体制内的事项作出要求，而没有完全明确调查人员出庭作证的义务与责任，就更使调查人员出庭作证显得于法无据。目前对于调查人员出庭作证有三种观点：其一是完全根据《刑事诉讼法》中侦查人员出庭作证的条款要求调查人员参照执行；其二是只根据《监察法》进行规范，调查人员因缺乏法律依据而无须出庭作证；其三是由《刑事诉讼法》和《监察法》共同规范。笔者认为，第三种观点比较符合实际且具有可操作性，这是因为《监察法》第三十三条第二款还是对监察证据在审判中的适用标准作出了原则性规定，而根据《刑事诉讼法》，刑事审判中法官对于执行职务时目击的犯罪情况可以要求侦查人员出庭作证，也可以在非法证据排除过程中要求侦查人员出庭说明情况。由此，要求调查人员出庭说明情况、接受询问，与刑事诉讼的精神与原则是相一致的。但目前个案实践中尚未看到处理先例。

(二) 监察证据的证明力判断及庭审使用存在的问题

证据的证明力，是指“证据价值之评价”[13]，即证据获得证据能力之后，法官对证据价值大小的评价。证据的证明力获得必须以证据资格的获得为前提，正如我国台湾地区学者陈朴生所言，“证据之证明力，虽许法院自由判断，但无证据能力，未经合法调查，愿与事理有违，或与认定事实不符之证据，仍不得作为判断犯罪事实之依据”。[14]证明力的实质就是法官对证据材料的审查判断和评价问题，而从我国的证据属性理论出发，对证据的证明力判断应当基于证据

---

12 参见张建伟：《法律正当程序视野下的新监察制度》，载《环球法律评论》2017年第2期。

13 参见林钰雄著：《刑事诉讼法》（上册），中国人民大学出版社2005年版，第347页。

14 参见陈朴生著：《刑事证据法》，台湾三民书局1979年版，第11页。

取得合法的基础上，考察证据的客观性与相关性，而由于职务犯罪的固有特点，加之监察体系与诉讼体制的相对割裂，导致监察证据在庭审上的审查、认定存在一定的困难与挑战。

1. 监察证据客观性审查认定的困难与挑战

监察证据的客观性主要涉及职务犯罪案件当庭翻供或翻证后的证据审查认定，以及同案被告人的口供能否作为证人证言使用的审查认定问题。

（1）当庭翻供或翻证的证据审查认定

职务犯罪案件中的被告人当庭推翻口供或证人推翻证言的行为将给法官的审查认定带来相当的挑战。其原因有二：第一，职务犯罪高度依赖被告人口供，而口供又具有反复易变、不稳定的特点。其原因是多样的，有可能是企图说谎脱罪，也有可能是对此前的错误记忆进行纠正。加之监察证据主要以言词证据为主，犯罪嫌疑人、被告人，证人与被害人对同一事实的不同陈述对法官的证据综合审查判断能力是极大的挑战。第二，被调查人作出的供述和辩解作为口供的真实性和合法性将受到庭审挑战。《监察法》第三十一条规定监察机关可以在移送人民检察院时提出从宽处罚的建议。根据释义，可以视作调查阶段认罪认罚从宽制度的规定。[15]然而，由于监察机关调查阶段尤其是留置期间排除了律师的介入，从而使调查对象在无法获得律师帮助的情况下进行认罪认罚，在认罪认罚的自愿性问题上难免存在一定的疑虑。如实践中就出现被告人提出监察机关在调查时暗示其“有些事情已经有线头了，你看着办”或“你也知道取保候审的条件，你自己看着办”等[16]，因此在庭审上，法官应对监察调查获取的口供或其他言词证据的真实性尤其是主体的自愿性问题进行更为审慎严格的审查。

（2）同案被告人的口供能否作为证人证言使用

对于共同犯罪中仅有同案被告人相互印证的供述的审查认定问题，是《刑事诉讼法》及相关司法解释未规定但实践中常碰到且存在较大分歧的部分。监察证据往往只有被调查人的供述，尽管监察机关也会努力收集其他证据进行补强，但一些特殊情况下往往只有若干名被调查人的口供。对此如何进行审查判断，在实践中有肯定说、否定说、折中说[17]，为了更好地打击犯罪，实务界一般采取折中说，即设定一定的采信条件。尽管如此，实务中对条件的理解往往存在一定的差异，而且无法保证虚假陈述的出现和供述的自愿性，以及由于相

15 参见中共中央纪律检查委员会、中华人民共和国国家监察委员会法规室编写：《〈中华人民共和国监察法〉释义》，中国方正出版社2018年版，第160页。

16 参见洪丽丽：《职务犯罪中供述的合法性审查判断》，载《中国检察官》2018年第7期。

17 参见龙宗智、杨建广主编：《刑事诉讼法》，高等教育出版社2013年版，第154页。

对确定的证据客观性认定标准会使监察机关在调查取证过程中比较消极等。为此对这一问题带来的审判风险也不应忽视。

2. 监察证据相关性的审查认定难点

证据的相关性是指证据的实质性和证明性加在一起。[18] 相关性纯粹是一个哲学与逻辑问题，在实务上又是一个经验问题。[19] 庭审中对监察证据相关性的审查认定主要为法官对言词证据的审查判断问题。其难点有二：

（1）法官自由心证与法定证明力规则之间的紧张关系

对证据的相关性审查原本属于法官自由心证的范畴，然而自由心证也有限制。近年来我国的庭审实践中对证据的证明力问题更是逐渐发展出一套以确定或限制证明力为核心的评价体系，有学者称之为“新法定证据主义”[20]，此种对某项证据的证明力评价标准由法律或特定规则作出而非法官通过庭审、经自由心证作出的证据证明力大小的评价方式，与法官的自由心证存在天然张力。与此同时，职务犯罪行为的高度隐秘性、对被调查人口供的高度依赖、见证者少、实物证据少等特征决定了监察证据主要以大量的、对同一情节反复供述的案卷笔录为主，对于这些案卷笔录的真实性和相关性如何进行甄别判断，若仅凭法官的自由心证，恐怕会加剧同案不同判的情形，在监察证据进入审判阶段时，法官也必须面对自由心证法则与法定证据的证明力规则之间的紧张关系。

（2）质证认证对象单一，特殊情况下无法进行证据补强

根据证据法的补强规则，仅有被告人的供述不能定案，而必须进行证据补强。如前所述，监察证据基本以被调查人口供为主的言词证据，此类直接证据所反映的事实覆盖面全、信息承载量大、相关性极强，对发现真实十分有利。遗憾的是，职务犯罪案件往往缺乏证人，更多的只有同案人，如受贿案中的受贿人与行贿人，在这种情况下监察机关难以进行证据补强，而被调查人的口供往往起到决定性作用，法官在庭审中的质证认证也只能围绕单一的证据种类即被告人口供的合法性及客观性问题进行审查。在我国相互印证证明法则之下，未能印证的口供内容尽管自身具有极强的相关性与证明价值，但能否排除合理怀疑，能否符合判决有罪的证明标准，这既考验监察机关的取证调查水平，也对法官的认证经验与驾驭庭审能力提出了挑战。

---

18 参见［美］乔恩·R. 华尔兹著：《刑事证据大全》，何家弘等译，中国人民公安大学出版社1993年版，第15页。

19 参见马贵翔：《刑事证据相关性规则探析》，载《东方法学》2009年第1期。

20 参见陈瑞华：《以限制证据证明力为核心的新法定证据主义》，载《法学研究》2012年第6期。

三、庭审实质化背景下监察证据庭审使用的规范化应对

尽管监察权与侦查权的权力运行体系与规范有所不同，但在职务犯罪案件当中，监察证据在法庭上进行举证、质证和认证的过程，实际上就是监察权的诉讼化、规范化改造过程。为此应围绕审判的标准和要求，对监察证据庭审使用的关键环节进行诉讼法和证据法意义的审视与完善。

（一）发现真实与正当程序的平衡：监察证据庭审使用的价值取舍

刑事诉讼法上禁止不计代价、不择手段、不问是非的真实发现。[21] 如前所述，《监察法》中规定的调查程序具有很强的发现实体真实的价值取向，而刑事诉讼法律制度发展的经验表明，过于追求发现真实与打击犯罪将极其容易造成对被告人人权的侵犯乃至发展成为冤假错案。因此，在调查过程中必须树立这样的观念：发现真实必须以保障人权的程序设置为前提。这就涉及正当程序理念的贯彻问题。英国丹宁勋爵对正当法律程序进行了描述："未经法律的正当程序，不得剥夺任何人的生命、自由和财产。"[22] 反观当前的监察实践，为了更加有效打击、精准惩治腐败犯罪的需要，不仅应当坚持以发现真实作为程序设计的价值取向，更应将正当程序的价值要求融入真实发现的程序当中，达到公正与效率的平衡。值得注意的是，当处于真相真伪不明的案件调查阶段，也绝对不能够忽视正当程序对人权保障的重要意义。正如日本学者谷口安平所言："审判结果是否正确并不以某种外在的客观的标准来加以衡量……换言之，只要严格遵守正当程序，结果就被认为是合乎正义的。"[23]

（二）明确监察证据的证据能力获得的合法性及原则

第一，明确在监察证据中适用非法证据排除规则的范围与原则。如前所述，对于何为"以非法方法收集的证据"，其种类与范围规定表述模糊，在实务中容易引起操作分歧。笔者认为应当把握好若干衔接原则：首先，对两法存在重合之处，优先按照《刑事诉讼法》的要求进行规范；其次，对两法不重合之处，则区分不同情形对待。一是《监察法》的规定更为严格的，根据《监察法》的

---

21 参见林钰雄著：《刑事诉讼法》（上册），中国人民大学出版社2005年版，第422~423页。

22 参见［英］丹宁勋爵著：《法律的正当程序》，李克强、杨百揆等译，法律出版社2003年版，第1页。

23 参见［日］谷口安平著：《程序的正义与诉讼》，王亚新、刘荣军译，中国政法大学出版社2002年版，第5页。

要求进行；二是《监察法》没有规定或规定不够细而《刑事诉讼法》涉及并更为细化的，则按照《刑事诉讼法》规定执行。最后，两法均未能涉及或解决的问题而实践中又有解决需要的，以符合诉讼法与证据法精神的原则进行权衡解决。

第二，加强证人保护机制，明确调查人员出庭作证义务。职务犯罪多涉及国家秘密、商业秘密、行业秘密与个人隐私，案件中的证人对案情有保密义务，然而要确保监察证据中证人证言的真实性，就必须确保证人能够出庭作证。为此，监察机关应当建立相应的证人保护机制，对证人出庭作证的必要性审查、保护措施、保护程序、经费保障、协调执行等方面进行细化规定，以确保此类证人能够出庭接受法庭调查与询问。另外，调查人员应否出庭作证的问题，目前尚无明确的法律依据，笔者认为，宜根据《刑事诉讼法》的精神，明确在案件进入诉讼阶段后，调查人员有出庭接受质询的义务。为此，《监察法》应当进一步在配套解释中研究并明确承办案件的调查人员出庭作证的义务及相应规范。

第三，监察机关调查措施的规范与适用。监察体制的相对独立使监察机关兼具对违纪案件的一般调查职权与对违法犯罪的职务犯罪调查职权，加之调查过程排除律师介入，难免存在一定的合法性质疑。笔者认为，应进一步研究如何对监察机关调查措施的适用进一步规范，以提高监察权威与监察行为的公信力。对此应当区分两种情形：一是针对法定的12种调查措施，构建完善的监察机关调查措施程序规范体系，对调查措施的启动、审查、实施过程的监督与终结问题进行分类规定，例如，以措施实施的对象与对应权利为标准，可以分为对人、对物的调查措施，区分适用不同的程序规范；二是针对法定以外的调查行为也须加以关照并进行有限度的规制。为此，可以参考借鉴德国对侦查行为进行规范所适用的门槛理论，对调查行为进行规范性调整。门槛理论，是指以法律保留原则为前提而产生的理论。[24] 根据门槛理论，必要的追踪、监听等涉及被调查人通信隐私方面的行为，也应当纳入法律干预体系当中，以任意性侦查措施参照进行规范，而存在争议的调查行为是否合法的决定权则交由法庭进行审查判断。

（三）规范监察证据的法庭审查规则，形成统一的采信标准

与普通刑事案件不同，职务犯罪案件中最为常见的证据以言词证据居多，实物证据少；自认、忏悔录与谈话材料居多，证人证言、物证较少。因此，对监察证据的法庭审查与采信需要制定更为规范、有针对性和统一的审查规则与采

24　参见林钰雄：《干预保留与门坎理论——司法警察（官）一般调查权限之理论检讨》，载台湾《政大法学评论》第96期。

信标准，具体有如下重点。

第一，尊重和保障被调查人的告知权或知情权。实践中容易出现的被当庭翻供或翻证的情形，很大程度上来自被调查人经过长时间调查造成的紧张状态，以及律师未能提前介入调查阶段而作出的违背意愿的陈述。为此，监察机关应当考虑进一步研究设计出针对被调查人享有权利及相应程序的法律后果的告知机制；另外，应当在案件进入刑事犯罪的调查阶段及案件移送审查起诉后及时告知被调查人的诉讼权利以及相应程序的法律后果，确保被调查人在进入诉讼程序后的知情权与程序选择权。正如陈光中先生所言，"在职务犯罪案件的庭审中被告人翻供的情况下，庭审应当调查检察院在审查起诉阶段讯问时是否告知主体更换、相应的诉讼权利和继续认罪的法律后果"。[25]

第二，对言词证据的审查应注重证据的补强。基于职务犯罪案件特点，当前的监察证据主要以谈话笔录、自认材料、忏悔录等书面材料为主，此时对案件中的言词证据应当运用补强规则进行审查。首先，对言词证据本身的真伪进行审查，包括对陈述或笔录的"可能性、一致性、合理性、详细性"[26]进行真实性审查，尤其注意对被告人认罪悔罪的自愿性进行审查。其次，对案件中有物证、书证等间接证据能够对事实加以证明的，应当着重审查言词证据与其他间接证据能否形成相互印证，所证明的事实是否指向一致、相互接续、形成证据链条。最后，若案件中仅有言词证据，无其他间接证据，则需要继续分析如下问题：一是若该案为共同犯罪，需要审查同案犯的供述与犯罪嫌疑人的口供是否一致，但需注意若没有其他间接证据，则该同案犯的口供只能作为真实性的参考，不能作为证人证言进行补强；二是对于非同案共犯与对向犯问题，例如贿赂犯罪中的行贿人与受贿人分别构成受贿罪与行贿罪的情形，对于共同犯罪的另案处理的犯罪嫌疑人、被告人口供如何审查认定，需要法官根据个案作出判断：一方面，考虑到《刑事诉讼法》第五十五条规定"只有被告人供述，没有其他证据的，不能认定被告人有罪和处以刑罚"，若视为"口供"，则依法无法对被告人进行定罪；另一方面，非同案共犯毕竟具有一定的"旁观者"和"局外人"色彩，相对于同案共犯的供述要更加灵活、相对可靠，因此，可经过法官的心证裁量后允许据此对被告人定罪量刑。

第三，积极探索统一的监察证据采信标准。法庭对监察证据的审查与认定主要落脚于对监察证据的有效采信问题之上，尽管《监察法》规定监察证据调

---

25 参见窦玉梅：《陈光中：我国监察体制改革中监察权与司法权的衔接问题》，载《人民法院报》2017年9月21日，第5版。

26 参见何家弘主编：《证据学论坛》（第八卷），中国检察出版社2004年版，第174页。

查与收集的标准坚持“以审判为中心”，坚持全面客观原则，但由于职务犯罪案件中言词证据多、实物证据少的特点，目前还未形成统一的对监察证据调查、收集、审查起诉与质证、认证的采信标准，为监察证据的庭审使用与定罪量刑带来困难。例如，调查活动中收集到的犯罪嫌疑人自书材料，包括忏悔录、认罪忏悔书面材料等，应当如何采信？笔者认为，这些自书材料在监察机关调查活动对证据进行审核移送前首先应当根据法定证据种类进行转化，使其具备法定证据的形式；其次，对此类材料证据能力的有无、证明力大小的判断由法官结合个案进行心证裁量。裁量标准则要视其与案件事实是否相关及相关程度而定，其证明方法应当对标被告人口供一类证据的审查原则，不能单独采信口供定案，需要适用补强规则进行补强。此外，在职务犯罪案件审判过程中出现其他具体种类的监察证据采信问题，也需要监察机关连同检察机关与审判机关统一标准与认定方法，并发布配套解释。

（四）完善监察证据庭审使用规范化的配套机制

此外，在推进《监察法》与《刑事诉讼法》衔接并落实的进程中，对监察证据庭审使用的配套机制的构建与规范化问题亦不容忽视。第一，当前职务犯罪调查工作尚处于起步阶段，对个案调查的规则与细节问题尚需进一步研究并达成共识，有关部门可以研究并建立职务犯罪案例指导制度，通过对典型案例的研究及时总结提炼适用于职务犯罪案件的审判特点、难点与适用规则，进一步指导实践。第二，在当前司法改革背景下，司法责任制的落实与推进过程中，也不能忽略对纪检监察调查人员、案件审理人员的职责完善，探讨构建纪检监察调查责任制与责任规则的可行性。第三，宜进一步探索加强监察委、检察院、法院之间的案件信息库、证据素材库的建设与沟通[27]，推进司法大数据与法律人工智能辅助系统的建设。将腐败问题抓早抓小，从源头上进行精准识别，及时有效地掌握涉嫌违纪、违法与犯罪的职务行为，有利于构建对职务犯罪进行纪检监察、刑事诉讼、刑事证据的一体化防控与打击机制。

结语

随着《监察法》的实施与《刑事诉讼法》的再修改，监察机关进行职务犯罪调查的立法依据已然完备，关键在于如何在诉讼阶段尤其是审判阶段细化落实对接规则、实现两法衔接。监察证据的收集规范与审查规则恰好能够反映与

---

27 参见郭慧、牛克乾：《职务犯罪审判与国家监察工作有机衔接的若干建议》，载《法律适用》2018 年第 19 期。

检视两法衔接的实际效果。只有坚持将监察机关的调查取证行为置于刑事诉讼法和证据法视野下进行评价与规范，使监察调查权具备诉讼法与证据法的精神内核，坚持以审判为中心的庭审实质化理念为前提构建规范化、常态化的监检关系、监审关系，才能真正实现监察权与审判权的无缝对接、良性互动。

少年司法中的协作型儿童利益保护机制

——以儿童最大利益原则为基础

吴啟铮*

【内容提要】 联合国《儿童权利公约》将儿童最大利益原则作为一切关涉少年事务的指导标准，儿童最大利益原则应成为少年司法中的统摄性原则。2012 年《刑事诉讼法》初步建立了“未成人刑事案件诉讼程序”，但是仍然将少年司法置于成年人刑事司法附属物的位置，在儿童利益保护机制上呈现出体系依附、结构零散、程序缺失、系统割裂等问题。这些问题在 2018 年修正的《刑事诉讼法》中仍尚未付诸解决。儿童最大利益原则要求国家机关和社会组织对少年的保护体现“全覆盖”的完整性。本文将少年司法中的儿童最大利益的具体范畴界定为身心利益、正当程序利益、福利保障型利益与社会关系型利益四种，同时明确立法机关、司法机关、行政机关与社会组织的四层保障职责，并提出建立协作型儿童利益保护机制，作为保护儿童最大利益的一种制度框架。以各国家机关与社会组织协同参与的“协作型结构”为基础，朝向“儿童最大利益原则”的目标，应成为中国少年司法体制的一种改革取向，这对当今“打造共建共治共享的社会治理格局”也具有促进作用。

【关键词】 少年司法　儿童最大利益原则　儿童权利公约　协作型儿童利益保护机制

1989 年联合国《儿童权利公约》真正确立了儿童最大利益原则。作为处理

---

* 吴啟铮——上海师范大学哲学与法政学院法律系副教授，法学博士，硕士生导师，主要研究领域：刑事诉讼法、司法制度。本文为上海市哲学社会科学规划一般课题《公众参与型社区矫正的理论与立法研究》（项目号：2017BFX 006）的阶段性成果。

少年事务的重要领域，少年司法不可避免地涉及儿童最大利益原则的适用。《儿童权利公约》第一条规定，“为本公约之目的，儿童系指18岁以下的任何人，除非对其适用之法律规定成年年龄低于18岁”，因此，在我国，公约中的儿童实际上就是指未成年人，其主体与少年司法高度重合。在司法改革的大背景下，少年司法改革理应是深化司法体制改革的一个环节。在少年司法中，儿童利益的保护机制需要一个制度性框架，而“儿童最大利益原则”正是儿童利益保护机制的基础。我国的少年犯罪率在世界上并不显著，但作为世界第一人口大国，我国少年罪错的绝对数量仍然巨大。在当前国民生育意愿下降的背景下，保障未成年人成长环境的质量，特别是以优良的少年司法制度保护未成年人利益，尤其是促进罪错少年以健康的状态回归社会，应当成为十分重要的任务。当前社会上出现了诸如校园欺凌甚至极少数未成年人恶性暴力犯罪的现象，引起了社会的极大关注，因此，我们不能对保护儿童利益仅作狭隘的理解，保护不等于溺爱，不应局限于现时的、短期的利益保护，还应当着眼于长远的、全面的利益保护，不仅保护刑事诉讼程序之内的儿童利益，而且要保护因罪错而引起的、在刑事诉讼程序之外的儿童利益。本文提出儿童的身心利益、正当程序利益、福利保障型利益与社会关系型利益四种类型，既对应现时的、短期的利益保护，又着眼长期的、全面的利益保护，以在正确适用刑事司法程序的同时促进罪错少年健康地再社会化。而这些都需要一套专门、全面、协作性的少年司法制度。当前我国的少年司法制度依附于成年人司法，并没有专门的“少年司法法”，且对少年权益保护的协作性、覆盖面和专业化都相当不足，这与“儿童最大利益原则”的要求有较大的差距。我们亟须在学理上厘清儿童最大利益原则在少年司法中的基本问题，方能为少年司法改革提供理论阐释与制度建议。

一些域外法治国家出现了“少年司法社会化”的趋向。少年司法社会化，就是以教育为理念，以福利性司法为导向，在少年司法体系的构建中加入社会化力量，在原有审检人员为核心的少年司法力量基础上，建立以司法社会工作者为核心的社会支持体系，司法与社会在少年犯罪预防、检察、审理和矫正等方面全方位进行互动，进行跨学科、跨领域的合作。少年司法领域因为具有特殊性、复杂性、多元性，最能体现法律与社会结合的优势。[1]尽管少年司法的所有领域是否应当一概称之为“社会化”是值得商榷的，但是，这种由各相关公权力部门与社会组织共同参与的少年司法结构，是对少年司法中儿童利益特殊性、复杂性、多元性的反映，却是真实的，非此，就无法为儿童利益打造一个各司其职且相互衔接的无缝保护框架。本文认为，少年司法改革应以儿童最

1 杨旭：《意大利少年司法社会化研究》，中国社会科学出版社2015年版，第268页。

大利益原则为目标，实现各类公私机构在各类少年司法程序中对各类儿童利益范畴的“全覆盖”，以“协作型结构”作为儿童最大利益的最佳保障框架，这对当今“打造共建共治共享的社会治理格局”也具有促进作用。

一、作为少年司法统摄性原则的儿童利益最大原则

（一）儿童最大利益原则的起源

理论上的儿童最大利益原则肇始于英美法系中的家庭法领域，而法律上的儿童最大利益原则起源于 1959 年的联合国《儿童权利宣言》。世界上第一部关于儿童权利的国际法律文件是 1924 年国际联盟的《儿童权利宣言》。但是，1924 年宣言主要规定了若干对儿童进行保护与救济的条款，仅具有人道主义的性质。直到 1959 年《儿童权利宣言》在联合国大会获得通过，才开始形成现代的儿童权利国际法保护体系。它成为世界上第一个具有广泛代表性的专门保护儿童权利的国际法律文件。该宣言规定了儿童权利保护的十项原则，其原则二规定，“儿童应受到特别保护，并应通过法律和其他方法而获得各种机会与便利，使其能在健康而正常的状态和自由与尊严的条件下，得到身体、心智、道德、精神和社会等方面的发展。在为此目的而制定法律时，应以儿童的最大利益为首要考虑”。这可以被视为国际法上儿童最大利益原则的端倪，但它所要求的仅是各国的立法行为。不过，由于 1959 年《儿童权利宣言》属于联合国大会通过的决议，本身不具有直接的法律拘束力，因此，该宣言中的儿童最大利益原则同样没有直接的法律拘束力。

1989 年 11 月 20 日，联合国大会以协商一致的方式通过了《儿童权利公约》。《儿童权利公约》首次在法律意义上真正确立了儿童最大利益原则，其第三条第一款规定：“关于儿童的一切行为，不论是由公私社会福利机构、法院、行政当局或立法机构执行，均应以儿童的最大利益为一种首要考虑。”这一规定从此奠定了儿童最大利益原则在国际法中的地位与效力。儿童最大利益原则从无到有，从“软约束”到“硬约束”，已经成为儿童权利保护法律体系中最为提纲挈领的部分。联合国所通过的其他法律文件中与儿童权益保护具有相关性的部分，也构成了整个儿童最大利益原则法律规则的组成部分。也就是说，国际法律文件中与儿童权益有关的条款，也受到儿童最大利益原则的约束，一起构成了儿童最大利益法律规则的集合体。

（二）儿童利益最大原则的内涵

1959 年联合国《儿童权利宣言》限定了儿童最大利益的目的和范围，其目的是使儿童得到“特别保护”，并且使儿童“得到身体、心智、道德、精神和社

会等方面的发展”，其范围则限定于“在为此目的而制定法律时”，即对立法行为的要求。1989年《儿童权利公约》扩展了儿童最大利益原则的范围，它规定了“关于儿童的一切行为”均在儿童最大利益原则的考虑范围之内，并且，“公私社会福利机构、法院、行政当局或立法机构”均有执行这一原则的义务，超越了1959年宣言的要求。也就是说，其要求不仅针对国家机关，而且针对私人机构，只要他们的行为与儿童有关，均受其约束。

也有学者将儿童最大利益（the best interests of the child）称为“儿童最佳利益”。不过，在权威的联合国官方版本中，其中文表述依然为“儿童最大利益”。我们可以对两种表述作通用理解。张鸿巍教授认为，所谓“儿童最佳利益”，是指未成年人不应为其不当行为接受惩罚，相反，鉴于其年幼无知的现实，各国政府提供高效的儿童保育、矫正、教化等措施来纠偏。[2]而究竟采取什么样的措施才是符合儿童最大利益原则呢？实际上是众口难调的，面临着不确定性。联合国《儿童权利公约》并没有对最大利益下定义。John Eekelaar 教授认为，儿童的需求围绕着儿童的“基本”利益，如身体的、情感的和智识上的照顾；“发展”利益（指他们的潜力得以发展以便他们尽可能无障碍地进入成年期）以及他们的“自治”利益（自由地选择他们自己的生活方式）。[3]最大利益是不确定的，存在着对什么是儿童最大利益的不同观念，不同的社会、不同的历史时期并未达成一致。[4]然而，John Eekelaar 所提出的三个层次的内涵，并非采用直接下定义的方式，而是尽量用层层递进的方式由内到外扩张性地解释了儿童最大利益的含义，符合“最大”这一方向性目标。

我国学者王雪梅从功能主义的角度概括了儿童最大利益原则的含义：其一，儿童最大利益原则中的“最大利益”，是指作为个体权利的最大利益；其二，儿童最大利益原则是处理儿童事务的准则；其三，儿童最大利益原则是对立法、司法提出保护的纲领性条款。[5]这表明，儿童最大利益不是集体的利益，而是每

2　张鸿巍著：《少年司法通论》，人民出版社2008年版，第275页。

3　John Eekelaar, The Importance of Thinking That Children Have Rights, International Journal of Law and the Family 6, (1992), pp. 230 – 231. See also Michael Freeman, “Article 3. The Best Interests of the Child”, in A. Alen, J. Vande Lanotte, E. Verhellen, F. Ang, E. Berghamans and M. Verheyde (Eds.) A Commentary on the United Nations Convention on the Rights of the Child, Martinus Nijhoff Publishers, 2007, Leiden, The Netherlands, p. 27.

4　Michael Freeman, Article 3. The Best Interests of the Child, in A. Alen, J. Vande Lanotte, E. Verhellen, F. Ang, E. Berghamans and M. Verheyde (Eds.) A Commentary on the United Nations Convention on the Rights of the Child, Martinus Nijhoff Publishers, Leiden, The Netherlands, 2007, p. 27.

5　王雪梅：《儿童权利保护的“最大利益原则”研究（上）》，载《环球法律评论》2002年第4期。

一个个体的利益，在所有涉及儿童的事务中，均必须以儿童的最大利益为根本准则。由于儿童最大利益原则直接来源于《儿童权利公约》，本文将“儿童最大利益原则”概括为：它是对各缔约国在处理关涉儿童事务时的具有约束力的根本准则，即缔约国的任何公私社会国家机关或者公私福利机构，在处理与儿童有关的一切事务时，均必须以儿童的最大利益为首要考虑因素，以保护个体儿童的权益。引申到少年司法中，儿童最大利益原则要求一切国家机关和公私福利机构在处理有关罪错少年的一切事务时，必须以儿童的最大利益为首要的考虑因素，以使个体少年在各类少年司法程序中的权益都得到保障。任何有关少年司法的制度和行为必须达到《联合国人权公约》及刑事司法准则所设定的最低标准。

（三）儿童最大利益原则在少年司法中具有统摄性地位

新西兰的 Claire Breen 教授将儿童最大利益标准当作一项人权传统。他认为，这一传统随着包括诸多有关最大利益条款的联合国《儿童权利公约》而发展到顶峰。此外，最大利益标准可以被视为公约的一般总体性主旨。除了作为一般原则之一以外，它在总计为 54 个条款的公约中共出现了 8 次。这将此标准提升到当前关涉儿童事务的最重要的国际标准的地位。[6]

联合国的少年司法准则是国际刑事司法准则的组成部分，并且受到联合国通过的国际公约的统领。联合国《少年司法最低限度标准规则》《预防少年犯罪准则》《保护被剥夺自由少年规则》（少年司法三规则）涵盖了少年司法的组织体系、程序性规则以及硬件设施等多个要素，以及实体和程序等各类少年权利。联合国文件中长期习惯使用“联合国预防犯罪和刑事司法标准和规范”一词，“刑事司法准则”是指有关刑事法律的制定、实施和遵行的标准、规范和政策。[7]对于联合国刑事司法准则，应作广义上的理解，既包括刑事法律本身，又包括这些法律的适用；而刑事法律既包括刑事实体法，又包括刑事程序法，二者兼而有之。[8]刑事司法准则涵盖了少年司法的内容，其中既有实体性规范，也有各类程序性规范。少年司法准则规定了更多的关于少年权益保护的内容，比成年人司法更为扩张；不仅规定了司法程序中的少年权益，还规定了司法程序之外

6 Claire Breen, The Standard of the Best Interests of the Child: A Western Tradition in International and Comparative Law, Martinus Nijhoff Publishers, The Hague, The Netherlands, 2002, pp. 78 – 79.

7 陈光中、[加] 普瑞方廷主编：《联合国刑事司法准则与中国刑事法制》，法律出版社 1998 年版，第 1 页。

8 程味秋、[加] 杨诚、杨宇冠编：《联合国人权公约和刑事司法文献汇编》，中国法制出版社 2000 年版，第 13 页。

的、面向未来的、再社会化的少年权益，从各个维度体现了儿童最大利益原则。

从位阶上讲，《儿童权利公约》高于少年司法准则；从效力上讲，《儿童权利公约》具有“硬约束力”，两者的组合，体现了对少年司法中儿童利益的多层次、多方位保护。少年司法准则中的权利保护条款，是《儿童权利公约》相关要求的具体化，既体现了国际的共识，也是对各国的立法、行政、司法机构与社会组织的基准要求。儿童最大利益原则统领国际少年司法准则，并通过少年司法准则对各国少年司法提出了具体化要求。因而，儿童最大利益原则在少年司法中具有统摄性地位，各国的立法、行政、司法机构与社会组织均应通过无缝对接的方式实现对儿童利益的全覆盖、全方位、长时效的保护。

二、我国少年司法中儿童利益保护机制的现存问题

我国现行少年司法体系是零碎、松散且割裂的，体现不了儿童最大利益原则对少年权益保护“全覆盖”的要求，存在框架性的缺陷。在2012年《刑事诉讼法》修订之前，我国并没有一个统一的少年司法立法体系，关于少年司法的改革，大多分散在各地所进行的少年司法改革试验中，如针对少年的社会调查、圆桌审判、社区矫正等。2012年修正的《刑事诉讼法》新增了“未成年人刑事案件诉讼程序”一章，在内容上涵盖了法律援助、社会调查、严格适用逮捕措施、分别关押制度、适格成年人在场制度、附条件不起诉制度、犯罪记录封存制度，体现了一种“从无到有”的历史进步。而2018年的《刑事诉讼法》修正则并未涉及未成年人刑事诉讼程序问题。这一程序在我国仅作为一种特别的刑事诉讼程序而存在，它的价值在于给予未成年人以特殊的待遇，体现的是针对少年“教育、感化、挽救”的特殊刑事政策，并在一定程度上提供了“特别保护”。但是，儿童最大利益原则实际上对少年司法提出了权益保护“全覆盖”的要求，它包括履职主体的全覆盖和对行为对象的全覆盖，即所有的立法、行政、司法机构和社会组织在一切关于少年的行为领域都要提供利益最大化的保护。与少年司法国际准则中对组织体系、程序性规则、硬件设施以及兼顾少年的近期与长远利益的全面规范和全覆盖保护相比，现行少年司法体制显然仍存在较大的差距。

（一）儿童利益保护机制的缺陷

1. 儿童利益保护体系的依附

当前我国少年司法的儿童利益保护体系严重依赖于成年人司法。在构造上，成年人刑事司法与少年司法之间仍存在不小的差异，前者各部门之间仍存在一定的张力，而后者则基于“国家亲权”或者“父爱主义”的精神理念，要求各

部门须协同保护少年权益。若少年司法依附于成年人刑事司法，则不仅枉顾少年的身心特性，且易造成少年权益保护的缺失。我国并没有任何专门的“少年司法法”，《刑事诉讼法》中亦无专门的少年司法程序。整个少年司法的运作严重依赖于成年人刑事司法系统，包括处理成年人案件的司法机构、司法人员和司法制度。尽管当前《刑事诉讼法》中载有“未成年人刑事案件诉讼程序”，但从体系上讲，当前的少年司法制度在整体上仍依附于成年人刑事司法制度。在单独的少年司法机构、人员和制度方面，仍然未有重大的突破。这种整体依附性枉顾少年特性，显然无法保障儿童的最大利益。

2. 儿童利益保护结构的零散

少年司法的结构中包含了诸多程序性要素。在儿童利益的保护过程中，不仅侦查、起诉、审判、矫治以及其他诉讼外程序的各个阶段均应紧密对应，各阶段之内的各个要素也应当紧密联系，才能实现对儿童利益保护的有机覆盖。司法具有严密的结构，而基于少年身心的特殊性，为使少年利益得到最大程度的保护，应使司法程序更加严密而非粗疏。《刑事诉讼法》的“未成年人刑事案件诉讼程序”更像是一种规范之间的松散“组合”，而非有机的“整合”。它仅仅将若干个基本上互不相关的条款拼凑在一起，组成单独的一章。这与覆盖从侦查、起诉、审判、矫治以及其他诉讼外程序的整套少年司法制度有着巨大的差异。松散组合的立法模式使少年的各项权利相互割裂，使各项机制无法衔接，无法实现对儿童利益的全覆盖。这种结构上的“拼凑式组合”无法有效地实现儿童利益保护。

3. 儿童利益保护程序的缺失

在《刑事诉讼法》增加“未成年人刑事案件诉讼程序”之前，少年司法改革试验就已经在各地开展，在实践中主要是由地方司法机关所推动。尽管这些试验在地域上并不平衡，在内容上也较为零散，但是在实践中却展现出少年司法改革的活力，从各个方面丰富和扩展了司法对少年利益的保护。这些制度试验包括圆桌审判、社会调查、心理干预、法庭教育、刑事和解、附条件不起诉、司法评估（是否适用审前羁押或缓刑）、社区矫正、社会组织参与少年司法（如司法社工）以及后续的社会福利保障与职业能力培养等，涵盖了从侦查到矫治的程序以及诉讼程序以外的配套制度。这些制度探索不仅有益于保护司法程序中的少年，而且有利于促进少年回归社会，使少年的长远利益最大化。但是，2012 年修正的《刑事诉讼法》仅将社会调查、附条件不起诉等少数几个制度吸收进来，而忽视了其他诸多经过各地探索的成熟经验和做法，而 2018 年对《刑事诉讼法》的修正则并不涉及少年司法程序问题，少年司法程序的完善仍然未能受到重视。“大量已经成熟的改革成果未被立法认可”，“这同样是 2012 年修法的一大缺憾”。[9]即便确立了某个新的制度，如社会调查，也缺乏有关程序和法律效果的规定。

4. 儿童利益保护系统的割裂

现行少年司法体系割裂了行政、司法与社会之间的有机联系，这使行政系统、司法系统、社会支持系统等各个儿童利益保护系统之间相互割裂，忽视了少年司法作为一个综合性的制度体系的特点。少年司法虽然以司法性的制度为主体，但各国的经验又表明，它还包括了若干行政性的内容。例如，矫治程序中的社会福利保障可以避免因贫困化而产生新的犯罪，就业培训计划着眼于罪错少年的长远利益，司法社工等社会组织对少年司法的参与，能够形成全社会对少年的帮扶。对少年的全方位保护需要一个社会支持系统。少年司法制度既要兼顾现时的、短期的儿童利益保护，又要兼顾长远的、全面的儿童利益保护，那么行政系统、司法系统和社会支持系统之间就不能相互割裂，而应当有机协作。只有一个综合性的少年司法制度才有可能建立起社会支持系统，而当前的《刑事诉讼法》显然无法完成这样的任务。

（二）立体化儿童利益保护机制的必要性

从构造上讲，儿童最大利益原则要求的是一种协作性的、立体化的保护。在主体上，它要求立法、行政、司法机关和社会组织实现对少年的全面保护，这必然要求对少年利益的保护建立在这些主体相互的协作基础上。在程序上，要求少年司法体制覆盖所有涉及的少年司法程序及措施，必须采用立体化的保护方式。所以，儿童最大利益原则要求整个少年司法体制提供一种协作性的、立体化的保护方式。

首先，我国现行少年司法体制对成年人刑事司法严重依附，然而，由于成年人刑事司法并不像少年司法般具有一定程度的行政性、福利性特征，它贯彻的是由传统刑事司法机构主导的从侦查到审判的司法运作模式，其间具有一定的张力。就主体和程序而言，均不能体现儿童最大利益原则所要求的各类机构协作参与各类程序的特点。

其次，由于现行少年司法程序体系的零散化，且对既有少年司法改革成果吸收不足，导致其不能实现对少年利益的立体化的全覆盖保护。无论是严格意义上的少年司法程序，还是与其他行政性、福利性程序的衔接，均无法实现立体化的覆盖。

9　陈瑞华、黄永、褚福民著：《法律程序改革的突破与限度——2012年刑事诉讼法修改述评》，中国法制出版社2012年版，第241页。

最后，儿童最大利益原则要求一种对少年权益保护的整体性思维，但社会支持系统的缺失则说明当前少年司法体制缺乏整体性思维，导致少年司法的运行缺乏坚实的社会基础，无法对少年实施协作性的立体化保护。

只有构建立体化的儿童利益保护机制，才能在少年司法中实现对儿童利益保护的全面覆盖和无缝对接。基于不同的职责定位、不同系统各自对儿童利益的保护可能是零散和片面的，这就需要根据少年司法制度的特点，强化不同体系之间的协作关系，这种协作关系的强化不仅要在司法系统内部进行，而且要延伸到行政系统和社会系统，形成国家—社会—个人的合力。

三、协作型儿童利益保护机制的框架

（一）协作型儿童利益保护机制的理论基础

协作型儿童利益保护机制的框架建立在少年司法体制的“协作型结构”之上。少年司法体制的“协作主义模式”，为协作型儿童利益保护机制提供了一种理论基础。按照不同的标准，少年司法体制可以被分为不同的模式。以其蕴含的不同价值和目标出发，少年司法体制可以分为以惩罚为哲学基础的刑事模式、以监护与康复为哲学基础的福利模式、以恢复受损的社会关系为哲学基础的恢复性模式等。另有学者将英格兰和威尔士的少年司法称为“协作主义模式”，其主要体现为社会自身能够创造社会机构，社会机构又能承担社会的责任和义务，其主要目标是通过不同的转处项目，使青少年违法案件由法院转移到行政机构处理，在处理过程中，由社会工作者等社会专业人士参与决定的作出过程。协作主义体现为更多依靠社会力量的介入、专业人士的参与，达到处理青少年违法行为的目的。其显要特征是少年犯罪工作组（YOT）主导社会资源参与少年司法，多机构合作以实现国家、社会、学校和个人的互动。[10] 实际上，由于市民社会和社区自治的发达，协作主义模式自然有很大的发展空间，全能主义的司法实际上是不可能的，而基于少年犯罪的特殊性和复杂性，很难有一个全能的机构拥有全面的职权去处理少年犯罪。其实，协作主义模式是从制度构造的角度而言的，它指的是参与少年司法的主体以及他们相互之间的基本关系，这与上述以价值目标为基本特征的模式理论是有较大区别的。从司法哲学的角度上讲，协作主义是一种少年司法的模式；从制度构造的角度上讲，协作主义对应的是一种少年司法的结构，即由立法、行政、司法机关及各类社会组织和个人共同协力参与的“协作型结构”。

---

10 侯东亮著：《少年司法模式研究》，法律出版社 2014 年版，第 97 ~ 99 页。

协作性结构具有如下基本特征：（1）由各类国家机关、社会组织和个人共同参与少年司法；（2）注重通过程序分流将部分案件从司法系统转处到行政机关或社会组织；（3）注重少年司法的专业化，除了司法系统的专业化，还重视通过专业的社会组织和专业人士的力量来提升少年司法的质量；（4）并不主张全能主义的司法，而是强调与教育、卫生、福利等行政部门以及其他社会组织和个人的协力参与。因此，协作性结构是一种调动所有涉及少年犯罪的处遇、治理与预防的机构和个人的协力参与，来对少年利益进行立体化保护的少年司法制度结构。

由于存在多方协作型的参与，且注重专业化，协作型结构能够比较好地实现对少年利益的全方位、立体化、多阶段的保护，并且可以较大程度地顾及不同层面、不同角度的少年利益，符合《儿童权利公约》中对“公私社会福利机构、法院、行政当局或立法机构”的要求，区别于仅有刑事司法机关参与的唯一视角。可以说，“协作型结构”是一种“儿童最大利益”的保障框架，而协作主义模式则提供了一种理论基础。

（二）少年司法中儿童利益的多元性

既然儿童最大利益原则必须作为一种统摄性原则，那么少年司法中的儿童利益就不仅覆盖广，而且多元，兼顾近期与长远的儿童利益。儿童利益的多元性为少年司法中的儿童利益保护机制提出了要求，只有多方协同参与的协作型儿童利益保护机制，才能满足覆盖具有多元性特点的儿童利益的要求。按照John Eekelaar教授的三分法，基本利益着眼于少年的基本身心健康，发展利益着眼于少年的长远发展，而自治利益则关注少年的独立性和选择权。少年司法中的“儿童最大利益”不仅应当考虑到少年在面对刑事程序时的利益，而且应当考虑到少年与犯罪有关但在刑事程序之外的长远利益。因为，罪错少年始终要走上回归社会的道路，而在处理少年案件时必须考虑司法对少年长远利益的影响。在“协作型结构”下，多方协同参与才能为扩大对“儿童最大利益”的保护范围留下空间。本文将少年司法中的“儿童最大利益”界定为两大范畴和四个类型。

1. 刑事程序之内的利益

刑事程序之内的利益，是指罪错少年在刑事司法程序之中所涉及的利益，主要是指罪错少年在面对刑事司法程序时应当获得何种对待，其内容系属于刑事诉讼程序上的内容。

（1）身心利益。这主要与John Eekelaar教授所主张的“基本利益”类似，主要是指罪错少年在面对刑事司法程序时应获得的身心上的尊重和照顾，包括少年的人格尊严和情感尊重等。身心利益是其他利益的基础，如果缺乏对人格尊严和情感尊重的保护，就不会有对其他利益的尊重和保护，反而会破坏其他的利益保护机制。无论是司法系统、行政系统，还是社会支持系统，都具有保护少年的身心利益的职责。

（2）正当程序利益。这主要是指罪错少年所应当享有的刑事司法中的正当程序利益，包括与成年人共有的程序利益，以及罪错少年所特有的程序利益，例如，社会调查、圆桌审判、心理干预、法庭教育等。其目标在于维护少年司法程序的正当性，保障基本人权以及罪错少年的特殊程序需求。正当程序利益要求少年司法制度的内容和运行都要遵循正当程序原则，并且考虑到罪错少年不同于成年人的特殊利益需求，覆盖适用于罪错少年的特殊程序。正当程序利益的保护以司法系统为主，覆盖从侦查到矫治的各个阶段，并吸收行政系统和社会支持系统的有效参与。

2. 刑事程序之外的利益

刑事程序之外的利益，是指与少年犯罪的矫治有关联，但按其内容性质并非属于刑事司法范畴的少年利益，其发生的时空可能在刑事诉讼程序终结前，也可能在刑事诉讼程序终结后。其利益本身以及保障措施虽不具有刑事属性，但系由少年司法所派生。

（1）福利保障型的利益。为了罪错少年的长远发展，少年司法必须考虑对罪错少年采取某些福利保障措施。福利保障型的利益，体现了少年司法以刑事性为主但兼具行政性的特征。例如，对罪错少年提供基本生活保障，为其采取学习培训计划，以便杜绝再犯，增强其生存能力等。其目标在于为罪错少年提供基本生活保障，为再社会化提供准备。福利保障型的利益具有行政性的特点，因而除可以成为司法系统裁判的内容外，行政系统应当在其执行中承担重要角色，而社会支持系统应当予以充分协助。

（2）社会关系型的利益。在少年司法的主导理念中，先后出现保护理念、责任理念以及两者相融合的理念。保护理念将罪错少年看作社会不公和社会弊端的受害者，具有民事构建色彩，强调矫正而非惩罚。责任理念更加关注罪错少年的行为和后果，强调社会、社区的案件、利益以及被害人的保护和补偿，又产生了惩罚模式和恢复性司法模式。然而，责任理念仅仅改变了保护理念一统天下的局面，又形成了一种“以保护理念为主导，以责任理念为补充”的融合理念。[11] 因此，对罪错少年的利益保护而言，不应仅局限于刑事程序之内，也不应局限于福利保护，还应当看到罪错少年的长远利益，毕竟罪错少年生长

11 赵国玲主编：《未成年人司法制度改革研究》，北京大学出版社 2011 年版，第 16～39 页。

在社区、社会之中，而不是生长在“人造温室”之中。所以，除了传统型的利益，强调责任承担的理念也应当被吸纳进来，其中，恢复性司法模式在世界上为越来越多的法域所兼用。为了促进罪错少年能够尽快实现“再社会化”，少年司法应当采取有利于恢复社会关系的措施，这体现了兼容“恢复性司法”的取向。例如，以恢复社会关系、促进罪错少年回归社会为目标而采取的加害人与被害人之间的谅解与赔偿方案，以及少年社工组织所采取的社会帮教等，维护少年的长远利益，方能体现“最大利益”的保护。因而，社会支持系统在其中扮演着关键的角色，在某些环节甚至发挥着至关重要的作用。

表1　少年司法中“儿童最大利益”的范畴

	利益的类型	制度的内容	反映的目标
刑事程序之内的利益	身心利益	人格尊严、人身权利、情感利益的尊重	保障人的基本人格以及罪错少年的特殊情感需求
	正当程序利益	包括与成年人共享的正当程序，以及未成年人特有的社会调查、圆桌审判、心理干预、法庭教育等	维护少年司法程序的正当性，保障基本人权以及罪错少年的特殊程序需求
刑事程序之外的利益	福利保障型的利益	基本生活保障、学习培训计划等	为罪错少年提供基本生活保障，为再社会化提供准备
	社会关系型的利益	谅解与赔偿方案、社会帮教等	促进社会关系的恢复以及罪错少年回归社会，维护长远利益

（三）保障儿童最大利益责任主体的四个层面

《儿童权利公约》对保障儿童最大利益的责任主体界定为“公私社会福利机构、法院、行政当局或立法机构”。在“协作型结构”下，各类国家机关、社会组织和个人都依照其职权或受托，依靠其专业力量去促进对最广泛及全面的少年利益的保护。我们可以依照逻辑顺序将其分为四个层面，并确定各类机构在保障儿童最大利益方面的职责。

1. 立法机关的职责。制度是保障儿童最大利益的前提。立法应确立儿童最大利益的法律原则，并为少年司法的“协助型结构”提供制度框架和法律规则，厘定行政、司法机关及社会组织的职权及关系，规范权力的授权或委托行使。为确保“协作型结构”的专业性，立法机关应制定《少年司法法》来确立儿童最大利益原则及其保障体系。

2. 司法机关的职责。“协作型结构”要求各类国家机关和社会组织共同协力参与少年司法程序，司法机关是主导的力量，在少年司法中负有最主要的职责。即便在程序分流中，司法机关也应具有转处决定权和最终审查权。一套单独且专业的少年司法机构对于保障儿童最大利益来说是必要的，其应负有保障包括少年身心利益、正当程序利益、社会关系利益在内的广泛利益的职责，在有些情况下，福利保障型的利益也可以成为司法裁判的内容，以便交付行政机关和社会组织执行。

对罪错少年来说，司法干预具有两面性，既可以起到保护少年的作用，又可能产生一些消极影响，并且，司法干预也是有限制性的，需要趋利避害，因而有学者认为应以优选和解程序、社区处分等机制来配合司法干预。[12] 所以，司法机关十分需要社会组织的配合协作来完成相当数量的少年司法机制的顺畅运行。故而，在相当的场合，司法机关一方面要在保护儿童最大利益中起到主导作用，另一方面也要强化与社会组织等其他机构的协作来避免其局限性，利用“司法—社会”的协作来对儿童最大利益实现全覆盖。

3. 行政机关的职责。《儿童权利公约》强调“行政当局”同样负有保障儿童最大利益的职责。少年司法具有综合性的特征，本身兼有一定程度的行政性。在“协作型结构”下，少年司法亦强调行政机关参与到少年司法之中，但行政机关应遵从司法机关的主导权和司法建议。行政机关主要对保障少年的福利保障型和社会关系型的利益承担主要职责，即承担少年的基本生活保障和诸如学习培训计划等与再融入社会有关的措施。

4. 社会组织的职责。少年司法中的社区参与模式理论主张通过扩大少年司法的民主参与，使少年司法过程更接近于少年成长的自然生态，从而更有利于实现对少年的特殊保护。[13] 这对加强少年司法中社会组织的协作具有理论启示，对当今“打造共建共治共享的社会治理格局”也具有促进作用。

在少年司法中，青少年保护组织、妇女保护组织、社工组织甚至社区等社会组织，广泛参与到诸如社会调查、讯问在场、庭审教育、矫正帮教、学习与就业培训等方面。《儿童权利公约》将保障儿童最大利益的责任主体覆盖到“公私社会福利机构”，表明社会组织在保障儿童最大利益方面也负有法定职责。在“协作型结构”下，社会组织通过法律授权或者司法、行政机关的授权或委托等途径参与少年司法的运作，发挥着必不可少的作用。社会组织在保障少年的身心利益、正当程序利益、社会福利型利益以及社会关系型利益等方面都可以发

12　狄小华：《中国特色少年司法制度研究》，北京大学出版社 2017 年版，第 180 ~ 183 页。

13　狄小华：《“优先保护”理念下的我国少年刑事司法模式选择》，载《南京大学学报（哲学·人文科学·社会科学版）》2009 年第 5 期。

挥作用，如监督侵犯少年身心的司法行为、监督程序是否依法运行、协助提供福利保障、协助促进和解和再融入社会等。

表2 各类国家机关或社会组织在保障儿童最大利益上的职责

职责主体	功能	职责范畴
立法机关	制度保障	制定《少年司法法》及有关的法律
司法机关	司法保护	建立符合少年特征的单独司法机构，保障罪错少年在少年司法程序中的各项权利
行政机关	行政及财政支持	提供财政支持，提供基本生活保障，提供学习培训等“再社会化”的措施
社会组织	社会系统支持	参与诸如社会调查、讯问在场、庭审教育、矫正帮教、学习与就业培训等方方面面

四、协作型儿童利益保护机制的构建

朝着儿童最大利益原则的方向，在少年司法改革中可建立一种多方协力参与的少年司法“协作型结构”。所有的公私主体通过程序的有机衔接，形成一套协作型儿童利益保护机制。各类国家机关依其法定职责，各社会组织依其法定授权或者委托，并依靠专业化的力量，促进全覆盖、立体化的保护，以实现对少年最大利益的保障。

（一）确立儿童最大利益原则的法律地位

儿童最大利益原则应当是少年司法中的统摄性原则，《儿童权利公约》对此提出了根本要求，国际少年司法准则中的相关规则是儿童最大利益原则的具体化。我国是《儿童权利公约》的缔约国，理应履行义务，也有必要使少年司法制度符合国际少年司法准则的要求。因此，应以立法的方式明文吸纳儿童最大利益原则作为我国少年司法制度的首要原则。

（二）构建单独的少年司法制度体系

应当构建不附属于成年人司法的、单独的少年司法制度体系，使少年司法的结构体系得以完备，这是儿童最大利益的制度保障。当前松散组合型的立法模式使少年司法成为成年人刑事司法的附属物，无法在体系上形成完整的保护链条，仅仅在某几个事项中提供特殊保护，而非最大保护。即便制定少年司法的单项司法解释，也必然是在现行《刑事诉讼法》的框架和限度内，结构的依附性不会有所改变。因此，应当摆脱将少年司法作为成年人刑事司法附属物的立法模式，另制定单独的《少年司法法》，建立一套单独的少年司法制度体系，为儿童利益提供制度保障。

（三）建立专业化的少年司法组织体系

应当专业化的少年司法组织体系，优化少年司法的结构主体。在“协作型”结构中，专业化的少年司法组织体系形成一张对儿童最大利益的保护网。少年司法的组织体系既包括公安局、检察院、法院等传统的（广义）刑事司法机构，也包括相关行政机关、社会福利机构、教育机构、社工机构等，既包括公办机构，也包括非办公机构。这些机构均应具有熟悉少年生理、心理特征和处理少年事务经验的人员。《刑事诉讼法》仅提出“由熟悉未成年人身心特点”的人员承办少年案件，内容过于粗疏，且并非“专业化”的硬性要求。《少年司法最低限度标准规则》提出了“专业化”的要求。因此，有必要建立起一套有别于成年人司法的少年司法组织体系，其人员构成也应当体现专业化的要求。这包括：建立一套单独的少年法院系统，检察机关、公安机关则应在其内部设立单列的少年检察、警察部门。其工作人员也应相对固定，录用法学、社会工作、心理学、教育学等相关专业的人员，体现少年司法专业化和综合性的要求。少年法院应当成为“协作型结构”中的中坚力量，行使最终审查决定权，对其他机构进行制约。

（四）构建多元且无缝衔接的少年司法程序

应当构建多元且无缝衔接的少年司法程序，做到程序结构的严密化，使各主体协同保护少年的多元利益。“协作型结构”要求各主体按照其职责分工，使多元程序之间实现无缝对接，对儿童利益进行全覆盖。这既需要完善少年刑事司法程序，也需要建立刑事程序之外的相关程序，使这些程序覆盖到少年的身心利益、正当程序利益、福利保障型利益与社会关系型利益，兼顾当前与长远的保护。亟须突破当前《刑事诉讼法》的局限，除社会调查和附条件不起诉外，将专门（或主要）适用于少年的各种程序及措施吸纳进来，使之无缝对接地保障少年的多元利益。

除了常规司法程序之外，还有以下特殊司法程序及措施，它们分别由对应的公私机构主导或协助，覆盖对应的多元利益：（1）转处及和解。主要是刑事司法各部门、行政部门、学校、社区、社会组织协作参与，将符合条件的少年转移到刑事诉讼之外进行调解，促进和解协议的达成。（2）调解，包括诉讼内和诉讼外的调解。这是在第三方的主持下，由罪错少年和被害人共同参与的调解程序。（3）合适成年人及律师在场。主要是监护人、学校代表、社会组织代表、律师在罪错少年接受讯问时在场。(4)强制辩护(法律援助),由专业律师承担。(5)附条件不起诉。由检察院主导,社会组织协助调查及提供事实依据,并协助考验期的监管。(6)司法评估。由检察院进行羁押评估,由法院进行非监禁刑评估,社会组织协助参与评估,提供调查资料。(7)社会调查。刑事司法各部门在各自阶段均可主导,但学校、社会组织、社区协助参与的力度更大,为个别化处理提供依据。(8)圆桌审判。由法院主导,学校、社会组织、社区共同参与,为少年提供缓和的审判环境。(9)心理干预与测评,由法院主导,必须吸收心理咨询师的协助,既保障少年的心理健康,又为审判的顺利进行创造缓和的心理条件。(10)法庭教育。由法院主导,由学校、社会组织协助。(11)暂缓判决。由法院主导,社会组织协助调查及提供事实依据,并协助考验期的监管。(12)社区矫正(帮教、回访、社会服务令等)。由社区矫正机构主导,学校、社区、社会组织协助。(13)能力培养措施(学业、就业培训等)。由教育、社保等行政部门主导,学校、培训机构等社会组织或企业共同参与。

表3　少年司法程序及其措施所对应的参与主体和所涉利益类型

常规少年司法程序	特别少年司法程序或措施	负有保障少年权益的主要参与者	所涉的主要利益类型
包括侦查、审查起诉、审判、矫治各阶段的常规程序(所涉各阶段的司法、行政机关、社会组织均有保障之责,主要涉及身心利益、正当程序利益两种)	转处及和解	公安机关、检察院、法院(对应各阶段)	身心利益、社会关系型利益
	诉讼外调解程序	行政部门、学校、社区、社会组织	身心利益、社会关系型利益
	诉讼内调解程序	公安机关、检察院、法院(对应各阶段)	身心利益、社会关系型利益
	合适成年人在场、律师在场	监护人、学校、社会组织、律师	身心利益、正当程序利益
	强制辩护(法律援助)	律师	身心利益、正当程序利益
	起诉裁量程序(附条件不起诉)	检察院、社会组织	正当程序利益、社会关系型利益
	评估程序及措施(羁押评估、非监禁刑评估等)	检察院(羁押评估)、法院(非监禁刑)、社会组织	身心利益、正当程序利益
	社会调查程序	法院、学校、社会组织、社区	身心利益、正当程序利益、社会关系型利益

续表

	圆桌审判程序	法院、学校、社会组织、社区	身心利益、正当程序利益
	心理干预与测评	法院、心理咨询师	身心利益、正当程序利益
	法庭教育	法院、学校、社会组织	身心利益、正当程序利益、社会关系型利益
	判决裁量程序（暂缓判决）	法院、社会组织	正当程序利益、社会关系型利益
	社区矫正（帮教、回访、社会服务令等）	社区矫正机构、学校、社区、社会组织	身心利益、福利保障型利益、社会关系型利益
	能力培养措施（学业、就业培训等）	行政部门、学校、培训机构	福利保障型利益、社会关系型利益

（五）建立保护儿童最大利益的社会支持系统

应当建立少年司法的社会支持系统，完善少年司法结构的配备。保护儿童最大利益需要社会支持系统的协助，这也符合《儿童权利公约》对“一切立法、行政、司法以及公私福利机构”的要求。随着市场经济的发展、市民社会的发育和法治的进步，各类社会组织必然越来越多。因此，应建立起与司法系统相衔接的社会支持系统，包括：负责少年事务的民政、教育、司法行政、卫生福利等行政机构，社区组织、司法社工组织、青少年保护组织等公益组织以及就业培训、心理咨询等企业机构，作为维护儿童最大利益的协作性力量。

结语

少年是社会的未来，少年司法改革应当是司法改革的重要组成部分，而不能被冷落于司法改革的整体框架之外。联合国《儿童权利公约》明确提出了儿童最大利益原则，而联合国刑事司法准则设定了符合儿童利益的规则，使儿童最大利益原则具有了少年司法制度统摄性原则的地位。现行《刑事诉讼法》有关少年司法的部分仍然是不足的，它使少年司法继续附属于成年人刑事司法，在结构上存在诸多弱点和疏漏。少年司法的“协作主义模式”倡导各类公私机构对少年司法的协力参与，实现多元程序对多元利益的保护，符合《儿童权利公约》对儿童最大利益原则的要求。因而，建立在“协作主义模式”的司法哲学基础上的协作型儿童利益保护机制可以成为在少年司法中保障儿童最大利益的制度框架。我国少年司法改革的目标应当朝向符合儿童最大利益原则的制度建设，确立身心利益、正当程序利益、福利保障型利益与社会关系型利益四类范畴，确定立法、司法、行政机关与社会组织的不同职责及相互关系，建立一种协作型儿童利益保护机制，完善多方参与、程序多元、对少年利益“全覆盖”的少年司法体制，这对当今“打造共建共治共享的社会治理格局”也具有促进作用。

"一带一路"倡议下对跨境电商企业所得税征管的完善

蚁佳纯　徐婧滢*

【内容提要】跨境电商作为我国"一带一路"倡议下潜在的企业所得税收入的新增长点，完善对其企业所得税的合理有效征管刻不容缓。为妥善解决我国现行企业所得税税收征管与跨境电商发展现状不相符所存在的五大挑战，应以税收公平原则和比例原则为指导，通过对《税收征收管理法》的修订使其适应跨境电商全球性、可移动性和数据化等特点，如借鉴"常设机构"认定标准来完善企业所得税的征税机关和征税范围，规范电子商务税收登记制度，增加对所得的评估制度，完善电子纳税系统和代扣代缴服务在跨境 B2B 中的适用等，使跨境电商的税收征管更具可执行性。

【关键词】"一带一路"　跨境电商　企业所得税　征管难点　协调完善

一、问题的提出

随着数字经济的发展，以及"一带一路"和"网上丝绸之路"国家倡议的

* 蚁佳纯——华南理工大学法学院博士生，研究方向：经济法、财税法。徐婧滢——华南理工大学财经法研究所研究人员。本文系广东省律师协会重大研究课题"律师优质高效法律服务与我国在'一带一路'沿线国家投资企业涉外法律风险的防范"的阶段性成果。

推进，被誉为“空中丝绸之路”[1]的跨境电商市场飞速发展，贸易总量占我国外贸总量比重逐年提高至将近1/4[2]，对推动“一带一路”沿线国家和地区的贸易便利化大有益处。跨境电商（Cross-border E-commerce）是指不同关境的交易主体，以B2C、C2C、B2B2C、B2B等电商平台为信息媒介开展的一种国际贸易活动。据统计，2017年中国商品的跨境电商出口覆盖了俄罗斯、乌克兰、波兰、泰国、埃及、沙特阿拉伯等54个“一带一路”沿线国家，同时有超过50个“一带一路”沿线国家的商品通过跨境电商进口到了中国。[3]另据海关统计，2018年我国跨境电商零售进出口总额达到1347亿元，同比增长50%。[4]

然而，随着数字经济中跨境电商的发展，其所隐藏的“税基侵蚀和利润转移”（以下简称BEPS）现象所带来的企业所得税税源流失问题随贸易总量的增长而日渐严重，在一定程度上加剧了当前日益激烈的国际企业所得税改革竞争（如下调企业所得税税率、扩大应税对象的覆盖范围、简化税收征管方式等）。[5]据统计，BEPS对于各国财政的影响十分巨大，涉及每年在全球范围造成的1000亿美元至2400亿美元企业所得税的流失[6]，而数字经济更是带来了巨大的影响。为应对这一现象，经济合作与发展组织（OECD）在2013年6月发布的《应对税基侵蚀与利润转移的行动计划》中明确指出，“数字经济发展存在诱发税基侵蚀和利润转移现象”，并将应对数字经济税收挑战列为BEPS 15项行动计划的首

---

1 2015年3月7日，国务院同意成立“中国跨境电子商务（杭州）综合试验区”，为杭州在跨境电商领域先行先试打开了政策空间，在“海”“陆”两个丝绸之路之上，开创一条“空中丝绸之路”。2017年6月14日，习主席在支持河南郑州开展与欧洲卢森堡的航空货运时明确支持“空中丝绸之路”的开发建设，使“空中丝绸之路”成为国家“一带一路”倡议立体发展的一部分。在《“十三五”国家信息化规划》中，我国首次把网上丝绸之路建设写入政策纲要，并将其列为优先行动，目标是到2020年，中国与“一带一路”沿线国家形成基于跨境电商、数字贸易的多双边经贸合作大通道。

2 据商务部统计，2017年上半年，中国跨境电商交易规模3.6万亿元，增长30.7%。而2017年前三季度，以人民币计，中国进出口总值20.29万亿元，同比增长16.6%。按同样的增速折算，2017年前三季度中国跨境电商交易规模约5.4万亿元，占我国外贸总量的比重约为26.6%，即将近1/4。参见：中华人民共和国商务部国际贸易经济合作研究院：《中国对外贸易形势报告（2017年秋季）》。

3 京东研究院：《京东发布“一带一路”跨境电商消费趋势报告》，载亿邦动力网，http://www.ebrun.com/20170516/230946.shtml，最后访问于2019年2月28日。

4 商务部：《2018年全国网上零售额突破9万亿元 网络新动能正加速形成》，载央视网，http://jingji.cctv.com/2019/02/21/ARTIsDdNkpqCS3z2Dbmju6AE190221.shtml，最后访问于2019年2月28日。

5 蚁佳纯：《OECD降税改革与中国制造企业所得税税率结构的完善》，载《华南师范大学学报（社会科学版）》2018年第1期。

6 金杜律师事务所：《2015年税基侵蚀和利润转移（BEPS）项目报告发布》，载金杜律师事务所官网，http://www.kwm.com/zh/cn/knowledge/insights/launch-of-2015-beps-reports-20151013，最后访问于2019年2月28日。

要项目。[7] 2017 年 6 月，我国等 67 个国家共同签署了《实施税收协定相关措施以防止税基侵蚀和利润转移的多边公约》（以下简称《公约》），其生效和执行将帮助各国快速有效地落实 BEPS 最低标准。当前世界各国对跨境电商课税的态度，也从原本放水养鱼的消极态度转为积极态度[8]，《税收征收管理法》的立法已逐渐从差异发展走向协调共进[9]，同时对企业所得税征管的执法也从相对独立到加强合作[10]，合作与协调的广度和深度也进一步得到加强。

相比之下，如何有效地对跨境电商的企业所得利润征税，我国的《税收征收管理法》尚存在诸多不足之处，如征税机关难以确定、企业应税所得难以识别等，难以适应跨境电商发展的新形势。而要完善对企业所得税的征管，关键是要创造更加公平的纳税环境，提高其纳税遵从度，[11] 因此需要坚持税收公平原则。与此同时，税收征管作为一种行政行为，如何既对纳税人的避税自由进行必要的限制，缓解跨境电商企业所存在的 BEPS 避税现象，又不至于因加强征管而增加纳税人税负，乃至影响我国跨境电商行业的发展态势，则始终需要以比例原则审视之。

二、完善跨境电商企业所得税征管的指导原则

完善跨境电商企业所得税的征管，需要在税收公平原则和比例原则的共同指导下进行。坚持税收公平原则，旨在更好地均衡跨境电商企业所得税税收负担分配在国与国之间、国家与纳税人之间、纳税人与纳税人（分别是线上与线下纳税人、境内与境外纳税人）之间的平衡。而在完善的过程中，应确保对纳税人避税行为的调整有合理界限，因此还需始终以比例原则审视之。

7　廖益新：《应对数字经济对国际税收法律秩序的挑战》，载《国际税收》2015 年第 3 期。

8　电子商务产生于 20 世纪 90 年代，当时各国财税当局、相关国际组织和国际税法学界虽然关注到这一新兴商业形态的征税问题，但多数采取了消极保守性立场，所以并未出台相应的课税规则。

9　经济全球化发展加剧国际税收竞争，而国际税收竞争推动国内税制改革，形成某种程度上的联动效应，使得各国税法一致性增强。参见龚辉文：《国际税收竞争是现代税制改革的主要推动力》，载《税务研究》2017 年第 9 期。

10　各国为了应对跨国公司越来越隐蔽复杂的企业所得税避税筹划，不仅在实体法层面加强了反避税的立法，更是在执法管理层面努力加强国际税务合作，提高税务信息的透明度。随着《BEPS 多边公约》《金融账户涉税信息自动交换标准》（AEOI 标准/CRS）和《海外账户税收合规法案》（FATCA）的陆续生效和实施，各国间涉税数据信息交换的力度加大、频度提高，截至 2019 年 9 月，100 多名成员致力于执行 AEOI 标准，其中超过 85 个法域在 2018 年成功地交换了金融账户信息。参见 http：//www. oecd. org/tax/automatic – exchange/commitment – and – monitoring – process/，最后访问于 2019 年 9 月 16 日。

11　杨杨、杜剑：《“互联网 +”背景下税收合作性遵从实现的路径分析》，载《税务研究》2016 年第 5 期。

（一）坚持税收公平原则

税收公平原则是税法的基本原则，指政府征税要使各个纳税人承受的负担与其经济状况相适应，并使各个纳税人之间的负担水平保持均衡。[12]之所以强调征税应兼顾税收公平，是因为税收公平既有利于维持税收制度的正常运转[13]，又有利于解决跨境电商存在的收入分配不公现象，利于社会发展的和谐稳定。税收公平原则不仅包括国家与纳税人之间，也包括不同的国家之间分配税收权利义务与税收利益的平等[14]。因此，这一原则既适用于国内税法，也适用于国际税法。

首先，国与国之间的税收公平。税收公平原则强调的是国际税收分配公平原则[15]和涉外税收征纳关系中的税收公平原则[16]。然而，在跨国经济往来过程中，当两国的征税权划分不一致时，难免会产生重复征税或重复不征税问题。我国及“一带一路”沿线大多数国家和地区，都实行企业所得来源地管辖权和居民管辖权相结合的双重管辖权标准[17]，使得我国跨境电商企业的所得难免会面临市场国和居民国税收管辖权重叠所带来的重复征税，而直接抵免与间接抵免在多数双边税收协定中的约定又较为简单[18]，难以缓解重复征税问题，某种程度上加速了跨境电商企业纳税人 BEPS 现象的发生[19]；而纳税人为了降低税负

12 王传纶、高培勇著：《当代西方财政经济理论（下册）》，商务印书馆1995年版，第235页。

13 徐孟洲：《论税法原则及其功能》，载《中国人民大学学报》2000年第5期。

14 王鸿貌：《税收公平原则新论》，载《浙江学刊》2005年第1期。

15 国际税收分配公平原则，是指主权国家在税收管辖权相互独立的基础上，以平等的身份参与跨境电商企业所得税税收利益分配的协调，以相对公平的方式获得合理的税额。

16 涉外税收征纳关系中的税收公平原则，是指在征纳过程中，需保持跨国电商企业所得税纳税人的税收负担须与其纳税能力相适应。

17 我国的企业所得税实行来源地管辖权和居民管辖权相结合的双重管辖权标准，对居民企业来自世界范围的全部所得行使征税权，对境外所得已征税款实行分国不分项的限额抵免制度。根据我国现行《企业所得税法》第四十五条、第四十七条及相关规定，由中国境内的企业或企业集团作为主要控股投资者，在境外依据外国（地区）法律注册成立的企业，如果其实际管理机构在中国境内，也是中国的居民企业，在中国负有全面纳税义务。此外，根据《国家税务总局关于居民企业报告境外投资和所得信息有关问题的公告》（国家税务总局公告2014年第38号），符合条件的“走出去”企业要在办理企业所得税预缴申报时向主管税务机关填报企业境外投资及所得的相关信息，否则主管税务机关有权依法按已有信息合理认定相关事实，并据以计算或调整应纳税款。

18 李香菊、王雄飞：《“一带一路”战略下企业税收风险与防控研究》，载《华东经济管理》2017年第31期。

19 钟锦云：《“一带一路”倡议下“走出去”企业国际税收风险管控研究》，载《会计师》2017年第17期。

所采取的税收筹划行为（如通过 VIE 架构转移所得利润或通过在支付方层面将扣除金额最大化从而降低净利润，以达到在市场所在国的应税所得最小化），也造成了跨境电商企业所在市场国和居民国的双重不征税，加剧了国与国之间跨境电商企业营业所得征税权的分配不公，实则有违税收公平原则。因此，如何在企业所得税征管中缓解重复征税的不公现象，是完善对跨境电商征收企业所得税的关键环节。

其次，国家与纳税人之间的税收公平。国家基于法律赋予的征税权向纳税人征税，并用此税收向纳税人依法平等提供公共服务。国内法对纳税人的跨境所得征税一般包括两类情形：对居民企业的对外投资征税以及对非居民企业的对内投资征税。随着经济全球化的快速发展，资本在国家间的流动性日益增强，企业资本倾向于流向低税率国家，大多跨境企业甚至采用 VIE 结构等来进行避税，即总部设在税收洼地，且总部和实际管理机构是纳税地却不是实际的税收来源地，在此情境下如何实现国家与纳税人的公平值得考量。因此，在来源地征税原则中如何判定所得来源地，在居民管辖地原则中如何定义“居民”，实际上都需兼顾国家与纳税人间税收利益衡平的考量。

再次，境内与境外纳税人之间的税收公平。跨境电商不同于传统的外贸方式，不仅有效减少了传统对外贸易的中间环节，而且具有交易可移动性、隐匿性和虚拟化的特点。尽管特性改变了，但其作为跨境商品交易的实质却并未改变。因此，无论是对外贸易还是对内贸易的营业利润所得征税，均应按企业所得税居民管辖权的角度来一视同仁，以实现一国的境内纳税人与境外纳税人二者之间的公平。

最后，线上与线下纳税人之间的税收公平。跨境电商的交易对象，既包括实体产品，也包括越来越多的虚拟数字产品。尽管其交易对象具有数字化的特点，但并未改变其作为商品交易的实质。如果仅因交易对象乃至营业地点的不同，而只对线下的跨境交易征税、不对线上跨境电商交易征税，则会加重线下跨境交易依法纳税纳税人的负担。如果这一现象的失衡较为严重，不但会催生跨境电商纳税人的避税甚至偷漏税行为，而且会抑制线下跨境交易的纳税遵从度，从长远看不利于税收机制的正常运转。

（二）适用比例原则

将比例原则作为协调区域间税收征管行为的边界，是欧盟调整区域间税收合作所践行的理念，对于我国推进“一带一路”倡议具有启发意义。比例原则，是行政法中用于调整公权力行为目的与手段关系的基本原则，具有限制公权力与平衡利益冲突的功能。[20] 具体指的是，在合法前提下，行政主体在行使自由裁量权时，亦须对行政行为所欲达成的目的与所采取手段之间的关系加以考量，做到适度、必要和均衡，保证行政成本与行政效果之间合理、协调和平衡的比例关系。[21] 此外，行政主体还必须选择对人民侵害最小的方式。而税收征管作为一种行政行为，其权力行使的界限也同样受比例原则的规制。这意味着，对跨境电商纳税人避税行为的征管调整要有合理的界限，即尽可能将逃税及避税的潜在风险减至最小，同时采取的抗风险措施应与风险相称。

进行避税征管调整是为了填补税收的漏洞，更是为了促进量能平等负担和维持公平竞争的市场竞争秩序，进而保护纳税人的税收筹划权。[22] 而纳税人的避税行为的法律性质是脱法行为[23]，脱法行为的法律效果，应与未规避前的法律效果相同。这意味着纳税人的行为只需按当前税法上的常规交易调整为相同税负，但无处罚效果，其民商法上的自由权利也不受影响。因此，避税行为仅构成权利滥用，其四大基本自由权利并未丧失，仅构成对权利之限制。[24]

因此，若进行避税征管调整要对纳税人避税自由予以限制，必须进行比例原则的审查。尤其对非常规的合理正当商业目的的避税行为进行限制时，要对税收收入利益加以权衡，明确孰轻孰重、孰更值得保护，以此明晰税收征管的界限。

三、跨境电商企业所得税征管的主要难点

我国跨境电商企业所得税征管的难点，突出表现在现行的税收征管方式与跨境电商服务业态发展的不相适应。一方面是在国与国税收征管关系的协调上，当各国对跨境电商的常设机构判定标准不一致时，潜在重复征税的风险，由此带来企业税收成本的增加。另一方面是受我国当前《税收征收管理法》立法水平的制约，《税收征收管理法》在征税机关的认定、对企业所得分类的识别、纳税人自主申报的积极性、代扣代缴服务的适用范围等方面尚不能很好地适应跨境电商的发展。

---

20 张庆麟、余海鸥：《论比例原则在国际投资仲裁中的适用》，载《时代法学》2015年4期。

21 陈思瑞：《比例原则在我国房地产税法中的适用》，载广州市法学会主编：《法治论坛》（2017年第2期），中国法制出版社2017年版。

22 葛克昌：《避税调整之宪法界限》，载熊伟主编：《税法解释与判例评注》（第4卷），法律出版社2013年版，第63页。

23 德国文献讨论避税行为多认为属脱法行为之下位概念。参见葛克昌：《避税调整之宪法界限》，载熊伟主编：《税法解释与判例评注》（第4卷），法律出版社2013年版，第63页。

24 贺燕、张亚伟：《欧盟反避税之禁止权利滥用原则》，载施正文主编：《中国税法评论》（第2卷），中国税务出版社2014年版，第254页。

（一）BEPS调整常设机构认定标准后潜在的重复征税风险

企业所得税是直接税，是基于国家主权所享有的居民管辖权和来源地管辖权而向企业征收的税种，其课征依赖于对“常设机构”的认定。国际通行的OECD范本认为“常设机构必须是一个营业场所，且具有固定性、持续性和经营性三个特性”。[25]然而，互联网技术的进步以及跨境电商交易的虚拟性和无质性，打破了传统的常设机构认定方式，因此BEPS行动计划七提出对OECD范本所提出的常设机构定义进行修改，以确保对国家间营业利润征税权的公平划分。

对我国跨境电商而言，为了提高物流效率，跨境电商往往会在境外设立海外仓，作为企业走向海外的关键一环。[26]通过在海外仓提供储存、交付货物的服务，有利于其提高供货速度，扩大海外的市场份额。该储存、交付货物的活动虽然已成为企业在该跨境电商中的核心，但在传统商业模式中被认为具有准备性和辅助性特征，因此相应的场所往往不构成常设机构。[27]此时，纳税人虽然通过上述营业活动在来源国获得了更多的利益，却仍然可以不缴纳任何企业所得税。

然而，按照BEPS行动计划七[28]的修改建议，在海外仓中所开展的商品存储、交付活动，其主要目的是储存和交付该企业拥有的、拟通过互联网向该海外国家的客户销售的商品。此时该仓库属于企业的重要资产，若企业通过该仓库所开展的存储和交付活动需要大量员工投入，则这些活动构成了企业销售/分销活动的关键部分，因此不能认为这些活动具有准备性质或辅助性质。这意味

---

25 常设机构三个特性的具体阐释：首先，营业场所不仅包括商业用房，在某些情况下还包括机器或设备，只要它们用于企业活动目的，并处在企业支配下。其次，营业场所的“固定性”并不意味着构成营业场所的设备必须固定在其所属于的土地上，只要将设备保存在某个确定的场所就行了。最后，营业场所必须是企业用于进行全部或部分营业活动的场所，也就是通过该营业场所进行的活动不需要具有生产特性，而是对企业来说是“重要或主要”的活动。

26 孟亮、孟京：《我国跨境电商企业海外仓模式选择分析——基于消费品出口贸易视角》，载《中国流通经济》2017年第31期。

27 崔晓静：《后BEPS时代常设机构定义的新发展》，载《法学评论》2017年第5期。

28 BEPS第七项行动计划提出，必须更新常设机构的定义，以应对协议滥用。其对第五条第四款第二十二项解释的修改中指出，“在该营业场所进行的活动是否具有准备性质或辅助性质，取决于企业的整体经营活动等具体情况。例如，R国某企业在S国运营一个大型仓库，大量的员工在该仓库工作，其主要目的是储存和交付该企业拥有的、拟通过互联网向S国客户销售的商品。此种情况下，第四款将不适用于上述仓库，这是因为该仓库属于企业的重要资产，并且企业通过该仓库所开展的存储和交付活动需要大量员工投入，则这些活动构成了企业销售/分销活动的关键部分，因此不能认为这些活动具有准备性质或辅助性质。”参见第七项行动计划《防止人为规避构成常设机构》（中文版），载国家税务总局官网，http：//www.chinatax.gov.cn/download/2015g20/7.pdf，最后访问于2019年2月28日。

着该海外仓可作为该境外企业在该国构成充分的应税联结，而所有通过海外仓获得的收入都将需要在来源国纳税。如果 BEPS 行动计划七的建议被销售目的国所采纳，则我国跨境电商企业基于海外仓的所得，或要面临来源地市场国和母国居民税收管辖权重叠所带来的重复征税的问题。[29] 如何在其中实现税收公平原则与比例原则的协调，仍有待深思。

（二）难以确定征税机关

在来源地征税原则下，判定居民所得来源地是关键。但由于跨境电商纳税主体的确认存在一定困难，使得其征税机关的判断也存在一定困难。首先，跨境电商交易的销售地点较不确定，既有可能处于境内，也可能处于境外的保税仓或海外仓，而且实际运行中跨境电商的税务登记地、常设机构、货物发出地往往不一致，使得纳税主体确认存在一定的困难。其次，受各国对常设机构认定标准不一致的影响，跨境电商的企业所得的纳税主体确认存在一定的困难，使得征税机关的判断也存在困难。

（三）应税所得难以识别

跨境电商交易数字化的特点，使得征管机关难以很快地识别“所得”的分类。首先，跨境电商交易时，越来越多的商品、服务可以被数字化，并直接通过虚拟的网络空间完成包括履行交付在内的全部交易环节，造成了销售货物收入与提供劳务所得、转让财产收益与许可权利使用报酬彼此间界限不清，使得征管机关难以识别这些“所得”的分类。其次，跨境电商的交易方式改变了传统的货物交易方式，交易对象被转换为“数字化信息”在网上传递，而这些资讯转换为“数字化信息”后容易被传递、复制、修改和变更，使得征管机关难以识别这些“所得”的真实分类。此外，这对各国所得税法上的所得分类课税规则，尤其是双边税收协定针对不同种类的跨国所得分别规定的协调征税权冲突规则，也构成了适用的困难。

（四）纳税人自主申报的积极性不高

从目前的情况来看，我国“走出去”开展跨境贸易的电商的纳税申报自主性仍有待提高。首先，由于跨境电商的交易主体具有隐匿性和虚拟化的特点，

29　李香菊、王雄飞：《“一带一路”战略下企业税收风险与防控研究》，载《华东经济管理》2017 年第 31 期。

使得税务机关难以识别其主体的真实性。[30] 此外，跨境电商交易的网上凭据具有数字化的特点，因此容易随时被修改而不留痕迹，缺乏传统交易中可靠的账册凭证审计基础，使得税务部门难以开展征收管理，更难以提高纳税人自主申报的积极性。其次，支付数据的境外化带来涉税信息的滞后性。跨境电商的支付结算普遍使用第三方支付平台，其中主要包括跨境支付购汇方式[31]和跨境收入结汇方式[32]，使得支付数据的境外化现象日趋明显。虽然各国在税收征管实践层面将国际协作突破性地拓展到金融账户信息的批量自动交换[33]，但信息交换仍存在滞后性，使得征管机关在征收过程中难免存在一定的盲点，难以提高纳税人自主申报的积极性。

（五）源泉扣除代扣代缴服务的适用范围遇到了挑战

在跨境电子商务的语境下，当前对源泉扣除代扣代缴的扣缴义务人认定仍存在疑问[34]。例如，对于我国跨境电商（B2B 出口）的交易所得，如果由销售目的地国境内的企业客户在对外支付交易价款时依法代扣代缴预提所得税，具有一定的可行性；然而如果应用到跨境电商（B2C 或 C2C 出口）的交易中，则缺乏可操作性。因为不可能期望由销售目的地国境内购买接受数字化产品服务的个人在对外支付价款时承担履行代扣代缴所得税款的义务。[35] 究其原因，在于向 C 端消费者进行的跨境电商交易一般而言金额较小，而且交易更加频繁，如果要求其在购买跨境电商产品的同时履行代扣代缴所得税的义务会加重其交易负担，缺乏可操作性。此外，C 端消费者购买的跨境电商产品或服务大多属

30　无论是作为交易主体的纳税人的真实身份和纳税地位（境内居民或是境外非居民纳税人），还是其相应的纳税义务范围和课税方式（适用自行申报缴纳或是源泉扣缴课税方式）。闫晓宇：《跨境电商 B2C 模式税收征纳存在问题及对策分析》，载《环球市场》2017 年第 22 期。

31　跨境支付购汇方式，除了第三方购汇支付，还包括境外电商接受人民币支付等方式。第三方购汇支付主要指境内持卡人的境外网上消费可以通过第三方支付企业提供的人民币进行支付和外币结算的服务。

32　跨境收入结汇方式，包含第三方收结汇方式，通过国内银行汇款和以结汇或个人名义拆分结汇流入，此外还可以通过地下钱庄实现资金跨境收结汇。

33　2017 年 5 月 19 日，国家税务总局、财政部、中国人民银行、银监会、证监会以及保监会正式发布 2017 年第 14 号公告《非居民金融账户涉税信息尽职调查管理办法》（以下简称 14 号公告）。14 号公告的发布标志着由经济合作与发展组织（OECD）制定的金融账户涉税信息自动交换标准（AEOI 标准）在中国正式实施，首次对外交换信息的时间为 2018 年 9 月。

34　《企业所得税法》第三十七条规定：对非居民企业取得本法第三条第三款规定的所得应缴纳的所得税，实行源泉扣缴，以支付人为扣缴义务人。税款由扣缴义务人在每次支付或者到期应支付时，从支付或者到期应支付的款项中扣缴。

35　廖益新：《数字经济环境下营业利润课税权的分配》，载《厦门大学学报（哲学社会科学版）》2017 年第 4 期。

于私人生活消费，难以构成计算征收个人所得税时可以税前扣除的成本费用支出项目，因此他们也缺乏企业客户那样主动依法履行源泉扣缴所得税的积极性。客观来讲，代扣代缴这种对非居民纳税人应纳税款予以扣缴或收缴的征收方式，在跨境电商的新业态下遇到了适用性难题。

四、完善跨境电商企业所得税征管的建议

为妥善解决跨境电商走出去的企业所得税征管问题，推动其适应跨境电商全球性、可移动性和数据化等特点，亟待对我国的《税收征收管理法》作出相应修改，如借鉴“常设机构”认定标准来完善我国的征税对象，规范电子商务税收登记制度，完善对所得的评估制度，完善电子纳税系统和代扣代缴服务在跨境 B2B 中的适用等，着力解决传统企业所得税课税模式与跨境电商的不协调之处，使跨境电商的税收征管更具可执行性。

（一）借鉴“常设机构”认定标准来完善我国征税对象

随着《公约》的生效，其对“常设机构”的认定标准也给我国带来深远的影响。正如前文所述，BEPS 行动计划七的建议强调“对销售目标国来源地税收管辖权的保护”。从短期看，其存在规避税源流失的问题。同时，或将带来重复征税的不公现象，增加跨境出口电商的税收负担。但从长远来看，规范对来源地税收管辖权的保护，有利于维护国与国之间营业利润征税权的公平划分，更有利于促进我国跨境电商企业“走出去”到“一带一路”倡议合作国家中发展。毕竟，在经济要素于全球范围内自由快速流动的形势下，一国仅靠自身的力量很难实现发展，唯有通过国际合作方可更为有效地维护其本国的税制完整和财政利益，从长远看也有助于防止税源流失。有据于此，为保障我国的居民税收管辖权，应在修订我国《税收征收管理法》的征税机关、征税范围时参照 BEPS 行动计划七对“常设机构”认定的标准，增强各国间税收征管的协调性。同时，兼顾我国跨境出口电商贸易量大的特点，规范我国对企业所得税居民税收管辖权的行使，从而更好地协调维护国家的税收主权、避免双重征税、打击国际避税三者之间的关系。

（二）规范电商税收登记制度

建立对从事跨境电商的企业税务登记管理制度，并在《税收征收管理法》中增加相应的规定。首先，对于符合条件的跨境电商经营主体颁发电子税务登记证。即跨境电商主体在办理网上交易手续之前，应在我国的主管税务机关办理相应的税收登记。在接受登记信息后，税务机关应及时对纳税人填报的备案资料审核，并将商务交易的业务范围、网址、电子邮箱、号码以及其他相关信

息等纳入税务登记的内容，建立电子税务登记证。其次，应践行比例原则，尽可能简化税务登记的相应程序，提高税收征管效率，从而使潜在的税收遵从负担降至最低。最值得关注的实务运用是欧盟的一站式服务方案（European Union’s One Stop Shop scheme），其依靠对非居民劳务提供者建立简单的登记制度，而采用目的地原则对B2C模式下的跨境提供劳务进行征税。通过规范电商税收登记制度，即使纳税人在网上是匿名交易，也可以减少税源流失的威胁。

（三）完善对应税所得的评估制度

面对跨境电商交易所得的分类难以识别的情况，如何让征管机关迅速识别所得分类，是完善企业所得税征管的关键。对于这个问题，英国等国家会对那些由于不能提供准确的收入、成本费用凭证，或由于经营活动的复杂性而无法正确计算应税所得的纳税人，以及每年所得数额有限的小型企业纳税人，采取评估所得征税方法，即按照同行业纳税人的正常或平均利润水平核定其应税所得，或按毛收入的一定比例计算其应税所得计征所得税。[36]这种制度从某种意义上说，也是一种控制纳税人逃税和避税的措施。我国在跨境电商发展的初期，采取的是放水养鱼的态度。[37]在2015年的税总发〔2015〕63号中，还强调当年不对电子商务这类新型商业模式开展全面纳税评估和税务检查。[38]然而，跨境电商贸易总量日益增长，正逐渐成为我国企业所得税的新增长点。为更好地实现境内与境外纳税人、线上与线下纳税人的税负公平，明确对其所得分类的识别和评估并征税，将具有越来越重要的现实意义。此时，我国也可以在增强各国税收征管协调性的基础上，在《税收征收管理法》中确立对所得的评估制度，从而提升管理效率和纳税服务水平。

（四）完善电子纳税体系

为妥善解决我国跨境贸易企业纳税申报的积极性，可以通过对电子纳税的完善，让跨境电商的纳税人通过计算机网络进行税款结算，实现税款收付的无

36 王海勇、金菁：《纳税评估制度的国际比较与借鉴》，载《地方财政研究》2008年第2期。

37 《国务院常务会决定：跨境电商的利好政策再延长一年》，载国税总局官网，http://www.chinatax.gov.cn//n810219/n1403167/c2832113/content.html，最后访问于2019年2月28日。

38 《关于坚持依法治税更好服务经济发展的意见》（税总发〔2015〕63号）提出：“一是着力优化政策环境。深入分析电子商务、互联网+等新兴业态、新型商业模式的特点，积极探索支持其发展的税收政策措施，特别是对处在起步阶段、规模不大但发展前途广阔、有利于大众创业、万众创新的新经济形态，要严格落实好减半征收企业所得税、暂免征收增值税和营业税等税收扶持政策，坚决杜绝违规收税现象。二是各级税务部门今年内不得专门统一组织针对某一新兴业态、新型商业模式的全面纳税评估和税务检查。”

纸化。无纸化的电子纳税优势在于，纳税人可以将纳税信息以线上申报的方式提供给税务机关，并可由税务机关在“经在线授权的纳税人账户”中直接划扣税款，从而在提高征税的效率和质量的同时降低税收成本。这一做法也已在《税收征收管理法实施细则》第四十条有所规定，“税务机关应当根据方便、快捷、安全的原则，积极推广使用支票、银行卡、电子结算方式缴纳税款。”未来积极推广电子结算方式缴纳税款的方式，将有利于完善电子纳税体系，并可择机吸收进《税收征收管理法》的修改当中。

（五）完善代扣代缴服务的适用

对于跨境电商的代扣代缴服务的适用性难题，可以重点解决B2B跨境电商的代扣代缴方式。而对B2C、C2C等面向个人消费者的跨境电商所得税款仍暂缓征收，未来再择机明确是否适用代扣代缴服务。因为企业与企业客户对外支付的数字化跨境交易所得，其纳税人主体和征税机关较容易明确。而且企业自觉依法履行这种源泉扣缴所得税义务有利于自身的规范发展，所以他们有更高的积极性去主动履行这项义务。

我国《土壤污染防治法》的亮点与挑战

杨建学　杨　攀*

【内容提要】《土壤污染防治法》的颁布标志着我国土壤污染防治体系的初步建立，是我国近年来土壤保护工作的重大成果。该法的最大亮点在于明确了责任主体，建立起土壤污染风险管控和修复制度，以及土壤环境监测制度、土壤环境信息共享机制，并设立土壤污染防治基金。与此同时，新法也存在溯及力不明确、修复责任难以落实和制度规定落地难的问题。为保障新法之顺利实施，首先需要明确新法所确认的责任制度具有溯及力，其次需建立政府主导性修复资金机制来解决政府兜底情形下的修复资金来源问题，并推动土地财政改革，以降低新法实施面临的阻碍。

【关键词】土壤污染防治法　土壤环境　土壤污染修复

2019年1月1日，我国首部专门规定土壤污染防治的法律《土壤污染防治法》正式施行。该部法律的颁布实施填补了我国土壤污染防治立法的空白，是我国近年来土壤污染治理工作的重大成果。相比以往我国《环境保护法》《固定废物污染环境防治法》以及《土壤环境质量标准》在土壤污染防治的规定上显现出过于分散、缺乏针对性和可操作性的缺点，《土壤污染防治法》建立起了系统的土壤污染防治体系，凸显出众多制度亮点。但本法依然存在一些问题尚未明晰，其实施依然面临着来自自身瑕疵和外部环境的多重挑战。因此，本文对《土壤污染防治法》的亮点进行点评，并分析其在施行中可预见的挑战，从而为该法的实施提出建言，以期大方。

* 杨建学——西南政法大学法学教授，西南政法大学应用法学院院长、应用法学学科带头人，比较环境法研究中心主任、中国仲裁学院执行院长，主要研究领域：环境法、法律适用；杨攀——西南政法大学2016级法学硕士研究生。

一、《土壤污染防治法》的亮点

（一）明确责任主体和追责方向

与我国《环境保护法》等环保法律法规相同，《土壤污染防治法》以“污染者担责”为基本原则。在此基础上，创新性地将责任主体划分为土壤污染责任人、土地使用权人和地方政府。其中，在对土壤污染责任人的规定上，新法列举了八类具体的责任主体[1]，并界定了其责任范围。根据本法之规定，土壤污染责任人是实施土壤污染风险管控和修复义务的主要责任主体。当土壤污染责任人无法认定时，该义务由土地使用权人承担；土壤污染责任人变更的，由变更后承继其债权、债务的单位或者个人继承履行；土壤污染责任人不明确或者存在争议的，则根据污染土地的性质分类处理：农用地由地方人民政府农业农村、林业草原主管部门会同生态环境、自然资源主管部门认定，建设用地由地方人民政府生态环境主管部门会同自然资源主管部门认定。

责任主体的确立是《土壤污染防治法》最大的难点和亮点，其主要意义体现在两方面：其一，它能有效推动土壤污染纠纷的解决。由于土壤污染损害具有隐蔽性、积累性和滞后性，相关纠纷的责任主体认定向来是司法实践中的一大难题。在土壤污染侵权案件中，因无法认定责任主体而导致排污主体逃避制裁的案例比比皆是，典型如“常州毒地案”。因此，《土壤污染防治法》责任主体的确立，无疑会对有效解决土壤污染纠纷起到积极的推动作用。其二，明确责任主体有利于土壤修复责任的落实，为污染地块的修复工作带来便利，对于加速当前城市土地的开发和流转，缓解城市发展用地紧张具有重要的意义。

（二）建立了类型化的土壤污染风险管控和修复制度

土壤污染风险管控和修复，包括土壤污染状况调查和土壤污染风险评估、风险管控、修复、风险管控效果评估、修复效果评估、后期管理等活动。《土壤污染防治法》用一章的篇幅专门规定了上述环节的实施要求，并针对农用地与建设用地两种不同类型土地进行了区别规定：对农用地实行分类管理制度，即按照土壤污染程度和相关标准，将农用地划分为优先保护类、安全利用类和严格管控类分类管控；对建设用地则编制土壤污染风险管控和修复名录，列入名录的地块应当按照名录规定进行修复和污染防治，并禁止该部分地块用途变更

1　具体包括：土壤污染重点监管单位，拆除设施、设备或建筑物、构筑物的重点监管单位，尾矿库运营、管理单位，建设和运行污水集中处理措施、固体废物处置设施的单位，农业投入品生产者、销售者和使用者，土壤调查、风险评估、效果评估单位和修复施工单位。

为住宅、公共管理或公共服务用地。值得注意的是,《土壤污染防治法》对土壤污染状况调查、风险管控评估和修复效果评估单位出具虚假报告行为的处罚规定堪称“史上最严”,不仅包括对单位和个人的双罚制、个人从业禁止,在恶意串通情况下,违法单位还须承担与委托人的连带责任。

(三)重视土壤环境监测与信息共享

土壤污染的隐蔽性使得土壤污染无法像大气污染、水污染一样能被直观感知,而是依赖于检测手段和监测数据才能被发现。因此,建立全面的土壤环境质量监测网络是一切土壤保护工作的基础。《土壤污染防治法》规定了土壤环境监测制度和土壤环境信息共享机制,提出建立全国土壤环境监测网络和土壤环境基础数据库、全国土壤环境信息平台,并规定了每十年至少组织开展一次全国土壤污染状况普查。数据监测和信息公开让“隐形”的土壤污染无处遁形,其发挥的作用也极为重要。表现在:一是优化行政监管效果。实时的数据监测让环境部门掌握责任主体的排污情况,能及时对违法排污行为进行干预,且对主体的排污行为形成强有力的约束,从而起到良好的污染预防效果。二是为司法裁判提供依据。监测数据的历史比对能反映出特定阶段土壤环境质量的变化情况,为土壤污染侵权中的侵权行为、损害事实等证明提供了有力支持,且为共同侵权责任划分,尤其是先后型复合排污(同一地块上不同时期的多个主体均曾实施排污行为)中单个主体责任的划分提供重要依据。三是推动“公地问题”的公共解决。土壤环境质量与公众生活紧密相关,公众对其生活的环境状况应享有知情权。信息公开不仅是对公众知情权的尊重,它同时为公众参与土壤污染防治提供了基础,以实现社会监督、社会集智和社会集资的效果。

(四)建立土壤污染防治基金制度

相较于水污染和大气污染防治,土壤污染具有资金投入大、治理周期长、经济收益低的特点。目前,我国的土壤污染治理主要依赖政府财政投入,远不能满足土壤污染防治的资金需求,因而资金问题成为制约土壤污染防治工作最突出的“短板”。《土壤污染防治法》借鉴了发达国家的土壤污染治理经验,规定建立土壤污染防治基金制度。从本法第七十一条之规定来看,该基金目前只在省级层面设立,中央不设土壤污染防治基金,而设立土壤污染防治专项资金。基金主要用于农用地土壤污染防治、土壤污染责任人或者土地使用权人无法认定的土壤污染风险管控修复以及政府规定的其他事项;在本法实施之前产生的,并且土壤污染责任人无法认定的污染地块,土地使用权人实际承担土壤污染风险管控和修复的,也可以申请该项基金。《土壤污染防治法》虽然并未明确土壤污染防治基金的集资来源、设立方式或运行管理问题，但该制度的提出，无疑为扩展土壤污染防治资金来源、构建土壤污染社会治理的长效机制提供了法律基础。

二、土壤污染防治法面临的挑战

（一）溯及力不明确

在适用法律规范前，首先应当考虑法律规范要件构成是否完备。当法律规范的构成要件与事实一一对应时，相应的法律规范才能适用。土壤污染的广泛性、累积性、隐蔽性和持续性拉长了污染行为、污染后果等构成要件的时间跨度，因此相关责任制度的溯及力问题变得尤为多发和显著。《土壤污染防治法》的溯及力问题，是指对于由过去活动造成的土壤污染，如果污染行为和结果均发生于法律实施前，污染状态延续至法律实施后，《土壤污染防治法》生效前的污染者或其他潜在责任者是否应当承担土壤污染风险管控和修复责任？这个问题在本法中并未得到明确。我国《立法法》第九十三条确立了法不溯及既往原则，但“为了更好地保护公民、法人和其他组织的权利和利益而作的特别规定除外”。该条规定为法不溯及既往提供了例外，但《土壤污染防治法》第四十五条、第四十七条规定的“土壤污染责任人”“土地使用权人”以及“后承继其债权、债务的单位或者个人”是否包括在本法生效前的污染者和其他潜在责任者？且能否依据《立法法》第九十三条获得溯及力？上述问题仍然是亟须明确的。为此，明确《土壤污染防治法》溯及力具有重要的意义：

第一，溯及力的区别关乎后续制度的设计方向。以责任主体为例，假设本法不溯及既往，在本法和其他现行法律的制度框架下，地方人民政府将承担土壤污染修复的兜底责任，那么与其匹配的制度和由土壤污染责任人来承担是截然不同的，对该问题的忽略或回避都将使后续的制度设计举步维艰。

第二，从法的适用来看，“法律适用机关溯及既往地适用法律必须有立法机关在立法中的明确授权，如果法律中没有明确规定可以溯及既往，即法律的规定模糊时，只能做不溯及推定”。[2]结合《土壤污染防治法》全文来看，该法实际上是默认溯及既往的。而事实上，土壤污染的潜在责任者是有着基于对原法律的信赖而产生的信赖利益的。考虑到我国环境法律的建立时间较晚，在《土壤污染防治法》颁布之前更无对土壤污染治理、修复的法律规范，且早期因让步于经济发展，各地多实行较宽松的环境标准，责任者按原法律规定排放和处

2　孙小红著：《法的溯及力问题研究》，中国法制出版社2008年版，第31页。

理污染物，对土壤污染风险管控和修复这一新责任难以完全预见。所以，《土壤污染防治法》的溯及可能损害公民基于对以往法律的信赖而获得的利益。

综上，应当明确《土壤污染防治法》的溯及力有无及溯及责任的形式，才能进行利益格局的重构，并获得立法的正当性依据。如果不明确本法具有溯及力而直接规定溯及责任，虽然为本法的适用清除了障碍，但可能会引起公众的反感，受到利益相关方的质疑和反对，也会影响法律的安定性和实施效果。

（二）由责任人直接实施修复效果不理想

《土壤污染防治法》规定由土壤污染责任人来实施土壤和地下水污染修复，而该制度的设计实际上存在很大的适用缺陷。这不仅是因为在“经济人”假设下土壤污染责任人缺乏妥善修复土壤的内在动力，由第三方进行评估验收容易滋生腐败，更是因为大部分个人和单位实际上并不具备完成良好修复的能力。首先，由于土壤具有吸附性、高度不均匀性，去除其中的污染物十分艰巨且耗费高昂。以日本发生“痛痛病”的神户川污染区域治理为例，该区域最终采取“客土法”进行修复，工程总耗时三十三年，花费四百零七亿日元；而在直接促成“超级基金法”的美国拉夫运河污染物填埋治理案例中，共转移九百五十余户家庭，耗时二十四年，花费四亿多美元。这样的经济代价和时间跨度对于大部分个人或单位而言是难以承受的。其次，土壤修复并非只关乎污染地块，而是一个依赖于宏观管理的综合工程。目前最先进的土壤修复技术包括植物、微生物、固化/稳定化、电动修复、土壤淋洗和热脱附等[3]，但上述技术均不能使土壤完全恢复原状，且存在或不能完全消除危险、保持长期效果，或将造成土壤机能丧失等问题，以及造成二次污染及地下水污染的风险。这种情况下，考虑到土壤修复的巨大成本投入，可知土壤修复是有条件的，并非所有受污染的土壤都要采取修复措施，修复标准也不能一成不变。基于土壤污染具有“一污染就天长地久”[4]的特点，从修复效益出发，往往需要对污染地块进行功能的变动，对城市区域布局作出相应调整。当修复的边际效益降低甚至没有边际效益时，不应该盲目地进行修复，而应该将其封存起来，由其自然恢复。因此，土壤修复实际上高度依赖于市政建设规划、区域发展规划等宏观管理活动。《土壤污染防治法》确立了污染者负担的责任主体制度，但并未辅之以相应的资金保障和组织实施的制度配套设计。可以预见，在资金、技术以及行政管理的多重

---

3 李亚娇、温猛、李家科等：《土壤污染修复技术研究进展》，载《环境监测管理与技术》2015年第2期。

4 《环保副部长：土壤一污染就“天长地久”》，载人民网，http：//politics. people. com. cn/n/2015/0309/c70731 –26658058. html，最后访问于2018年10月16日。

制约下，由个人或单位来直接实施土壤污染修复的效果并不理想。

（三）制度“落地难”

相较于部分欧美国家早于20世纪80年代便陆续出台土壤污染治理法案和制度，我国土壤污染防治立法工作呈现出起步晚、“跳跃式”发展的特点。《土壤污染防治法》致力于为我国土壤污染防治工作构建基础框架，规定了土壤工作的基本原则，提出建立包括土壤污染防治目标责任制和考核评价制度、土壤环境监测制度、农用地分类管理制度等在内的八项全新制度[5]和若干工作机制。然而，成熟的制度往往是在与实践相磨合的过程中逐渐发展并臻于完善的，而这些“空降”的土壤污染防治制度面临着双重的“落地难”问题：一方面，《土壤污染防治法》仅提出了制度概念，具体制度的制定尚为空白。如何根据制度概念进行制度建构，使其在符合本法立法目的的前提下与其他环境保护制度相辅相成，形成较完整的土壤污染防治体系？这是从概念到具体规定的落地。另一方面，当前许多地方政府仍然依靠出让土地使用权来维持地方财政支出，受财政增收的刺激，地方政府天然地倾向于促进土地开发和提高土地流转效率。土壤污染治理具有投入高、治理周期长的特点，无论是“先治理、再出让”还是“先出让、再治理”的模式，都会对土地流转效率造成负面影响。在这种“土地财政”的背景下，地方政府是否有实施土壤治理工作的积极性是值得考量的。这是从规定到实施的落地。这种制度的暂时缺位和制度环境的不成熟，均将给本法带来“落地难”的问题。

三、对《土壤污染防治法》的实施建议

（一）明确《土壤污染防治法》具有溯及力

1. 溯及的正当性基础

明确《土壤污染防治法》具有溯及力，随之而来的问题便是：这种溯及的正当性基础何在？我国《立法法》第九十三条规定：“为了更好地保护公民、法人和其他组织的权利和利益而作的特别规定除外。”从我国《立法法》对例外溯及的限定来看，若法律进行例外溯及，应当满足两个基础条件：其一，溯及之目的是更好地保护各主体的利益；其二，法律对此作出了特别规定。“从本质上来说，法的溯及力要解决的是社会和法变动中的利益均衡问题，有充分的理由

5 具体包括：土壤污染防治目标责任制和考核评价制度，土壤环境信息共享机制，土壤环境监测制度，国家土壤污染风险管控标准，农用地农药、化肥使用指导和使用总量控制等标准和制度，农用地分类管理制度，建设用地土壤污染风险管控和修复名录制度，土壤污染防治基金制度。

时，与信赖利益和法的安定性利益相比，法的溯及既往能增进的利益极其重大，其溯及适用则可能被允许。”[6]这就意味着，《土壤污染防治法》溯及责任的正当性依据来源在于：本法推动土壤污染治理能够增进的公共利益，远远大于排污者在以往法律体系下取得的私益和由此产生的对法律安定性的负面影响。理由在于：（1）《土壤污染防治法》的制定本身即具有公益性。“新的立法形成权代表新的公益考量”，法律本身即是伴随着社会的发展不断地对已有规范进行漏洞填补，以适应社会的实际需要并更好地达到社会管理的效果。随着社会的发展，土壤污染问题日趋严重，其存在不仅减损居住环境质量，还造成农作物污染、水污染等二次污染。本法的制定旨在解决这些污染对公众健康利益造成的威胁，故其制定本身即具有公益性。（2）土壤污染已成为当前突出和迫切需要解决的问题。2014 年 4 月公布的《全国土壤污染状况调查公报》显示，我国土壤污染总的超标率高达百分之十六，总体状况不容乐观，土壤修复任务艰巨。而谁来承担修复责任，已成为掣肘当前土壤污染治理工作的最大障碍。（3）对污染者溯及既往是土壤污染责任制度的必然要求。责任制度是土壤污染防治法律的核心，如果不溯及既往，则大量的历史污染者无须承担责任，巨额土壤污染治理资金无人负担。污染者轻松地将责任转嫁给政府和社会，“污染者负担”原则将成为空谈。为此，鉴于土壤环境保护本身的公益性，以及土壤污染防治法实施的紧迫性和必要性，推行溯及既往的责任制度所增进的社会公益是优于对个人信赖利益的减损的，并符合《立法法》规定的“更好地保护公民、法人和其他组织的权利和利益”之目的。而对于以何种形式来规定溯及力的问题，笔者认为，对溯及力的“特别规定”应当内置于《土壤污染防治法》法律责任的条款之首，使用“本条规定溯及至……”或“对于本法实施前的……污染者应承担……责任”等清晰的法律用语进行表述，避免引起歧义。

2. 应承担溯及责任的主体

根据主体是否实施排污行为，可将土壤污染治理责任主体划分为肇因者和非肇因者，前者诸如排污企业等，后者诸如非污染者的土地使用权人、管理人等。对于肇因者和非肇因者，是否应当不加区别地施加溯及责任？关于该问题，目前各国的规定不尽相同，大体可分为两类：全面溯及和部分溯及。全面溯及指的是除了作为直接责任人的污染者，还将非污染者的污染期间土地所有人、管理人和占有人等作为潜在责任人，对其一并溯及土壤污染治理责任。譬如美国 1980 年《综合环境反应补偿与责任法》及相关司法判例表明，对四类潜在责任者（potentially responsible person）的责任都是溯及既往的。而部分溯及指的是

6　王欢欢：《土壤污染治理责任溯及力研究》，载《现代法学》2017 年第 4 期。

仅对污染的肇因者进行责任溯及。譬如我国台湾地区“土壤与地下水整治法”即规定污染行为人和土地关系人为责任者，需要承担溯及责任的仅为污染行为人，而土地关系人即土地经公告为污染控制场址时非属污染者的土地使用人、管理人或所有人，仅负有采取紧急措施防治污染扩大的义务，无须承担溯及责任[7]。结合《土壤污染防治法》第四十五条、第七十一条第二款的规定来看，对于本法实施之前产生的，并且土壤污染责任人无法确定的污染地块，土地使用权人实际上仍然需要承担土壤污染风险管控和修复义务，但可以申请土壤污染防治基金予以补偿。由此可判断，《土壤污染防治法》确认的土壤污染制度在溯及主体上采用的是全面溯及的做法。

笔者认为，就《土壤污染防治法》确认的土壤污染制度而言，肇因者（即土壤污染责任人）应当承担溯及责任，非肇因者（非污染者的土地使用权人等）的责任不宜溯及。原因在于，肇因者担责的依据源于其实施了污染行为，即其承担的是行为责任，污染物的生产者、排放者或处置者是污染产生的根源，并从其排污活动中获得了利益，对其加诸溯及责任符合污染者担责和受益者负担原则的要求。而对于非肇因者，其担责依据是基于对污染地块的实际控制状态而具有的防止土地对他人人身和财产权益造成损害的管理义务，其承担的是一种状态责任，本质上是由于财产权的社会化而产生的附随责任，故该责任随财产权的产生而产生，随财产权的终止而终止。因此，对于本法实施前产生的，且污染责任人无法认定的污染地块，非污染者的土地使用权人基于其实际控制者的身份应当承担风险管控义务，政府基于公共管理职责应当承担修复义务。

（二）建立政府主导性修复资金机制

巨额修复资金来源问题一直掣肘着土壤污染责任制度的落实。与大气、水等其他环境对象相比，土壤的特性使其在治理上需要更高的时间成本和经济投入。从历史责任来看，考虑到我国实行以公有制为基础的土地产权模式，且在漫长的发展历程里，土壤污染防治法律法规实际上处于缺位状态，实践中因无法确定责任人或责任人无力支付全部修复费用而导致的由政府来承担兜底责任的情形较多，无法完全践行“污染者负担”原则。从现实国情来看，虽然企业和工厂是历史污染的主要责任者，但考虑到整体社会经济的平稳运行，并不能完全将污染修复的资金压力交由企业来承担，尤其是中小企业。所以，除了具有商业价值的污染地块可以采取市场方式实施修复治理外，其他类型的土壤污染防治仍然需要政府提供公共服务，需要建立一种有效的政府主导性资金机制，

---

7 参见我国台湾地区“土壤与地下水整治法”第十五条、第二十五条、第十七条等。

为经济能力不足的责任人暂时分担部分修复资金压力，允许其逐步偿付或以其他方式偿付，不至于因修复投入而影响其生存和发展。以往的土壤污染防治资金模式具有高度依赖财政投入、资金使用效益低、覆盖不全面、无法形成持续性保障等诸多弊端，难以满足新的土壤污染防治体系之要求。针对该问题，《土壤污染防治法》采用的是“中央专项资金 + 地方防治基金”双重结合的办法，实际上体现了财政资金与社会资金合作、政府支持与市场融资相结合的制度理念。在具体的制度设计中，应当强调有限的财政资金的使用效益，发挥财政资金的引导作用，将土壤修复与市场盈利结合起来，促使更多社会资本向土壤污染防治领域倾斜。

1. 土壤污染防治基金

《土壤污染防治法》提出建立土壤污染防治基金制度，此举是我国土壤污染防治工作与国际接轨的重要举措。从美国的超级基金法、我国台湾地区的土壤及地下水污染整治基金的实施情况来看，基金制度作为一种具有高度灵活性和有效性的投资融资手段，可为土壤污染修复与治理提供稳定的资金保障。在构建我国的土壤污染防治基金时，资金来源是最重要的问题。笔者认为，初始资金来源可以考虑国家财政拨款、土地出让收益、环境税收等，后期资金来源可以通过基金利息、基金投资、发行绿色债券和绿色保险等手段，引导社会资本逐步进入土壤环境保护领域。在基金的使用上，必须强调实行土壤污染防治基金制度依然应当以污染者付费为基本原则，严格规定基金的申请对象及事由：对于本法生效前产生的污染，责任主体不明确、责任主体确实无力负担全部治理费用，或是由于历史遗留问题导致的，可以申请土壤修复基金的支持；而对于本法生效后产生的污染，应当首先追究土壤污染责任人的修复责任，如使用基金进行先行修复的，应当及时向土壤污染责任人追偿，以补充基金的支出。除此之外，土壤污染防治基金的实施还需要高效的管理制度，并重视相关配套制度和方法的完善，譬如制定适用于土壤修复核算的会计准则和审计制度，建立基金投资管理与绩效制度等。

2. 鼓励政企合作的 PPP 模式

PPP（Public-Private-Partnership）是公共部门和私人部门之间形成的一种合作伙伴关系，通过签订 PPP 合同对社会公共基础设施进行投资、建设、运营和管理等，并建立资源分配机制、风险分担机制和利益共享机制，以满足社会的公共产品或服务需要[8]。由于 PPP 模式在环境治理上具有治理效果好、资金使用

---

8 傅晶晶、杨小月：《污染场地修复 PPP 模式法律问题研究》，载《法制与社会》2017 年第 25 期。

效率高、激发社会组织活力以及推动政府职能转变和体制创新等优点，故被各国广泛采用。通过PPP模式能带动更多社会资本参与土壤污染修复工作，形成一种政企合作的土壤污染修复模式：即由政府主导与监管，企业和社会组织广泛参与。这种新模式的优点在于能够将政府信用转化为企业信用或项目信用，有效提高土壤修复过程中的融资便利性，减轻政府和企业的修复资金压力，也将大大提高污染修复的专业化程度。PPP模式具有多种合作模式，根据其特征可划分为服务外包、特许经营和私有化三大类，而实践中则要根据场地污染物的性质、项目的开发过程及资金的充裕程度等因素确定适合该修复项目的具体模式并加以创新。当前各国和地区土壤修复最常用的PPP模式有两种：（1）BOT模式。BOT（build-operate-transfer）在中国一般称“特许权经营”。在该模式下，私人部门通过招投标取得某个污染场地修复项目的特许权，由私人部门对项目进行投资、建设，并在特许期内拥有修复设施的所有权，通过修复来收回开发成本以偿清贷款，并取得一定利润，特许经营期结束后，项目无偿移交给政府。当前，采用BOT模式来实施土壤污染修复的主要是具有商业价值的污染地块，农用地、公共用地等其他地块因存在后期收益不一定能覆盖成本之虞，对私人部门的吸引力较低。针对这个问题，可以采取政府给予财政补贴、税收优惠等支持，或为项目公司融资提供政府背书，以此来缓解项目公司的经济压力，吸引更多社会资本投入土壤污染修复中。（2）组建SPV污染场地修复项目公司。SPV（special purpose vehicle）即特殊目的机构，多运用于证券行业。目前在各地区的污染场地修复中也出现了组建SPV公司的案例。其一般操作流程是：政府相关部门成为股东，与私人部门共同设立SPV公司，由SPV公司与政府签订PPP合同，最后SPV再与其他相关方签订合同，对项目进行全程管理。在该模式下，政府投资入股提高了金融机构的贷款积极性，解决了项目公司的融资问题。而政府作为股东，能强化对项目公司的监管，随时掌握修复项目的进程，保障项目的修复质量和效率。

（三）改革土地财政

土地财政是中国经济发展和体制演变的产物。1994年的分税制改革使地方出现财权事权不匹配现象，为了弥补地方财政困难，加之以GDP为主的政府绩效评估和官员政绩考核评价体系的刺激，地方政府通过土地出租、出让来获得大量财政收入。学术界对土地财政的经济效应及环境规制的作用进行了分析，研究表明：地方政府扩张土地财政规模的能力必然与其实际执行的环境规制水平反向相关，即地方政府坚持执行高标准环境规制，则可批准的土地开发项目必然减少，土地财政规模扩张将产生困难，而折扣执行环境规制将会为土地财政规模的扩张带来便利；而中央政府对经济增长的期望越高，则越有动力放松对土地财政的限制，从而拒绝设置足够高水平的环境规制。因此，只有足够高的环境规制水平才能遏制土地的大量开发，但这却难以实现[9]。该研究证实了《土壤污染防治法》在未来实施中将面临的困境，即在财政增收的刺激下，地方政府缺乏落实本法规定的各项土壤保护和污染防治措施的积极性。

要从根本上破解地方经济发展与土壤保护这一生态悖论，推动《土壤污染防治法》实施，必须改革土地财政：其一，合理控制土地开发。减少土地的过度开发，有利于实现土地的合理利用，从而提高土壤环境质量。其二，实行以绿色 GDP 为主要指标的政绩考核制度。土地财政是地方政府片面追求经济快速增长下的畸形产物，而导致这种行为偏差的根源，正是传统的"唯 GDP 增长论"的政绩观。实行绿色 GDP 考核制度，就是要在现行 GDP 总量中扣除环境资源成本和对环境资源的保护服务费用，促使地方政府在经济增长与环境保护之间找到合理平衡点，以期在促进经济发展的同时降低土壤污染。其三，提高土壤环境质量标准。在制定土壤环境质量标准时，应当结合地区土壤环境基准线，在合理调控经济发展的基础上从严确定各项土壤环境指标，加强对地方土壤环境保护政策落实情况的监督，以此来解决规制失灵问题，使土壤环境保护政策及法规起到实效。

结语

印第安人有格言道："人如果远离了土地，心灵就会坚硬，进而不懂得尊重自然和有生命的东西。"古往今来，土地一直是人类的立身之本，土壤环境质量不仅影响着当代人的利益，更关乎着子孙后代的生存大计。我国《土壤污染防治法》的颁布施行，是我国土壤环境保护工作中具有里程碑式意义之举，标志着我国土壤环境保护体系的基本形成。在全面总结了我国土壤污染立法经验和土壤污染防治实践经验的基础上，本法在立法目的、基本原则、政府责任、农用地保护、预防及保障机制等方面都有很大的创新和发展。良法是善治之前提，虽然《土壤污染防治法》本身存在一些瑕疵，且可预见其实施将面临重重困难，但其展现出来的立法理念的先进性、制度的创新性以及立法者根除旧弊的决心，使我们对本法的实施效果充满期待，亦使我们对土壤环境保护工作充满信心。

9　李斌、李拓：《环境规制、土地财政与环境污染——基于中国式分权的博弈分析与实证检验》，载《财经论丛》2015 年第 1 期。

生态环境损害政府民事索赔的困境及出路

——基于政策文本与案例实践的考察

康京涛*

【内容提要】当前我国生态环境损害赔偿制度建立在政府民事索赔之上。民事索赔虽体现了民事赔偿的合意性且具有充分救济受损生态利益的功能，但有悖于我国法律体系和逻辑上的周延与自洽，面临着三大理论与实践障碍，即自然资源国家所有权难以成为政府索赔权的依据、将政府索赔磋商解释为民事行为难以对生态环境损害对症规制、政府索赔诉讼直接逾越行政权且与环境公益诉讼制度难以协调。通过行政手段追究生态环境损害责任，现有法律已有相关规定并具有效率、专业优势，契合了生态环境损害责任的防御责任属性。为此，我国生态环境损害赔偿制度应将视角转向为行政追究。按照行政权力的运行方式，行政追究包括：柔性追究，即生态环境损害责任的行政磋商；刚性追究，即生态环境损害责任的行政强制。

【关键词】生态环境损害　民事索赔　行政磋商　行政代履行

作为生态文明制度体系建设的重要组成部分，生态环境损害赔偿制度是我国近年来的一项重要改革。作为一项制度创新，我国生态环境损害赔偿制度改革的初衷是解决索赔主体缺位问题，通过授予地方政府索赔权，化解“公地悲剧”导致的生态环境损害得不到救济的困境。然而，从实际效果来看，并不理想。原因出在哪里？是生态环境损害赔偿制度内源性问题呢？还是外源性问题？

---

* 康京涛——武汉大学法学博士，江西师范大学政法学院讲师，主要研究方向：环境资源保护法学。本文为教育部高校人文社会科学重点研究基地重大项目“生态文明语境下环境法体系化发展”（16JJD820012）、中国法学会2018年度部级法学研究课题“生态环境损害责任行政追究机制研究”［CLS（2018）D130］的阶段性成果。

这便是本文问题意识之缘起。通过本文研究，笔者认为，当下我国生态环境损害赔偿制度中的磋商与诉讼都属于民事索赔，存在诸多不畅，作为沿袭大陆法系传统的我国，应通过行政手段追究责任人的生态环境损害责任。

一、生态环境损害政府民事索赔的确立及实践

（一）生态环境损害政府民事索赔确立：文本的梳理

2015 年 12 月，中共中央办公厅、国务院办公厅印发了《生态环境损害赔偿制度改革试点方案》（以下简称《试点方案》），探索由国务院授权省级政府针对生态环境损害提起损害赔偿，追究污染者的生态环境损害责任。2016 年中央深化改革领导小组通过了《关于在部分省份开展生态环境损害赔偿制度改革试点的报告》，同意在吉林、江苏、山东、湖南、重庆、贵州、云南 7 省市进行生态环境损害赔偿制度改革试点，加之浙江省绍兴市此前已经开展的市级试点工作，实际上形成了“7 + 1”的试点地方。2017 年 12 月，中共中央办公厅、国务院办公厅在前期试点的基础上印发了《生态环境损害赔偿制度改革方案》（以下简称《改革方案》），自 2018 年全国推广。《改革方案》的出台，将赔偿权利人的范围由省级政府进一步扩大至市地级政府，并明确了“磋商前置，诉讼御后”的索赔机制。随后在北京、浙江、青海、陕西、江西、甘肃等地的工作实施方案中均确立了这一的索赔机制。需要注意的是，《改革方案》和地方工作实施方案都规定了：“对经磋商达成的赔偿协议，可以依照民事诉讼法向法院申请司法确认。经司法确认的赔偿协议，赔偿义务人不履行或不完全履行的，赔偿权利人及其指定的部门或机构可向人民法院申请强制执行。磋商未达成一致的，赔偿权利人及其指定的部门或机构应当及时提起生态环境损害赔偿民事诉讼。”这显然是一种民事私法机制的制度安排。换句话说，《改革方案》和地方工作实施方案的出台，标志着由国务院授权省级政府或市级政府追究生态环境损害责任的民事索赔机制建立（参见图 1）。

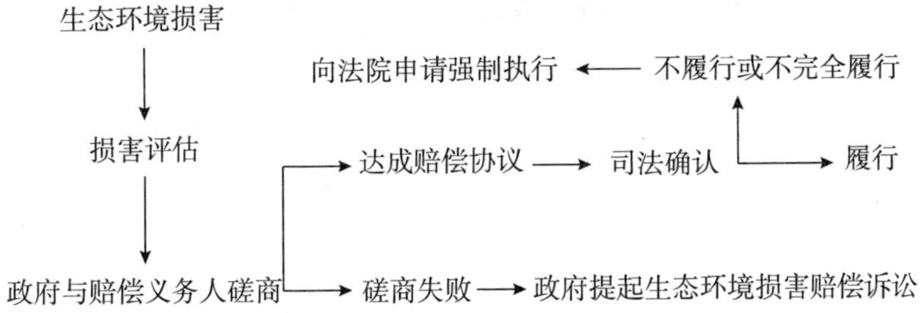

图 1　生态环境损害政府民事索赔机制

（二）生态环境损害政府民事索赔实践：案例的观察

为了清晰勾勒生态环境损害政府民事索赔实践的全貌，笔者在中国裁判文书网以“生态环境损害赔偿”为主题词结合地方人民法院的案件信息公开，共搜集到相关案例27件，数量较少。从案件的地域分布来看，江苏6件、云南4件、重庆4件、湖南3件、山东3件、贵州3件、吉林2件、浙江2件（参见图2）。之所以出现如此情况，主要原因在于这些地方是2015年试点省份，生态环境损害赔偿制度启动较早，而其他的省份2018年才开始启动。从案件类型来看，倾倒危险废物8件、倾倒固体废物案3件、水污染案6件、土壤污染案4件，大气污染案、非法捕捞案、林地损害案、生态破坏案、违法排污案、渔业污染案各1件（参见图3）。从索赔方式，磋商程序为各地首选，其中磋商案件13起、诉讼案件10起、先磋商后诉讼案件2起、诉前调解案件1起、行政责令案件1起（参见图4）。

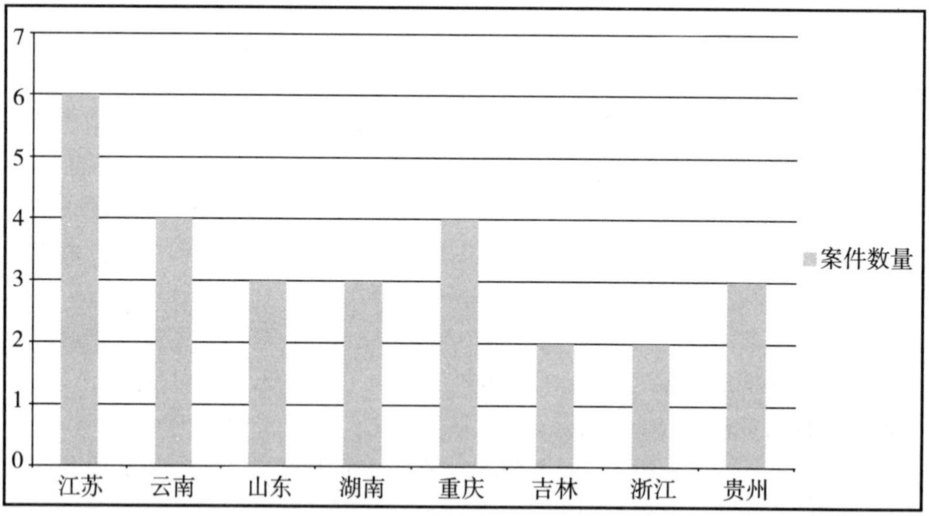

图2　生态环境损害政府民事索赔案件地域分布

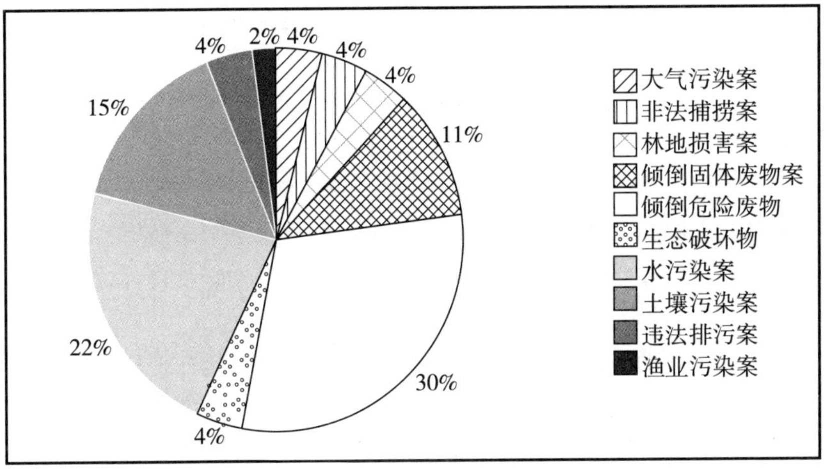

图 3　生态环境损害政府民事索赔案件类型

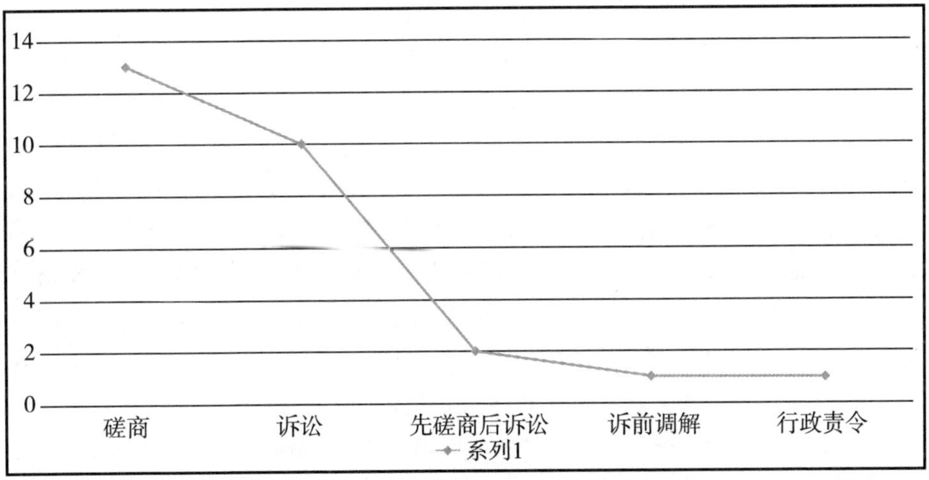

图 4　生态环境损害政府民事索赔方式

二、生态环境损害政府民事索赔的困境

生态环境损害政府民事索赔虽具有充分救济受损生态利益的功能，但结合我国现行法律规定和法学理论深入分析可以发现，它有悖于我国法律体系和逻辑上的周延与自洽，存在以下理论与实践障碍。

（一）自然资源国家所有权难以成为政府索赔权的依据

《改革方案》颁布之初，环保部有关负责人将生态环境损害政府民事索赔请求权的理论基础解释为自然资源国家所有权[1]。理论与实务界的主流观点也倾向于这一解释。如，有学者以“生态环境归谁所有”为逻辑起点，从生态功能归为物的完整性受损、生态功能具有所有权的属性、责任承担方式尚可调适三个方面作了分析，进而认为基于自然资源国家所有权进行生态环境损害救济是可行的[2]。简单来说，这一逻辑是依据我国《宪法》《民法通则》《物权法》等相关法律规定，土地、矿藏、水流、森林等自然资源属于国家所有，由国务院代表行使所有权，那么当自然资源受到损害时授权地方政府及其行政机关进行索赔，是国家在行使所有者的权益。

不可否认，上述解释具有一定的合理性。然而，在其合理性的背后却隐含着一个大前提，那就是自然资源国家所有权是民事意义上完整的所有权，即国家对自然资源占有、使用、收益、处分的权利。从新近的研究来看，学界对自然资源国家所有权的属性，并非仅视为民事权利，而是呈现出多种不同的解释，具体包括“国家所有制说”[3]“公权说”[4]“双阶构造说”[5]“三层结构说”[6]。“国家所有制说”和“公权说”，认为自然资源国家所有权是行政管理权，属于国家的公权力；“双阶构造说”认为自然资源国家所有权蕴含着垂直关系的宪法规范和水平关系的民法规范，即“宪法所有权—民法所有权”的双阶法律构造；“三层结构说”认为自然资源国家所有权包含私法权能（物权法上的所有权）、公法权能（国家对于自然资源的立法权、管理权和收益分配权）、宪法义务（国家应当为全体人民的利益行其私法权能和公法权能）。实质上，“从我国自然资源国家所有权的法律规范配置看，自然资源国家所有权在立法形式上呈现出宪法统帅、行政法和民商事立法并驾的特征，内容上则表现为行政规范压倒民事规范，自然资源的国家管理职权混淆或替代国家所有权的民事权能，后者尤其表现为自然资源国家所有权民事权能行使主体在立法上的缺位。”[7]由此看来，以自然资源国家所有权来解释政府对生态环境损害的索赔权，存在法源的障碍。诚如欧洲侵权法专家冯·巴尔认为，“环境利益受损不能以个人主观权利这一法律属性来提起请求权，因为自然环境是一种不隶属于任何人的，而原则上对任

1 参见环保部有关负责人解读《生态环境损害赔偿制度改革方案》。

2 李晨光：《生态环境损害救济模式探析——游走在公法与私法之间》，载《南京大学法律评论》2017 年第 1 期。

3 徐祥民：《自然资源国家所有权之国家所有制说》，载《法学研究》2013 年第 4 期。

4 巩固：《自然资源国家所有权公权说》，载《法学研究》2013 年第 4 期。

5 税兵：《自然资源国家所有权双阶构造说》，载《法学研究》2013 年第 4 期。

6 王涌：《自然资源国家所有权三层结构说》，载《法学研究》2013 年第 4 期。

7 杜群、康京涛：《自然资源国家所有权行使主体改革的设想——设立自然资源“国资委”的初步思考》，载《江西社会科学》2016 年第 6 期。

何人都开放的，用于人类共同使用的物资”。[8]

（二）政府索赔磋商解释为民事行为难以对生态环境损害对症规制

《改革方案》规定了“磋商前置，司法御后”的双轨制调处模式，对于磋商协议的效力采用了司法确认的民事机制。实践中，如贵阳息烽诚诚劳务有限公司与开磷化肥有限公司倾倒污泥案、浙江王某非法处置危险废物案、江苏省海安县韩某渗坑排放有毒酸洗废水致环境污染案都是通过磋商先达成赔偿协议，后经司法确认，达到政府索赔目的。于此情形中，政府或环保行政机关“脱下制服，换上便装”，不再是行政管理者，而是一般民事主体。

这种以民事私法机制对磋商行为的制度安排，一方面彰显了私法中的自由意志，另一方面也有美国的司法实践可借鉴。但是磋商制度并非单一环节，而是综合性的制度体系，包括环保行政机关对生态环境损害的事实调查、鉴定评估以及修复方案制定。因而，这些行为受到公权规则的规范。诚如有学者认为，“若将行政机关采取的磋商行为视为纯粹意义上的私法行为，必然使赔偿磋商制度内部出现断裂和矛盾从而陷入适用困境”[9]。以生态环境损害责任承担方式为例，《改革方案》中采用了“生态环境损害赔偿”这一术语，从外观看来，这一术语虽以“赔偿”为义务人的责任承担方式，但实际上是以义务人“修复责任”为中心的制度设计。对此，《改革方案》中明确规定了“生态环境损害无法修复的，实施货币赔偿，用于替代修复”。《最高人民法院关于充分发挥审判职能作用为推进生态文明建设与绿色发展提供司法服务和保障的意见》（法发〔2016〕12号）也明确提出了“落实以生态环境修复为中心的损害救济制度”。既然生态环境损害赔偿制度是以“修复”为中心展开，那么修复的过程无法避免公权主体和公共机构的介入。试问，将磋商解释为民事行为，政府或环保行政机关是以民事主体的身份还是以行政主体的身份对义务人的修复进行监督？显然，将索赔磋商解释为民事行为，使得政府或环保行政机关在修复过程中身份陷入尴尬境地。

（三）政府索赔诉讼直接逾越行政权且与环境公益诉讼制度难以协调

行政权与司法权是国家公权力分配的核心。通常情况下，“行政权是直接主动适用法律管理行政事务、以行政单方命令运行，行政行为一经作出，就预设

8 ［德］克里斯蒂安·冯·巴尔著：《大规模侵权责任法的改革》，贺栩栩译，中国法制出版社2010版，第86页。

9 黄锡生、韩英夫：《生态损害赔偿磋商制度的解释论分析》，载《政法论丛》2017年第1期。

了其效力，即公定力、确定力和执行力，但该效力仅仅是法律的推定。司法权是被动行使，根据‘不告不理’原则，司法权非因诉方请求不得主动干预社会争端，司法权的运行主要围绕控辩审三方，其效力具有终极性”[10]。“从行政法治发展的一般经验来看，在‘夜警国家模式’到‘福利国家模式’再到‘风险社会模式’的过程中，行政权不断扩张以实现对公共利益的充分保护，而司法权则关注对行政权的有效控制，确保其不偏离维护公共利益的轨道，即大体上遵循‘相互尊重专长’和‘行政权优先’等原则。”[11]而我国生态环境损害赔偿制度设计，却直接逾越行政权，赋予省级政府与市级政府可以通过诉讼追究责任人生态环境损害责任的权利。这一制度设计割裂了行政权与司法权的职能配置，将本能通过行政权实现生态环境损害救济的目的转为司法诉讼，造成了司法资源浪费。

另外，政府索赔诉讼制度设计使其与原有社会组织提起环境民事公益诉讼、检察机关提起公益诉讼的关系难以厘清，甚至陷入了理论的泥潭。现行法律明确规定了社会组织、检察机关提起环境公益诉讼的资格，改革方案赋予了省级政府和市级政府提起生态环境损害赔偿诉讼的资格。从这种规定来看，政府索赔诉讼应当是区别于环境公益诉讼的一种诉讼模式。但在山东省首例生态环境损害赔偿案[12]中，既有山东省政府授权环保厅提起的生态环境损害赔偿诉讼，还有环保组织提起的环境公益诉讼。那么需要反思的是，生态环境损害政府索赔诉讼与环境公益诉讼的关系如何？对此，有学者认为政府索赔诉讼是一种基于物权的私益诉讼[13]，有学者则认为是国家环境利益诉讼[14]，还有学者认为是环境公益诉讼。由此看来，生态环境损害政府索赔诉讼与环境公益诉讼关系复杂、很难理清，在基本关系尚未理清的情况下，进行政府索赔诉讼制度设计，难免有“削足适履”之嫌。

10 沈开举：《行政法学》，郑州大学出版社 2009 年版，第 125 页。

11 王明远：《论我国环境公益诉讼的发展方向：基于行政权与司法权关系理论的分析》，载《中国法学》2016 年第 1 期。

12 参见《山东省政府首次提起环境损害赔偿诉讼　追偿 2.3 亿元》，载中华网，https://news.china.com/socialgd/10000169/20171223/31859685.html，最后访问于 2019 年 2 月 21 日。

13 郭海蓝、陈德敏：《省级政府提起生态环境损害赔偿诉讼的制度困境与规范路径》，载《中国人口·资源与环境》2018 年第 3 期。

14 吕忠梅：《为生态损害赔偿制度提供法治化方案》，载《光明日报》2017 年 12 月 22 日，第 A2 版。

三、生态环境损害政府民事索赔的出路：迈向行政追究

以上分析表明，生态环境损害政府民事索赔虽体现了民事赔偿的合意性且坚守了司法对损害救济最后一道防线的功能，但在民事索赔的理论框架下，难以得到圆满解释和适用。与民事索赔不同，通过行政机制追究生态环境损害责任具有法律依据和比较优势。对此，笔者认为，当下我国生态环境损害赔偿制度必须破除局限于民事索赔的思维方式，将视角转换为行政追究。

（一）行政追究的法律依据

“生态环境损害赔偿的实质是一个将环境资源污染者或生态破坏者的外部成本内部化的过程，与具体的人身与财产权利损害没有直接联系。”[15]基于生态环境损害的公共性，2018 年修订的《宪法》第八十九条第六项在原有规定的基础上，增加了“国务院领导和管理生态文明建设”的规定。从法教义学上来讲，这一规定明确了主要由国务院（行政机关）承担推进生态文明建设的职责。环保行政机关是国家行使环境管理职权的专门机关，因而通过环境行政对受损生态环境进行救济是其应有之意。同时，我国《宪法》第九条第二款规定“国家保障自然资源的合理利用，保护珍贵的动物和植物。禁止任何组织或者个人用任何手段侵占或者破坏自然资源”。《环境保护法》第六条第二款规定“地方各级人民政府应当对本行政区域的环境质量负责”。《水污染防治法》第四条第二款规定“地方各级人民政府对本行政区域的水环境质量负责，应当及时采取措施防治水污染”。由此看来，生态环境保护职责是政府的法定责任。从这种意义而言，通过行政机制追究生态环境损害者的赔偿或修复责任是政府在履行自身的环境管理权。

事实上，在我国环境立法中对于生态环境损害救济，已赋予了政府及其相关环境职能部门广泛的监管权力和执法手段，如制定禁止或限制性规范和标准、设定环境行政许可和审批、进行监督检查、追究法律责任等。对已经发生的生态环境损害，现行法律已经作出了行政命令、行政处罚和行政强制相结合的责任追究模式。如，我国《水污染防治法》第七十六条、第八十条、第八十三条，《土地管理法》第四十二条、第七十五条、第七十四条，《水法》第四十条、第六十六条，《森林法》第三十九条、第四十四条，《草原法》第六十六条、第六十八条，《海域使用管理法》第四十二条，都规定了当态环境损害发生后，相关

15　陈海嵩：《生态环境损害赔偿制度的反思与重构——宪法解释的视角》，载《东方法学》2018 年第 5 期。

环保行政机关可以责令赔偿义务人采取措施清除污染、恢复生态，对受损生态环境进行救济。以《水污染防治法》为例，该法第九十四条规定对造成水污染事故的，环境保护主管部门可以责令限期采取治理措施，消除污染；对逾期不采取治理措施的责任人，可以通过行政强制代履行执行；对尚未构成犯罪的违法水污染物排放行为规定了行政处罚的罚款数额。除此以外，我国的《固体废物污染环境防治法》第八十五条、《草原法》第四十条都规定了行政代履行制度。因而，现有环境法律法规从行政执法领域已经为生态环境损害救济建立起了相对完善的救济手段。这些法律规定为生态环境损害责任的行政追究提供了法律依据。

（二）行政追究的比较优势

通过行政手段追究生态环境损害责任，是当今世界的发展趋势。欧盟从1990 年就开始探索在民事框架内解决生态环境损害，经过十余年的讨论，最后仍是选择环境行政对生态环境损害进行救济，制定了《关于预防和补救环境损害的环境责任指令》。欧盟于 1993 年先是颁布了《关于救济环境损害绿皮书》提出了利用独立的民事责任和社会化责任分担机制救济环境损害。然而，伴随生态环境损害事件的不断发生，立法者和司法者开始思考，谁应当承担生态环境的损害造成的污染清理和生态修复的责任？“污染者付费”原则能否适用于生态环境损害中？于是，2000 年欧盟委员会发布《环境民事责任白皮书》，提出了用环境民事责任制度解决传统的人身、财产损害赔偿。囿于《环境民事责任白皮书》对环境损害所确立的民事责任机制在应对环境问题、修复环境或生态损害方面的不足，2004 年欧洲议会和欧洲理事会根据《成立欧洲经济共同体条约》，颁布了《关于预防和修复环境损害环境责任的 2004/35/CE 指令》。该指令按照可持续发展理念，贯彻了“污染者付费”原则，规定了由造成生态环境损害的经营者承担预防和救济责任，其责任的追究依赖于环境行政。之所以通过行政手段追究生态环境损害责任，源自于行政追究的比较优势。

其一，效率优势。法经济学家波斯纳曾说过“正义的第二种含义——也许是最普遍的含义——就是效率”[16]。民事索赔中的诉讼是一个既关注程序正义又关注实体正义的过程，具有独立性、被动性、交涉性等特征，由于生态环境损害因果关系复杂、证据获取难度大等原因，诉讼过程耗时费力。例如，著名的“塔斯曼”海轮溢油生态环境损害赔偿案历时七年才得以判决。相比之下，行政追究机制固有的行政效率原则、简便灵活，能及时对生态环境损害进行救

16 ［美］波斯纳著：《法律的经济分析》，蒋兆康译，中国大百科全书出版社 1997 年版，第 31 页。

济，并且减轻人民法院和当事人的负担，降低社会治理和纠纷解决的公共成本，避免诉讼程序的烦琐和迟延。

其二，专业优势。民事索赔中的诉讼侧重于生态环境损害事后救济和责任填补，而事实上生态环境损害责任并非民法上的填补责任，而是一种防御责任[17]。防御责任的构成不以损害实际后果的发生为必要条件，还会考虑危害行为带来的环境风险。因而通过行政手段追究损害者的生态环境损害责任贯穿了生态环境损害的预防、控制与救济全过程。另外，与传统人身损害、财产损害不同，生态环境损害专业性极强，这些无疑对法官的专业性提出了挑战。相比之下，环保行政机关所具有的专业性以及相对健全的行政救济手段是司法体系不能相比的。

四、生态环境损害政府行政追究的形塑

严格来讲，环境行政手段都有利于生态环境损害责任的实现，但此处的行政追究强调生态环境损害责任的直接实现，是遵循行政权力的运行方式，通过环境行政执法追究赔偿义务人的生态环境损害责任，具体包括：柔性追究，即行政磋商；刚性追究，即行政强制。两者之间是“先柔后刚”的适用关系，在柔性追究机制（行政磋商）不能达成一致或赔偿义务人不愿磋商的情况下，进而适用刚性追究机制（行政强制）。

（一）柔性追究：行政磋商

前文已述，《改革方案》将磋商行为解释为一种民事私法机制，存在理论与实践障碍，是对其法律属性的扭曲。就本质而言，磋商是索赔权利人（政府）行使环境管理权的一种手段，将其解释为环境行政手段，符合公法原理，并且能够保证其实体性与程序性构造以及法律救济与现行法律相适应。

1. 磋商的理论基础。作为协商行政的体现，磋商的理论基础源于协商民主理论。协商民主理论认为，公民的偏好可以通过对公共利益的理性讨论而改变。实质上，民主不只是对偏好的满足，而是对偏好的形塑，公共政策的目标也应当包括公众的偏好转移。实践证明，协商能使公民不同的个体偏向在沟通中得以理解和澄清，从而形成一致意见。由此可见，明晰偏好的最好方式就是协商。协商民主不仅注重公共政策制定的协商，也注重行政中的协商。在行政协商中，行政相对人可以对行政行为的规范依据、方案选择表达自己的意见，同时也因

17　吕忠梅：《为生态损害赔偿制度提供法治化方案》，载《光明日报》2017 年 12 月 22 日，第 A2 版。

为这种理性的沟通会促使行政主体对行政相对人提出观点和理由进行思考，以此来说服相对人或转变自身已有的偏好，从而作出让相对人可以接受的方案选择。协商过程中行政主体不能以自己是国家公权力的行使者而高高在上，运用简单、粗暴的方式强迫行政相对人接受行政决定，行政相对人也需理性地表达自己的利益诉求，行政主体与行政相对人之间通过沟通消除分歧，形成合意。在生态环境损害责任追究中引入磋商强调作为索赔人的政府与生态环境损害者之间的协商，是以“交往”为前提、以“话语”为核心的过程。正如德国学者雅斯培认为，“人与人之间的沟通是达到各种形式的真理之途径，理智只有在讨论中才能得到明了”。[18]在生态环境损害责任磋商中，损害者可以对生态环境损害责任承担的依据、承担方式选择表达自己的意见，同时也因为这种理性的沟通会促使行政机关对责任人提出的观点和理由进行思考，以此来说服责任人或转变自身已有的偏好，让责任人可以接受生态环境损害责任承担方案。另外，责任人对磋商结果也具有选择性的权利，既可以与行政机关对修复或赔偿责任达成一致，也可以不一致。整个过程，作为索赔人的政府不以强制监管相对人服从、接受处罚或命令为目的，具有非强制性、灵活性、选择接受性等特征，是一种柔性执法行为。

2. 磋商的本体构造。磋商虽是一种柔性执法行为，但不能因此背离法律的正当程序，需要从实体和程序建构双重规范，以防止生态环境利益被“贱卖”或“高估”。首先，要以磋商的法律关系为基础，聚焦于磋商的主体、参与人、内容，构建其实体性规范。《改革方案》将磋商的主体规定为省级政府、市级政府和生态环境损害责任人，并未明确相关参与人及磋商的内容。但是生态环境损害责任的认定，涉及了损害评估、责任承担方式以及修复方案等科学技术性内容，如果没有相关专业技术人员参与，很容易陷入专业认知讨论的僵局。因而，有必要在磋商环节，构筑起专家、证人、第三方中立组织的参与人机制，以促使磋商协议达成。就磋商的内容而言，应当以生态环境损害赔偿协议的核心内容为导向，围绕生态环境损害事实、责任承担方式、履行期限、验收评估等来展开。其次，要以生态环境损害事实的认定、磋商能否达成和实施效果为前提，聚焦于磋商的启动、终止及效果评估，构建其程序性规范。对磋商的启动应当不以违法性为必要条件，在生态环境损害事实认定明确且损害评估完成情况下即可启动。为避免磋商久拖不决造成受损生态环境最佳救济时机错失，一旦出现规定期限内未达成磋商、一方不愿意磋商、磋商存在违法等情形，应立即终止。在磋商协议履行期间，索赔权利人应组织专家、专业机构及利益相

18 ［美］考夫曼著：《存在主义》，陈鼓应等译，商务印书馆1987年版，第150页。

关者对补救措施的实施进行评估。

3. 磋商的法律救济。准确认知生态环境损害赔偿磋商协议性质是对其救济的关键。《改革方案》中将磋商协议的性质界定为民事合同，主张通过司法确认予以救济。与此对应，理论研究中多数学者也受《改革方案》的影响，将磋商协议的性质归结为民事合同。实际上，作为一种柔性执法行为，“磋商最本质来源就在于补充强制行政的不足，或者说，作为社会管理创新的核心环节，其是对传统行政强制的突破和改进，它是在社会管理方式对传统强制行政的创新”。[19]按照我国行政法学界的主流观点，以实施行政任务为目的的契约，其法律属性为行政契约[20]。生态环境损害赔偿磋商是政府履行环保职责的体现，在行政机关平等协商表象下，赔偿磋商制度中的“协商”，并非传统意义上的民事商谈，暗藏着行政权行使的权威式背景。因此，仅仅以磋商过程的形式平等，就否认磋商行政行为的性质，认定磋商协议是民事合同存在逻辑错位。对于行政契约的违约，根据我国《行政诉讼法》第二条的规定，如果行政机关存在违约，行政相对人可以通过提起行政诉讼获得救济，而对于行政相对人的违约，并无明确规定。从司法实践来看，对于行政相对人的违约主要通过民事诉讼、申请强制执行进入非诉行政执行、行政机关单方解除变更合同三种途径来解除合同。[21]生态环境损害赔偿磋商协议旨在维护环境公共利益。如果采用民事诉讼的模式，不经济也不效率，因为磋商前已经开展了损害评估、责任认定及修复方案制定，很可能因诉讼而重复相关工作，况且在严格的诉讼程序中，很难及时对受损生态环境进行修复。如果政府单方解除变更合同，易形成权利寻租，严重损害环境公共利益和生态环境赔偿义务人的利益。[22]因而，就我国目前的法律框架，当赔偿义务人不履行磋商协议约定义务时，政府可以通过申请人民法院强制执行予以救济，即通过非诉行政执行程序救济。

（二）刚性追究：行政强制

从理论和实践来看，《改革方案》中的生态环境损害赔偿模式，并不是生态环境损害救济的唯一路径，我国现有法律制度已经构建起了与之相对应的刚性行政追究机制，即通过行政强制来追究生态环境损害者的责任。根据我国《行

19 刘福元著：《政府柔性执法的制度规范建构》，法律出版社 2012 年版，第 53 页。

20 施建辉著：《行政契约缔结论》，法律出版社 2011 年版，第 6 页。

21 裴蓓、易欣：《行政协议相对人不履行协议之救济困境与选择——以行政机关申请非诉执行为出路》，载《中国人民公安大学学报（社会科学版）》2017 年第 1 期。

22 康京涛：《生态修复市场化的法理解构与困境突围》，载《中南大学学报（社会科学版）》2018 年第 4 期。

政强制法》第二条对行政强制的类型划分，这里的行政强制特指行政强制执行。在英美法系中，行政强制执行一般以司法为主导。当污染者不履行行政决定义务时，通常通过申请法院强制执行，借助司法权来保证环境执法。在大陆法系中，行政强制执行主要是以行政机关为主。而我国的环境行政强制执行，以行政相对人不遵守行政命令为前提，进而环保行政机关采取行政代履行措施代为完成行政相对人的义务。沿袭这一逻辑，生态环境损害责任行政强制的前提为赔偿义务人不履行行政命令（责令修复），行政强制执行方式为行政代履行修复。

1. 行政强制的前提。行政强制的前提是以行政命令（责令修复）为基础。美国的《超基金法》授权联保政府的执法工具中就包括签发单方面行政命令。《超基金法》第一百零六条授权美国国家环保局在必要情况下可以不经法院而自行签发单方面行政命令（Unilateral Administrative Order，UAO），来强制要求《超基金法》规定的潜在责任人采取措施清理污染设施。“单方面行政命令是行政机关单方面发出的，当事人只能被动接受，如果责任主体没有充分理由而未履行美国环保局的行政命令，将被处于不超过清理费用3倍的惩罚性赔偿金。”[23]欧盟《环境责任指令》第六条、第七条、第十一条规定，生态环境损害一经发生，主管行政机关应及时向经营者作出救济和补救措施的决定。在作出决定时，主管机关应对生态环境损害的性质、范围、重大后果充分考虑，并在决定书中阐明确切的理由。诚如上述分析，行政强制执行基于行政相对人不履行行政决定而存在。按照应松年教授的理解：“行政决定又称为行政处理决定等，是行政主体依法针对特定对象所作的具体的、单方面的、能直接发生行政法律关系的决定，是行政主体运用最广泛的一种执法手段。”[24]也就是说，问题的核心是我国现行法律法规中的“责令修复”是否属于行政命令，有没有行政决定书。尽管学界对于责令行为存在不同认识，但主流学说认为，现行法律中的“责令改正”“责令恢复原状”“责令限期治理”等都属于行政命令[25]。通常情况下，行政命令以行政决定书呈现。这意味着，当赔偿义务人不履行治理责任时，环保行政机关可以通过行政代履行修复对生态环境损害及时实施救济。

2. 行政强制执行方式。生态环境损害责任的执行方式依赖于行政代履行修复。行政代履行亦称之为行政代执行。日本学者盐野宏认为：“行政代执行是指当私人方面的可代替作为义务不被履行时，行政厅自己实施义务人应该实施的

23 贾峰著：《美国超级基金法研究：历史遗留污染问题的美国解决之道》，中国环境出版社2015年版，第75页。

24 应松年著：《行政法学》，中国政法大学出版社1989年版，第138页。

25 夏雨：《责令改正之行为性质研究》，载《行政法学研究》2013年第3期。

行为，或者委托第三人令其实施该行为，并从义务人那里征收实施该行为所需费用的制度。”[26] 在我国，行政代履行是指行政机关自身或委托第三人代替法定义务人履行义务，再由法定义务人负担费用的方法。其行使要件包括：代履行的内容一般都是作为义务，并可以由其他人代为履行的义务；须先有合法的行政决定，在法定义务人拒不履行义务时，才能代履行；代履行结束后，由行政机关向不履行公务的个人或组织收取代执行中所支出的费用。按照我国《行政强制法》第五十条规定，行政机关可以在义务人不履行作为义务时，自身或者委托没有利害关系的第三人履行。在生态环境损害责任中引入行政代履行彰显了公私合作理念、最小损害理念和环境善治理念，“一方面能确保义务人履行生态修复义务、维护行政决定的权威性；另一方面能够在限制环境行政机关公权的同时，利用环境私权来实现公权的效果”。[27] 然而，生态环境损害中的行政代履行修复的适用，并不是无边界的，依据生态环境损害的特性，应当包括赔偿义务人拒不履行修复义务、履行的修复义务达不到相应要求、责任人灭失或者缺乏行为能力、为了及时消除环境影响等四种情形。其程序是，首先，在当事人逾期不履行政命令责令修复决定时，由环保行政机关作出代履行决定，送达行为人。其次，在代履行修复前 3 日进行催告，告知当事人权利，听取当事人陈述申辩。其间，当事人自行履行的，停止代履行；当事人申辩理由成立，报环保行政机关批准，撤销代履行修复决定；当事人申辩理由不成立，执行代履行修复。最后，代履行修复执行完毕，向当事人收取代履行修复费用，若当事人不按期缴纳的，申请人民法院强制执行。

结语

综上，生态环境损害是区别于传统人身、财产的公共利益损害。从新近颁布的《试点方案》和《改革方案》来看，我国的生态环境损害赔偿制度具有明显的私法烙印，即以政府民事索赔取代了行政索赔。民事索赔在理论上虽对生态环境损害具有完整的填补功能，但存在着难以消解的理论与实践困境。首先，自然资源国家所有权是公权，并不是民事意义上的所有权，以自然资源国家所有权作为政府民事索赔的理论依据，存在逻辑错位。其次，政府索赔磋商受到公权规则的规范，单纯地将其解释为民事行为，难以自圆其说。最后，政府索赔诉讼直接逾越了行政权，割裂了行政权与司法权的职能配置，且与环境公益

---

26 ［日］盐野宏著：《行政法总论》，杨建顺译，北京大学出版社 2008 年版，第 153 页。

27 竺效、丁霖：《论环境行政代履行制度入〈环境保护法〉——以环境私权对环境公权的制衡为视角》，载《中国地质大学学报（社会科学版）》2014 年第 3 期。

诉讼制度难以协调。当然，本文并不是完全否认政府民事索赔在生态环境损害救济中的作用，而是重在强调，民事索赔路径难以契合我国法律体系的周延与自洽。基于此，必须对民事索赔路径进行调适，将视角转向以行政磋商与行政强制为主导的行政追究。

论《劳动合同法》倾斜保护的限度

——以劳动合同解除制度为例

袁兵喜　林振彪*

【内容提要】《劳动合同法》实施以来争议不断，其对劳动者的倾斜保护过度是症结所在。要准确把握劳动合同解除制度倾斜保护的限度，应综合考量劳资双方的强弱势程度、保障劳动者“最低需求”和我国的现实国情等因素。在市场经济体制下，对劳动者进行倾斜保护需谨慎，避免出现“损人不利人”的激励困境和损害社会整体效益的情况。

【关键词】《劳动合同法》　劳动合同解除制度　倾斜保护　限度

现行《劳动合同法》自2008年1月1日生效实施（2012年12月首次修订），至今已经走过10年的历程。在此期间，有关《劳动合同法》的争议从未间断，争议涉及领域之广和持续时间之长为中国立法史上之最。《劳动合同法》受到的主要质疑在于其过于倾向保护劳动者而忽视资方的权益和社会整体效益。虽然政、商、学等各界争议内容的侧重点不同，但争议的实质在于《劳动合同法》倾斜保护的限度问题。习近平总书记在十九大报告中指出：中国特色社会主义进入新时代，这是我国发展新的历史方位。新时代呼唤构建和谐劳动关系的新思想和新理念。本文以劳动合同解除制度为例，从倾斜保护的理论基础着手，在分析倾斜保护不当的后果及成因的基础上，探讨如何把握倾斜保护的限

---

* 袁兵喜——广州法治建设研究中心研究员，广州大学人权研究院教授，法学博士，主要研究领域：宪法学、人权法学；林振彪——广州大学法学院硕士研究生。本文是袁兵喜主持的广东省省级重大项目“人类命运共同体话语下的人权促进与保障问题研究”（项目编号：2017WZDXM032）、教育部重点研究基地重大项目（项目编号：14JJD820008）的阶段性成果。

度，为完善我国《劳动合同法》的劳动合同解除制度提供一种新的思路，具有较强的理论和实践意义。

一、《劳动合同法》权利倾斜性配置的理论基础

根据马克斯·韦伯社会分层理论与社会连带理论，社会分层形成了社会成员之间的强弱势之分，并使这种强弱之间的差距呈现不断扩大的趋势。它既是社会中成员之间冲突的结果，又是加剧社会矛盾的根源。社会是一个统一整体，因而不管是强势方还是弱势方，都是社会连带关系中的重要一环。社会越发展，社会分工越细致，社会连带便越紧密，只有加强对弱势方的公权力保护，才能保障强势方与弱势方之间的有效合作，才有可能实现“一加一大于二”的社会整体效应；反之，如果社会不同群体间不断地产生矛盾冲突，彼此间无法形成有效的合作，基于其连带关系，彼此都会受到一定的损伤。不论是社会整体，还是社会连带关系中的强势方，都对弱势方存在着一定程度的依赖。社会连带关系决定了他们之间“唇齿相依”的微妙关系。[1]因此，在分层的社会中，为维护社会连带关系中各方的团结合作，法律规范应当倾斜保护社会中弱势一方的权益。

在劳动合同关系中，劳资双方的关系可以概括为“形式上平等，实质上不平等”。这种实质不平等主要体现以下几个方面：一是劳动关系的当事人在履行劳动合同的过程中，劳动者处于一种单向服从的地位，用人单位处于监督和管理的地位。劳动者具有组织上的从属性。二是劳动者的劳动是其身体活动的结果。劳动者在向用人单位提供劳动时，也将其身体交给了用人单位监管，具有人身上的从属性。三是劳动者以劳动换取的工资是其用以维持本人生活及赡养一定家庭人口的重要甚至唯一来源时，劳动者就基本上没有了选择的自由。因为“资本所有者可以放弃经营利益，但劳动者不能放弃生存利益”。[2]四是劳动力无法储存，一旦闲置就是浪费。如果劳动者长时间不出售劳动力，还会导致技术熟练度下降和知识老化，最终导致劳动力的品质下降。劳动力的特殊性使劳动者在劳资博弈中处于不利地位。五是当劳资双方发生矛盾时，用人单位拥有更多的“资源”维护自身的利益，而劳动者往往由于资金、时间和知识等的限制，难以有效维护自身权益。因此，相对于用人单位而言，劳动者实际上是弱势的一方。与上述分析相关的劳动者弱势理论正是劳动法最终与民法分离并发展为一个独立法律部门的基础理论。《劳动合同法》对处于弱势一方的劳动者

---

1 参见［德］马克斯·韦伯著：《经济与社会（下卷）》，林荣远译，商务印书馆1997年版，第247~253页。

2 冯彦君：《民法与劳动法：制度的发展与变迁》，载《社会科学战线》2001年第3期。

进行倾斜保护，有利于矫正因劳资双方力量失衡而造成实质不平等。即《劳动合同法》倾斜保护以形式上不平等的方式来实现劳资双方之间实质上的平等，进而实现现代社会的公平和正义。

倾斜保护的合理性在于保护处于弱势地位的劳动者的利益，正当性就在于保障经济社会更有效率地运作和实现公平正义。但是，对劳动者的倾斜保护、对用人单位的限制并非没有限度。如果过度保护劳动者，将会使通过倾斜劳动者所建立起来的实质平等和利益平衡再度被打破，损害用人单位的利益和社会的总体效益。这样，倾斜保护的就不再符合正义的要求，也不再具有正当性。

劳动合同解除制度的制度设置逻辑也很简单：通过限制强势方的权利，矫正在自由市场中劳资双方因力量失衡而造成实质不平等。然而，该制度在实践中却偏离设计的初衷。由于该制度过度限制用人单位的权利，作为“理性人”的用人单位要么规避该制度要么采取应对措施，来避免自身权益过度受损。用人单位的“对策行为”不但抵消了该制度对自己的部分影响，同时影响了劳动者的权益，最终使最需要保护的劳动者权益受损。什么原因导致了劳动合同解除制度的设计初衷在实践中偏离呢？

法律的制定及实施是各方利益博弈的结果。在制定《劳动合同法》的征求意见阶段，政、商、学、工等各界都发出了自己的声音。但是，随着 2007 年山西黑砖窑事件（又名“黑砖窑案”）被媒体曝光后，举国震惊。当各媒体以“令人触目惊心的山西黑砖窑事件”“惨绝人寰的山西黑砖窑”“孩子被卖山西黑砖窑，400 位父亲泣血呼救”“揭发大血案”等标题铺天盖地报道该事件时，还陆续曝光了“血汗工厂”现象、建筑工地拖欠农民工工资现象等。这些严重侵害劳动者权益现象的曝光，再加上媒体轰炸式的报道，足以让当时立法者更加偏向保护劳动者权益的立法。而且，劳动关系是生产关系的重要组成部分，更是市场经济条件下最基本的社会关系。因此，构建和谐的劳动关系对整个社会的和谐稳定有重要的意义。如果劳动关系不和谐，劳资矛盾突出，不但会危害社会的稳定，还会严重影响经济与社会的发展，甚至会引发政治风险。基于维稳的考量，同时受以民为本思想的影响，几易其稿后，以“保护劳动者的合法权益，构建和发展和谐稳定的劳动关系”为目的《劳动合同法》最终于 2007 年 6 月 29 日出台了。我们甚至可以看到，《劳动合同法》第三十八条第二款[3]和第九十三条、第九十四条明显是“黑砖窑事件”的针对性规定。

---

3 《劳动合同法》第三十八条第二款：用人单位以暴力、威胁或者非法限制人身自由的手段强迫劳动者劳动的，或者用人单位违章指挥、强令冒险作业危及劳动者人身安全的，劳动者可以立即解除劳动合同，不需事先告知用人单位。

二、倾斜保护在劳动合同解除制度中的体现及负面效应

（一）倾斜保护在劳动合同解除制度中的体现

我国劳动合同解除制度包括劳动者任意解除制度、用人单位的限制解除制度和协议解除制度。

1. 劳动者任意解除制度

《劳动合同法》保障劳动者享有任意解除权（又称无因解约权）。《劳动合同法》第三十七条规定，劳动者提前三十日以书面形式通知用人单位，可以解除劳动合同；试用期提前三日通知即可解除劳动合同，不需要任何理由。《劳动合同法》第三十八条第二款规定，用人单位以暴力、威胁或者非法限制人身自由的手段强迫劳动者劳动的，或者用人单位违章指挥、强令冒险作业危及劳动者人身安全的，劳动者可以立即解除劳动合同，不需事先告知用人单位。这种倾斜保护对劳动者的好处是显而易见的：一是方便劳动者解除劳动合同；二是出于对劳动者行使任意解除权的担忧，用人单位会通过改善劳动者的福利待遇留住有价值的劳动者，使劳动者受益。但这种倾斜保护对用人单位的坏处同样是显而易见的：一是员工的不稳定性时刻威胁着用人单位生产经营的持续性和稳定性；二是用人单位重新招聘员工需要支付额外的“招聘成本”。在某种程度上说，劳动者任意解除制度是以牺牲用人单位用工稳定权和自主权为代价的。

2. 用人单位限制解除制度

《劳动合同法》规定用人单位只有在特定情况下才可以行使单方解除权。《劳动合同法》第三十九条、第四十条、第四十一条用列举的方式为用人单位主动解除劳动关系留下了一条缝隙——当出现上述三个法条规定的 13 种情况时，用人单位可以行使单方解除权。但是，第四十二条又以反向立法形式规定用人单位不得行使单方解除权的情形，即《劳动合同法》对用人单位主动退出劳动关系进行了双重限制。此外，《劳动合同法》对用人单位主动退出劳动关系还有第三重限制：支付经济补偿金（劳动者重大过错的情形除外）。可见，用人单位想行使单方解除权并非易事。

用人单位限制解除制度是与无固定合同制度联系在一起的。《劳动合同法》第十四条规定了签订无固定期限劳动合同的三种法定情况，其中“连续订立二次固定期限劳动合同”的条件非常容易成就，并规定“除劳动者提出订立固定期限劳动合同外，应当订立无固定期限劳动合同”。可以看出，用人单位限制解除制度的本意是想给予劳动者一个“铁饭碗”，但由于法律条文的关联性，使“铁饭碗”变成了“永久铁饭碗”，彻底击碎了用人单位的用工自主权。

3. 协议解除劳动合同制度

协议解除劳动合同是劳资双方以自己的真实身份充分表达自己的意愿，根据自己的意愿来终止劳动权利义务关系的行为。在协议解除劳动合同中，应充分尊重劳资双方的意愿和意思自治。因为，意思自治是市场经济的灵魂和内在要求，尊重双方意思自治是建立公正、自由、安全市场环境的要求。但即使是最应该体现意思自治原则的协议解除劳动合同制度，我国的《劳动合同法》同样将“倾斜保护”刻入其中。《劳动合同法》第三十六条规定，用人单位与劳动者协商一致，可以解除劳动合同。《劳动合同法》第四十六条同时规定，用人单位向劳动者提出解除劳动合同并与劳动者协商一致解除劳动合同的，应当按照法律规定向劳动者支付经济补偿金。用人单位想主动退出劳动关系，即使协议解除劳动合同，也需要支付额外附加的成本。按照此法律的规定，劳动者实际上掌握了协议解除劳动合同的主动权。

（二）劳动合同解除制度倾斜保护不当造成的负面效应

1. 引发用人单位的对策行为

我们知道，作为理性“经济人”的市场主体，趋利避害是其本能反应。在处处体现对劳动者倾斜保护的劳动合同解除制度中，用人单位会本能采取应对措施规避相关规定，维护自身利益。由于《劳动合同法》对用人单位行使解雇权进行了多方面的限制，极大压缩了用人单位行使用工自主权的空间，用人单位难以找到自由退出劳动关系的路径，为避免出现与大量的员工签订无固定期限合同后难以辞退员工的情况，用人单位会采取每年与员工签订 11 个月的合同、让员工选辞职后上岗的做法（如华为“辞职门”[4]）、大规模裁员等对策应对。由于劳动者可以行使任意解除权，使劳动关系变得很不稳定，此时用人单位对劳动者进行职业培训很可能使企业血本无归，用人单位就会减少对劳动者的职业培训。此外，为了避免支付经济补偿金，用人单位还会通过不正当的调岗、降薪等手段使迫使劳动者主动离职。

2. 导致边际劳动者[5]失业

由于用人单位主动退出劳动关系受到多重限制，用人单位一旦聘用了一名员工就无法轻易将其“炒鱿鱼”，因此，用人单位在与求职者签订劳动合同时会更加谨慎。在正式录用一名新员工前，用人单位会严格设定招聘条件，并对求

---

4 《华为辞职门是是非非》，载新浪财经，https：//finance. sina. com. cn/leadership/mwjgg/20080103/15564362700. shtml，最后访问于 2019 年 4 月 17 日。

5 边际劳动者主要包括：非技术类人员、缺乏专业技能的女性员工、年龄偏大的非技术类员工，以及学历起点不高的应届毕业生等。

职者进行全方位的考察，反复斟酌后才会决定是否录用。企业在考察过程中，一旦发现求职者在技术能力、身体健康、道德品质，甚至婚姻状况、生育情况等方面存在较明显的“瑕疵”，一般都会不予录用。“企业不那么愿意和可能出现麻烦或没有出色工作史的工人成立雇佣关系，因为一旦雇错了人，错误的雇佣关系就难以纠正。”[6]劳动合同解除制度原本是为了维护劳动者就业的稳定性，给予劳动者一个“铁饭碗”而设立的，实际上却让更多的边际劳动者失去了就业的机会。作为劳动者中的“弱势群体”，边际劳动者最需要的是就业机会，而不是铁饭碗。这里，我们明显看到劳动合同解除制度的倾斜保护陷入了“损人不利人”的激励困境。

3. 诱发劳动者的道德风险

制度安排的倾斜性保护和相关法律规定的粗疏，为劳动者实施机会主义行为提供了可能。劳动者作为市场主体中的一员，做出有利于自身但损害用人单位利益却不违法的行为的可能性是存在的。2017 年离职与调薪调研报告显示：2016 年员工整体离职率达到 20.1%，其中高科技行业员工的离职率为 25.1%。[7]过低的离职成本，诱使拥有就业优势的劳动者频繁跳槽。劳动者任意解除制度在拥有成熟工会制度和严格信用制度的西方国家很少被滥用。[8]但是，在当前我国工会制度和信用制度并不完善的情况下，劳动者利用任意解除制度损害用人单位的利益的现象时有发生。虽然我国《劳动合同法》规定，劳动者违法解除劳动合同，或违反双方约定的保密义务或者竞业限制，应向用人单位承担赔偿责任。但高昂的诉讼成本和相对较小的收益，使多数用人单位即使蒙受损失也没有通过司法渠道维护自己权益。

三、劳动合同解除制度倾斜保护的限度

《劳动合同法》对处于弱势地位的劳动者进行倾斜保护，追求社会实质公平的正当性是毋庸置疑的。但是，意图善良的倾斜保护并不是没有限度的。从倾斜保护在劳动合同解除制度中的体现及负面效应可以看出，我国劳动合同解除制度没能把握好倾斜保护的限度。那么，我们应该如何把握倾斜保护的限度？衡量倾斜保护限度的标准是什么？

6　理查德·A. 波斯纳著：《超越法律》，苏力译，中国政法大学出版社 2001 年版，第 356 页。

7　《2017 离职与调薪调研报告：员工流动明显加快》，载新华网，http：//education. news. cn/2016－12/28/c_ 129423903. htm，最后访问于 2019 年 4 月 17 日。

8　钱叶芳：《保护不足与保护过度——试论〈中华人民共和国劳动合同法〉倾斜保护的“度”》，载《法商研究》2007 年第 3 期。

（一）从劳资双方的强弱势程度考量倾斜保护的限度

前面提到，劳动关系并不是一种平等的社会关系，而是一种劳动者处于弱势地位的力量明显失衡的社会关系，《劳动合同法》倾斜保护正是对失衡的劳动关系作出矫正，实现劳资双方之间实质上的平等。因此，劳动合同法倾斜保护的限度首先要考虑劳资双方的强弱势程度。

根据社会分层理论，社会分层形成了社会成员之间的强弱势之分。观察当今社会现状，社会阶层结构呈多元化发展趋势，劳动关系中的劳动者和用人单位也有层次之分。劳动法认定“不平等主体”，强弱对比通常建立在“具体人”的假设上，劳动法中的主体是特定的、有差异的，不平等只有在具体比较中才可能存在。[9]因此，强与弱是相对应的，是一个“相对”的概念，且强弱势方内部也有“强弱”之分。

与用人单位相比，劳动者群体在整体上被看作弱势群体并无太大争议。毕竟，在劳动关系中，劳动者在组织上、人身上、经济上等都处于从属地位。但是，很少人会认为企业高级管理人员和资深技术人员在与用人单位的博弈中处于弱势地位。因为这两类人很容易获得让人羡慕的高薪职位，即使就业后也有不少人在作“跳槽”的打算，用人单位也会为留住这两类人一再作出让步。高级管理人员在劳动合同解除制度中更显强势。在近年备受关注的上海家化与王茁间的劳动合同纠纷中，月薪5万多元，还有公司31.5万股股权的原上海家化总经理王茁因“内控”问题上的失职而被解除总经理职务之后，法院最终判决上海家化恢复其与王茁的劳动关系。[10]对用人单位而言，高级管理人员最大的风险在于，其履职时代表单位与其本人签订有利于本人而损害单位利益的合同。这种风险即使上市公司的董事会也难以预料。因此，劳动法的倾斜立法模式决定其保护对象劳动者必须是具体的，否则就难以确定其倾斜的力度与方式。[11]

在用人单位群体内部，较大规模的用人单位（如上市公司、跨国企业等）比小规模用人单位（如小微企业、个体工商户等）更为强势。因为，较大规模用人单位会利用更强的“资本”在市场竞争中占据更为优势的地位，更有可能利用优势地位侵害较小规模用人单位公平竞争的权利或相关利益。同时，在与劳动者博弈时，较大规模用人单位往往借助其完善的人事管理制度和强大的法务团队占据优势地位；小规模用人单位则受规模限制，难有完善的人事管理制

9　董保华：《论劳动合同法的立法宗旨》，载《现代法学》2007年第6期。

10　（2015）沪二中民三（民）终字第747号。

11　董保华：《锦上添花抑或雪中送炭——析〈中华人民共和国劳动合同法（草案）〉的基本定位》，载《法商研究》2006年第3期。

度和强大的法务力量。特别是初创小微型企业，它们的用工方式往往只是“雇用帮手”，“企业主”与“帮手”是一起“同甘共苦”从事生产经营活动的。小微型企业相对于劳动者的强势地位并不明显，故各国豁免小规模用人单位适用相关劳动法律的做法并不鲜见。如印度的《劳动合同法》规定了该法的适用对象为“雇用20名劳动者以上的企业”；韩国的《劳工标准法》的适用对象为“自始至终雇有5名或5名以上工人的企事业单位或工作场所”；德国的《不当解雇保护法》规定该法关于解雇限制的规定不适用于雇员10人以下的小型企业。[12]

（二）从保障劳动者“最低需求”角度考量倾斜保护的限度

《劳动合同法》是劳动法中的特别法，它通过法定的合同形式对劳动关系的确定、主体权利义务的分配、违反合同行为的处罚等予以明确规定。作为劳动“合同”法，就要尊重合同自由的核心原则，任何倾斜保护都要遵守这个原则，不能颠覆法律自身的制度逻辑。合同之精髓是当事人自由意志之汇合。[13]罗尔斯在其《正义论》一书中指出：契约的安排体现了一种正义，契约的原则就是“作为公平的正义”，它“正是构成了一个组织良好的人类联合的基本条件”。[14]但是，如前文提到，当能否获得劳动机会威胁到劳动者及其家人的生存权时，劳动者就没有了选择的余地。劳动者因迫于生计，在与用人单位订立劳动合同时，可能会同意一些违背其真实愿意的合同条款。只有劳动者拥有最低生存条件甚至更好生活水平时，劳动关系的建立才能实现真正的平等、自由。因此，倾斜保护并不是要取消劳动合同自由，而是要在保障劳动者“最低需求”的基础上，实现真正的劳动合同自由。“所谓实质上的平等原理，主要指的是为了在一定程度上纠正由于保障形式上的平等所招致的事实上的不平等，依据各个人的不同属性采取分别不同的方式，对作为各个人的人格发展所必需的前提条件进行实质意义上的平等保障。”[15]那么，为什么不能超出“最低需求”呢？因为劳动合同是在劳动者没有生存压力下双方“合意”签订的，双方都应遵守自己的承诺。如果倾斜保护超出“最低需求”，劳动者就会获得“额外”的好处，这会降低劳动者工作的积极性，甚至诱发道德风险；也会损害用人单位的自由

12 邬砚：《从单一走向多元：〈劳动合同法〉主体模型的解析与重构》，载《现代法学》2013年第4期。

13 王家福著：《民法债权》，法律出版社1991年版，第266页。

14 ［美］约翰·罗尔斯著：《正义论》，何怀宏等译，中国社会科学出版社1988年版，第5页。

15 林来梵著：《从宪法规范到规范宪法：规范宪法学的一种前言》，法律出版社2001年版，第107页。

经营权等正当权益，迫使用人单位做出对策行为，使倾斜保护制度出现“损人不利人”的激励困境；更会影响社会的整体效率。故倾斜保护应当以满足劳动基本生存条件为基础，并且不能超出“最低需求”的限度。

（三）从我国的现实国情考量倾斜保护的限度

倾斜保护的一个重要目的是实现社会的公平正义。但是，不同时代的人们对公平正义有不同的理解。因此，只有准确把握我国的现实国情和所处的时代背景，了解我国现阶段劳动关系的特征，才能把握劳动合同法倾斜保护的限度。当前，我国现阶段劳动关系总体上具有如下特征：国有企业的改革、非公企业的快速发展和户籍制度的松动将无数的下岗职工、农民工和其他出卖劳动力的职工卷入主体力量极不均衡的劳动力市场，由下岗职工、失业人员和农民工组成的相对弱势劳动群体初步形成；曾经以经济为中心的政策导向惯性仍然存在，社会对资本的巨大需求和政府官员行政的政绩本位使“社会主义市场经济”制度在施行中偏重市场的力量而漠视了“社会主义”的内在公正性；劳动力流动频率加快，劳动关系短期化趋势明显，就业形式日趋多样化导致不稳定的劳动关系比重明显上升。那么，我们是否应该进一步加强劳动合同的倾斜保护呢？生产力决定生产关系，经济发展的程度决定了劳动合同法保护劳动者的水平。那我们的经济发展程度如何呢？《中国现代化报告2018》指出，18世纪以来世界的经济发展大致可以分为三个阶段，即农业经济、工业经济和知识经济。2015年已有9个发达国家进入知识经济阶段。我国目前基本属于一个工业经济国家，预计在2050年前后，完成向知识经济国家的转型。也就是说，我国与9个发达国家的代差为35年左右。美国是长期实行雇佣自由制度的典型国家，用人单位拥有自由解雇权。对于劳动者的保护，美国法律体制更多的是通过反就业歧视和反向就业歧视的制度体现出来的。各国通例是试用期内雇主不问原因可以随时解除雇佣合同。[16] 马克思曾经说过：工业较发达国家向工业较不发达国家所显示的，只是后者未来的景象。这意味着，发达国家的今天，可能就是发展中国家的明天。但是，如前文所述，当前我国劳动合同解除制度对雇主的解雇权作出了严于发达国家的过去和现在限制。在经济全球化的背景下，如果劳动合同解除制度倾斜保护的限度过于超前，就会降低我国在国际上的竞争力，使我国难以在国际市场上保持竞争优势，最终会反过来损害劳动者的利益。

因此，要准确把握劳动合同解除制度倾斜保护的限度，我们应综合考量劳

---

16 钱叶芳：《保护不足与保护过度——试论〈中华人民共和国劳动合同法〉倾斜保护的“度”》，载《法商研究》2007年第3期。

资双方的强弱势程度、保障劳动者“最低需求”和我国的现实国情等因素。唯有如此，才能避免出现“损人不利人”的激励困境和损害社会整体效益的情况。

结语

劳动合同解除制度直接关乎公民的劳动权和生存权，在制度设置上对劳动者进行倾斜保护本身没有问题。意图良好的制度设置却出现了法律目的与现实状况的偏离，究其原因，是没有把握好倾斜保护的限度。由于没有把握好倾斜保护的限度，使“实质平等”被再度打破，最终损害了最需要保护的弱势方利益和社会整体的效益。首先，小微企业大多无力同时执行《劳动合同法》设定的各项制度，不守法现象较为普遍，直接损害了法律的权威。其次，边际劳动者更加难以获得工作机会，失业或待业成为一种常态，为社会稳定埋下严重隐患。再次，由于法律在违反服务期、竞业限制等方面严格限制用人单位的权利，排斥当事人的合意空间，打击了用人单位在人才培训等方面的积极性，不利于我国知识创新与技术进步。最后，在经济全球化的背景下，过度倾斜保护必然会降低我国经济在国际上的竞争力。因此，在我国大力支持民营经济发展和全力建设创新型社会的新时代中，唯有尽快把准《劳动合同法》倾斜保护的限度，才能最大限度地保护劳资双方的利益，进而促进和谐劳动关系构建，实现我国经济社会持续健康有序发展。这一切都有赖于《劳动合同法》再次修订和调整了。

链式反应：区块链的法治意义与功能

孙占利*

【内容提要】 区块链被认为是重塑世界的新技术，法学视野下的区块链的特点是主体匿名性、交易智能化、管理去中心化、链上规则自治化、数据不可变性、信息透明性和对称性及救济（或奖惩）自动化。“区块链+法治”的意义主要是技术信用、信任传递及新型共识机制，代码规范与法律规范的耦合效应，社会治理的智能化和法治化的谐振，从而促进民主立法和科学立法，构建透明、高效、信息对称的一体化执法监管体系，在智慧司法建设中建立以审判为中心的全流程司法区块链体系，及推进知识产权等权利的自主保护和自动救济。

【关键词】 区块链　智能合约　法治　社会治理　智能化

2016年《国务院关于印发“十三五”国家信息化规划的通知》首次将区块链列为重点前沿技术，明确提出需加强区块链等新技术的创新、试验和应用，以实现抢占新一代信息技术主导权。当前的法学研究主要集中于数字货币、区块链金融、智能合约等区块链产生的法律问题，本文拟通过对区块链的法治意义和功能的探讨，希冀法律界进一步关注区块链的法理价值，并推动区块链的法治实践应用。

一、被比特币“污名化”的区块链：技术与法学的观察

（一）区块链简介

2008年中本聪在《比特币：一种点对点的电子现金系统》一文中设计了一

---

*　孙占利——广东财经大学法治与经济发展研究所、法学院教授，硕士生导师。主要研究领域：信息网络法。

种无须可信第三方的电子现金系统并提出了比特币的概念。由于比特币的底层技术是区块链，该文被公认为区块链的理论起源。2009年1月，区块链发明人中本聪创建了第一个区块（即创世区块），区块链也就由理论设计走向了实践应用。美国区块链科学研究所创始人Melanie Swan在其著作《区块链：新经济的蓝图》中将区块链分为三个阶段，即以数字货币为代表的区块链1.0，以智能合约为代表的区块链2.0，以及超越货币、经济、市场在司法、政府管理、公证等领域拓展应用的区块链3.0。[1]区块链已经进入了2.0时代，并正在向3.0阶段迈进。

提到区块链，很多人将比特币与区块链相提并论，甚或将比特币与区块链等同。区块链被认为是能够重塑世界的新技术，但在很大程度上被比特币“污名化”了。对法律专业人士而言，理解区块链技术及其应用价值确实有一定难度，但我们需要对区块链有一个较为全面和深入的了解，以便对区块链作出中肯的评价。当然，也有助于本文展开对区块链的法治意义与功能的后续探讨。

据麦肯锡的研究报告《中国银行业区块链——银行业游戏规则的颠覆者》(2016)，区块链听上去充满了未来感和技术色彩，但本质上它是一个去中心化的分布式账本。去中心化，也就是说所有的交易都是点对点发生的，不需要任何信用中介或集中式清算机构；分布式账本，意味着当交易发生时，链上的所有参与方都会在自己的账本上收到交易的信息，这些交易记录是完全公开，且经过加密、不可篡改的。区块链被应用到不同的场景时，将主要为交易参与方带来以下四个方面的意义：（1）消除交易中介存在的必要性，从而降低交易成本。区块链实现了点对点的交易，中央处理或清算组织成为冗余。而且，交易的真实性是由区块链上所有参与者共同验证和维护的，所以作为第三方的信用中介也失去了存在价值。（2）交易结算几乎是实时的，从而提升了交易效率，大大提高资产利用率。(3）区块链上信息的不可篡改性和去中心化的数据储存方式，使其成为数据和信息记录的最佳载体。（4）可编程的区块链使交易流程实现全自动化，即通过在区块链中嵌入预设好的交易规则，达到预定条件则自动完成，可提升交易的自动化程度。[2]第四点其实是指智能合约，智能合约的概念是Nick Szabo在1995年首次提出的，简单地说，是指一份能自动执行本需要人工才能完成任务的协议。换言之，是任何能自行执行部分功能的协议。例如，

---

1 See Melanie Swan, *Blockchain: Blueprint for a New Economy*, O'Reilly Media, 2015, 1-2.

2 参见麦肯锡：《中国银行业 区块链——银行业游戏规则的颠覆者》，载百度文库，https://wenku.baidu.com/view/5c58409233687e21af45a9e8.html，最后访问于2019年5月20日。

一份能自动计算合同当事人待付金额，并安排支付这笔金额的合约。[3] 该当事人的支付行为也会自动触发对方当事人履行相应的义务，例如，通过电子记录自动转移标的物的所有权或使用权。

（二）区块链的应用

由于自身的独特优势和技术的不断成熟，区块链已经迅速从比特币和金融领域延伸向其他领域。按照工业和信息化部《2018 中国区块链产业白皮书》的说明，区块链具有分布式、防篡改、高透明和可追溯的特性，非常符合整个金融系统业务需求，因此目前已在支付清算、信贷融资、金融交易、证券、保险、租赁等细分领域落地应用。随着区块链技术创新发展逐步成熟，产业应用的实际效果越发显现，区块链的应用已从金融领域延伸到实体领域，电子信息存证、版权管理和交易、产品溯源、数字资产交易、物联网、智能制造、供应链管理等领域。区块链技术几乎在所有的产业场景都能落地应用，原因是几乎所有的产业场景都涉及交易，都有降成本、提效率、优化产业诚信环境的需求，而这正是区块链技术落地应用后能迅速发挥的作用。

我国已经将区块链列为国家战略的组成部分，欧美发达国家及澳大利亚、日本、韩国等国家也高度重视区块链的技术价值和社会应用。新近的重要信息是 2018 年 2 月 1 日欧盟委员会宣布启动一项旨在促进欧洲区块链技术发展并帮助欧洲从中获益的新机制。这个机制具有收集与区块链有关的信息，监测和分析相关趋势，探索区块链技术的社会经济潜力并应对相关挑战等功能。欧委会表示，区块链技术可使在线交易具有很高的可追溯性和安全性，被视为重大技术突破。这一技术将影响数字服务并改变医疗、保险、金融、能源、物流、政府服务等领域的模式。[4]

综合相关资料看，区块链的独特技术优势及其彰显的社会应用价值已经得到较普遍的认可，未来的区块链应用将会拓展到各个社会领域，也就是“区块链 +”，法律人重点关注的法治领域也不例外。

（三）区块链的特征

区块链并不改变互联网的 TCP/IP 协议，那么为什么不用互联网将这些账本链接起来呢？这个问题的答案就是区块链的独特优势或其特征所在。

---

3 参见“智能合约”词条，载 MBA 智库百科，https：//wiki. mbalib. com/wiki/% E6% 99% BA% E8% 83% BD% E5% 90% 88% E7% BA% A6，最后访问于 2019 年 5 月 20 日。

4 参见新华社：《欧盟启动新机制“拥抱”区块链技术》，载财联社电报，https：//www. cailianpress. com/roll/211514，最后访问于 2019 年 5 月 10 日。

一般认为，区块链技术具有以下特征：一是去中心化。区块链技术不依赖额外的第三方管理机构或硬件设施，没有中心管制，除了自成一体的区块链本身，通过分布式核算和存储，各个节点实现了信息自我验证、传递和管理。去中心化是区块链最突出最本质的特征。二是开放性。区块链技术基础是开源的，除了交易各方的私有信息被加密外，区块链的数据对所有人开放，任何人都可以通过公开的接口查询区块链数据和开发相关应用，因此整个系统信息高度透明。三是独立性。基于协商一致的规范和协议（类似比特币采用的哈希算法等各种数学算法），整个区块链系统不依赖其他第三方，所有节点能够在系统内自动安全地验证、交换数据，不需要任何人为的干预。四是安全性。不能掌控超过 51% 以上的数据节点，就无法肆意操控修改网络数据，这使区块链本身变得相对安全，避免了主观人为的数据变更。五是匿名性。除非有法律规范要求，单从技术上来讲，各节点的身份信息不需要公开或验证，信息传递可以匿名进行。[5] 上述说明对区块链的主要特征作了精练的总结，也适合于从法治角度来观察和理解区块链。当然，关于区块链的特征，可以多角度观察，自然也会得出新的判断或结论。例如，权利和义务的均等性，由于区块链使用分布式核算和存储，不存在中心化的硬件或管理机构，任一节点的权利和义务都是均等的，系统中的数据块由整个系统中所有具有维护功能的节点来共同维护；又如自治性，区块链采用基于协商一致的规范和协议使整个系统中的所有节点能够在去信任的环境下自动安全地交换数据，不需要任何人为的干预。

"区块链 + 法治"会产生什么样的链式反应及在法治实践中如何充分发挥区块链的独特功能就成为值得研究的问题，其基础问题则是把区块链及其应用作为一种新的法律现象进行观察。结合上述解释和说明，此种法律现象的特点可按照法律逻辑顺序概括为：主体的匿名性（保护隐私但不影响身份的核证）、交易的智能化（智能合约的功能，"交易"一词宜随着区块链的应用领域的拓展而相应扩展到管理等领域）、管理的去中心化（无服务器等硬件设施及其承载的管理中心）、链上规则的自治化（通过一致性的协议或技术安排来实现共识）、数据的不可变性、信息的透明性和对称性及救济（或奖惩）的自动化（智能合约的功能）。这些特征必然给法治带来新的挑战，但也给法治现代化提供了新的机遇。

二、价值互联：技术信用、信任传递与新型共识机制

法律界普遍认为市场经济本质上是法治经济，国务院制定的《社会信用体

---

5 参见蒋润祥、魏长江：《区块链的应用进展与价值探讨》，载《甘肃金融》2016 年第 2 期。

系建设规划纲要（2014—2020 年）》突出法治在市场经济的重要性即印证了这一点。市场经济可以被多角度解读，例如，从经济学上讲，普遍认为市场经济是信用经济，没有信用，就没有正常的市场交换和市场秩序，市场对资源配置的调节作用就会被扭曲，资源就不能达到最优化配置，甚至市场经济不能正常运行。无论是从哪个角度解读，有一点是共同认可的：信用是市场经济运行的基石或根本，法治为市场经济及其信用建设提供最有力的保障，诚实信用原则是市场经济运行的基本准则。

诚实信用原则被称为民商事法律的“帝王原则”，也是法治原则对经济活动的核心要求。如果市场经济总体呈现诚信的形态或交易对方的诚信度高，就会直接降低交易成本和节约法治资源。反之，交易当事人就必然会竭力预见各种交易风险并签署复杂的合同予以防范，且要竭尽所能地控制合同履行中的各种风险，特别是欺诈，但其效果是有限的。以信用证交易为例，与汇付和托收相比较，其安全性高，但成本也高，且手续繁杂，需时较久。即使如此，信用证并不能预防所有的风险，信用证欺诈案件层出不穷和手段不断翻新即例证。同理，如果诚信度低，那么就需要制定越来越多、越来越复杂的法律，就需要加强对经济活动的事前、事中及事后的执法监管，还需要动用司法资源解决不断出现的纠纷（包括难以解决的新型纠纷），社会治理成本自然就相应增加。过去的实践也曾寄希望于通过提高交易方的诚信理念和规则意识来化解这一问题，但实践表明诚信理念和规则意识的培养是一个较长期的过程。那么，有没有一种理想的模式来解决相关问题呢？

区块链技术从根本上改变传统的“中心化”的信用建立模式，采用一套基于事先的协议和规范达成的集体共识的数学算法，用数据区块代替对中心化机构的依赖，在机器之间建立“信任”关系，通过机器技术背书而不是中心化机构签章来建立信用。区块链技术支撑的信用是纯数学方法建立各方的信任关系，运用所有节点通过“全网记账”方式可以迅速建立全球的信用，也能自动剔除虚假信息和欺诈信息。[6] 不同于传统的人工信用评价体系，区块链并无信用评价和信用验证机构，而是采用分布式账簿来确保区块数据的不可变性和数据的透明性，从而建立以技术作为背书的信用评价体系。换言之，用户的每个交易都会形成信用数据或构成信用评价的依据，从而建立一套独特的“不信之信”的信用体系。

信用可以产生信任，但在逻辑上信用只是信任的必要条件而非充分条件。区块链中彻底打消交易方对交易风险的后顾之忧的则是智能合约，即智能合约

6 参见冯文芳、申风平：《区块链：对传统金融的颠覆》，载《甘肃社会科学》2017 年第 5 期。

以其自动执行机制消除交易双方对合同履行风险的担忧。正是区块链独特的信用评价体系和智能合约的自执行机制提供了新的信任模式。而且，此种信任还可以传递给链上的第三方。按照工业和信息化部《2018中国区块链产业白皮书》，用区块链的方式实现信息共享，可以实现“信任传递”或“信任外溢”。基于区块链技术，由于上链信息不可篡改，因此在交易双方共同验证一笔交易之后，可以让第三方信任这个信息，这实际上就使得这种可信的状态可以传导到第三方，因而形成参与者之间的群体信任。

区块链系统稳定运行和节点相互信任都依赖于共识机制。如果没有共识机制，就不会有区块链。共识机制可以分为算法共识和决策共识。前者等价于分布式节点的一致性+正确表达（不篡改信息），后者则研究无中心的群体决策中如何将最优的决策达成一致的问题，不仅要求一致性和正确表达，还要求所有节点相信“表达的内容是正确的”。区块链的共识算法属于算法共识的分支的子集，其实质是一种“机器共识”。决策共识大多见于分布式人工智能领域，其实质是“人的共识”。[7]

毕马威区块链研究报告《共识：价值互联的不变协议》（2016）认为，共识在人类开始群体生活之时便已存在。从最基本的层面上说，共识只是一种让一个多样化群里在不发生冲突的情况下作出决策的方法。按照Edward Shils“共识理念”，共识的达成需要以下三个条件：团体成员共同接受法律、规则和规范；团体成员一致认可实施这些法规的机构；身份认同或团结意识，这样团体成员才会承认他们就达成的共识而言是平等的。区块链的核心是参与者之间的共识。共识之所以关键，是因为在没有中心机构的情况下，参与者必须就规则及其应用方法达成一致，并同意使用这些规则来接受及记录拟定交易。[8]

工业和信息化部《2018中国区块链产业白皮书》将区块链的共识机制总结为：工作量证明、权益证明、授权权益证明、实用拜占庭容错等。在区块链中，一旦攻击成功，将会造成该系统的价值归零，这时攻击者除了破坏之外，并没有得到其他有价值的回报。换言之，区块链的该独特功能也可以在一定程度上防范攻击和保障安全，有助于用户彼此信任和达成共识。然而，例外的情形也是存在的，特别是代码存在漏洞的情况下，如曾创造了众筹世界纪录的区块链项目TheDAO在2016年遭到攻击，价值近6000万美元的以太币被转移而非破坏。

---

7 参见袁勇、倪晓春、曾帅等：《区块链共识算法的发展现状与展望》，载《自动化学报》（网络版）2018年9月27日。

8 参见毕马威：《共识：价值互联的不变协议》，载毕马威，https://home.kpmg.com/cn/zh/home/insights/2016/09/blockchain-consensus.html，最后访问于2019年4月20日。

无论如何，区块链的魅力已然逐步得到广泛认可，其应用领域正在不断拓展，技术的成熟也在促进其应用效能的不断提升，网络化逐步升级为区块链化已渐成趋势。如果说互联网的功能主要是信息传递和信息交互，那么，区块链的应用则促成价值传递，这也是区块链被称为价值互联网的原因所在。进一步观察，区块链通过价值互联推动形成技术信用、实现用户之间的信任传递及建立新型共识机制，从而有效降低交易成本，实现市场资源的最优化配置，以及节约立法、执法监管及司法资源。

从共识的角度看，法律既是社会共识的结果，也通过对社会关系的动态调整促进和保障社会共识的稳定性和可预见性，进而保障社会的和谐与发展。一般认为，社会共识的难点主要在于价值的多元化。在市场环境下，利益的矛盾性特别是资源的稀缺性和常态化的零和博弈使共识的达成更为艰难。区块链的技术信用、信任传递及共识机制独辟蹊径，为社会共识的形成机制提供了新颖的解决方案，并可以在溯源、投票、权利登记与转让、决策、监管等方面“可信”地促进社会治理创新。

党的十九大报告中提出：“把社会主义核心价值观融入社会发展各方面，转化为人们的情感认同和行为习惯。”区块链的特有机制有助于实现交易方之间的互信，且能够产生“信任传递”，从而在去信任化的环境中安全地完成交易，用技术信用取代传统的人工信用，通过支持多方验证的公信力模式实现对传统的见证、鉴证乃至公证的技术替代。如前所述，诚信理念的培养是一个较长期的过程。然而，在可信的交易环境中，借助智能合约的自动执行机制的约束性，区块链可以技术化地将诚信内化为参与者的共识性的行为准则，从而逐步“转化为人们的情感认同和行为习惯”。

三、技术规范的崛起及其与法律规范的耦合

Rimavera De Filippi 和 Samer Hassan 认为，这些年随着互联网日益普及，我们对数字技术的依赖日益加深，通过技术规则取代现行法律和法规的趋势开始慢慢形成。因为，法律法规只能通过国家干预进行事后救济，而技术规则可以通过代码进行事先预防。法律与代码在互联网社会下的功能和作用可谓高下立判。“代码即法律”是指随着数字技术的出现，代码逐渐成为规范互联网用户行为的主要方式。代码与法律相比可以更为有效地执行规则，然而因为法律规则具模糊性和灵活性，有时很难将其转化为代码形式，代码也有其局限性。不过，长远来看，随着区块链技术以及智能合约的发展，在规范互联网用户行为问题

上代码将会比法律发挥出更大作用。[9]

笔者赞同技术规则取代现行法律和法规的趋势开始慢慢形成和技术规则可以通过代码进行事先预防，但法律法规只能通过国家干预进行事后救济的观点是不成立的。法律的价值更重要的是为行为人对其行为的法律结果提供可预见性，从而预防纠纷的发生（而非救济或解决纠纷）和促进行为人的利益在合法化前提下的最大化，从而实现立法者所期望的构建有序社会秩序和推动社会发展的立法目的。但是，代码与法律的关系确实是值得探讨的法律问题。

与代码的唯一性比较，法律规范的模糊性（甚至因此引发歧义）及其所产生的不确定性的确是法律规范的固有缺陷。然而，探讨代码与法律的作用孰大孰小或许是个伪命题，因二者的关系并不适宜从作用的大小进行讨论且在事实上也不可能进行量化比较。代码与法律的关系问题在计算机时代就已经提出来了，区块链的独特机制所产生的互信机制和自治性为“代码即法律”的观点赋予了新的内涵和提供了新的佐证。区块链产生无政府主义的观点固不足虑，但“代码即法律”（或代码在区块链世界中取代法律）的观点也是值得商榷的。

关于本问题的研究，凯文·沃巴赫的观点更值得关注。凯文·沃巴赫认为，本质上来讲，区块链和法律都是信任机制，两者关系的不确定性引致对区块链两极分化的评价。区块链利用分布式分类账、共识和智能合约等特征实现避免对中央机关的依赖以及建立普遍诚信的价值主张。但区块链信任系统并非无懈可击，分类账、智能合约、边缘服务提供商以及代币销售各层次各有风险，网络解放和政府架空无异于天方夜谭，法律和监管介入的需求毋庸置疑。监管可能抑制创新并引起管辖权竞争问题，但并非无解之局。区块链可以补充法律、与之互补甚至取而代之，两者分别有其治理局限性，融合治理方为解决之道，而这可以通过法律代码化与代码法律化两种模式实现。[10]

表面上看，凯文·沃巴赫的观点是自洽的且富有新意。然而，对相关问题具体分析以后得出的结论与其提出的观点不尽相同，相关的讨论也有助于厘清代码与法律的关系和分析其耦合效应。

（一）代码的规范价值

在区块链中，用户的资产和行为数据化，数据则遵循代码的指令自动执行，

9　参见［法］Rimavera De Filippi &［西］Samer Hassan：《从“代码即法律”到“法律即代码”——以区块链作为一种互联网监管技术的法律分析》，赵蕾、邓楚伊编译，载腾讯研究院，http://www.tisi.org/5039，最后访问于 2019 年 4 月 20 日。

10　参见［美］凯文·沃巴赫：《信任，但需要验证：论区块链为何需要法律》，林少伟译，载《东方法学》2018 年第 4 期。

代码即是其中的技术规范。智能合约确实需要编写为代码，但当事人之间的智能合约与第三方或中立的区块链运行代码有着本质区别。换言之，区块链本质上是建立一种互信机制，用户则通过智能合约约定其权利、义务及责任的具体内容。法律规范有直接规范和间接规范之分，代码并非直接确定权利、义务及责任的直接规范。不过，与国际私法中的间接规范有所不同，代码虽也不能够直接作为当事人作为或不作为的准则，但可通过智能合约实现自动触发合同的对待给付或自动进行救济，当事人是无法改变这一已经取得共识的行为准则的。

（二）法律代码化与代码法律化

凯文·沃巴赫提到的法律代码化与代码法律化是具有代表性的，多元规范之间的相互影响与作用必然会传导到其他规范，从而对形式和内容上引发互动和调适，最终形成多元规范协同治理的规范系统，也就是凯文·沃巴赫所说的“区块链可以补充法律、与之互补甚至取而代之，两者分别有其治理局限性，融合治理方为解决之道”。[11] 需要说明的是，融合并非意味着规范效力的平等性，从自治、德治、法治的范畴观察，代码等技术规范在法律属性上应纳入自治规范（无论是用户自行创设的还是共同选择或分别认可的），作为自治规范的技术规范应当符合法律的要求，代码也不例外，正如凯文·沃巴赫所认为的“法律和监管介入的需求毋庸置疑”。“法律代码化与代码法律化”作为一种法律现象是客观存在的，然而，或许最大的担忧不是规范之间的形式化融合，而是法律规范所秉承和坚持的人性理念如何在链治社会中“嵌入”代码中，如同人们关注算法正义、算法歧视、算法黑箱、算法合谋一样。技术进步正在将人类社会带入一个未知的领域，科技理性和法律理性的融合应是技术规范和法律规范融合的“不二法门”。

（三）法律规范的价值并未因代码的崛起而被弱化

从当前的行为规范体系和发展趋势看，法律规范的作用似乎随着技术规范的崛起而弱化。然而，虽然可以通过法律规范介入的广度和深度观察法律规范的作用，但法律规范的价值并非体现为其介入的广度和深度，而是通过维护有序的社会秩序和促进社会的安全、效率、和谐来体现其效用并进而彰显其价值。法律规范统摄下的多元规范共治正是法律规范的价值所在，“共建、共治、共享”的理念也将从规范治理的角度在网络社会发挥其独特的价值引导功能。

11　参见［美］凯文·沃巴赫：《信任，但需要验证：论区块链为何需要法律》，林少伟译，载《东方法学》2018 年第 4 期。

（四）多元规范的协同共治

从“礼法合一”“为政在人”“德主刑辅”到当前全面依法治国、依法治国和以德治国相结合及健全自治、德治、法治相结合的基层社会治理体系，礼治、人治、德治、法治、自治可谓社会治理的基本手段，其中法治、德治、自治三治融合的多元共治已成为现代社会治理的共识。中共中央、国务院《关于加强和完善城乡社区治理的意见》中提出：“充分发挥自治章程、村规民约、居民公约在城乡社区治理中的积极作用，弘扬公序良俗，促进法治、德治、自治有机融合。”此处的“自治”有别于民族自治地方的“自治”，是指发挥自治章程、村规民约、居民公约在基层社会治理中的作用。自治能够适应基层社会的治理特点，弥补法治的不足，但自治应当遵循法治的原则和要求，不得违反法律法规的规定。在区块链环境中，也存在类似城乡社区的网上社区，虽无自治章程、村规民约、居民公约，但也存在自治规范，即通过共识性的技术规范来实行去中心的自治。法治、德治、自治有机融合仍然适用于区块链的治理，事实上也呈现这样的状态，区块链的自治模式也为丰富和发展自治理论提供了新的观察样本。

四、“区块链+法治”与社会治理现代化

（一）区块链与社会治理的智能化与法治化

党的十八届三中全会指出，全面深化改革的总目标，是完善和发展中国特色社会主义制度，推进国家治理体系和治理能力现代化。党的十九大报告进一步指出，要加强社会治理制度建设，完善党委领导、政府负责、社会协同、公众参与、法治保障的社会治理体制，提高社会治理社会化、法治化、智能化、专业化水平。习近平总书记强调指出：“治理和管理一字之差，体现的是系统治理、依法治理、源头治理、综合施策。”

在2014年中央网络安全和信息化领导小组第一次会议上，习近平总书记就指出：“没有信息化，就没有现代化。”习总书记的这一著名论断阐明了信息化与现代化的关系，并将信息化战略提升到了前所未有的高度。推进国家治理体系和治理能力现代化，以及提高社会治理社会化、法治化、智能化、专业化水平，都需要运用现代信息技术和通过信息化推进实现现代化。我国的信息化进程已经完成了电子化，并基本实现了网络化，下一步的重点在于智能化。智能化不仅来源于人工智能的技术应用，因智慧城市建设而成名的物联网及以分布式账本和智能合约为代表技术的区块链都是重要的智能技术。区块链的分布式账本借助多节点备份数据，确保数据不可更改，并能使多方共同参与验证，可

以实现交易过程透明和可溯源、可审计，智能合约也不需要人为干预，从而能够在去信任的环境下自动进行安全交易，这就是其智能化特点的具体体现。

孟建柱指出："法治作为社会治理的最优模式，具有权责明晰、程序公开、预期稳定的优势。"加强和创新社会治理，需要运用治理理念、法治体系及法治方式，深化社会治理体制的法治化改革，提高社会治理的法治化水平，通过法治现代化提高社会治理效能。法治现代化是社会治理现代化的重要组成部分，同时也为社会治理现代化提供现代化的法治保障。从社会治理的角度反观法治现代化，法治现代化也应当提高智能化及专业化水平。或可认为，法治现代化要以法治为体，以智能化和专业化为翼，智能化和专业化协同共振，相互作用，以其谐振效应助推实现信息时代的法治现代化。

我国传统上是以政府为主导的社会管理体制，当前正在推动从社会管理到社会治理的转型，在社会治理中强调"共建、共治、共享"，更加注重公平公正和以人为本，加强政府公共服务职能，实现从管制型政府向服务型政府的转变。作为社会治理系统中的子系统，区块链系统中的去中心化管理模式呼应了社会本位的社会治理的本质要求，分布式账本、数据的可溯源、自执行机制体现的即是"源头治理"，信息透明、信息对称、技术信用、信任传递等特点则为新型社会治理中的"综合施策"提供了可资参考的治理模型。区块链可以应用在立法、执法、司法、守法等法治活动中，目前已经取得了一些成就并正在拓展新的实践功能，从而助推法治现代化并进而提高社会治理的智能化、法治化水平。

（二）"区块链＋法治"的社会治理价值

从法律文化的角度观察，市场经济在中国的建立和发展，以及经济全球化的冲击，使古老中国的传统法律文化正在发生现代转型。从制度层面看，中国传统法律文化需完成以下几方面的转型：以刑为中心到以民为中心，程序工具主义到程序正义的转型，法律属性的公法化到私法化，法律体系的封闭性到开放性，从司法与行政不分到司法不受行政机关的干涉。在价值层面，应完成法律集团本位到个人本位，法律的伦理化到理性化，法的精神的人治化到法治化，法律价值由"无讼"到正义。[12]随着信息化对现代化进程的推动，法律文化的现代化在信息时代又取得了新的发展，对于解决法律文化冲突和建设新型法律文化具有重要的价值。从区块链的角度看，诚实信用、社会本位、多元共治、信息透明、信息对称、法律的确定性和可预见性等都为重塑信息化时代的法律

12　参见胡利明、杨志斌：《中国传统法律文化的现代转型》，载《西安交通大学学报（社会科学版）》2004 年第 1 期。

文化提供了新的“营养”，也将为公平、正义、安全、效率等法律价值赋予新的内涵。限于篇幅，本文仅对其中直接相关的社会治理价值进行探讨。

1. 信息透明与信息对称

据工业和信息化部《2018中国区块链产业白皮书》，中心化账本证明了股份交易的可行性，而不再需要任何第三方中介。NASDAQ于2015年12月30日宣布，其合作伙伴Chain在对一位私人投资者发行股票时首次使用了NASDAQ的区块链技术交易平台Linq。NASDAQ表示，将每一家公司每笔股权交易的信息都放到区块链上后，公司融资多少、估值多少一目了然，交易变得公开透明，解决了原来信息不对称的问题，使得投资决策更为简单、高效。此虽是区块链的商业应用，但可以形象地说明信息透明、信息对称的实践功能。

在人治中，权力的拥有者“言出法随”，其决策过程是“黑箱”，信息并不透明。阳光是最好的防腐剂，阳光化的目的是以公开化或信息透明预防司法腐败和促进司法公正。在行政管理方面，自从我国实施《政府信息公开条例》和加强阳光政府建设后，行政管理的透明化有效防范了权力寻租，也增强了社会公众对政府的信任。最高人民法院正在积极推进智慧法院建设，智慧法院的建设目标是网络化、阳光化、智能化。在阳光化方面，目前已经建成审判流程公开平台、庭审活动公开平台、裁判文书公开平台、执行信息公开平台（通常简称为四大平台）。总体来看，当前行政与司法的阳光化建立在互联网基础上的公开化，区块链实行全网式记账，信息高度透明，可以更有效地建设阳光法院和阳光政府。

米切尔·福柯引入边沁的“全景监狱”理论，认为在传统社会中社会管理者主要是通过信息不对称的方式来实现更低成本和更高效率的社会管理。互联网时代的信息传播使信息不对称基础上的“全景监狱”式社会管理遭遇危机，对称信息基础上的“共景监狱”将推动权力结构和管理模式的革新。在区块链世界中，信息高度透明且全过程并无人工参与或干预，信息可溯源、可审计，可以实现完全的信息对称。因此，需要探索运用人工智能、大数据、云计算、物联网、区块链等信息技术创新管理方式，线上线下融合互动，建立行政执法精细化管理新模式，运用智慧化执法手段解决执法难题和优化执法程序，建设一体化的智慧管理云平台进行数据管理和实现各级、各地及各部门之间互联互通、数据共享，通过大数据分析辅助管理决策，实现智能化的动态风险预警，变事后处置为提前预防，协同推进社会治理体制创新和提高社会治理水平。

2. 不确定性与可预见性

法律之所以具有预防纠纷发生的功能，皆因法律的确定性为行为人的行为的结果提供了法律上的可预见性。同理，行为人也可以借此防范法律风险和谋求合法利益的最大化，法律的禁止、限制、允许、鼓励作用也因行为人的理性选择而得以实现。然而，这只是一种理想状态。事实上，行为人对其行为结果的可预见性既可能受到立法空白和立法缺陷（如立法的模糊性）的影响，也会因司法（执法）的不确定性而无法预见其行为的法律后果。目前尚无充分的实践来证明区块链的立法价值，但杭州互联网法院的司法区块链说明区块链可以化解司法的不确定性，其原理主要在于：影响司法裁判结果的因素有法律和事实，对法官而言，法律是确定的，属于不变项，可变项则是因对证据的证明力的不同认定而产生的案件事实变化。区块链利用其数据的不可变性和可溯源性将证据固定在区块链上，有效地防范了司法的随意性，封堵了司法腐败的可能空间，从而有助于化解司法的不确定性和提高行为人对其行为结果的可预见性，行政执法亦然。

3. 安全与效率

安全与效率是商法的基本原则，也是法治的价值要求。一般来说，安全与效率存在矛盾，即在追求安全性时就会损害效率，反之亦然。市场经济的立法一直致力于从平衡的角度来协调二者的关系，然而，这种平衡是一种理想状态，且不断受到共享经济、分享经济等新业态、新模式的挑战。区块链恰好是从技术和交易机制解决安全与效率的矛盾的新模式。在区块链交易中，合约以智能合约的形式存入区块链中，由区块链技术确保合约在履行中不得篡改和自动、实时完成支付、交付等合同履行行为，从而提高交易安全和交易效率。区块链的安全与效率价值更多地显现在其商业化应用中，但在法治实践中也已有创新应用，并引起了一些国家的高度关注。据工业和信息化部《2018 中国区块链产业白皮书》，安妮股份基于区块链的版权存证服务，已为百万作品提供了确权服务，部分解决了内容创作者的痛点和难点。发挥区块链技术在确权、授权与维权过程中的海量、快速、即时特性，逐步实现“创作即确权、使用即授权、发现即维权”。可见，区块链的创新应用解决知识产权确权、授权及维权的历史难题。当然，区块链的功用不限于知识产权领域。2018 年 9 月，西班牙人民党的 133 名代表向西班牙议会下院众议院提交了与区块链有关的提案。根据公开文件，该提案建议政府引入区块链，以改善内部流程和提供决策的可追溯性、稳健性及透明度。该文件认为，区块链的引入——在行政特许权、合同或内部程序中——将鼓励在流程中实现更大的控制、追溯性和透明度。使用这项技术还可以通过推广新模式为行政当局带来额外收入，物流、旅游或基础设施等部门的权利交换。此外，立法者建议建立公共和私人区块链模型，以便有利于商品和服务的二级市场，从而降低成本，提高生产率并鼓励创造专业化就业。[13]从组织行为学的角度看，区块链可以被看成一种新型的组织行为模式，从而在安全与效率方面彰显其价值增值。

（三）“区块链+法治”的社会治理功能

关于区块链的社会治理功能，质疑的观点也是存在的。例如，在国家治理和社会治理领域，技术与法律具有相互替代性，如果在某一社会场景中技术解决方案的成本低于法律解决方案，技术工具便可能取代法律形式成为秩序生成的主要手段。区块链技术所促生的分布式可验证数据库和智能合约便具有这种改变技术与法律边界、形成新的治理模式的潜质。但技术解决方案在提升效率和确定性的同时也可能威胁到法律的非效率价值，比如平等和公正。[14]也有观点认为，区块链技术不能有效解决社区建设问题、搭便车问题、贫富差距问题和公平公正问题，因而它几乎不可能取代现有的中心化治理体系。[15]

诚然，区块链无法解决所有的问题（如贫富分化问题），也不可能取代现有的中心化治理体系（事实上也无此必要），但不能因此而否定区块链的社会治理价值或法治意义。当然，也不能对区块链怀有误解。在去中心化的公有区块链上，既有全链参与者达成共识的治理机制，也有Token（通证）作为可流通的、加密的数字权益证明机制，每个区块都是均等的（或者说并无高下之分），认为区块链与平等或公正相悖的观点是不成立的。从当前的实践看，全链路共享共治是发展趋势，“让数据多跑路、百姓少跑腿”已成基本共识，不断提升公共服务均等化、普惠化、便捷化水平是电子政务发展的既定方向，应当科学、全面、客观地看待新事物，“用其所长、避其所短”方为可取之道，“鼓励创新、包容审慎”应是理性选择。

当前，我国正在致力于建立科学立法、严格执法、公正司法、全民守法的现代法治体系。“区块链+法治”的实践功能尚待进一步发掘，但从区块链的法律特征观察，运用区块链可能在下列方面助推现代法治体系建设并进而推进社会治理现代化：以其共识机制等优势促进民主立法并进而推进科学立法，构建透明、高效、信息对称的一体化执法监管体系，在智慧司法建设中打造以审判为中心的全流程司法区块链体系，及推进知识产权等权利的自主保护和自动救济。前文已述及运用区块链保护知识产权，不动产物权等其他权利的保护也在

---

13 参见吴捷：《西班牙立法推进区块链应用在公共治理》，载巨推链，https：//www.jutuilian.com/article-62541-1.html，最后访问于2019年4月20日。

14 郑戈：《区块链与未来法治》，载《东方法学》2018年第5期。

15 张林：《区块链技术替代不了中心化治理》，载《民主与科学》2018年第4期。

积极探索中，智能合约的自动执行则可以有效完成自动救济。下文对立法、执法及司法中的区块链应用做简要探讨。

目前关于区块链推进立法的探讨非常少，但也有研究触及这一问题。例如，医疗区块链对患者临床与诊疗数据的分布式传输、汇聚、存储及分析利用，通过确认互信协议达成共识来维护数据的安全与信任，从而可以在安全合法的基础上实现健康医疗大数据的共享和开放。因此，医疗区块链是破解健康医疗大数据立法瓶颈、确保健康医疗大数据立法和执法的根本技术保障。[16] 此研究是从区块链加持下的大数据分析和决策的角度进行探讨，区块链在立法领域的应用还可能推展到运用区块链进行匿名征求意见、社情民意分析、立法参与者的协调与合作、表决投票等方面，通过立法方式现代化来促进民主立法并进而推进科学立法。

《2018 联合国电子政务调查报告》显示，我国电子政务发展指数 EGDI 为 0.6811，全球排名第 65 位。2018 年 7 月 25 日国务院印发了《关于加快推进全国一体化在线政务服务平台建设的指导意见》，该一体化在线政务服务平台系基于“互联网 + 政务服务”的平台，并未提及区块链的应用，这与区块链的应用实践尚不充分有直接关系。可喜的是金融、税务、公安、审计等部门已经认识到了区块链的独特优势，并正在积极探索或落地区块链的实践应用。例如，公安部第一研究所信息安全部副主任胡光俊接受采访时表示，未来将把物理世界、跟人的关联关系纳入整个区块链生态体系里面来。目前该部门正考虑如何将区块链技术应用于公安领域，例如，利用区块链技术进行案件证据链的存储，利用区块链不可篡改的特性将区块链贯穿身份录入全流程等。[17] 一些地方政府也在积极推动区块链的政务应用，如 2018 年获得数字中国建设年度最佳实践案例和最佳实践成果奖的“陕数通”（基于区块链的全省一体化政务云平台）。据《2018 中国区块链电子政务研究报告》，我国区块链在电子政务的应用场景主要有七类：政府审计、数字身份、数据共享、涉公监管、电子票据、电子存证、出口监管。[18] 总体观察，区块链的政务应用的共识主要是食药品和危险品的溯源及慈善管理，但从区块链的技术特点看，其在公民信息管理、社会信用、网络安全、数据共享、信息公开、自动审批或处罚、执法监督等方面也具有独特的优势，对于提高我国电子政务的发展水平和构建透明、高效、信息对称的一

16 薛向东：《以区块链破解立法瓶颈》，载搜狐网，https：//www. sohu. com/a/220894983_100091728，最后访问于 2019 年 4 月 10 日。

17 梁倩：《区块链标准将制定》，载《经济参考报》2018 年 5 月 10 日，第 A01 版。

18 链塔智库：《2018 中国区块链电子政务研究报告》，载中国电子政务网，http：//www. e-gov. org. cn/article – 167531. html，最后访问于 2019 年 3 月 10 日。

体化执法监管体系提供了新的技术解决方案。

关于区块链的司法应用，最高人民检察院检察技术信息研究中心建立了“区块链技术实验室”，为区块链技术在检察工作中的应用探索建立系统平台，并研究行业数据共享过程中缺乏信任等问题的解决方案。2018年8月，由最高人民检察院发起，湖北省武汉市检察院与武汉大学、武汉烽火信息集成技术有限公司、浙江数秦科技有限公司等五家单位成立了“智慧检务创新研究院检察区块链联合实验室”，实验室以检察区块链研究为主要方向，探索区块链技术在检察机关的应用，例如区块链技术在存证、信息系统身份管理等方面的应用。[19]杭州互联网法院继2018年6月28日宣判全国首例以区块链为存证的案件后，又于同年9月18日正式上线了全国首家司法区块链。该区块链由三层结构组成：一是区块链程序。用户可以直接通过程序将操作行为全流程的记录于区块链，比如在线提交电子合同、维权过程、服务流程明细等电子证据。二是区块链的全链路能力层。主要是提供了实名认证、电子签名，时间戳、数据存证及区块链全流程的可信服务。三是司法联盟层。使用区块链技术将公证处、CA/RA机构、司法鉴定中心以及法院连接在一起的联盟链，每个单位成为链上节点。该司法区块链让电子数据的生成、存储、传播和使用的全流程可信。[20]电子数据证据的可信无疑是司法公正的关键问题，杭州互联网法院的创新之举无疑值得肯定。同时，也应当看到，区块链的司法应用空间非常大，不应限于民事领域，其功能尚待继续研发和应用于司法实践。目前，公安机关、检察机关、审判机关都在探讨和尝试应用区块链解决一些司法难题，运用区块链构建以审判为中心的链上全流程的刑事诉讼体系就可以提上议事日程了。此种链上的全流程诉讼体系有助于将整个诉讼流程置于区块链的信息透明、数据不变、证据可信、自动触发相关司法行为的技术化保障中，特别是有助于解决侦查阶段篡改、毁损及隐匿证据的问题，从而从源头上防范“冤假错案”或徇私枉法。

结语

区块链被称为是“最有可能改变未来十年商业模式的技术”，但也被称为犯罪活动、庞氏骗局、无政府和独裁主义的避风港。[21]而且，目前的区块链尚存

---

19 文青青：《武汉：检察区块链实验室与多家单位签署合作协议》，载武汉检察，https：//mp. weixin. qq. com/s/dmSuIjZZPLhWv_ DQFNqIng，最后访问于2019年2月20日。

20 王春、张名扬、吴巍：《杭州互联网法院司法区块链上线》，载《法制日报》2018年9月20日，第3版。

21 ［美］凯文·沃巴赫著：《信任，但需要验证：论区块链为何需要法律》，林少伟译，载《东方法学》2018年第4期。

在高耗能、高存储、高延时（相对于即时而言）、高费用，低应用、低隐私、低吞吐率、无法修改（消错）的性能缺陷。区块链重塑世界的看法或许夸张，但未来随着区块链的深入应用，其先见性将逐步显现出来。从法治的角度看，应当客观、中肯地评价区块链的法治意义，积极拓展区块链的法治实践功能，充分利用区块链的技术特点推进法治现代化。

案例分析

广州迪某物业管理有限公司诉蔡某春物业服务合同纠纷案

郑怀勇　林北征*

【裁判要旨】

买受人与格子铺发展商签订《商铺买卖合同》约定将商铺返租给发展商，又与物业管理公司签订商铺《前期物业服务协议》。返租期届满后，买受人以多年前发展商交付的格子铺不符合买卖合同约定，发展商逾期交楼为由，拒不交纳物业管理费的行为不能得到法院的支持。

【关键词】 前期物业服务协议　格子铺　返租　逾期交楼　拒缴物业管理费

【案例索引】

一审：广州市越秀区人民法院（2016）粤0104民初6016号民事判决书（2016年12月8日）；

二审：广州市中级人民法院（2017）粤01民终11056号民事判决书（2017年7月28日）。

【基本案情】

2011年3月29日，发展商广州康创投资有限公司（以下简称康创公司）与

---

* 郑怀勇——广州市中级人民法院房地产审判庭四级高级法官；林北征——广州市中级人民法院房地产审判庭法官助理。

被上诉人（原审被告）蔡某春签订《商铺买卖合同》，约定：发展商应当于2011年8月31日以前，以书面形式通知买受人办理涉案商铺使用权交接手续；2011年8月31日前交付使用的商铺，其使用权及收益权在2014年8月31日之前归发展商所有；发展商应于2014年8月30日前，将符合本合同约定的该商铺交付买受人使用，买受人同意从该日期后开始正式行使该商铺的使用权及收益权。

2011年9月3日，上诉人（原审原告）广州迪某物业管理有限公司（以下简称迪某公司）与蔡某春签订《金利壹号前期物业服务协议》，约定：迪某公司是康创公司委托的物业服务企业，蔡某春是该商铺业主，蔡某春交纳费用的时间以《交楼通知书》规定的时间为收费起始日，在发展商不负逾期交楼责任的情况下，蔡某春逾期收楼的以《商品房买卖合同》约定交楼之日起计收，发展商负有逾期交楼责任的，以蔡某春实际收楼之日起计收。

2011年9月3日，迪某公司、蔡某春及康创公司签订《金利壹号商铺使用权移交确认书》，约定：一、该商铺从2011年8月31日起，蔡某春按《商铺买卖合同》的约定，将商铺使用权移交康创公司，康创公司自2011年8月31日起按商场统一经营装修标准对该商铺进行装修及经营；二、鉴于该商铺在2011年8月31日至2014年8月30日期间，康创公司享有该商铺的使用权及收益权，包括依法进行的关、停、并、分立、装修、与第三方联营、合作、合伙、承包、转租、分租、出租柜台等行为，三方确认在2011年8月31日至2014年8月30日期间，蔡某春依《前期物业服务协议》及附件缴交的综合管理费由康创公司及实际使用人、承租人向迪某公司交付……四、在约定的康创公司享有使用权期间届满前6个月，蔡某春、康创公司双方需协商使用权届满后是续租还是恢复原《商铺买卖合同》中约定的交铺标准由康创公司交付给蔡某春，双方承诺到时愿意就上述事项积极协商，否则违约方愿意承担由此产生的一切经济责任与法律责任；五、2014年8月30日起，蔡某春继续将上述商铺交付康创公司统一经营的，有关综合管理费的交付和经营责任由康创公司及实际使用人、承租人承担等。

据粤房地权证穗字第015014××××号房地产权证记载，涉案商铺即广州市越秀区东风西路×××号××××铺的权属人是蔡某春，该铺建筑面积14.78平方米，规划用途为商业，登记时间是2012年8月27日。

2014年8月7日，康创公司向蔡某春在买卖合同中所留的通信地址寄送《关于康创名品酒汇（原名金利壹号）商铺移交的通知》，写明：蔡某春所购位于广州市东风西路×××号康创名品酒汇××××号铺需进行商铺移交手续，请于2014年8月22日至8月31日，按以下“有关注意事项”备齐相关资料以及首月管理费、管理费保证金及水电周转金，前往康创名品酒会首层大堂办理商铺移交手续；8月31日前，如未能前来办理商铺使用权移交手续，则视为该商铺已移交至蔡某春，并于2014年9月1日起计收管理费及公摊能源费等。该邮件于2014年8月9日妥投，签收人为他人。

2014年9月4日，迪某公司向康创名品酒汇九户业主作出关于部分业主提出问题的回复函，写明：迪某公司认为还是应按《物业管理条例》等文件执行，向业主收取物业管理费用等。

2016年8月29日，蔡某春向康创公司发出律师函，写明：至发函之日，康创公司仍未按约定交付商铺，要求康创公司自收到律师函之日起三天内立即按合同约定交付商铺等。

【裁判结果】

广州市越秀区人民法院于2016年12月8日作出（2016）粤0104民初6016号判决：驳回迪某公司的全部诉讼请求。

宣判后，被告人迪某公司向广州市中级人民法院提出上诉。

广州市中级人民法院于2017年7月28日作出（2017）粤01民终11056号判决：一、撤销一审判决；二、蔡某春向迪某公司支付物业管理费保证金472元及水电费周转金236元；三、蔡某春向迪某公司支付2014年9月1日至2016年4月30日期间的物业管理费4720元；四、蔡某春向迪某公司支付2014年9月1日至2016年4月30日期间的水电公摊费用122.8元。

【裁判理由】

法院生效裁判认为：从蔡某春与康创公司签署《金利壹号商铺使用权移交确认书》所约定的内容来看，其已办理了涉案商铺的收楼手续并移交康创公司，亦确定了自2011年8月31日起，本应由其缴交的综合管理费由使用人康创公司向迪某公司交付。根据前述确认书第五条约定，2014年8月30日起，蔡某春继续将上述商铺交付康创公司统一经营的，有关综合管理费的交付和经营责任由康创公司及实际使用人、承租人承担。现康创公司于2014年8月7日向蔡某春发出《关于康创名品酒汇（原名金利壹号）商铺移交的通知》，通知蔡某春于2014年8月22日至8月31日备齐相关资料以及首月管理费、管理费保证金及水电周转金（相当于该商铺4个月管理费）前往康创名品酒汇首层大堂对其所购买的涉案商铺办理移交手续。由此可见，蔡某春与康创公司并无达成康创公司统一经营的合意。再依上述《商铺买卖合同》第十二条约定，买受人保证所填写的通信地址为买受人的准确联系地址，买受人通信地址有所改变的，应立即书面通知发展商。发展商根据合同的通信地址发出的挂号邮件或快递邮件，不准确或不能通邮，或买受人自行更改通信地址又不履行通知义务，造成邮件投递错误、延迟或退回的，所产生的一切责任和后果由买受人承担。现康创公司已向蔡某春通信地址送达接收涉案商铺通知，其已履行了通知义务，故自2014年8月31日起，有关涉案商铺的综合管理费等费用依约由买受人蔡某春承担，蔡某春未及时交纳应承担相应的违约责任。

根据迪某公司与蔡某春签订的《金利壹号前期物业服务协议》的约定，在发展商（康创公司）不负逾期交楼责任的情况下，蔡某春逾期收楼的以《商品房买卖合同》约定交楼之日起计收物业服务费；在发展商负有逾期交楼责任的情况下，以蔡某春实际收楼之日起计收物业服务费。从该约定来看，康创公司与蔡某春仅是不同情况下交付物业管理费用的主体，而就交纳物业管理费的法律关系来说，康创公司、蔡某春是迪某公司的同一相对方。本案蔡某春抗辩康创公司未依约完成商铺的交付义务，但康创公司、蔡某春之间的纠纷并不能对抗迪某公司。综上，一审法院认为迪某公司收取物业管理服务费等费用的条件是否成就尚未确定，对其现要求蔡某春支付物业管理服务费等费用不予支持不妥，二审法院予以纠正。

【案例注解】

近年来，广州各区大型商场格子铺因售后返租频发群体性诉讼，如海珠小商品城、越秀星辰天街、荔湾十甫名都、金利壹号、花都航空商住大厦等（前述均为简称）。格子铺亦称“产权式商铺”，是指开发商或第三方大业主将大型商场分割成若干小面积单元出售，并承诺给予投资者一定年限内固定回报的商铺产品形式。这类商铺源于商品房售后返租，是商品房售后返租模式的变相发展。售后返租是发展商进行促销的一种方式，发展商常会作出低门槛、高回报的承诺，让众多买受人认为有利可图而投资购买。发展商为达目的，往往要求买受人与其签订较为完备的合同，但就买卖商铺的交付与返租期满的交付约定却暗含不为常人所知的“陷阱”，需要买受人格外注意与警醒。

实践中，格子铺买卖合同通常会约定在格子铺交楼的若干年限内由发展商租赁用于经营，以便由发展商整体推广，将商厦“做旺”。因此，格子铺的买卖会约定两个时间：一个是所谓的“交楼”时间（即取得所有权的时间，由此决定产权转移的时间）；另一个是发展商租赁期满后移交商铺使用权的时间。交楼时间和使用权转移时间的不同，买受人在合同约定的交楼时间并不实际使用商铺，而等到商铺的使用权由买受人实际掌握的时候，商铺的所有权已经登记在买受人名下，使得买受人无法主张商铺的交楼标准（主要是内部格局、装修）与买卖合同约定不符的问题。现实中常见买受人实际收铺时，发现商铺装修、所在位置和内部结构与买卖合同所约定的或者附图的内容不一致而不同意收楼。由于商铺已交付或登记为买受人所有，法院难以支持其观点。若买受人主张发展商所交付的商铺“货不对板”，就会出现下列问题：一是返租时间一般多超过三年，有可能主张权利已过诉讼时效。二是在租赁合同届满后，移交使用权主体可能已不是买卖合同中的发展商，而是发展商指定的第三人。买受人向发展商主张权利时，发展商会抗辩主张系承租人实际转移使用权，其出售义务早已完成。因此，格子铺买受人的权利救济会因发展商和承租人“踢皮球”而无从主张。

审判中，格子铺物业管理费问题多因商铺买卖行为的异化衍生而来。其中，起算时间是买卖双方多发争议问题。在有关争议中，买受人多主张在租赁合同届满后所转移的商铺并没有达到发展商在销售宣传或者买卖合同中所约定的交楼标准。一般而言，在商品房和商铺的买卖中，物业管理费的起算时间是从合同约定的交楼时间开始起算。事实上，只要发展商交付的商铺“货不对板”，多数主张可被支持。但由于格子铺买卖中同时存在租赁合同，买受人只能在租赁合同届满后方可主张“货不对板”，所以，即使存在相关事实，买受人主张也很难及时得到支持。

格子铺买卖虽然法律上是不动产物权的买卖，但其中给买受人带来的法律问题不同于一般的商品房买卖或者独立商铺买卖。商铺多年返租期满后，买受人以发展商交付标的不符合买卖合同的约定而主张存在逾期交楼，拒不交纳物业管理费的主张不能得到法院支持，多因为在商铺买卖中，发展商（或者买卖合同中指定的第三方经营者）在约定的租赁期届满后交付，只是使用权交付，而所有权早已提前转移与买受人名下。例如，本案中约定的租赁期届满为2014年8月30日，但是2012年该涉案的商铺已经登记在买受人名下。与一般的商品房买卖中使用权先于所有权交付不同，买受人不可以在买卖合同约定的交楼时间主张“货不对板”而不收楼的权利。有关商品房买卖中的物业管理费承担问题，一般观点认为，即使是在发展商与买受人有关逾期交楼或逾期办证存在争议未解决的情况下，交楼之后亦均由买受人承担。在这种情况下，发展商或第三方转移使用权的格子铺实际上不符合买卖合同中的约定，买受人也需要支付物业管理费用，即无论发展商如何违约，买受人也需要对物业管理公司承担支付物业管理费的义务。另外，在格子铺租赁合同中，约定发展商或第三方在一定时间内可根据格子铺经营需要统一改造，然后在约定租赁期后将格子铺的使用权转移给买受人，买受人一旦发现发展商等交付的格子铺未能符合买卖合同中的约定，也必须支付物业管理费。在涉及格子铺买卖后的法律关系中，物业管理公司是物业管理费收取方，买受人是物业管理费的交纳方，发展商只是基于合同的特别约定承担“过渡期间”交纳管理费的义务。因此，在格子铺的物业管理费承担责任划分中，只要实现格子铺的所有权转移，物业管理费在没有特别约定的情况下，应由买受人承担。

现实中，格子铺买受人通常不能接受“为何不收楼也要承担物业管理费”。本案裁判依据与认定商品房买卖纠纷中的买受人对物业管理费承担时间起算点等相关问题思路一致。在本案中，发展商具有双重身份，即在买卖合同中是出售人，而在租赁合同中只是承租人。出租人和承租人发生争议的事实并不能影响物业管理公司收取物业管理费。换言之，物业管理公司有权向享受物业服务的主体主张物业管理费。本案买受人既签订《商铺买卖合同》约定商铺返租，又签订商铺《前期物业服务协议》，在眼见售后返租前景利益未实现的情况下，拒不支付物业管理费不能得到法院支持。买受人在购买格子铺的时候应该充分认识到格子铺在交楼过程中的法律风险，对购买格子铺保持足够清醒的认知。

【相关法条】

《中华人民共和国合同法》第六十条。

第一审法院合议庭成员：李　博　陈志伟　邓晓红
第二审法院合议庭成员：郑怀勇　张燕宁　万力平

李某贤与汕头市澄海区某玩具厂侵害外观设计专利权纠纷案

彭　盎*

【裁判要旨】

拼装玩具的设计既包括各个构件的设计，也包括组装后成品的设计，而组装关系亦存在是否唯一的问题。判断是否侵犯外观设计应当从被控侵权人是否窃取了授权设计的发明和创新之处来确定是否构成侵权。本案外观设计的重点并不在于零部件的设计及布局上，其最具创造性的部分体现在成品机器人的整体造型、各组成部分的造型及细节设计上。被诉侵权产品按照说明书可以组装成14款不同外观的成品，在现有证据未显示被诉侵权产品各个组件的设计已经公开且组装关系有限的情况下，侵权人使用落入外观设计专利权保护范围的成品玩具图片，并通过产品使用说明书中拼装步骤指引消费者组装成落入本案专利权保护范围的成品，其行为即构成侵权。

【关键词】组件产品　组装关系不唯一　侵权比对规则

【案件索引】

一审：广州知识产权法院（2016）粤73民初42号（2016年11月9日）；
二审：广东省高级人民法院（2017）粤民终544号（2018年2月7日）。

*　彭盎——广州知识产权法院著作权审判庭法官。

【基本案情】

李某贤是专利号为 ZL201230484325.3、名称为“太阳能机器人（二）”的外观设计专利权人，该专利至今合法有效。李某贤主张汕头市澄海区某玩具厂（以下简称某玩具厂）销售的太阳能机器人拼装玩具侵害前述专利权。

被诉拼装玩具包装盒上有由该产品组装成的车轮机器人等 14 款机器人成品的立体图片；包装盒背面有车轮机器人的立体图片。包装盒内有玩具零部件多件、使用说明书一本。使用说明书封面有车轮机器人的立体图，该说明书第 27 页到第 31 页为“车轮机器人的装配”说明。被诉拼装玩具组件如下：电机连接器 1 件、太阳能电池板 1 件，带轴齿轮 1 件、红色齿轮 1 件、绿色齿轮 1 件、海绵 2 件、圆轴 1 件、小船 1 件、塑料零件 6 件（由若干零件构成塑料板件，组装时需要将零件从板件上剪下来），贴纸 2 件，共计 17 件。双方均确认上述零件可以组装成车轮机器人、冲浪机器人、机器船、沃克机器人、螃蟹机器人、滑行机器人、甲壳虫机器人、乌龟机器人、汽车机器人、划行机器人、机器狗、僵尸机器人、不倒翁机器人、四级机器人 14 款不同造型的成品。

【裁判结果】

广州知识产权法院作出民事判决：立即停止侵害外观设计专利权的行为并赔偿经济损失，驳回李某贤要求销毁专用模具及库存侵权产品的请求。李某贤、某玩具厂均不服一审判决提起上诉。广东省高级人民法院作出民事判决：维持原判，驳回上诉。

【裁判理由】

广州知识产权法院一审认为：李某贤专利从其授权公告的图片看是由多个零件组成的拼装玩具，但李某贤仅对组装完毕后的机器人成品的整体外观申请了专利保护，并未对组成该机器人的各个构件申请专利保护。被诉侵权产品为立体拼装玩具，被诉侵权产品由 17 个构件组成，各构件可以拼装成 14 款不同外观的机器人。因此，在进行相同或相近似判断时，应当将被诉侵权产品的 14 种设计作为比对对象，逐一与本案专利进行比对。只要被诉侵权产品的设计中有至少一款成品的外观与本案授权设计相同或相近似，则其落入本案专利权保护范围。由于被诉侵权产品是组装关系不唯一的组件产品，除组装后、使用状态下的车轮机器人的外观以外其余 13 款机器人不落入本案专利权保护范围，故停止侵权的方式应以予以限定。

广东省高级人民法院二审认为，在进行专利侵权判断时，应该以涉案专利的设计内容为比对的目标对象，看被诉侵权产品是否落入本案专利保护范围，由于涉案专利并不保护构架，故被诉侵权产品的单个零部件与涉案专利是否相同或相似并非本案的比对范围，被诉侵权产品有无实施涉案专利保护的完整机器人设计才是本案比对内容。销毁库存侵权产品和生产模具均属于预防侵权责任形式，对于该类侵权责任的负担应以存在侵权威胁为前提，以必要为限。

【案例注释】

一、应从外观设计专利的保护范围确定被诉侵权拼装玩具的比对对象

本案请求保护的外观设计专利从其授权公告的图片看是由多个零件组成的拼装玩具，但李某贤仅对组装完毕后的机器人成品的整体外观申请了专利保护，并未对组成该机器人的各个构件申请专利保护。因此，本案外观设计的保护范围为机器人的整体外观设计，而不包括其零部件。

被诉侵权产品为立体拼装玩具，被诉侵权产品由 17 个构件组成，其中 5 个是由各个不同形状零件组成的塑料板件，组装时需要将零件从板件上剪下来，然后将分离出来的零件及其他独立的构件按照 14 种不同组装关系拼装成 14 款不同外观的机器人。可见，被诉侵权产品的设计内容应当包括各个组成部件的形状、数量以及其部分零件最初在塑料板件上的排布方式。同时，被诉侵权产品目的是通过使用者的动手组装过程来提高使用者的动手能力以及对各款机器人的外观和结构的了解，因此在使用过程中，一般消费者也会关注各个组成部件的数量、形状以及其在板件上的排布方式；并且，被诉侵权产品可组装成 14 款不同外观的机器人，其存在多次拆卸和组装过程，一般消费者必然会关注产品的单个构件的外观。因此，本案被诉侵权产品的外观设计既包括各个组件的外观设计，也包括组装完毕的被诉侵权产品成品的整体外观设计。

如前所述，本案专利权保护的是独立成品的设计方案，即本案获得授权的设计是成品机器人的外观设计，由于零部件并非本案外观设计专利权的保护对象，因此，被诉侵权产品每一个单独的构件不能作为相同相近似外观设计的判断因素，即其并非本案侵权设计的比对对象。由于侵权判断需要审查被诉侵权产品是否采用了与授权外观设计相同或相近似的设计，而本案专利权保护的是成品机器人的外观设计，故应当以被诉侵权产品组装后成为成品的外观设计是否与本案授权外观设计构成相同或相近似进行判断。本案中，由于被诉侵权产品组装后有 14 种不同成品的外观设计，故上述 14 款不同机器人的外观均应纳入比对对象的范围。即在进行相同或相近似判断时，应当将被诉侵权产品的 14 种设计作为比对对象，逐一与本案专利进行比对。

二、侵权人通过拼装玩具产品使用说明书指引消费者组装成落入外观设计专利权保护范围的成品构成侵权

被诉侵权产品可以组装成车轮机器人、冲浪机器人等14款机器人，其中车轮机器人的外观与本案授权外观设计相同，其余13款成品机器人的外观与本案授权外观设计既不相同也不相近似。某玩具厂在其网站上、被诉侵权产品的包装盒及使用说明书上均使用了车轮机器人的图片，还通过被诉侵权产品的使用说明书中“车轮机器人的装配”步骤指引消费者组装成车轮机器人，某玩具厂上述行为均属于侵害本案专利权的行为。

某玩具厂抗辩认为被诉侵权产品中13款机器人不落入本案外观设计专利权保护范围，故其不构成侵权。外观设计保护的是具有独创性的设计，判断是否侵犯外观设计的最重要原则应当从被控侵权人是否窃取了授权设计的发明和创新之处来确定是否构成侵权。就本案专利而言，其产品的设计方案并非单纯模仿动物、汽车等产品的形状或著名建筑物的造型，即其设计重点并不在于零部件的设计及布局上，故其最具创造性的部分恰恰是体现在成品机器人的整体造型、各组成部分的造型及细节设计之处。本案中，现有证据并未显示被诉侵权产品各个组件的设计已经公开且组装关系有限，即只能组装成车轮机器人，因此只要被诉侵权产品的设计中有至少一款成品的外观与本案授权设计相同或相近似，则其落入本案专利权保护范围，至于被诉侵权产品组装后的若干成品中具体有多少款成品的外观与授权设计相同或相近似不影响上述判定。

三、应根据拼装玩具的特殊性结合侵权人的侵权行为确定停止侵权的具体方式

被诉侵权产品是一款拼装玩具，按照说明书可以组装成14款成品机器人，其中仅有一款即车轮机器人落入本案外观设计专利权保护范围。由于本案外观设计的保护范围为机器人的整体外观设计，不包括拼装玩具的各个构件，故对停止侵权行为的诉讼请求应当根据拼装玩具的特殊性，结合侵权人具体实施的侵权行为确定停止侵权的方式。

由于被诉侵权产品是组装关系不唯一的组件产品，除组装后、使用状态下的车轮机器人的外观以外其余13款机器人不落入本案专利权保护范围，故某玩具厂停止侵权的方式应限定为：删除其网站上、被诉侵权产品外包装、使用说明书上“车轮机器人”的相关图片，删除被诉侵权产品说明书中有关“车轮机器人的装配”相关内容，即说明书第27页到第31页的内容。

关于销毁专用模具的诉讼请求，被诉侵权产品是由各个构件组成的组件产品，虽然部分塑料零件及塑料板件是一体成型的，但上述零部件分别组装不同外形的机器人，其组合后的状态并不必然会构成侵权，故李某贤请求销毁专用模具的诉讼请求，依据不充分。关于销毁库存侵权产品的诉讼请求，如前所述，由于被诉侵权产品属于组件产品，其组装后的成品外观除车轮机器人外均不构成侵权，故其只要停止使用车轮机器人的图片及其装配说明即可以达到停止侵权的目的，即使某玩具厂有库存侵权产品，也可以采用换包装盒、使用说明书的方式停止侵权行为，而并非采取销毁被诉侵权产品全部组件的方式，同时李某贤并未提交证据证明某玩具厂有库存侵权产品，故对其该项请求，一审法院未予支持。

组件产品的比对规则有别于一般外观设计专利，是外观设计侵权判断中的难点问题。而玩具行业是组件产品最多的行业之一，本案明晰了类似案件侵权判断的审理思路，对明确企业预期、指导行业有序发展有着积极意义。

【相关法条】

《中华人民共和国专利法》第十一条第二款、第五十九条第二款、第六十五条；

《最高人民法院关于审理侵犯专利权纠纷案件应用法律若干问题的解释》第八条、第九条、第十条、第十一条。

第一审合议庭成员：彭　盎　钟　颖　钟秋霞
第二审合议庭成员：邱永清　肖海棠　喻　洁

梁某铨与周某借贷合同纠纷案

——论公告案件中未到期合同债务人预期违约行为的司法认定

顾 彬*

【裁判要旨】

分期履行合同中，债务人下落不明的情况下债权人起诉主张解除合同的，结合其他违约事实可以认定债务人构成默示预期违约，但不宜适用不安抗辩制度支持债权人的解约主张。权利人依据《合同法》第九十四条第三项提出解约的，不应将其“起诉行为”认定为该条款中的“催告”，权利人以诉讼方式行使解除权的，需诉前“催告”方促生解除权，而后得以行使。

【关键词】 分期履行合同 下落不明 默示预期违约 解除权

【案例索引】

一审：江苏省南通市崇川区人民法院（2018）苏0602民初1549号（2018年9月28日）。

【基本案情】

2017年3月28日，原告梁某铨（甲方）与被告周某（乙方）签订《协议》一份，约定了如下事项：1. 甲方自愿将合法拥有的资金以资金管理的方式委托给乙方按其自己的运营模式对资金进行经营管理；2. 甲方出资金额为105万元，于签订本协议之日汇付给甲方指定账户（周某名下农业银行账户622848042269-

* 顾彬——江苏省南通市崇川区人民法院法官。

10×××××）；3. 乙方自行安排资金的运营，有权在合同期内保全所有资金，甲方出资后须确保合同期满并不得要求退还；4. 乙方应每月将本息汇入甲方指定账户（梁某铨名下银行账户6212264301015××××××），乙方须履行36期，于签约后每月25日前将还款金额53000元汇入梁某铨指定账户；5. 本协议有效期自2017年3月28日至2020年3月27日。当日，原告以银行汇款的方式向被告上述账户汇付了105万元。签约后，被告分别于2017年4月24日、5月25日、6月25日、7月26日、8月27日、9月26日向原告支付了六笔53000元，合计318000元，此后未再还款，原告遂于2018年4月诉至法院并提出如下诉讼请求：1. 解除原、被告于2017年3月28日签订的协议；2. 判令被告归还本金874998元；3. 判令被告支付利息（以105万元为基数，自2017年9月29日起按年利率27.27%计算至被告实际清偿之日止）。

【裁判结果】

江苏省南通市崇川区人民法院于2018年9月28日作出（2018）苏0602民初1549号民事判决：一、原告梁某铨与被告周某于2017年3月28日签订的《协议》解除。二、被告周某于本判决生效后十日内一次性偿还原告梁某铨借款本金人民币874998元。三、被告周某于本判决生效后十日内一次性支付原告梁某铨利息238882.19元及资金占用损失（以875000元为基数，按年利率24%自2018年9月11日起计算至原告实际获偿之日止）。四、驳回原告梁某铨的其他诉讼请求。

【裁判理由】

法院生效裁判认为：案涉《协议》系原、被告真实意思表示，不违反法律的禁止性规定，双方约定了本息固定回报的内容，性质上属于民间借贷合同关系。鉴于原告实际交付了案涉本金105万元，故案涉《协议》依法成立并生效，被告应当按约履行还本付息的义务。

对于原告的解约诉请，原告诉称被告自2017年10月起未再还本付息，鉴于被告未提出抗辩，本院依现有证据采信原告前述陈述。鉴于被告下落不明，且迄今未履行债务已达12期，可以认定被告是以自身行为表明不再履行案涉债务，故原告的解约主张于法有据。并且，我国法律规定："分期付款的买受人未支付到期价款的金额达到全部价款的五分之一的，出卖人可以要求买受人支付全部价款或者解除合同。"参照该规定，被告应还而未还的借款已达借款总额的三分之一，故原告诉请解约亦有法可循。

对于原告主张的本金，参照上述分期付款买卖合同的法律规定，原告有权主张被告返还全部借款。本案中，当事人约定了每月等额（53000 元）本息的还款方式，根据本金的金额和约定的还款期数，可以计算得出每月还款数额中本金为 29166.67（1050000 ÷ 36）元，故原告已经获偿的本金为 175000（29166.67 ×6）元。扣除该款后，被告还应返还剩余本金 875000（1050000 − 175000）元。

对于原告主张的利息，案涉《协议》解除前被告仍应按约还本付息。原告以诉讼方式提出解约，案涉《协议》应当于本案起诉状送达被告之日即 2018 年 9 月 10 日解除。解约前即 2017 年 9 月 29 日至 2018 年 9 月 10 日（346 天）期间的利息，被告应当按约支付。但当事人约定的利息标准约为年利率 27%［（53000 − 29166.67）÷29166.67 ÷3］，超过了法院可予支持的上限。对于当事人已经实际履行的前六期本息，鉴于前述利率标准未超过年利率 36%，属自然之债，法院不作干涉，但原告主张的上述 2017 年 9 月 29 日起的利息不得超出年利率 24% 的标准，故原告可得利息为 238882.19（1050000 ×24% ÷365 ×346）元。自 2018 年 9 月 11 日案涉《协议》解除之次日起至原告实际获偿全部本金之日止，参照逾期利率的法律规定，原告可以未获偿本金 875000 元为基数，按借期内约定的利率标准主张被告违约所造成的资金占用损失，但也须以年利率 24% 为限，超出部分不再支持。此外，被告经本院合法传唤拒不到庭应诉，视为其放弃抗辩权利，法院依法缺席判决。

【案例注解】

本案中法院适用公告方式对被告进行了送达并缺席审理，但下判时关于解约问题遇到了难点：案涉合同履行期限尚未届满，认定原告的解约主张首先考虑的是预期违约制度，即《合同法》第九十四条第二项。但是，没有证据表明被告曾明确表示过不履行剩余的 30 期还款义务，而“下落不明”能否与“以自己的行为表明不履行债务”画上等号是存在疑问的。若考虑适用《合同法》第九十四条第三项即迟延履行这种解约事由，原告又苦于找不到被告而未曾“催告”过，直接起诉的方式能否认定为该条款中的“催告”存在争议。另外，原告代理人曾提出过不安抗辩权的请求权思路，因为被告外债较多，除本案以外被告还有其他几个案件被诉并且判决已经生效，据此适用《合同法》第六十九条来解约，但在规则层面是存在障碍的。那么，原告作为守约方面对下落不明的违约方，如果非要等到一年半之后才能索回本金，恐怕原告的风险和损失将进一步扩大，这显然有违公平和诚信原则。

一、债务人下落不明情况下结合其他违约事实可认定其构成默示预期违约

（一）实体法上“下落不明”在民事程序法中的异化

由于被告未曾以言辞表示过不履行剩余债务，所以认定其预期违约的事实基础集中到“下落不明”上来。然而，本案适用公告方式送达是否就能反向推理直接认定被告下落不明呢？显然答案是否定的。我国《民事诉讼法》第九十二条规定：“受送达人下落不明，或者用本节规定的其他方式无法送达的，公告送达。”据此，适用其他送达方式无法送达的情况也可以公告送达，并不一定要求受送达人下落不明。即便是认定受送达人因下落不明而公告送达，当前民事诉讼司法实践中的实际认定标准也碍于人案矛盾并不严格，常规程序是按原告提供的被告地址和被告户籍地邮寄送达未妥投后即直接公告，这与法律和有关司法解释所要求的标准是有差距的。根据《最高人民法院关于贯彻执行〈中华人民共和国民法通则〉若干问题的意见（试行）》第二十六条的规定，下落不明的认定需满足两个条件，一是离开最后居住地，二是失去音讯，现实中法官对送达的地址是否是“最后”居住地和有无音讯的事实并不作审查，[1]也难以要求一线承办法官就一个程序性事项去花审理一起“宣告失踪”案件的精力。因此，公告送达程序与被告实体上下落不明并不能完全等同。

（二）“下落不明”不能等同于“以自己的行为表明不履行债务”

《人民法院报》曾刊载过一篇案例报道，该案中法院认定被告离开住所下落不明的行为足以表明其已不想再履行未到期的还款义务，构成预期违约，原告诉请解除案涉合同获得法院支持。[2]而通过查阅该案判决书可发现，当事人约定的还款条件还不具备，除被告下落不明这一情况外，原告主张解约并无其他事实依据。虽然被告在该案中并未应诉，但这样的判决进入执行后很可能会引发巨大争议，因为被告履约的条件尚未成就，其户籍地本身已经拆迁，也未曾表露过违约意思，即便客观上出现了被告难为给付的现状，其仍享有《合同法》第六十九条赋予其的恢复履约能力及提供履约担保的抗辩权利从而维系合同关系的存续。

我国《合同法》上的预期违约制度移植了英美法系的预期拒绝履行制度

1　这些事实需要法官到当地派出所或社区进行调查，甚至走访受送达人的直系亲属也是需要的。

2　参见顾建某：《债务人下落不明构成预期违约，债权人要求解除未到期合同获支持》，载《人民法院报》2015年1月24日，第3版，相关案号为（2014）崇民初字第01423号。

(repudiation)，[3]美国的《合同法重述》对预期拒绝履行作了界定，包括三类情形，一是以积极的、清楚的、绝对的言词表达不履约意思，二是向他方转让合同标的物的行为，三是兜底条款即任何导致其实际履约不可能或显而易见不可能的明显的故意行为。第一种情形即明示预期违约，对应我国《合同法》第九十四条第二项中的“明确表示不履行主要债务”；第二、三种情形即默示预期违约，对应我国《合同法》第九十四条第二项中的“以自己的行为表明不履行主要债务”。从一般理性人的视角看，参照民事诉讼高度盖然性的证明标准并结合前述域外经验，被告下落不明这一单一事实是达不到默示预期违约的认定标准的。所以，前文《人民法院报》上的判例是值得商榷的。

（三）预期违约制度在未到期合同债务人下落不明情况下的法律适用

履行期限尚未届至或履约条件尚不成就的合同中，解约路径主要是《合同法》第九十四条第二项和第六十九条，而碍于本案的具体案情，前一种路径即预期违约制度是达成解约目的的首选。前文笔者已经分析过，“下落不明”的事实达不到认定默示预期违约的标准，然而，债务人离开最后居住地且杳无音讯的持续状态作为一种外在行为，必然有其背后的内在原因和动机。“预期违约……主要是债务人一方主观上不具有履行债务的意愿……其客观上仍然有继续履行债务的能力。但是，如何判断以自己的行为表明不履行债务，存在疑问。”[4]本案中截至法庭调查结束时被告未付款已达12期，在法院综合信息管理平台上查询被告的关联案件发现，其有若干其他案件已被判决履行金钱给付义务且均系公告送达后缺席判决，据此可见，被告在本案中已有部分违约行为，在他案中也有债务不履行行为，故被告在本案中下落不明已非个别现象，被告不履行案涉剩余债务的主观意愿在其“离家跑路”的行为中“呼之欲出”，已不仅仅停留在出现客观经济困难的层面上，故能够认定被告默示预期违约行为成立，继而支持原告的解约主张，这也就解除了本案被告非根本违约情况下原告的解约困局。

二、不安抗辩和迟延履行两项制度在本案中的适用余地

（一）不安抗辩制度不是本案的解约出路

根据《合同法》第六十八条、第六十九条，行使不安抗辩权可以最终实现解约的目的，但具体到本案的案情，该项制度并非答案所在，原因如下：第一，不安抗辩权的权利主体是先履行义务一方，并且根据“中止履行”这一救济规

---

3 英美法系中理论上预期违约包括预期拒绝履行和预期不能履行两种形态，但后者能否归入预期违约制度是存在争论的，甚至美国对这一问题的主流观点是持否定态度的。蓝承烈：《预期违约与不安抗辩的再思考》，载《中国法学》2002年第3期。

4 王利明：《预期违约与不安抗辩权》，载《华东政法大学学报》2016年第6期。

则，还要求权利主体尚未履行其在先义务，学理上也持此通说，[5]而本案原告的在先义务即交付借款已经履行完毕，不宜适用不安抗辩规则。第二，不安抗辩权的行使情形注重客观上难为给付的状态，与本案被告离开住所杳无音讯并部分违约的事实并不契合，至多从目的解释层面去套用第六十八条第二项，或者从案外欠债事实论证其符合第六十八条第三项，然而从该条第二款的内容可以看出，不安抗辩权的行使情形需要由权利人承担举证责任，并且证明标准很高，因此，本案适用不安抗辩规则并不容易。第三，不安抗辩权行使之后，法律给权利人规定了通知义务，同时赋予了义务人提供担保的权利，只有当义务人"在合理期限内未恢复履行能力并且未提供适当担保"，权利人方可行使解除权，而本案中被告下落不明，对于不具备法律专业素养的受害人而言，其诉前未曾书面通知或催告被告实属正常，故要求原告诉前即依法行使过不安抗辩权有些勉为其难，何况原告面对刻意逃避的被告也是有心无力的。第四，学界也存在这样的观点："《合同法》第六十九条所规定的违约解除权在性质上应当属于预期违约的规则，而不属于不安抗辩权的规则。"[6]综上，不安抗辩制度不是本案原告寻求解约的最佳路径。

(二)《合同法》第九十六条第三项中的"催告"是解除权的产生条件而非行使条件

解除权的产生和行使是两个概念，"我国法律并不采当然解除主义，具备合同解除的条件不过是具备了合同解除的前提，要想使合同解除，须有解除行为"[7]。般情况下，解除权成就时即可行使，通知到达即生效，所以实务中往往将解除权的产生和行使混为一谈。其实两者是有界限的，解除权的行使条件集中体现在《合同法》第九十五条规定的"行使期限"上，由于这是一个程序问题，故"催告"易被误解为解除权的行使条件，有的法官就想当然地将原告的起诉行为认定为"催告"，继而适用《合同法》第九十四条第三项支持原告的解约诉请。这是存在问题的。《合同法》第九十四条规定了几种法定解约事由，事由成就解除权即产生，所以单单违约行为成立即促生解除权的情形主要是针对该条第二项和第四项，而第三项规定在迟延违约行为成立后，还需要债务人经催告后在合理期限内仍未履约这一事实发生才促生解除权，这主要是出于维系交易稳定性的考虑，探究第九十四条几种解约事由的共性我们会发现，只有当合同目的落空时，法律才允许合同当事人挣脱"法锁"的束缚。在这个意义上，

5 葛云松著：《预期违约规则研究——兼论不安抗辩权》，中国政法大学出版社 2003 年版，第 178 页。

6 王利明：《预期违约与不安抗辩权》，载《华东政法大学学报》2016 年第 6 期。

7 韩世远著：《合同法总论》，法律出版社 2004 年版，第 600 页。

原告在起诉解约前应当提供催告的证据以证明解除权产生。“在迟延履行的场合，债权人从未向违约方发出过于合理期限内继续履行的通知，便径直通知违约方解除合同。于此场合，按照《合同法》第九十四条第三项的规定，因欠缺催告，不发生合同解除的效力。”[8]因此，本案中原告未曾催告过被告还款，而是直接诉至法院提出解约，不宜适用《合同法》第九十四条第三项来支持其诉请。

虽然学界普遍认为《合同法》第九十四条第三项应当作目的性限缩解释，即催告是否构成解除权产生的必要条件，需要区分定期行为和不定期行为而定，[9]因为“不定期”合同中的履行期限并不重要，债务人的迟延履行不会立即导致债权人合同目的落空，此时解除合同需要更加谨慎，催告才成为必要。依此法理，本案中的《协议》系定期合同，故原告无须催告即可行使解除权。对这样的观点，笔者认为，法官的首要工作是寻找规则而非创设规则，目的性限缩“系指基于法律规定的规范目的或基本思想的考虑，将依法律文义已被涵盖的案型排除在原系争规定的适用范围外”[10]，它相比“将法条文义局限于其核心含义”的“限缩解释”更为接近“法律续造”的界域，基层法官还是应当恪守本分，在有明确规范指引的情况下尽可能避免“造法”之嫌疑。

根据上文分析，“催告”构成迟延履行情形下解除权的产生条件，是原告解约路径的必要环节，固然原告在起诉前没有催告行为，但能否认定原告的起诉行为就是催告行为呢？认为可以适用《合同法》第九十四条第三项支持原告的解约诉请的法官，对于这个问题持赞同的观点，笔者认为不然。催告系以单方和需受领的方式要求债务人履行到期的给付，[11]故原告起诉主张解约的请求显然与“催告”不是同一个概念。

当然，不可否认的是，起诉解约后至下判前债务人的履约义务确实受到了敦促。姑且将起诉解约行为归入广义催告的范畴，问题仍然是存在的：催告能否以诉讼的方式为之？毕竟司法实践中绝大部分催告行为是发生在诉前的。对此，笔者认为，举轻以明重，既然在诉讼之外催告都可以产生其法律效果，以更为郑重的诉讼方式进行催告显然是有效的，诉状送达给被告时即产生催告效果。

接下来就是“合理期限”的认定问题了。该期间的经过或者说完成需要在

8　崔建远：《合同解除探微》，载《江淮论坛》2011年第6期。

9　陈坚：《合同司法解除研究》，载《湖南大学2011年博士学位论文》。

10　崔建远：《我国民法的漏洞及其补充》，载《吉林大学社会科学学报》1995年第1期。

11　［德］迪特尔·梅迪库斯著：《德国债法总论》，杜景林、卢湛译，法律出版社2004年版，第400页。

法庭调查中予以查明，而司法实践中送达至开庭前的答辩期一般为15天，公告案件中适用普通程序的情况下会稍多几天，这个十几天的期间能否认定为“合理期限”呢？“事实上期限是否合理的判断，从根本上说是要结合合同本身的性质、履行的急迫性（包括考虑减少损失的必要）等因素来具体判断的，不能强制划定底线或者上限。”[12]具体到本案可以比照《协议》载明的付款周期考量，被告按约应于每月25日前还款，履行期限为一个月，可见认定十几天的期间为合理期限比较勉强。当然，有人肯定要提出来，开庭时间安排晚一些，给足“合理期限”不就可以判支持了吗？但这样的办法并不一定能在每个案件中都奏效，在需要给予更长“合理期限”的案件中[13]，诉讼程序不可能一味妥协于案件事实，何况有审限的限制，“程序”也有其独立的价值，不应沦陷于“绝对工具主义”[14]。

退一步讲，将上述十几天的期间认定为合理期限且被告未再履行付款义务，是否就能够适用《合同法》第九十四条第三项支持原告的解约诉请了呢？这里值得讨论的问题就是：被告实际上并未收到催告，《合同法》第九十四条第三项的适用能否包容这样一种法律拟制的情形？我国《民事诉讼法》第九十二条规定：“受送达人下落不明，或者用本节规定的其他方式无法送达的，公告送达。自发出公告之日起，经过六十日，即视为送达。”这是典型的法律拟制，“作为一项重要的立法技术，具有虚构性和决断性两大特征，可以避免立法上不必要的绕路和适用上论证的困难。在法治国背景下，法律拟制只能是立法拟制，不包括司法拟制”。[15]法律确实明确规定了公告送达和直接送达具有同等的效果，但并不意味着将两种不同的送达事实画上等号。同理，本案中法院对被告公告送达即便能够实现催告的法律效果，被告经（法律拟制）催告后在合理期限内仍未履行这一法律事实能否进一步实现促生解除权的法律效果，也是法无明文规定的，因为催告和合理期限的届满是两个不同又紧密联结的要件，前者经拟制后后者也就带上了“虚构性”的色彩，这样一个不同于法律本意[16]的“新事实”是否仍然可以产生解除权，显然只能求助于司法拟制，而这又将导向“法

12　薛文成：《论合同解除及合同解除权的行使》，载《东方法学》2008年第1期。

13　《最高人民法院关于审理商品房买卖合同纠纷案件适用法律若干问题的解释》第十五条第一款规定：房屋买卖合同中针对迟延履行行为催告后需经过三个月的合理期限方可促生解除权。

14　宋朝武著：《民事诉讼法学》，中国政法大学出版社2008年版，第21页。

15　赵春玉：《法律拟制的语义内涵及规范构造》，载《思想战线》2016年第5期。

16　《合同法》第九十四条第三项的立法宗旨是在债务人迟延履行而合同延续仍对债权人有益的情况下，给予违约的债务人一次补救的机会从而维系合同效力、稳定交易秩序，在债务人经催告仍不珍惜补救机会的情况下，法律推定合同目的无法实现从而赋予债权人解除权。这一立法宗旨的实现需要借助一道必要的环节，即债务人实际受领催告。

院立法”“法官造法”的争论，诚如法谚所云：“无法律，无拟制。”[17] 因此，《合同法》第九十四条第三项能否接纳司法拟制是要打问号的。再退一步讲，被告经（法律拟制）催告后在合理期限内仍未履行的法律事实能促生解除权，试问原告行使解除权的行为何在？岂不需要原告在诉讼中再实施一次“拟制通知”行为？如何实施？再公告一次？法定审限内结案率还考不考核？

分析至此，综上，适用《合同法》第九十四条第三项来支持原告的解约诉请，不能说它不是一条路径，但肯定不是最优路径。

【相关法条】

《中华人民共和国合同法》第九十四条、第九十六条、第一百六十七条、第一百七十四条、第一百九十六条、第二百零五条、第二百零六条、第二百一十条；

《最高人民法院关于审理民间借贷案件适用法律若干问题的规定》第二十六条、第二十九条；

《中华人民共和国民事诉讼法》第一百四十四条。

第一审法院合议庭成员：范纪强　顾　彬　马　莉

17　郑玉波著：《法谚（二）》，法律出版社 2007 年版，第 8 页。

杨某诉黄某排除妨碍纠纷案

——个别共有人能否单独行使诉权之探讨

陈舒舒　谢佩君*

【裁判要旨】

我国民事诉讼中将共同诉讼分为必要共同诉讼和普通共同诉讼，共有物所涉之诉讼系最为典型的必要共同诉讼，其中个别共有人能否单独行使诉权的问题在司法实践中频现。本案二审裁判通过共有人对共有物所为之管理行为的识别，实现对共有物之共同诉讼的识别，结合《物权法》的规定和最高人民法院释义确定个别共有人可以就共有房产请求排除妨害单独提起诉讼。

【关键词】必要共同诉讼　共有权　管理行为　共同诉讼识别

【案件索引】

一审：广东省广州市白云区人民法院（2018）粤0111民初10768号（2018年11月29日）；

二审：广东省广州市中级人民法院（2019）粤01民终2404号（2019年2月19日）。

* 陈舒舒——广州市中级人民法院涉外庭四级高级法官；谢佩君——广州市中级人民法院涉外庭法官助理。

【基本案情】

杨某主张位于广州市白云区金钟横路白兰三街××号×××房系其与大哥杨某麟和二哥杨某华共同出资，于 1998 年 11 月向广东省信托房产开发公司购买的私有房产。2006 年初，由于黄某在广州工作需要解决居住问题，遂要求杨某麟提供该房产供其短暂居住，后杨某麟基于朋友关系同意将该房产临时交予黄某居住。不料黄某入住至今十几年，在此期间三兄弟曾数次与之沟通搬离该房产的事宜，黄某迟迟不肯搬出。杨某遂诉请判令黄某立即搬离，返还涉案房屋并补偿从 2007 年 1 月 1 日起至实际搬离以上房屋之日止的租金损失。

【裁定结果】

广东省广州市白云区人民法院于 2018 年 11 月 29 日作出（2018）粤 0111 民初 10768 号裁定，裁定驳回杨某的起诉。案件受理费 3300 元退还杨某。

判后，杨某提出上诉。广东省广州市中级人民法院于 2019 年 2 月 19 日作出（2019）粤 01 民终 2404 号裁定，裁定：一、撤销广东省广州市白云区人民法院（2018）粤 0111 民初 10768 号民事裁定；二、本案指令广东省广州市白云区人民法院审理。

【裁判理由】

广东省广州市白云区人民法院一审认为，根据《物权法》第九十六条的规定，“共有人按照约定管理共有的不动产或者动产；没有约定或者约定不明确的，各共有人都有管理的权利和义务。”最高人民法院对上述规定释义如下：对于共有物的保存，共有人可以单独进行；对于共有物的改良，须占份额 2/3 之上的按份共有人或者全体共有人同意；对于共有物的利用，应当由共有人协商达成协议；不能达成协议的，不得请求人民法院裁判。涉案房屋由杨某及杨某麟、杨某华共有。据杨某称，杨某麟已经死亡，有多名继承人。目前，涉案房屋的共有人之间并未达成共有物管理（利用）的协议。因本案涉及的利益是属于全体共有人的，故全体共有人才是与本案有直接利害关系的主体，即全体共有人才有权提起本案诉讼。在其他共有人未同意的情况下，杨某无权单独提起本案诉讼。

广东省广州市中级人民法院二审认为，关于《物权法》第九十六条的规定，根据最高人民法院的释义，各共有人对共有物的共同管理依据不同的管理行为可分为三种具体方法，即共有物的保存、改良、利用。对共有物的保存行为，是指以防止共有物的灭失、毁损或者其权利丧失、限制等为目的而维持其现状的行为，包括事实行为如共有物的保管，及法律行为如中断诉讼时效的行为，各共有人一般也不会对保存行为进行约定。对共有物的改良行为，是指不变更共有物的性质而增加其效用或者价值的行为，如将共有的房屋进行重大修缮。对共有物的利用行为，是指以满足共有人共同需要为目的，不变更共有物的性质而决定其使用、收益方法的行为。具体到本案而言，杨某起诉请求收回己方享有共有产权而由黄某占有的涉案房屋，是为防止对共有物权利的丧失或限制而行使的保存行为，该行为系主张对共有物进行保护和排除妨害，其他共有人的利益不会因此行为而受损。根据上述法律的规定，各共有人都有管理的权利和义务，共有人对共有物的保存行为可以单独进行，不需要先经过其他共有人的同意。杨某提起诉讼主张对共有房产排除妨害系其作为共有人享有的、可单独行使的合法诉权。一审法院错误将杨某诉请的事项定性为对共有物的利用行为，并据此驳回杨某的起诉不当。一审法院理应受理杨某的起诉并进行实体审理和裁判。

【案例注解】

一、我国当前共有财产涉讼面临的问题

共有是所有权存在的一种形式，其权利主体以复数形式存在，共同支配共有物，但各内部主体之间相互平等独立的意志和行为又必然影响到个体在行使所有权时对共有物的实际支配。如何保障各共有人在共有物上的权利，实现物尽其用又整体和谐统一，是法律规定所必须关注的问题。

然追本溯源，我国民法乃至物权法并无关于某一独立共有人能否请求第三人恢复共有物的具体规定。从民事诉讼程序角度而言，《民事诉讼法》第五十二条第一款规定："当事人一方或者双方为二人以上，其诉讼标的是共同的，或者诉讼标的是同一种类、人民法院认为可以合并审理并经当事人同意的，为共同诉讼。"可见，我国法律实际将共同诉讼分为必要共同诉讼和普通共同诉讼两类，但法律条文却并未进一步对二者的审理程序、裁判准则、特征等加以明确规定予以区分。从过往国内学界通说观点及民事诉讼司法实务操作来看，共有人之间的"共同"首先就包括对一个诉讼实施权的共享，即认为共有物所涉之诉为必要共同诉讼，也即共有人不能单独提起请求恢复共有物之诉，否则法院将不予受理。如此而言，共有财产受到侵害时，一旦共有人之一拒绝起诉或自愿放弃权利，无疑将阻碍各共有人为自身乃至全体共有人利益对物上请求权的行使，也明显与物权保护的本意相悖。涉及共有物的诉讼有无必须全体共有人共同提起诉讼的必要，直接关乎民事诉讼程序法与实体法能否保持一致的问题。

虽然，实践中我国司法解释采取一种灵活的方法化解这一诉讼尴尬，即《最高人民法院关于适用〈中华人民共和国民事诉讼法〉的解释》第七十四条规定："人民法院追加共同诉讼的当事人时，应当通知其他当事人。应当追加的原告，已明确表示放弃实体权利的，可不予追加；既不愿意参加诉讼，又不放弃实体权利的，仍应追加为共同原告，其不参加诉讼，不影响人民法院对案件的审理和依法作出判决。"但这样的解决方式并非一劳永逸，反而在程序保障、判决效力约束对象范围和执行等方面面临了更多质疑，并无将此种情形下其他共有人起诉难、权利行使难的问题连根拔起。因此，无论是最高人民法院针对《物权法》条文作出的解释还是学界对共有物共同诉讼的探讨，均旨在明确民事诉讼法关于该类共同诉讼的识别标准。本案所涉及的便是对共有人对共有物所为之管理行为的识别，从而实现对该共有物之共同诉讼的识别，笔者试回归到《物权法》第九十六条[1]的规定论之。

二、如何识别共有人管理行为

《物权法》第九十六条原文并没有明确哪些行为属于管理行为，实践中存在诸多不同理解。从立法原意来界定的话，笔者认为最高人民法院已就此作出释义，共有物的管理是指为维持共有物的物理机能，进而使其充分发挥社会的、经济的功能而对之所为的一切经营活动。[2]一般而言，包括共有物的保存、改良、利用和处分。[3]并且，释义也进一步明确该条规定的共有物管理不包括对共有物的处分。我国共有物管理分为共同管理与协议管理。所谓共同管理，从法条例外规定即可看出是由共有人共同管理共有物，共同参与；所谓协议管理，即法条所述共有人对共有物的管理作出的专属性约定，指定了各共有人的管控范围。

（一）共同管理

共同管理一般而言依据管理行为的不同，分为保存、改良、利用。王泽鉴先生这样定义：保存行为是指共有人为防止共有物灭失、毁损或者共有物权利丧失或受限制，所采取的维持共有物现状的行为，包括事实行为和法律行为。[4]改良行为是指不变更共有物的性质而增加其效用或价值的行为，例如将共有房屋加贴瓷砖以增加美观。利用行为是指以满足共有人的共同需要为目的，不变

1　《物权法》第九十六条："共有人按照约定管理共有的不动产或者动产；没有约定或者约定不明确的，各共有人都有管理的权利和义务。"

2　最高人民法院物权法研究小组编著：《中华人民共和国物权法条文理解与适用》，人民法院出版社2007年版，第299页。

3　陈华彬著：《物权法原理》，国家行政学院出版社2000年版，第489页。

4　王泽鉴著：《民法物权（第二版）》，北京大学出版社2010年版，第235页。

更共有物的性质而决定其使用收益方法的行为，例如出租或出借共有房屋。[5]

1. 保存行为是最普通的管理行为。再做进一步细化，保存行为可以包括保管、维护和简易修缮等事实行为，也可以包括中断诉讼时效等法律行为。对全体共有人而言，这些行为是必要的、有益无害的行为，甚至是部分情况下还要及时采取的行为。鉴于保存行为对共有人都有好处，无论是我国还是其他多数国家或地区的法律均认可共有人可以单独进行保存行为，而无须经过其他共有人同意。

2. 与之不同的是，改良行为和利用行为不可能由个别共有人单独为之或决定。一方面，共有人在实际生活中普遍不会就保存行为作出约定，但对改良、利用涉及的重大事项却通常约定管理；另一方面，这两种行为不具备保存行为的紧迫性和必要性，又与各共有人的利益密切相关。其实，改良行为更符合《物权法》第九十七条规定的“重大修缮”，但利用行为却不可一以贯之，共有物的利用不增减共有物本身的效用或价值，却可能创造收益以及决定如何使用共有物，如果没有约定或约定不明，各共有人是否可以自行利用仍需进一步探讨。

（二）协议管理

《物权法》第九十六条已经就协议管理作出规定，即“共有人按照约定管理共有的不动产或者动产”，实际生活中，各共有人能力千差万别，各人所具备的管理条件亦大不相同，从这个角度来看，共有人通过协议约定的形式来确定如何行使权利、如何分别管理共有物也有利于更为充分地发挥共有物效用，只要符合全体共有人共同意志及利益即可。

（三）关于管理行为的争议

另一种观点认为，对共有物的处分、重大修缮、利用均不属于对共有物的管理行为。这种观点认为重大修缮与简易修缮的区别在于改良的目的、程度、费用的多少，对共有物进行处分和重大修缮，都对共有人的利益产生重大影响，在利益权衡上不一定对共有人都有利。[6]否定这些行为系管理行为将避免在《物权法》第九十六条和第九十七条的适用上产生矛盾。这种观点实质上是仅肯定上述的保存行为才属于《物权法》第九十六条规制的管理行为。

然则，无论持何种观点，共有人对共有物管理的法律规定总体是贯彻私人意思自治、约定优先的原则，同时又基于全体共有人的利益，对有益无害的管理行为进行必要的“绿灯放行”。对此，我国台湾地区“民法”第八百二十条

---

5 谢在全著：《民法物权论（上册）》，中国政法大学出版社 2011 年版，第 352 页。

6 吕伯涛主编：《适用物权法重大疑难问题研究》，人民法院出版社 2008 年版，第 121 页。

规定："共有物，除契约另有订定外，由共有人共同管理之。共有物之简易修缮，及其他保存行为，得由各共有人单独为之。"也与《物权法》关于共有物管理之规定的精神基本是一致的。

三、涉及共有物的具体民事诉讼

通过以上关于共有物管理行为的识别可以分辨出共有人哪些行为可以单独为之，哪些行为必须共同决定或按份额决定。正如之前的分析，识别共有物之诉是否构成必要共同诉讼必须对管理行为加以识别。这种识别标准的合理性在于，在诉讼法与实体法从体系上分离之后，必要共同诉讼的识别标准随即从实体法转向了诉讼法，即以判决是否需要合一确定为标准。[7]何种情况下判决必须合一？除了诉讼标的必须合一，无疑便是对任意一共有人的判决既判力及于全体共有人，而不得有其他相矛盾之判决的可能。

长期以来，我国必要共同诉讼之必要在于共同实施诉讼的必要，而判断是否具有上述必要的标准乃是争议实体法律关系，即诉讼标的的共同乃是必要共同诉讼的识别标准。换言之，诉讼标的的共同决定了共同诉讼的必要性，因此构成必要的共同诉讼。[8]这样的观点的确具备深厚的历史渊源，但这并非"存在即是合理"，传统想法是否与现实实践相矛盾还有待考量及验证。目前我国仍将实体法认定作为判断基准，以共同实施诉讼行为的必要为标准，而决定有无实施共同诉讼行为之必要性的关键在于讼争的法律关系涉及的标的是否可分。但从最高人民法院的释义内容来看，我们实际也将共有人是否存在个别行使的实体权能作为判断标准之一，并没有将实体法上的管理处分权作为唯一标准而对必要共同诉讼采取一刀切的态度。

就最高人民法院关于共有人管理行为的释义具体应用到本案而言，杨某起诉请求收回己方享有共有产权而由黄某占有的涉案房屋，是为防止对共有物丧失权利或限制而行使的保存行为，该行为系主张对共有物进行保护和排除妨害，其他共有人的利益不会因此行为而受损。根据最高人民法院释义，各共有人都有管理的权利和义务，共有人对共有物的保存行为可以单独进行，不需要先经过其他共有人的同意。杨某提起诉讼主张对共有房产排除妨害系其作为共有人享有的、可单独行使的合法诉权。一审法院错误将杨某诉请的事项定性为对共有物的利用行为，认为全体共有人才有权提起本案诉讼，无疑是对《物权法》第九十六条规定及最高人民法院释义之误读，因此，二审法院认定一审法院应受理杨某的起诉并进行实体审理和裁判。

7　段文波：《共有财产涉讼类型化析解》，载《国家检察官学院学报》2016年第2期。

8　段文波：《共有财产涉讼类型化析解》，载《国家检察官学院学报》2016年第2期。

较为有趣的是，日本判例对共有财产涉讼类型作了共有权涉讼与持份权涉讼的区分，即规定在可以单独行使实体法上的权能时许可单独个别诉讼，限缩了原本固有的必要共同诉讼范围。必要共同诉讼伴随诸多不便，多数国家的学说和立法都已不再将实体法标准作为唯一识别标准，而在实体法标准与诉讼法标准之间弹性适用。

结语

我国实体法关于共有财产诉讼的具体规定尚有空白，实体法与诉讼法之间的嫌隙问题亦不容忽视。共有财产诉讼体量庞大，关乎民生与社会稳定，期待未来我国民法典的编纂中能吸收相关理论及实践进行制度创新以根除现有的共有财产诉讼问题。

【相关法条】

《中华人民共和国物权法》第九十六条。

一审合议庭成员：刘　军　谢兰英　吴春华
二审合议庭成员：陈舒舒　徐玉宝　王碧玉

法谈法议

渎职犯罪主观心态认定分歧及应对策略

金伟丰　李　涛*

我国《刑法》第九章规定渎职罪，其保护的法益是国家机关公务的合法、公正、有效执行以及公民对此的信赖[1]。渎职罪构成要件中有一项重要内容是“致使国家和人民利益遭受重大损失”，而对渎职危害后果所持的主观心态则直接决定了渎职具体罪名的适用。在司法实务中，司法人员对渎职犯罪嫌疑人主观方面的认定时常出现争议，特别是通过犯罪嫌疑人行为推定其对危害后果所持主观心态时极易产生分歧，值得深入研究。

一、以案解析渎职犯罪主观心态认定分歧

（一）案情简介

刘某是某市公安局刑事警察支队的支队长，负责组织指挥全市重特大案件、上级督办案件的侦破，督促检查支队及各大队的办案工作，对全市刑侦系统负总责。任职期间，刘某与当地黑恶势力头目张某结识，甘于被张某“围猎”。刘某在明知张某被省公安厅列为涉黑组织犯罪督办对象后，仍与其保持交往，并将其被列为涉黑人员的信息透漏给张某。张某为免受刑事处罚，以将其剔除出涉黑人员名单为请托事由贿送给刘某“公关费”40万元。刘某收受贿赂后并未为其活动公关，但多次在内部审批签署涉及张某案件情况报告时，同意将张某涉黑犯罪按个案处理。没有证据证明刘某为张某案件向经办人、分管责任人“打过招呼”。后以张某为首的涉黑组织逐渐做大，在当地造成恶劣社会影响，

* 金伟丰——广东省人民检察院侦查监督二处副处长、三级高级检察官；李涛——广东省人民检察院侦查监督二处一级检察官，国家检察官学院广东分院检察教官。

1 张明楷著：《刑法学（下）》，法律出版社2016年版，第1238页。

张某最终被法院以组织、领导、参加黑社会性质组织罪判处有期徒刑。

（二）定性分歧

上述案例中司法人员对刘某构成受贿罪没有争议，但对刘某渎职罪的认定存在不同意见，具体分歧如下。

1. 观点一：刘某行为构成滥用职权罪

该观点认为刘某肩负着领导和指挥重特大案件查办和督办上级交办案件的职责，却实施了向涉黑人员张某通风报信的行为，并收受其贿赂，在审批签署张某案件情况报告时故意不正确履行职责，将张某组织领导黑社会案件作为个案处理，客观上放纵了张某为首的涉黑组织做大做强。刘某主观上对渎职危害后果是持放任的态度，造成在当地产生恶劣社会影响的严重后果，根据主客观相统一的定罪原则，刘某的行为构成滥用职权罪。

2. 观点二：刘某行为构成玩忽职守罪

该观点认为刘某虽然收受了张某贿赂，但已经以受贿罪予以评价。其本人并没有实施"公关"将张某剔除出涉黑人员名单的行为，也没有向张某涉黑案直接经办人或分管责任人"打过招呼"。刘某在明知张某已被列入涉黑人员名单的情况下，在审批签署张某案件情况报告时仍然同意承办人按个案处理的意见，其行为明显表现出不负责任，对可能发生的张某涉黑组织做大的严重后果应当能够预见，主观上对危害后果的出现存在过失，依法构成玩忽职守罪。

3. 观点三：刘某行为构成帮助犯罪分子逃避处罚罪

该观点认为，刘某身为公安机关领导干部，肩负有查禁犯罪活动的职责，其向已被列入涉黑人员名单的张某通风报信，收受张某贿赂，并在审批签署张某案件情况报告时同意按个案处理，致使作为黑社会组织头目的张某短期内未受到刑事处罚。刘某主观上具有帮助犯罪分子逃避处罚的主观故意，客观上实施了通风报信等帮助犯罪分子逃避处罚的行为，依法构成帮助犯罪分子逃避处罚罪。

4. 观点四：刘某行为构成包庇、纵容黑社会性质组织罪

该观点认为，刘某作为国家机关工作人员，明知张某被列入涉黑人员名单，已经知道或者应当知道张某是违法组织骨干成员，故意向张某通风报信，利用审批职权包庇张某涉黑组织犯罪行为。无论刘某是否明知张某组织是涉黑组织，或者当时张某犯罪团伙是否已经发展成为黑社会性质组织，根据相关司法解释的规定，刘某的行为都已经构成包庇、纵容黑社会性质组织罪。

5. 观点五：刘某的行为不构成渎职罪

该观点认为，刘某向张某通风报信在先，收受张某贿赂在后，其行为属于

典型的“先办事后收钱”的受贿模式，已被受贿罪所评价。刘某不是张某涉黑案件的直接承办人或分管责任人，其职责主要在于工作宏观层面的领导，并不具体经办案件。在审批签署张某案件情况报告时，刘某只是同意承办人意见，没有证据证明刘某为张某案件“打过招呼”，刘某的职务审批行为与张某涉黑组织做大的严重后果没有刑法上的因果关系，因此刘某的行为不构成渎职罪。

二、渎职犯罪主观心态认定分歧评析

本案中，刘某矢口否认利用职权为张某脱罪，自己不应对张某涉黑组织做大的危害后果承担责任。笔者认为，本案分歧的焦点就在于判断刘某行使审批张某案件职权时的心理活动，以及对渎职危害后果所持的主观心态，这也正是司法者产生认识分歧的根本所在，具体可以从定罪证明标准角度、因果关系角度和整体行为角度进行分析。

（一）从定罪证明标准角度分析产生分歧的深层原因

我国刑事诉讼中的证明标准就是控诉方对指控的犯罪构成事实（证明对象）要证明到法官确信其存在的程度[2]。《刑事诉讼法》中规定的证明标准是“事实清楚，证据确实、充分”。这个证明标准既强调定罪需要证明程度的客观性“事实清楚”，也突出了定罪需要证明程度的主观方面“确实、充分”，赋予了司法者相当程度的自由裁量权，但也产生了不同司法者对定罪证明标准把握不同的问题。

具体到本案中，一派观点认为刘某实施了一系列积极主动为张某脱罪的行为，主要证据在于两人平常有不正当交往，刘某事前通风报信、事中审批时故意不认真履职，据此足以推定刘某具有放任张某涉黑组织做大的主观故意；而另一派观点则认为，根据刘某收受张某贿赂、审批故意“放水”的行为，不宜直接推定刘某具有滥用职权的主观故意，没有证据显示刘某为张某案件向承办人或分管责任人“打招呼”，现有证据达不到“确实、充分”的证明标准，只能退而求其次认定刘某主观上为对危害后果的出现存在过失，甚至根本不能认定其构成渎职犯罪。

（二）从因果关系角度分析产生分歧的逻辑原因

渎职罪中的因果关系多为间接因果关系。这主要是因为渎职行为与危害后

2　高憬宏、杨万明著：《基层人民法院法官培训教材（实务篇·刑事审判篇）》，人民法院出版社 2005 年版，第 443 页。

果之间往往出现或者发生违法犯罪的介入因素，渎职行为只有与违法犯罪这一介入因素相结合时才产生危害结果[3]。多种原因造成一个危害结果（简称多因一果）的情况在渎职犯罪中十分常见，给司法人员正确认定犯罪因果逻辑关系造成了困扰。

具体到本案中，一派观点认为，刘某“放水”审批张某涉黑案件属于典型的渎职行为，张某在逃避打击后带领团伙逐渐发展成危害一方的黑社会性质组织。虽然有张某领导团伙发展这一违法介入因素，但刘某的行为无疑为危害结果的发生提供了原因力，并与介入因素相结合共同导致了危害结果的发生，具有刑法上的因果关系。另一派观点则认为，没有证据证明刘某审批案件时张某团伙已经发展成黑社会性质组织，张某团伙发展壮大具有偶然因素，刘某的审批行为与张某团伙成为黑社会性质组织为祸一方危害的后果之间不具有刑法上的因果关系。

（三）从整体行为角度分析产生分歧的认知原因

刑法评价犯罪行为要坚持整体行为和部分行为辩证统一的观念。对案件事实进行精确归纳，对构成要件规定进行合理解释，是刑事司法永恒的主题[4]。但是针对具体案件中犯罪嫌疑人的复杂行为，是坚持作联系的、整体的评价，还是作分开的、单独的评价，司法者的认知却不尽相同。

具体到本案中，一派观点认为应当将刘某结交张某、通风报信、收受张某贿赂、“放水”审批张某案件这一系列行为联系起来看，刘某不仅有受贿的主观故意，也有基于受贿主动帮助刘某脱罪的渎职心态，受贿行为就是渎职主观故意的最好证明和注解。另一派观点则认为应当将刘某的行为分开来看，通风报信与收受贿赂应当视为权钱交易的受贿犯罪内容，但不能基于收受贿赂就当然推定刘某有渎职的故意，应当聚焦刘某“放水”审批张某案件行为本身来判断。

三、渎职犯罪主观心态认定分歧之应对策略

笔者赞同第二种处理意见，刘某构成玩忽职守罪。

刘某通风报信、“放水”审批案件等行为对张某做大黑社会性质组织的帮助作用并不明显，帮助张某逃避打击的程度十分有限，无法达到包庇的目的和效果，而且行为当时张某团伙是否属于黑社会性质组织性质存疑，因此本案分歧焦点实际上集中在刘某是构成滥用职权罪还是玩忽职守罪，抑或是不构成渎职

---

3 李忠诚：《渎职罪因果关系认定实践问题分析》，载《中国检察官》2017年第4期（上）。

4 蒋涤非：《贿赂犯罪若干问题新议》，载《中国检察官》2018年第7期（下）。

罪上。笔者结合案情和上述评析意见，提出解决渎职犯罪主观心态认定分歧问题的路径策略。

（一）提炼争议焦点，明确待解核心问题

最高人民法院针对滥用职权罪与玩忽职守罪的区别问题提出裁判要旨：滥用职权通常表现为故意不正确行使职权或者超越职权，但行为人对行为本身的故意，并不意味着行为人对行为结果所持的态度是希望和放任。而玩忽职守则表现为行为人严重不负责任，应当预见自己玩忽职守的行为可能发生使公共财产、国家和人民利益遭受重大损失的危害结果，因为疏忽大意而没有预见，或者已经预见而轻信能够避免[5]。审判机关的裁判要旨是重要的司法参照，为正确理解和分析两个罪名提供了依据。

通过分析最高人民法院裁判要旨，细致分析要旨背后的理论原理，结合立法者分设这两个罪名的立法意图，可以提炼出区别滥用职权罪和玩忽职守罪的关键点。两者在犯罪构成主观方面均可以为故意，但滥用职权罪表现为不正确行使职权或者超越职权，而玩忽职守则表现为行为人严重不负责任。接下来结合本案具体案情可以进一步提炼争议焦点，刘某审批张某涉黑案件报告行为显然不属于超越职权，那么本案的争议焦点就在于刘某“放水”审批的行为究竟属于不正确行使职权还是严重不负责任行使职权，进而可以简单概括为是“不正确”行使职权还是“不认真”行使职权，从而明确了解决分歧问题的核心所在。

（二）厘清因果关系，准确界定行为责任

刑法中的因果关系是指危害行为与危害结果的引起与被引起的客观关系。刑法因果关系是行为事实与价值评判的相统一，它不仅是一个事实问题，更为重要的是一个法律问题，应当从事实和法律两个方面予以考察，使之真正成为客观归咎的根据[6]。结合本案来看，解决分歧焦点的关键之一在于刘某的“放水”审批行为与张某涉黑团伙做大危害的后果之间是否存在刑法上的因果关系。

我国刑法因果关系理论通说认为，凡是一般人所能预见到的行为与结果之间的伦理上的条件关系，不论行为人是否预见，都认为存在刑法因果关系；凡是为一般人所不能预见，但行为人能预见的，也认为存在刑法因果关系[7]。结合

5 刘德权著：《最高人民法院司法观点集成·刑事卷Ⅲ》，中国法制出版社2017年版，第1609页。

6 陈兴良著：《规范刑法学》，中国政法大学出版社2003年版，第86～89页。

7 于志刚著：《案例刑法学总论》，中国法制出版社2010年版，第1113页。

本案案情来讲，刘某作为公安系统领导干部，对全市刑侦系统负总责，多年的从警及领导经历决定了其应当知道“放水”批案行为的后果，其行为与张某涉黑组织做大的危害后果之间具有刑法上的因果关系，因此构成渎职犯罪。通过厘清因果关系，准确定性行为属性，为接下来解决认识分歧奠定了基础。

（三）细化证明标准，精准适用推定规则

我国刑事诉讼证明标准要求，所有证明的犯罪事实都必须有证据进行证实。在缺乏刘某口供等直接证据证明或印证时，推定刘某行为时的主观心态必须结合刘某实施的具体犯罪行为，运用逻辑法则和经验法则对刘某内心想法和真实目的作出综合性判断，可以围绕“不正确”行使职权还是“不认真”行使职权这一核心问题进一步细化证明标准。

笔者认为，“不正确”行使职权更多倾向于积极作为，具有主动性、针对性和扩张性的特点，对可能造成的损失后果是持无所谓的心态。而“不认真”行使职权更多倾向于消极作为，表现为随意性、懈怠性和限缩性的特点，对可能造成的危害后果认为不会发生或者轻信能够避免。对照案情事实行为来看，刘某“放水”审批的行为不具有主动性和扩张性，其是顺着承办人意见签署同意的意见，也没有表现出针对性，没有证据证明刘某曾通过“打招呼”的方式直接干预承办人或分管责任人。相反，刘某“放水”审批行为更多体现出随意性、懈怠性的特点，顺着承办人的意见“不较真”，仅限缩在自身审批这个环节，明知张某已被列入涉黑人员名单也没要求严查，“不认真”行使职权的特性表现得更为明显，更符合玩忽职守罪主观心态的证明标准要求，能够达到“确实、充分”的证明程度。

（四）注重证据印证，综合考量危害后果

紧扣本案事实证据，通过考量行为人对危害结果所持的主观心态，可以进一步印证“不正确”行使职权还是“不认真”行使职权的问题。滥用职权罪中行为人对危害后果的发生在主观上一般是出于故意，包括直接故意和间接故意；而玩忽职守罪中行为人对发生危害后果主观上是过失，包括疏忽大意的过失和过于自信的过失。

结合本案事实证据来看，仅以刘某与张某保持不正当交往、收受贿赂为由就推定其必然滥用职权、不正确履行职务，据理不足。刘某收受贿赂行为已按受贿罪论处，不能重复评价，更不宜以整体行为刑法理论进行解释。案中事实证据无法证明刘某干预张某涉黑案件侦查或对办案人员施加影响，也没有证据证明刘某在审批案件过程中有“不正确”履行职务或对相关人员施加影响，难

以证明刘某对张某涉黑案件做大的危害结果持希望或放任的态度。从尊重事实证据的角度出发，基于刘某公安系统领导的身份和工作经历，以及其已掌握张某已被列入涉黑人员名单这一信息事实，将刘某行为定性为玩忽职守罪，评价其主观上应当知道危害后果可能发生，对危害后果的产生存在过失，属于“不认真”履行职责，更加符合逻辑法则和经验法则。

综上所述，通过提炼争议焦点、厘清因果关系、细化证明标准、注重证据印证的思维路径，可以有效解决渎职犯罪主观心态认定分歧问题，符合司法工作的一般规律。

四、余论

波斯纳大法官在《法官如何思考》中提出，司法是一门实用主义的科学，“强调司法要关心后果，以及因此而来的基于后果而不是基于概念和一般性作出政策判断的倾向”[8]。本案一审判决认定刘某构成滥用职权罪，刘某认为定性不当，辩解如果自己构成滥用职权罪，那么所有参与审批张某涉黑案件报告的公安人员都应追究渎职责任。该案在当前扫黑除恶工作形势下备受关注，如何做到既让被告人认罪服法，又要实现办案政治效果、社会效果和法律效果的统一，是笔者最为关心的司法后果问题。

案件进入二审阶段后，经过讨论分析分歧意见，听取被告人辩解，深入研究滥用职权罪和玩忽职守罪的区别，笔者认为应当坚持从事实证据出发，实事求是，准确认定刘某“放水”审批时的主观心理，尤其是对张某涉黑组织做大危害的结果所持的主观心态，并进而提出改变罪名定性的意见。二审法院接受意见改判刘某构成玩忽职守罪，维持一审刑期总数不变。既对刘某的辩解意见进行了有力回应，又顺应了当前扫黑除恶的形势要求，对刘某“不认真”履职行为进行了否定性评价，实现了良好的办案效果。本文笔者抛砖引玉，期待引发对渎职犯罪主观心态认定问题更深层次的研究和探讨。

8　［美］理查德·波斯纳著：《法官如何思考》，苏力译，北京大学出版社2009年版，第217页。

《刑事诉讼法》修改后对技术侦查手段获取证据如何质证的一些思考

张冬亮*

长期以来，技术侦查证据在庭审中的示证、质证处于摸索阶段，技术侦查法制化一直是司法体制改革的专项任务。随着《刑事诉讼法》的修改，重大疑难案件中通过技术侦查获取材料的证据能力和证明力、示证以及质证的程序、鉴真规则必将成为控辩审三方关注的焦点。如何保护技术侦查方法与过程不被泄密、保守国家秘密、保证公民的人身安全和保障当事人的诉讼权利，是本文探索的重点所在。

2018 年 10 月 26 日，第十三届全国人民代表大会常务委员会第六次会议表决通过关于修改《刑事诉讼法》的决定，新的《刑事诉讼法》自 2019 年 1 月 1 日起施行。法律修改后，我国确立了刑事缺席审判制度、认罪认罚从宽制度，完善了与《监察法》的衔接机制，但对如何使用技术侦查证据参加庭审、支持诉讼，存在大量的法律留白。一直以来，各地在办理实务案件中操作各不相同、五花八门，既影响了法律的严肃性，也招来了大量的质疑声，针对这一问题相信短期内很难形成统一规范。

2008 年，中央政法委《关于深化司法体制和工作机制改革若干问题的意见》指出："为适应新形势下依法打击重大犯罪的需要，明确技术侦查、秘密侦查措施适用主体、范围、审批程序以及取得证据的法律地位。"并在 2008 年至 2012 年的中央司法改革过程中，将技术侦查证据使用问题列为专项改革任务。

近期，广州市第一宗庭审当中直接使用技术侦查证据指控犯罪事实的案件在中院开庭。本文希望通过梳理案件的审理过程，并结合国内外的先进经验对

* 张冬亮——广州市公安局天河分局法制大队副大队长。

该类证据的使用进行思考，以厘清该类证据资格、证明能力大小、示证质证方式等问题，进而提出可行建议，为规范此类证据庭审质证的流程提供参考，达到惩罚犯罪和保障人权的刑事诉讼目的。

一、案件情况

2016 年 2 月 24 日，被告人陈某锋与同案人林某填商定，以每公斤 26000 元的价格交易毒品甲基苯丙胺 7000 克给卖家林某城。次日，陈某锋到广州市海珠区某小区，分两次将毒品甲基苯丙胺 7000 克交给卖家，上述交易完成后，林某城被公安人员抓获，当场被查获白色晶体 7 包（经检验，净重 6960. 12 克，检出甲基苯丙胺成分，含量为 72. 2%）。2016 年 3 月 1 日，陈某锋接到同案人林某填的毒品后，将毒品价款现金人民币约 25 万元交付给林某填，随即将收到的上述毒品甲基苯丙胺 10000 克交给现场另一同案人。上述交易完成后，陈某锋驾车离开，当日陈某锋被抓获。陈某锋归案后，一直拒不供认贩卖毒品的犯罪事实。2017 年 1 月 4 日，广州市人民检察院指控陈某锋犯贩卖毒品罪。庭审期间，因之前指证陈某锋贩卖毒品的同案人林某填当庭翻供，同年 8 月 25 日，公诉机关撤回了对陈某锋的起诉。2018 年 7 月 26 日，公诉机关在补充了被告人陈某锋犯罪事实的证据特别是技术侦查证据后，重新对陈某锋提起公诉。

庭审阶段，公诉人出示了物证、书证、同案人供述、鉴定意见、证人证言，陈某锋一致矢口否认，坚称自己没有贩毒，当公诉人出示了相关的技术侦查证据——原始语音、翻音材料、定位信息时，陈某锋态度发生极大转变，当庭承认了贩毒的事实，表示认罪伏法，希望法庭给予改过自新的机会。经过审理，广州中院依法判决被告人陈某锋死刑，剥夺政治权利终身，并处没收个人全部财产。宣判后，陈某锋当庭表示不上诉。

可以说，这是一宗案件事实查证清楚、证据确实充分、程序依法合理、判决结果公正的成功案例，也是广州市第一起直接使用技术侦查证据支持庭审的典范，必将对今后的同类质证案件起到指导作用。但是，回溯过往我们发现，多数案件庭审采用的证据类型是侦查人员出具的情况说明，其是否具有证据效力以及在客观性方面一直遭到辩方律师的质疑。即使本案中使用原始语音材料，从保护技术侦查方法与过程等国家秘密不被泄露的角度出发，究竟该不该使用、该如何使用以及使用到什么程度，也都值得深入探讨。

二、我国证据类型的现状

（一）证据资格

先有证据资格才谈证据能力。证据种类是法律对证据的不同表现形式所作的规定，在诉讼活动中，证据种类具有重要意义，倘若不符合证据的法定种类要求，便难以成为定案依据的证据。[1] 根据《刑事诉讼法》及其司法解释，一份材料同时具备合法性、客观性、关联性时，即取得证据资格，拥有了证据能力，具备了可采性。该法第一百五十四条规定，依照本节规定采取侦查措施收集的材料在刑事诉讼中可以作为证据使用。在法律层面上，为该类材料认定为证据提供了理论依据。

与此同时，我国对证据的形式与分类有十分严格的要求，即必须将某类材料纳入法定证据形式范畴，如果未能纳入，该材料就缺乏证据资格。现阶段司法实践中，技术侦查措施收集的材料分为原始语音、翻音材料和情况说明三种。其中，原始语音是专门人员通过技术手段获取的通话内容；翻音材料是实施监听的专门人员通过监听录音、对内容进行整理后形成的材料；情况说明则多为监听人员之外的侦查人员对监听手段及结果的简要说明。

以上三种材料，从法定证据分类的角度来看，原始语音应归为视听资料、电子数据，属于电话监听获得的原始证据；翻音材料则是反映案件情况的书证；情况说明则并非法定证据种类。因此，前两者具有证据资格，而情况说明不属于法定证据种类，不应当具备证据资格和证明能力。

（二）证明力

如果说证据能力的表征是证据的外在形式，那么证明力的表征则是证据的内在价值。通常来说，直接证据的证明力要大于间接证据，此处讨论的证明力是针对同一待证事实的同一内容但表现形式不同的证据来进行比较，因为两组证明不同内容的证据没有可比性。以前述的案件为例分析，从证明力的角度进行比较，语音材料的证明力最优，翻音材料次之，情况说明则没有证据资格，更没有证明力。我国司法实践中，多数案件审理采用翻音材料和情况说明，使用原始语音材料则罕见。

国外研究表明，即使使用证明力最强的语音材料，也并不必然带来高定罪率。究其原因，该类证据并不能直接证明实施犯罪的过程，它必须结合其他证据进行补强才能定罪量刑。从这一点来说，使用技术侦查证据具有相当大的风险，如果不能将嫌疑人绳之以法，泄密几乎不可避免。因此，在现阶段没有成熟机制的情况下，是否有必要冒着暴露侦查手段的风险来进行个别案件的示证、质证，值得公检法机关认真总结和深刻思考。

1　李佳臻：《我国证据法定种类问题研究》，载《镇江高专学报》2018 年第 31 卷第 2 期。

三、示证和质证的现状、问题和应对方法

（一）出示、质证原则

《刑事诉讼法》第一百五十四条规定：依照本节规定采取侦查措施收集的材料在刑事诉讼中可以作为证据使用。如果使用该证据可能危及有关人员的人身安全，或者可能产生其他严重后果的，应当采取不暴露有关人员身份、技术方法等保护措施，必要的时候，可以由审判人员在庭外对证据进行核实。

该条文的“可以作为证据使用”，应该理解为并非必然作为证据使用。这是因为侦查措施获取证据既是一种侦查手段，也是一种取证方法，但二者中的侦查效能更为明显。因此，出示此类证据的前提，一是针对特别严重的暴力犯罪，二是案件在庭审中穷尽一切证据仍不能达到证明标准，必须通过该类证据的补强并可以达到证据确实充分的证明标准。

在条文中，技术侦查证据质证的方式共有三种——常规质证、保护措施下的质证以及庭外核实，并进一步规定了常规质证是原则、其他形式是补充的适用顺序。[2]但在司法实践中，法院并没有按照这一次序适用调查方式，而是作了重新排序，最为频繁使用的是保护措施下的示证、质证方式，其次是庭外核实，理应作为普遍适用方式的常规示证、质证方式却基本成了例外。

2016年，中央政法机关出台的《关于推进以审判为中心的刑事诉讼制度改革的意见》明确，“完善技术侦查证据的移送、审查、法庭调查和使用规则以及庭外核实程序”是司法改革的一项重要任务。根据《最高人民法院关于适用〈中华人民共和国刑事诉讼法〉的解释》第二百二十条的规定，公诉人、当事人及其法定代理人、辩护人、诉讼代理人补充的和法庭庭外调查核实取得的证据，应当经过当庭质证才能作为定案的根据。但是，经庭外征求意见，控辩双方没有异议的除外。该解释明确了庭外调查核实的证据，应当经辩方辩论质证才能作为定案证据，因此技术侦查证据不应成为例外。从保障被告人权利的角度，只有辩方知悉证据才能对证据发表意见进行质疑，这是自然正义与正当程序原则的基本要求，联合国《公民权利和政治权利国际公约》对此也作了明确规定。因此，从法治发展的角度，明确对技侦手段取得证据也应当质证的原则将是大势所趋。

（二）三种材料的使用现状与存在问题

如文章开始提到的案例一般，技术侦查证据在大宗毒品犯罪案件中使用，

2　程雷：《技术侦查证据使用问题研究》，载《法学研究》2018年第5期。

被告人多数拒不认罪。通过查看过往刑事裁判文书可发现，绝大多数案件采用翻音材料，其次是情况说明（前文已将其作为非证据予以认定），原始语音材料少之又少，究其原因，应该是实务中为了保护侦查手段和保障公民权利的折中结果。

但是，这种结果并不能完全解决问题，因为辩方律师会对翻音材料和情况说明的关联性、合法性、客观性提出质疑，不通过质证、仅采用庭外调查的方式，很难完全保障犯罪嫌疑人的质证权，判决的公信力将会大打折扣。

（三）改变现状的具体方法

一是减少情况说明的使用。情况说明，无论是从法定证据类型的维度，还是从客观反映案件本身情况的角度，都不宜成为适格的技术侦查证据的替代品，因此，应当减少情况说明的使用，这符合当代庭审示证和质证的趋势。

二是明确质证的必要性和具体方法。联合国《公民权利和政治权利国际公约》第十四条对质证权有明确规定，我国作为加入国，理应保障辩方知悉指控犯罪的证据并提出质疑的权利，因此，当穷尽其他证据仍无法查清犯罪事实，需要技术侦查证据支持诉讼时，该证据应当毫无例外地进行质证。同时，该类证据的开示必须在不公开审理中进行，法庭审判中依法不能公开特殊侦查手段的使用过程和取证方法。[3]此外，对于被告人在质证过程中已经表示认罪的，应当遵循适度原则，达到足够支撑定罪量刑即可，不必展示所有的该类证据。笔者认为，前文案例中当第一批技术证据已使被告人认罪服法后，仍将其他技术侦查证据一股脑地予以开示，是否必要值得商榷。

三是在我国的公共法律服务重大战略下，吸收西方成熟经验，构建具有我国特色的特定律师代理制度。在美国，法院通过国家安全认证的特定律师阅览该类证据，在英国，也有类似的特定律师（Special Advocates）代理制度。[4]公共法律服务是新时代党和国家治国理政的一项重大战略，对于维护社会的公平正义、建设中国特色社会主义法制体系、建设社会主义法治国家，推进国家治理体系和治理能力的现代化具有重要的意义。十九届三中全会提出要加强和优化政府服务法律职能，推动公共法律服务主体多元化、提供方式多样化等决策

3 宋志军、杨奇山：《论毒品犯罪案件技术侦查的证据转化》，载《辽宁师范大学学报（社会科学版）》2019年第1期。

4 Edwards and Levis v. The United Kingdom, 2003, application no. 39647 /98 and 40461 /98, ECHR, para. 40.

部署。[5]因此，在英美成熟特定律师代理制度的基础上，可以尝试将该项工作纳入国家公共法律服务的范畴，参考我国法律援助制度的成熟模式，建立适应国情的特定律师代理制度。该制度在经费上可以比照法律援助制度由国家承担该项证据的质证开支，在人员选择上根据律师代理国家安全事务的职业经历与表现情况，严选律师进入编制名录，再由其专门负责包括技术侦查证据质证等在内的涉及国家秘密事项的辩护与代理工作；律师质证后可以告知被告人相应证据的内容，听取被告人意见后形成辩方的综合质证意见，并与控方、审判人员进行进一步的交流、辩论。

四、对策建议

随着社会不断发展和打击犯罪的需要，相信在未来将侦查措施获取的证据用于定罪量刑的情形会越来越多。为了应对新的形式、满足新的需求，中央政法机关2016年出台了《关于推进以审判为中心的刑事诉讼制度改革的意见》。2017年10月18日，习近平总书记代表第十八届中央委员会向大会作了题为《决胜全面建成小康社会　夺取新时代中国特色社会主义伟大胜利》的报告，在“新时代中国特色社会主义思想和基本方略”部分指出，要坚持全面依法治国、深化司法体制改革。根据总书记的指示，结合该类证据使用的现实状况、国外先进经验以及《刑事诉讼法》修改的契机，提出以下建议：

（一）立法层面明确示证、质证原则

全国人大常委会可以通过立法解释明确基本原则和使用程度，以及明确庭外核实是否仍有必要质证的法律留白问题，从制度层面平衡打击犯罪和保障人权的关系。

（二）司法环节完善使用、鉴真规则

对于技术侦查措施获得的证据质证，应当严格按照常规质证、保护措施下质证、庭外核实的顺序进行，并且理论上应当优先使用原始证据。如确实为了确保侦查手段秘密、侦查人员安全使用传来证据，应当使用实物证据的鉴真规则，同时法官应当庭外对其进行核实，并经过质证以保障辩方的质证权。

5　曹吉锋：《公共法律服务范畴中政府购买服务政策与实践》，载《陕西行政学院学报》2018年第4期。

（三）侦查、司法阶段制定配套措施，平衡价值冲突

将“使用翻音材料为常态，使用语音材料为例外”的工作制度继续沿用下去，适时制定使用翻音材料的工作标准，规范该类证据的收集、制作、使用行为，以达到提升证据证明能力的效果。

同时，在我国的公共法律服务重大战略下，合理借鉴欧美等国家的先进经验，制定符合我国司法实际的特定律师代理制度，以国家的公信力和充足经费为坚强后盾，并遴选、指定专门律师进行特殊辩护和代理，实现既保障当事人的合法权益，又保守侦查措施秘密的双重效果。

“一带一路”倡议下中国中小企业“走出去”面临的国际经济法律问题

蒋小文*

2013年9月7日，习近平主席在哈萨克斯坦纳扎尔巴耶夫大学发表演讲时表示：为了使各国经济联系更加紧密、相互合作更加深入、发展空间更加广阔，中国和相关国家可以用创新的合作模式，共同建设“丝绸之路经济带”，以点带面，从线到片，逐步形成区域大合作。2013年10月3日，习近平主席在印尼国会发表演讲时表示：中国愿同东盟国家加强海上合作，使用好中国政府设立的中国—东盟海上合作基金，发展好海洋合作伙伴关系，共同建设21世纪“海上丝绸之路”。2014年5月21日，习近平主席在亚信峰会上做主旨发言时指出：中国将同各国一道，加快推进“丝绸之路经济带”和“21世纪海上丝绸之路”建设，尽早启动亚洲基础设施投资银行，更加深入参与区域合作进程，推动亚洲发展和安全相互促进、相得益彰。2014年11月8日，在加强互联互通伙伴关系对话会上，习近平主席指出共同建设丝绸之路经济带和21世纪海上丝绸之路与互联互通相融相近、相辅相成。

“一带一路”贯穿亚欧非大陆，其中，丝绸之路经济带重点畅通中国经中亚、俄罗斯至欧洲（波罗的海）；中国经中亚、西亚至波斯湾、地中海；中国至东南亚、南亚、印度洋。21世纪海上丝绸之路重点方向是从中国沿海港口过南海到印度洋，延伸至欧洲；从中国沿海港口过南海到南太平洋。[1]“一带一路”

---

* 蒋小文——西南政法大学国际法学专业2015级博士研究生，深圳市司法局副局长。

1 国家发展改革委、外交部、商务部：《推动共建丝绸之路经济带和21世纪海上丝绸之路的愿景与行动》，载新华网，http：//www. xinhuanet. com/world/2015 －03/28/c_ 1114793986. htm，最后访问于2019年4月20日。

战略是在后金融危机时代，中国作为世界经济增长的重要引擎之一，将自身所拥有的相对产能优势、技术与资金优势转化为合作优势，在新的历史条件和新的国际形势之下实行全方位开放的一大创新。同时，“一带一路”倡议也是在“新常态”下，应对国内经济转型的重大举措。“新常态”下，我国正在降低经济增长目标，经济增长速度放缓，产业结构将必须作出调整，鼓励企业走出去开拓新的海外市场，在更广阔的区域驰骋和竞争，将中国的优质产品和技术输送到“一带一路”沿线国家，既有利于企业的发展和壮大，也有利于推动“一带一路”沿线国家的经济发展，加强文化交流与合作，增进与沿线国家的友谊。“一带一路”倡议对于国内的中小企业而言，是一次难得的机遇。

丝绸之路经济带所穿越的中亚国家以及海上丝绸之路所经过的东南亚国家大多属于发展中国家。这些国家的经济实力相对较弱，道路交通、生活配套、公共文化等基础设施一般比较落后，但正因为如此，一旦开放，这些国家经济发展的潜力非常巨大。我国企业在这些区域开辟市场，比较而言，其国内竞争对手不是那么强劲，我们可以给他们带去相对先进的技术、新的产品和货物，提高当地企业的生产能力和居民的生活水平，无疑会受到欢迎。尽管如此，对中小企业而言，由于其自身规模、资金、人力和资讯等方面能力所限，它们拓展海外市场之路比大型企业艰难得多，真正能够成功打开“一带一路”沿线国家的市场并站稳脚跟，需要付出艰辛的努力，尤其需要国家层面对一些国际经济法律问题进行研究并且与相关国家协商好解决机制，以保障中小企业在“一带一路”沿线国家的投资、商贸、工程建设等方面的合法权益。

围绕着在“一带一路”倡议背景下，如何通过解决一些国际法律问题，从而帮助中国的中小企业“走出去”，本文主要研究了以下国际经济法律问题并提出相关看法：一是税收方面的法律问题及其对策；二是融资方面的法律问题及其对策；三是市场开拓方面的法律问题及其对策。

一、企业税收法律问题及对策

中小企业“走出去”必须面对的问题之一是税收。税收是国家凭借政治权力或公共权力对社会产品进行分配的形式，是满足社会公共需要的分配形式，具有无偿性、强制性、法定性。简言之，企业税收是国家参与企业利润分配的一种方式。一国的税法通常会对税收种类、税率、征税方式和税收优惠进行规范。

适当优惠的税负无疑将为中小企业拓展海外市场轻装上阵提供便利的条件。“走出去”企业的税负来源于中国国内和东道国两个方面，其所面临的法律问题及相应的对策亦应当包括两方面：一是国内自身规范的完善；二是国家层面同东道国家对有关问题进行磋商，从而达成优惠于“走出去”中小企业的税收协议。

（一）完善国内法律法规，促进中小企业“走出去”

税收政策直接关系到企业资金的走向，而资金是企业生存发展的原动力。为使中小企业通过税收的优惠而取得必要的资金积累，从而扩充实力“走出去”，国内立法可以在以下方面做些功课：一方面，完善中小企业税收优惠制度，使中小企业享有更多更长久的税收优惠，有效保障我国中小企业的生存和发展。我国关于中小企业税收优惠制度的法律规定繁杂且零散，效力层级参差不齐。而对该项制度的完善必然伴随着对现存相关规定的系统归类，对各种法律文件的效力也须进行明确认定。[2]最终，国家可以通过在专业的税收法律或者《中小企业促进法》中规定税收减免方面的政策，鼓励中小企业拓展海外市场。另一方面，对妨碍中小企业“走出去”开展全球战略布局和影响企业国际竞争力的税收政策进行修订，研究完善境外税收抵免、跨境重组等税收政策，促进“走出去”企业提高税法遵从度。

（二）通过谈判签署协议，维护“走出去”中小企业的合法权益

中小企业通常规模较小、实力较弱，经营额、赢利量少，有胆量走出国境、参与国际竞争的中小企业尽管可能会稍微强大点，但是，其毕竟仍然属于中小企业，尤其是身处海外，谈判能力很弱。国家层面出面进行必要的协商，达成沟通机制和保护措施是非常必要的。首先，国家有关部门可以组织团队与“一带一路”沿线相关国家开展谈判，重点选择“一带一路”沿线和与我国有产能合作的国家（地区）开展谈签。[3]通过签署税收协定，以法律的形式为我国“走出去”企业提供稳定、透明、可预期的税收环境，保障企业在缔约国享受优惠税收的待遇，约定东道国对在其境内投资进行生产经济活动、提供就业机会的中小企业给予一定的税收优惠。其次，充分利用税收协定下的双边磋商机制，帮助“走出去”企业解决涉税争议，维护我国企业在缔约国的合法税收的权益，更好地帮助我国“走出去”企业化解境外税务争端，降低税收风险，避免税款损失。

---

2 沈木珠、孙成成：《国际金融危机下完善中小企业税收优惠制度的法律思考》，载《南京财经大学学报》2010 年第 1 期。

3 特约评论员：《发挥税务职能助力企业走出去》，载《中国税务时评》2015 年第 7 期。

二、企业融资法律问题及对策

中小企业经营规模不大，抗风险能力较差，从银行取得融资往往比较困难；中小企业融资难的另一个问题是融资成本偏高。这两个方面导致中小企业在国际投资过程中更加缺乏竞争力。融资难是制约中小企业发展的主要问题之一，无论是中国的中小企业，还是外国的中小企业，概莫能外。这一问题需要从金融、法律等多方面予以应对。就法律层面而言，包括国内融资法律的完善以及通过协商达成协定，从而支持中小企业获得国际融资。

（一）建立和完善国内融资法律制度，助力中小企业“走出去”

为了支持中小企业“走出去”，财政部和商务部2010年5月24日印发了《中小企业国际市场开拓资金管理办法》，但其作用显然是杯水车薪，需要从更广泛的维度来开辟中小企业的融资空间。为此，可以尝试通过制定专门的法律规范或者完善现有相关法律规范，创新融资担保方式，提供优惠贷款，为中小企业专项融资提供保障。

在融资担保方面，规定以下内容：（1）建立专门的担保机构或者积极开展与社会信用担保机构的合作，解决中小企业担保问题。担保机构按出资方式可分为政策性信用担保机构和民间的信用担保机构。政策性担保机构由政府财政建立，民间的信用担保机构由民间资本建立或中小企业共同参与建立，这两类机构都可以向中小企业提供有效担保，法律对这类机构的建立、运作和监管进行规范。（2）允许有条件的企业或个人提供担保。企业联保，经银行审核认可的企业可组成联合体，在一定金额内为联合体内的企业提供担保，联合体内的其他企业共同承担连带责任；个人担保业出资者或法人代表等自然人可为一定金额期限内的中小企业融资提供担保。（3）创新抵质押方式。对有条件提供质押的企业，可允许以企业的动产（包括产品、原材料等）作为质物。当然，前提是企业的质物为非易耗物。银行可向借款企业发放动产质押融资，缓解企业的短期资金难题。

在提供优惠贷款方面，可以规定国家政策性银行，如中国投资银行，有针对性地设立中小企业“走出去”贷款，对借款企业的资格条件予以明确、利息相对较低，为投资者充分利用国家资本进行境外投资和获取高额利润提供机会。韩国就有类似规定。该国的进出口银行专门设立了“海外投资基金”和“海外资源开发基金”，向境外投资企业提供优惠利率贷款，其主要贷款对象是投资于劳动密集型产业的境外中小型企业。[4]

（二）加强协商，争取海外融资渠道

主管部门在推进中小企业开拓海外市场时，既要认真研究如何运用国内的金融工具和专项资金，也要与“一带一路”沿线国家共同商议对策，帮助我国和对方国家的中企业解决融资难题，可以在如何建立中小企业融资渠道、中小企业的融资服务体系、促进中小企业间接融资等方面开展研究和对话，成熟时，还可以在一些领域制定促进中小企业融资的政策和措施。另外，我国主导创建了亚洲投资基础设施开发银行，在研究制定银行的贷款政策时，对于参与“一带一路”沿线国家基础设施建设的中小企业，可以适当予以倾斜。

三、工程建设、政府采购法律问题及其对策

中国的中小企业趁着“一带一路”倡议的东风开拓沿线国家的市场，除了采用投资、创业的形式，还会涉及参与工程建设以及推销自己的产品等方式。在工程建设方面，很有可能面临工程招投标资质、竞争力等问题，中小企业无疑存在相对劣势；在产品的销售方面，由于中小企业在销售渠道、销售网络建设方面不具优势，且产品的知名度可能不高，其市场竞争力必然弱。针对这种状况，国家可以出台一些政策，采取一些措施帮助中小企业化解难题。

（一）在产品的销售方面，积极促进中小企业参与东道国的政府采购

政府是产品市场，尤其是办公产品市场的重要购买者，各国都很注意对政府采购行为进行规范，也经常会通过在政府采购时予以适度倾斜来促进某一产业的发展，一些国家还要求政府采购时对国内中小企业采取扶持性政策。在许多 FTA 协议中，也会对缔约国提出要求，明确缔约国必须在政府采购中为中小企业参与政府采购提供便利，最明显的如 2015 年 10 月出炉的 TPP 协议（《跨太平洋伙伴关系协议》），其中设有“政府采购”专章，该章有题为“便利中小企业的参加”[5] 专条，要求缔约方应当尽可能并在适当的情况下，采取措施便利中小企业参加协定所涵盖项目的政府采购活动。我国在与“一带一路”沿线有关国家协商政府采购问题时，可以通过签署协议，争取让对方同意在采购我国产品时，适当关注中小企业的产品，进一步提高政府采购信息发布透明度，为中

4　赵建军：《国外扶持企业走出去的金融政策及其启示》，载《首都经济贸易大学学报》2005 年第 2 期。

5　《跨太平洋伙伴关系协议》第 15.21 条。

小企业创造更多的参与国际竞争的机会。

（二）通过政策倾斜及双边协议的约定，为中小企业参与工程建设创造机会

基础设施的互联互通，是“一带一路”倡议的重要内容，也是开展其他投资、商贸活动的重要条件，中国一些开展铁路、公路建设的大型企业已经摩拳擦掌、跃跃欲试，相关上市公司的股票也大幅度涨了不少。基础设施的建设对大企业来说是重大机遇，对中小企业而言，如果国家引导得当，也是良机。亚洲投资开发银行可以在制定贷款政策时，对贷款项目的中小企业参与程度予以规定，在审核项目时，对于没有达到标准的，不予贷款。我国也可以与基础设施所在国进行必要的磋商、签署协议，约定该国在进行工程招标时，要求中标项目必须有相当比例的设备或者材料来源于中小企业，投标企业的标书中务必列明其今后所使用的设备或者材料来源于中小企业的情况，也可以要求中标的企业将合同分包给中小企业。TPP 协议中就有中标企业将合同分包给中小企业的要求。[6]

四、政治风险及其规避对策

“一带一路”沿线的东南亚和中亚国家不仅仅在经济上处于发展阶段，一些国家的政治格局也充满着变数：有的存在着激烈的民族矛盾，有的政局不稳，冲突、政变甚至战争时有发生，在这种动荡面前，外国企业（尤其是中小企业）是无能为力的，将是最主要的受害者之一。为了尽可能规避这种情形，企业的母国政府通常会从国内建立保险机制并与东道国政府事先签署投资保护协议，通过签署投资保护协定，尽可能规避政治风险，保护本国投资者的安全和利益。为此，一方面，国家应当尽快制定《对外直接投资保险法》，对如何保护海外投资进行明确规定，如：建立负责保护海外投资的机构、机制，加强安全监管，建立中国企业对外直接投资风险评估体系，完善对外直接投资合作境外安全风险预警和信息通报制度，建立常态化的境外风险应急救助机制。还可以建立专门的对外直接投资保险机构，设立对外直接投资救急基金。同时，还要改进信息服务及发布方式，进一步完善我国的领事保护制度，切实保护境外中国公民和企业的安全与利益。另一方面，中国政府要与更多的国家签订双边投资保护协定，对征收条件和补偿以及争端解决程序等事先作出尽可能清晰的约定。

---

6 《跨太平洋伙伴关系协议》第 15.21 条第 3 款（d）规定：“为便利中小企业参加涵盖采购，每一缔约方应尽可能并在适当情况下考虑采购的规模、设计和结构，包括将合同分包给中小企业。”

结语

李克强总理在2015年政府工作报告中指出："开放也是改革。必须实施新一轮高水平对外开放，加快构建开放型经济新体制，以开放的主动赢得发展的主动、国际竞争的主动"，"加快实施走出去战略。鼓励企业参与境外基础设施建设和产能合作……让中国企业走得出、走得稳，在国际竞争中强筋健骨、发展壮大"。"一带一路"倡议是国家进行谋篇布局的大战略，其影响非常深远，为中国企业"走出去"参与国际竞争提供了一个舞台，也是中小企业的一个良好机遇。但是，鉴于中小企业自身条件所限，其参与竞争的能力受到了限制，面临着一些需要国家出面解决的国际经济法律问题，如税收、融资、投资风险、市场准入等。对于些问题，可以通过国内立法和国际协议两方面予以应对。

一方面，通过完善本国相关法律规范予以逐步解决中小企业"走出去"所遇到的国际经济法律问题，从整体的层面而言，国家可以加快对外投资的立法工作，建立对外投资法律体系，确保中国对外投资有法可依。此外，还可以对现行的有关法律法规或者文件进行相应的修改。我国目前关于中小企业的法律法规及政策主要有：第九届全国人民代表大会常务委员会第二十八次会议于2002年6月29日通过、自2003年1月1日起施行的《中小企业促进法》，此后，各省、自治区、直辖市以及较大市都依据国家法律、结合本地实际，制定相应的地方性法规；国务院于2009年9月19日发布的《国务院关于进一步促进中小企业发展的若干意见》；财政部和商务部2010年5月24日印发的《中小企业国际市场开拓资金管理办法》；2011年12月29日由财政部、工业和信息化部以财库〔2011〕181号印发、自2012年1月1日起施行的《政府采购促进中小企业发展暂行办法》。前述几项法规、文件都有关于支持中小企业走出国境、开拓国际市场的规定。在进行修改时，可以增加一些强制性的、操作性更强的规定。

另一方面，国家有必要、也有责任在与"一带一路"沿线国家进行经济贸易谈判时，将中小企业的海外发展作为一个重要考量，在签署的协议中尽可能多地写入体现促进和保护中小企业开拓海外市场的条款，为中小企业"走出去"提供法律性的保障。当然，最理想的方式是我国与几个国家共同签署或者与条件成熟的国家分别签署一揽子协议，作出一些互惠的安排，促进各自中小企业在对方国家开拓市场。中小企业在东盟国家的经济中占有重要地位，这些国家也是比较重视帮助中小企业发展的，采取了一些措施促进中小企业开拓国际市场，比如：东盟国家与英国的研究机构共同编制了名称为《Taking advantage of ASEAN's free trade agreement》的手册，专门用于指导如何进行国际贸易。我们可以综合分析这些国家在发展中小企业方面的政策需求，以及我国中小企业进入这些国家市场所面临的政策法规方面的障碍，通过谈判协商，达成一揽子方案，以利于双方的中小企业在对方国家的发展。但是，上述一揽子协议的形式通常需要很长的时间，要经过艰辛的历程。比较可行的办法是针对一个一个的问题，分别作出制度性的安排，逐项、逐步推进问题的解决。另外，每个国家和地区对中小企业的界定标准并不一致，有一点共通的便是都采用企业所雇佣员工的人数作为重要甚至唯一的认定标准。对中小企业采取什么样的界定标准，需要签署有关协议前沟通好，并且在协议中予以确认。

中小企业“走出去”已成为我国对外开放的重要组成部分，“一带一路”倡议为中小企业“走出去”提供了机遇，但也面临不少挑战，尤其是国际经济法律方面的挑战，需要从国内、国际两个方面进行必要的应对。

浅议招摇撞骗罪与诈骗罪的想象竞合关系

伍尚昶*

本文探讨的主题基于以下基本案情：2016 年 10 月至 12 月期间，谭某经人介绍认识戴某后，向戴某谎称其为中国人民解放军南部战区某部队师长，以帮助拿到部队食堂食品供应资格为由，先后在本市白云区增槎路龙骏广场、东旺市场，骗得戴某人民币 24000 元。2017 年 1 月 8 日，谭某被民警抓获，并从其身上缴获假军官证 1 本。

笔者在起诉书认定谭某冒充军人骗取公民财物，其行为触犯了《刑法》第二百六十六条，应当以诈骗罪追究其刑事责任。

经办法官认为，谭某冒充军人招摇撞骗，骗取了公民财物 24000 元，妨害了军队与军人的良好威信及其正常活动，其行为同时符合诈骗罪和冒充军人招摇撞骗罪的犯罪构成。《刑法》第二百六十六条诈骗罪的后半段明确规定有“本法另有规定的，依照规定”，据此，本案应当以冒充军人招摇撞骗处罚。

《中国刑事审判指导案例 04》中的第 246 号《梁其珍招摇撞骗案——法条竞合及其法律适用的原则，招摇撞骗罪与诈骗罪的区分》一文中，认为招摇撞骗罪与诈骗罪是交叉竞合的法条竞合关系，“而第二百六十六条后半段又明确规定有‘本法另有规定的，依照规定’，据此，当行为人的行为同时符合该两法条规定的犯罪构成时，应当一律使用第二百七十九条的规定，以招摇撞骗罪追究其刑事责任”。[1]

笔者认为，上述观点不正确，招摇撞骗罪或者冒充军人招摇撞骗罪与诈骗

---

* 伍尚昶——广州市白云区人民检察院公诉科员额检察官。

1 中华人民共和国最高人民法院刑事审判第一、二、三、四、五庭主办：《中国刑事审判指导案例 04》，法律出版社 2017 年版。

罪的关系应当是想象竞合的关系，而不是法条竞合，本案依照想象竞合从一重的原则，应当按照诈骗罪定罪处罚。

要厘清这个问题，不得不从法条竞合与想象竞合的概念及区分说起。可是“法条竞合犯与想象竞合犯的区分，是刑法理论尚未完全解决的问题”[2]，“许多学者投入大量精力，试图对这一问题做出令人满意的解答，至今未能如愿”[3]。本文从通说的角度出发，论证这一观点。

一般认为，在形式上，法条竞合的两个法条之间存在包容或交叉关系，一般犯罪的内涵从属于特别犯罪的内涵，特别犯罪的外延从属于一般犯罪的外延。而想象竞合的数个法条之间，“只有借助特定的案件事实，才能使数个法条产生关联（甚至是包容关系），而案件事实改变之后，数个法条之间即为中立关系乃至对立关系”[4]。在实质上，想象竞合的行为侵犯的是数个不同的法益，数个法益之间并不能彼此包容，而法条竞合的行为虽然也侵犯了两个法条所保护的法益，但是特殊法条所保护的法益能够完全包含普通法条所保护的法益，因而实质上侵犯的是一个法益。笔者赞同这种观点，想象竞合与法条竞合的形式区别与实质区别，实质上是一个硬币的两个方面。形式上法条竞合的特殊法条的犯罪构成包含普通法条的犯罪构成，因而在实质上特殊法条所保护的法益亦包含普通法条所保护的法益。形式上想象竞合的数个法条呈中立关系，实质上保护的法益也各不相同。

我们再回到冒充军人招摇撞骗罪和诈骗罪的关系上来，首先在形式上，二者是属于交叉关系还是中立关系？上述第 264 号案例认为，二者是交叉关系，因而认为二者是法条竞合的关系。

交叉关系，即甲犯罪类型的一部分属于乙犯罪类型，但甲犯罪类型中的另一部分并不属于乙犯罪类型。[5]中立关系，指构成要件既不呈现非此即彼的对立关系，也非毫无关系的异质状态，而是呈现一种“平行线”的状态，但通过某个特殊的行为能够“激活”两个构成要件而发生交汇、竞合。[6]冒充军人招摇撞骗罪，指假借军人身份进行炫耀、蒙骗，不以骗取财物为要件[7]，而诈骗罪的犯罪构成为诈骗公民财物。可以看到两罪中，一个关键行为为冒充军人，另一

---

2 陈兴良：《刑法竞合论》，载《法商研究》2006 年第 2 期。

3 左卫坚：《法条竞合与想象竞合区分标准之评析与重建》，载《华南师范大学学报（社会科学版）》2009 年第 6 期。

4 张明楷：《法条竞合与想象竞合的区分》，载《法学研究》2016 年第 1 期。

5 陈洪兵：《不必严格区分法条竞合与想象竞合——大竞合论之提倡》，载《清华法学》2012 年第 1 期。

6 张明楷：《法条竞合与想象竞合的区分》，载《法学研究》2016 年第 1 期。

7 张明楷著：《刑法学》，法律出版社 2011 年版，第 1039 页。

个关键行为为骗取财物，从静态的犯罪构成判断，难以认为诈骗罪的哪一部分属于冒充军人招摇撞骗罪的一部分。只有在冒充军人骗取公民财物行为出现时，才使两个罪名有了交叉。所以，应当认为两个罪名属于中立关系。

上述第264号案例认为，从动态方面看，法条竞合具有四个特征，一是行为人实施了一个犯罪行为，二是该行为触犯了数个《刑法》分则条文，三是分则条文必须是性质不同的犯罪构成，四是分则条文在逻辑上存在竞合关系。[8]从文中来看，性质不同的犯罪，指的应当是排除同种犯罪的不同形态、构成法条竞合这种情形，与上文笔者所提法条保护法益的性质不是同一概念。在笔者看来，将上述特征套在想象竞合也是完全合适的，该特征并不能将想象竞合与法条竞合区别开来。

从实质上来，招摇撞骗罪骗取的对象主要不是财产，侵害的主要是国家机关的威信与想象[9]。同样，冒充军人招摇撞骗罪保护的法益是军队与军人的威望及正常活动，诈骗罪保护的法益是公民的财产权。两者之间是不同的法益，不存在包含与被包含的关系。而冒充军人骗取公民财物的行为，同时侵犯了两个法益，任何一个法条均无法单独完整评价该行为。

综上，无论从形式上还是实质上，均应当认定冒充军人招摇撞骗罪与诈骗罪的关系是想象竞合的关系，而非法条竞合的关系。而将这两者的关系认定为想象竞合的关系，是有实质意义的。

首先，将二者认定为想象竞合的关系，能够更大程度地做到罪行相适应，维护法律的公平公正。根据想象竞合从　重的处理原则，当二者竞合时，能够使用较重的法律对嫌疑人进行处罚。值得注意的是，这并非像周光权教授等人所宣称的对重刑主义的迷恋[10]，而是罪刑相适应原则的应有之义。因为该行为实实在在地侵犯了两个罪名所保护的法益。在仅侵犯了较重的法益的罪名时，可以按照该罪名定罪处罚，反而在侵犯该罪名的法益的同时又侵犯了另一罪名所保护的法益时，按照较轻的罪名定罪处罚，这在逻辑上是说不通的。

其次，将二者认定为想象竞合的关系，能够更好地处理冒充军人骗取财物数额特别巨大的情形。在冒充军人骗取财物数额特别巨大的情形中，如果根据想象竞合犯的原则认定为诈骗罪，法定刑为十年以上有期徒刑或者无期徒刑，并处罚金或没收财产。认定为冒充军人招摇撞骗罪的话，法定刑最高刑仅为十

8　中华人民共和国最高人民法院刑事审判第一、二、三、四、五庭主办：《中国刑事审判指导案例04》，法律出版社2017年版。

9　郎胜主编：《中华人民共和国刑法释义》，法律出版社2011年版，第503页。

10　参见周光权：《法条竞合的特别关系研究——兼与张明楷教授商榷》，载《中国法学》2010年第3期。

年有期徒刑。如果严格适用特殊法条优于普通法条的处理原则，无疑会导致罪行极不均衡。如果以“重法补充适用”（在有加重构成要件而无减轻依据的前提下）作为补充，虽然能够做到罪刑均衡，又与他们所宣称的当《刑法》明文规定“本法另有规定，依照规定”时，绝对排斥适用“重法优于轻法”相适用矛盾。而如果把这两者认定为想象竞合犯，则在处理冒充军人骗取财物数额特别巨大的情形时既能做到罪刑相均衡，又能维持严格遵循“本法另有规定，依照规定”的规定，且在实践中适用更为简单。

最后，将二者认定为想象竞合的关系，能够更好地实现刑法的预防功能。在法条竞合的场合，基于侵犯法益的同质性，没有必要将法条全部列举出来。但是在想象竞合的场合，因为侵犯的法益的不同质性，有必要把行为在判决中列举出来，并分别分析构成的罪名，最后根据从一重的原则决定定罪量刑。只有这样，才能充分地向嫌疑人及社会大众宣告，冒充军人为法律所禁止，骗取公民财物亦为法律所禁止，才能更好地发挥刑法的一般预防与特殊预防。

在解决了冒充军人招摇撞骗罪与诈骗罪的关系为想象竞合关系之后，再看本案如何处理。

在冒充军人招摇撞骗罪中，冒充军人招摇撞骗的，处三年以下有期徒刑、拘役、管制或者剥夺政治权利；情节严重的，处三年以上十年以下有期徒刑。在诈骗罪中，诈骗公民财物，数额较大的，处三年以下有期徒刑、拘役或者管制，并处或者单处罚金；数额巨大或者有其他严重情节的，处三年以上十年以下有期徒刑；数额特别巨大或者有其他特别严重情节的，处十年以上有期徒刑或者无期徒刑。

本案是属于冒充军人骗取了数额较大的财物的情形。在该种情形中，二者的主刑一致，均为三年以下有期徒刑、拘役或者管制，在附加刑中，冒充军人招摇撞骗罪可以单处剥夺政治权利，诈骗罪中可以并处或者单处罚金。笔者认为，在该种情形中应当以诈骗罪定罪处罚。第一，诈骗罪罪中的附加刑罚金可以并处，而冒充军人招摇撞骗罪中，只能单处剥夺政治权利；第二，判处罚金是剥夺一种现有的客观存在的经济利益，而剥夺政治权利是剥夺一种将来的或有的政治利益；第三，判处罚金与剥夺其骗取财物获得的财产利益相对应，能够更准确地打击犯罪与实现犯罪预防。因此，本案应当以诈骗罪定罪量刑。

浅议借款型受贿的认定

杨　翔*

【基本案情】

李某系某国家机关信息中心主任，因为业务关系，与某信息公司总经理丁某相识。2005年一天，李某给丁某电话，声称自己买房急需要钱，向丁某借款20万元，（后经查，李某当时名下有一个价值100万元的门面），丁某随即通过公司账户给李某划拨20万元，李某收到该笔钱款后，声称以后归还，并打下借条并出示给过丁某。但借条李某一直留在自己身上。据查，李某拿到钱后，并未买房，而是把钱都投入了股票市场，并获利。直到2012年，丁某与本单位会计产生纠纷，该会计宣称要把丁某和李某的事情告发，李某才急忙将所借款返还给丁某。检察院收到举报信后，对李某展开初查。

【分歧意见】

我们在办理本案的过程中遇到争议的焦点有三个：（1）李某的借款行为，是否属于受贿行为；（2）如果认定受贿，李某退钱的行为是否适用《最高人民法院、最高人民检察院关于办理受贿刑事案件适用法律若干问题的意见》（以下简称《意见》）第九条第一款关于收受财物后退还的问题。（3）如果认定受贿，李某受贿金额应当如何计算。

以上三个争议焦点，解决第一个问题是前提，即李某行为是否为受贿行为。只有先对李某的行为是否构成犯罪进行认定，才能对第二、三个焦点问题进行分析。

---

*　杨翔——广州市天河区纪律委员会监察委员会科员。

一、李某的借款型受贿罪的认定

准确判定李某借款行为是否属于以借款形式“非法收受他人财物”，对于准确打击犯罪及保护行为人合法权益具有极其重要意义。国家工作人员与普通公民一样，生活中都有客观存在的实际需要的借贷行为，但很多受贿案件中的行为人为逃避法律，常常会采用“以借为名”的方式掩盖受贿行为，从而让其受贿行为十分具有隐蔽性，这给侦查取证带来极大困难。

2003年最高人民法院《全国法院审理经济犯罪案件工作座谈会纪要》（以下简称《纪要》）第六项规定：“国家工作人员利用职务上的便利，以借为名向他人索取财物，或者非法收受财物为他人谋取利益的，应当认定为受贿。具体认定时，不能仅仅看是否有书面借款手续，应当根据以下因素综合判定：(1) 有无正当、合理的借款事由；(2) 款项的去向；(3) 双方平时关系如何、有无经济往来；(4) 出借方是否要求国家工作人员利用职务上的便利为其谋取利益；(5) 借款后是否有归还的意思表示及行为；(6) 是否有归还的能力；(7) 未归还的原因；等等。”

我们可以看到，《纪要》为我们具体认定“名借实贿”提供了总体方针和指导性意见，是处理此类案件的重要参考依据。但《纪要》是一个框架性的参考，在具体办案中，侦查人员还需要结合基础事实来将《纪要》内容更加丰实，这样推定出来的结果才能尽可能地保证全面、客观性[1]，才能将最高人民法院的精神贯彻到具体案件中来。

所谓保证基础事实的真实性，就是个案都具有特殊性，而办案要力图回到“真实过去”，就需要侦查人员综合调查获取的旁证对基础事实进行填充，用以推定，保证其真实。我们在开展侦查工作中，为了客观判定李某在该案中的行为性质，综合考虑了以下几个方面：

1. 借款事由。普通的民间借贷，一般是有特殊时间特别用途。通常，借款人往往是紧急情况下，自身经济比较拮据，才会需要借款。反之，则演变成受贿行为。利用借款的受贿中，大多都是在不急需用钱的情况下收受或索取对方的“借款”。如本案中的李某在借款时，其借款时名下尚有一套价值100万元的铺面，所以，在当时的经济情况下，李某完全有能力独立承担，所以其借款事由不正当。

2. 借款手续。借条作为借款手续的书面方式，是债权债务关系的凭证，由出借方持有，用以约束借款人的借款行为，从而使其履行还款义务。如果在受

1 罗猛：《“以借为名”的新型受贿案件认定》，载《中国检察官》2010年第3期。

贿案件中，双方有借条，是否就表明一定属于普通民间借贷？有学者[2]认为行贿、受贿双方多属于相互利用关系，如果行贿、受贿双方签订有借款手续，一旦其利用关系结束，该借款手续对于受贿方来说就是“紧箍咒”。所以该学者认为借款手续能够认定借款双方的关系。我们认为，借款手续虽然能够成为证明双方借款关系很重要的一个事实，但不能成为决定性因素。因为在司法实践中，事先或者事后所出具的借条，往往能成为受贿双方为了规避法律的制裁而采用的手段。例如本案中的李某，他与行贿人丁某之间确实履行了借款手续，且在借款发生时就产生。但借条是否发挥其本来的约束作用，却是令人怀疑的。一个本应出借人持有的借条，却一直由借款人李某持有，基于这种明显有悖常理的做法，我们可以推定这种“借款”在双方心中没有产生约束的法律效果。

3. 款项去向。款项的去向最能证明借款的事实是否合理成立。这里说的款项去向，不以借款时借款人的说法为准，而是借款后款项真正去向。如果“借”来的钱并非用于急需的地方，就表明借款人并非处于急需用钱的紧迫状态，其借款理由就是编造的。如本案中的李某，其借钱的真正用途是投资股票，而并非他所说的买房，股票是用来收益，买房是解决生活根本需求，以收益来代替需求，表明从法律意义上来说，李某并没有急需用钱的需要，借款只是掩盖受贿的一种手段，属于名为借贷，实为受贿。

我们还可以做个假设，如果李某确实以股票投资，急需要钱为名，从而进行借款，那是否属于合理的借款事由呢？有学者认为，“这种情况应认定为没有正当、合理的借贷事由，这与‘借’的钱存入银行生息这种无正当的借贷事由并无二致”[3]。我们也支持这种说法。作为国家工作人员，借款行为很大程度是基于其岗位，且借款款项为了获益，这种行为侵犯了国家工作人员的职务廉洁性。

4. 归还意愿。借款人的借款的主观真实意图可以从直接的口供或证言中去查明，同时也可以从借款人的归还能、行为、主观意愿等去综合考察。本案中，从归还能力上看，李某自2005年借款至2012年期间，依据其工资收入及名下房产，是有能力向丁某偿还借款的；另外，从主观意愿来看，2012年李某还款是出于当时在打压贪腐的高压形势下，担心自己事发，而不得不被动做出的一种行为，所以这种借款行为仍定为受贿。

所以，最终，我们认定李某是以借为名的受贿行为。

---

2 吕天奇著：《贿赂罪的理论与实践》，光明日报出版社2007年版，第289页。

3 廖福田：《受贿罪纵览与探究——从理论积淀到实务探究》，中国方正出版社2007年版，第582页。

二、李某还款行为是否属于收受财物后退还

针对受贿后退还行为，2007 年 7 月 8 日，最高人民法院、最高人民检察院联合发布的《意见》第九条指出“国家工作人员收受请托人财物后及时退还或上交的，不是受贿”。“国家工作人员受贿后，因自身或者与其受贿有关联的人、事被查处，为掩饰犯罪而退还或者上交的，不影响认定受贿罪。”

可以说，该《意见》为受贿退还行为的认定起到了指导作用。但是，在实践中，仍然有分歧。例如，本案中李某的行为是否属于《意见》所提到的“及时退还”，办案中存在两种分歧意见：第一种意见认为，李某的行为应当认定为“及时退还”，李某不构成受贿罪。因为《意见》第九条就是为了保护一些有受贿行为，但又有悔改意愿的国家机关工作人员，进而规定及时退还受贿款的行为不认为是犯罪。第九条第二款规定的“国家工作人员受贿后，因自身或者与其受贿有关联的人、事被查处，为掩饰犯罪退还或者上交的，不影响认定受贿罪”，是从反面对第一款内容作的解释，只有符合该第二条规定的行为才属于“不及时退还或上交”，才可认定为受贿罪。相反，只要行为人在被查处前主动退还，都应认定为是及时退还。第二种意见则认为，李某构成受贿罪，其退还行为不属于《意见》第九条中的“及时退还”。

笔者支持第二种意见，原因在于：

1. 应当正确认识第九条第一、二款之间关系，两则条款不是非 A 即 B 的或然关系，不能认为不属于第二款规定的情形，就应该适用第一款，毕竟，这两则条款并不是列举“退还”型受贿的所有情况，所以不可以为非此即彼。

2. 正确理解《意见》第九条的目的，是保护一些虽然有受贿行为，但内心并没有受贿故意的国家工作人员，而非那些有受贿故意而想悔改的人。

3. 应该从“犯罪行为是否既遂”来正确理解第九条第一、二款。理论界对是否受贿罪的既遂有很多标准，按照受贿罪侵犯法益的不同，[4] 存在两种不同的学说。一种以廉洁义务说、不可收买说为代表，这一类观点学说认为，基于职务行为的无报酬性、不可收买性，只要索贿人实施索贿行为时就成立受贿既遂。另一种以国家意志篡改说、纯洁性说为代表，认为公务员故意篡改国家意志时，就具有可罚性，所以只有当国家工作人员实施了违反职责的行为时，才能成立受贿既遂。

笔者认为，《意见》虽然不是法律条文，却通过考量犯罪主观故意的角度为认定受贿罪既遂提供了标准。毕竟办案实践中，犯罪人的主观故意是较难以把握的。

---

4 张明楷著：《刑法学》，法律出版社 2016 年版，第 1200 页。

第九条第一款通过时间点来确定犯罪主观故意性。受贿人实施受贿行为后，如果内心是抗拒受贿的，完全可以在一个合理时间内退还赃款，或者约定一个合理还款日期。所以，受贿人如果在合理的时间内及时退还赃款，或者约定还款日期之前进行还款，就可以推测出受贿人并没有受贿的主观故意，受贿行为不予成立。

第九条第二款更是通过直接强调主观故意来作为受贿退还的既遂标准，即哪怕受贿人及时退还了贿赂款，但其有受贿的故意，且是基于其他原因退还，受贿罪仍然既遂。

综上所述，笔者认为，本案中李某时隔多年对受贿款进行退还，已经可以从行为上认定其有受贿的故意，其退还行为只对量刑情节有影响，但不影响受贿罪的认定。

三、李某受贿数额的认定

受贿数额是受贿罪的核心，数额的高低直接影响着定罪量刑。本案中，李某将所“借”的贿赂款款用于炒股，所得的收益，是否属于受贿数额？

国家工作人员收受财物后进行牟利，所获得的孳息是否计入受贿数额，在理论界区分都较为细致，且有分歧。以借款型受贿为例，由于受贿人是以借款为名实施的受贿犯罪，其实际生活中并没有借款的需要，往往将“借”到的钱用于投资，或存在银行获取低风险投资收益，或进行风险投资，或存放在家中。有学者认为应该根据款项的用途分别计算受贿数额[5]：若借款用来获取低风险投资收益，如存款获息、购买国债，按照存款利率计算获利数额；若借款用来进行风险投资，如股票、基金、期货等，则可按照贷款基准利率计算出的贷款利息来计算犯罪数额；以借为名索要或收受的，将借贷全额计入犯罪数额。

笔者并不认同该观点，不应根据“借款”的用途来认定受贿数额，数额的认定要以国家工作人员受贿故意为核心来理解和判定，我国刑法无论是对犯罪行为人的定罪还是量刑，都坚持主客观相统一原则。受贿行为的目的是达成权钱交易，既然受贿人有受贿主观故意，并拿到贿赂款，受贿罪既遂，既然犯罪行为已经既遂，那么受贿拿到贿赂款之后怎么用，是进行投资还是存款收息，属于个人行为。这里我们可以参考《全国法院审理经济犯罪案件工作座谈会纪要》第七条对涉及股票受贿案件贿赂数额的规定，该纪要就是以收受股票时为基准时间[6]认定贿赂数额的。

---

5 徐国华、赖振华：《贿赂案件中“无偿借用”的判断与定性》，载《法治时空》2009 年第 10 期。

6 陈玲：《受贿罪中贿赂数额的认定》，载《华东政法大学 2008 年硕士学位论文》。

受贿数额是判定罪与非罪的标准，法律规定需要达到一定的数额才能够对行为人定罪，这同时也是量刑的重要情节，根据本案的情况，我们本着有利于行为人原则，在法律允许的界限内降低犯罪数额。

我国也明确出台了相关司法解释。2017 年 1 月 4 日，最高人民法院、最高人民检察院联合发布《关于适用犯罪嫌疑人、被告人逃匿、死亡案件违法所得没收程序若干问题的规定》（以下简称《规定》），为司法实践中使用违法所得没收程序提供了直接依据，同时也为受贿所得产生的收益有了明确定性。根据《规定》第六条，通过实施犯罪直接或者间接产生、获得的任何财产，应当认定为《刑事诉讼法》第二百八十条第一款规定的“违法所得”。违法所得已经部分或者全部转变、转化为其他财产的，转变、转化后的财产应当视为“违法所得”；来自违法所得转变、转化后的财产收益，或者来自已经与违法所得相混合财产中违法所得相应部分的收益，应当视为违法所得。

本案中，李某利用贿赂款进行股票投资，无论股票最后是否增值，增值多少，其受贿数额以其所“借”款项定罪，至于其投资所产生的收益属于违法所得，只是决定违法所得没收程序的启动。

这里笔者大致区分：“犯罪所得”“犯罪所得产生的收益”“违法所得”的概念及所产生的法律效果。

“犯罪所得”在我国《刑法》第三百一十二条（掩饰、隐瞒犯罪所得、犯罪所得收益罪）有明确的规定，即明知是犯罪所得及其产生的收益而予以窝藏、转移、收购、代为销售或者其他方法掩饰、隐瞒的。根据这条规定，犯罪所得与犯罪所得收益是区分开来的，犯罪所得应该是行为人通过犯罪行为，其直接目的所指向的是财产性利益。这个财产财产性利益与行为人的预期是完全等同的。犯罪所得收益是通过犯罪所得产生的收益，对定罪量刑同样产生影响。

我国法律对“违法所得”并没有明确的概念解释，但其出现频率较高，仅在《刑法》中就有九条十四处提到。《刑法》第六十四条规定：“犯罪分子违法所得的一切财物，应当予以追缴或者责令退赔”，根据这条规定，我们可以理解违法所得就是犯罪分子通过犯罪行为所获得的财产性利益，从某种程度上“违法所得”可以等同于“犯罪所得”，但两者多少还是有区别，违法可能是导致犯罪的起因，却不一定必然会导致犯罪，但犯罪则肯定是违法[7]。我们回头再看看 2017 年最高人民法院、最高人民检察院出台的《规定》，违法所得既包括“犯罪所得”，也包括“犯罪所得收益”，但违法所得启动的仅仅是没收程序，而对定罪并没有影响。

7　黄道进：《违法所得、犯罪所得及衍生收益的甄别》，载《法制与社会》2016 年第 33 期。

利用网络游戏平台为他人赌博提供“上下分”服务以牟利的行为定性

吴强林*

利用公开的网络游戏平台为他人赌博提供“上下分”服务，构成开设赌场罪。适应科技发展的需要，应当把“赌场”理解为一种“空间范围”，传统的赌场表现为物理空间范围，而赌博网站、微信赌博群等则表现为虚拟的网络空间范围。对赌场的支配可以表现为物理意义上的支配，也可以表现为功能意义上的支配。应当对现有司法解释与相关规定作出修正，判断是否构成网络型的开设赌场犯罪，并非一定要有一个“赌博网站”的存在，只要犯罪嫌疑人能够在功能意义上支配一定的网络空间范围实施实质上的开设赌场行为，就应当以开设赌场罪依法对其定罪处罚。

一、案情简介

2016年8月至2017年7月[1]，何某等8人与廖某等4人（均另案处理）先后被赵某（另案处理）纠集，租用房屋建立工作室，利用市面上已有的“老虎机合集”等APP网络游戏平台，以低买高卖形式为赌博人员陆某某、袁某某、徐某某、滕某等不特定人员提供“上下分”服务（上分：以100元的价格卖出185万元游戏币给游戏玩家，下分：以100元的价格从游戏玩家处回收200万元游戏金币），在为赌博人员实现游戏币与人民币之间双向兑换的同时，以赚取差价方式牟取非法利益。

---

* 吴强林——浙江省桐乡市人民检察院检察官。

1 本案一审判决时间为2018年12月19日。

二、定性分歧

本案的特殊性在于，一方面，涉案 APP 并非为犯罪嫌疑人所开发和拥有，APP 本身是作为游戏平台合法存在的，犯罪嫌疑人只是利用了市面上已有的 APP 游戏平台；另一方面，实际参与赌博的人员并未被认定为犯罪，未被追究刑事责任。对于该案中犯罪嫌疑人利用网络游戏平台为他人赌博提供“上下分”服务以牟利的行为定性，存在三种不同的观点：

第一，认为涉案行为构成非法经营罪。该观点认为，涉案人员为赌博人员所提供的“上下分”服务，实际上就是把游戏币兑换为人民币，从而为实现赌博的目的创造核心条件。而人民币的兑换属于我国相关法律、行政法规所规定的专营事项，涉案人员未经许可而经营该事项，因此，可认定为非法经营罪。

第二，认为涉案行为构成赌博罪。该观点认为，涉案人员通过将自己的游戏积分排在富豪榜前列，然后将头像设置为“上下分”提示性标语，实际上就是在发布广告，这符合聚众赌博所要求的组织和招引的特征，因此，认定为赌博罪具有法律依据。

第三，认为涉案行为构成开设赌场罪。这种观点认为，涉案人员的“上下分”服务使游戏币得以兑换成人民币，进而使其他人能借此进行赌博，正因为有了涉案人员的参与，才使原本的游戏行为变成了赌博，这符合“为赌博网站担任代理并接受投注”的规定，构成开设赌场罪。当然，持有该观点的一方也坦诚，完全严格适用“为赌博网站担任代理”这个条件也存在一定的问题，因为涉案 APP 并不能直接被认定为赌博网站。另有观点则认为，涉案人员借用游戏 APP 设置“上下分”平台，进行现金结算，进而牟取非法利益，这与直接摆放具有退币功能的赌博机的本质是一致的，因此，可以“开设赌场罪”定罪处罚。

三、罪名解析与观点评议

（一）非法经营罪

非法经营罪，指违反国家规定，经营实行许可制度的物品或业务，或者买卖许可证或批准文件，扰乱市场秩序，情节严重的行为。[2] 根据《刑法》第二百二十五条的规定，非法经营罪所经营的对象主要包括四类：第一种类型是专营的物品、专卖的物品和限制买卖物品，这种专营、专卖、限制买卖是国家法

2 赵秉志、李希慧著：《刑法各论》，中国人民大学出版社 2016 年版，第 178 页。

律所明确规定的；第二类是特定的证明与批准文件，包括进出口许可证明、原产地证明和经营许可证或批准文件；第三类是与金融相关的业务，包括证券、期货、保险等，以及资金结算业务；此外，该条第四项以兜底的形式规定了“其他严重扰乱市场秩序的非法经营行为”。

上述第一种观点认为，人民币兑换属于专营事项，这有明确的法律规定，涉案犯罪嫌疑人经营了该业务，且未经许可，因此本案构成非法经营罪。认真分析可以发现，上述观点的法律依据并不充分，从案件实际情况来看，涉案人员买卖的标的物并非人民币本身，而是游戏币，与其他任何交易一样，人民币只是充当了货币工具。涉人民币的犯罪主要是因为此类犯罪侵害了整个国家的货币秩序，影响金融稳定，而本案中的情形显然没有严重到如此地步。因此，上述观点显然不能成立。那么，本案中犯罪嫌疑人的行为是否符合非法经营罪的其他几种情形？

从非法经营罪所列明的其他三种情形来看，第二种情形明显与本案不相符合，第四种情形不能随意解释扩大，必须要有相关明确的司法解释规定，否则会把非法经营罪变成“口袋罪名”。那么与本案联系最为紧密的则是第三种情形中的“非法从事资金支付结算业务”。本案中“人民币与游戏币之间的双向兑换”是否属于我国《刑法》所要规制的“非法从事资金支付结算业务”？通过对这一法定事项进入刑法规范的背景进行历史考察可以发现，答案是否定的。《刑法修正案（七）》将“非法从事资金支付结算业务”新增为非法经营的内容。这部分内容入刑的背景，是针对近年来一些“地下钱庄”的非法活动而在刑事立法上作出的回应。[3] 所谓“资金支付结算业务”，原本是指通过银行账户的资金转移实现收付的行为，即银行接受客户委托代收代付，从付款单位存款账户划出款项，转入收款单位存款账户，以此完成经济活动主体之间债权债务的清算或资金的调拨。[4] 依其概念来看，资金支付结算业务只有依法成立的银行才能开展，然而，现实生活中，很多非银行金融机构实际上也在秘密地非法开展这一业务，特别是所谓的“地下钱庄”，通过秘密、非法开展资金支付结算牟取非法利益日益成风。这种脱离国家正常金融监管的非法行为会给整个国家金融秩序造成极大危害，正因如此，这种秘密、非法的从事资金支付结算的行为被纳入《刑法》中非法经营罪的惩治范围。但从本案来看，犯罪嫌疑人的行为与“资金支付结算业务”中的债权债务清算或资金调拨有明显区别，也没有严重到可能给国家金融秩序造成危害的地步，因此，不能简单地套用概念，将涉

3 陈兴良著：《刑法各论精解（下）》，人民法院出版社 2015 年版，第 870 页。

4 王作富著：《刑法分则实务研究（中）》，中国方正出版社 2013 年版，第 693 页。

案行为界定为“非法从事资金支付结算业务”。

综上，本案不构成非法经营罪。

（二）赌博罪与开设赌场罪

认为本案构成非法经营罪的只是少数观点，认为构成赌博罪与开设赌场罪的人数则不相上下，各自都有比较充分的理由。而赌博罪与开设赌场罪本身具有高度的相似性，因此，这里将两个罪名放到一起进行解析。

1. 赌博罪。赌博罪，是指以营利为目的聚众赌博或者以赌博为业的行为。成立赌博罪，仅限于两种类型：一是聚众赌博，即纠集多人从事赌博；二是以赌博为业，即将赌博作为职业或者兼业。[5]

所谓聚众赌博，司法解释[6]主要通过两个标准进行界定，一是聚集参加赌博的人数标准，二是获利数额或累计赌资数额或累计参赌人数标准。对于前者，组织进行赌博的人数需要 3 人以上才符合标准；对于后者，获利数额（抽头渔利）的数额标准是 5000 元以上，累计的赌资数额标准是 5 万元以上，累计的参赌人数标准是 20 人以上。上述两个标准必须同时具备才构成刑法意义上的聚众赌博（第二个标准实际上又包括三种情形，只要符合任一情形，视为达成第二个标准）。比如，某人虽然组织了十余人开展赌博活动，但无论是抽头渔利的数额，还是累计的赌资数额，抑或累计的参赌人数均不符合后一个标准，则不能认定为聚众赌博，反之亦然。另外，对于组织中国公民赴境外赌博的，只要组织的人数达 10 人以上，且收取了一定的回扣或介绍费，即可构成聚众赌博，至于回扣或介绍费的数额，则在所不问。上述司法解释第四条规定，在明知他人实施赌博犯罪活动的情况下，而为赌博人员提供直接帮助的，构成赌博罪的共同犯罪，其中，直接帮助包括提供资金、计算机网络、通信、费用结算等。

2. 开设赌场罪。《刑法》关于开设赌场罪采用的是简单罪状模式，即“开设赌场的，处……”这种极其简单的表述，导致在社会生活日益复杂的今天，对开设赌场的认定成为司法实践中的一个难题。在学理上，开设赌场的定义则有多种，学者们所关注的开设赌场的核心内容也有所区别。比如，张明楷教授强调对赌博场所的支配性[7]，赵秉志、李希慧教授则强调营业性以及提供场所、

---

5 张明楷著：《刑法学（下）》，法律出版社 2016 年版，第 1078 页。

6 参见最高人民法院、最高人民检察院《关于办理赌博刑事案件具体应用法律若干问题的解释》（法释〔2005〕3 号）第一条。

7 张明楷著：《刑法学（下）》，法律出版社 2016 年版，第 1079 页。

赌具和吸引行为[8]，王作富教授强调提供赌博场所和条件以及牟利[9]，周强、李少平法官强调提供场所、赌具、筹码、资金以及赌博方式等[10]，隋光伟则强调营利目的以及提供场所、赌具、筹码等服务行为[11]。

从现有法律法规和司法解释来看，开设赌场主要包括三种情形：

一是最常见、最普通的开设赌场行为。这种开设赌场行为一般是利用自有的或租赁他人的房屋、宾馆等场所，配备用于赌博的工具和相关服务人员以及所谓的“安保”人员，为他人赌博提供较为固定的场所、设备等各种便利条件。

二是新型的利用网络开设赌场行为。司法解释[12]第二条将下列两种在网络时代产生的新的犯罪行为规定为刑法中的“开设赌场”行为：一是为了营利，于计算机网络上建立赌博网站的行为；二是为了营利，为赌博网站担任代理，并接受投注的行为。此后，最高人民法院、最高人民检察院与公安部通过部门规章[13]的形式对利用网络开设赌场犯罪的定罪量刑标准作了明确规定，并将利用网络开设赌场的行为细化为四种情形：一是犯罪嫌疑人自己建立赌博网站，并且自己接受投注；二是犯罪嫌疑人建立赌博网站，然后将赌博网站提供给他人组织赌博；三是犯罪嫌疑人为赌博网站担任代理，并且接受赌博人员的投注；四是犯罪嫌疑人参与了赌博网站的利润分成。

三是作为变种的利用赌博机开设赌场行为。利用赌博机开设赌场与普通的开设赌场或利用网络开设赌场均有所不同，此时当然也存在物理意义上的场所，但这个场所并不直接成为赌场，它只有在与摆放在其内的赌博机（具有赌博功能的电子游戏设备）结合为一个整体时，才构成刑法意义上的赌场。利用赌博机开设赌场具体表现为：犯罪嫌疑人设置某种特殊的具有赌博功能的电子游戏设施设备，并将其提供给他人赌博，这种赌博机具有退币、退分、退钢珠功能，犯罪嫌疑人进而将游戏币、游戏分、钢珠等与现金、有价证券等贵重款物相关联，从而为赌博人员完成赌博创造条件。[14]

---

8 赵秉志、李希慧著：《刑法各论》，中国人民大学出版社 2016 年版，第 295 页。

9 王作富著：《刑法》，中国人民大学出版社 2016 年版，第 456 页。

10 周强、李少平著：《中华人民共和国刑法典（中）》，人民法院出版社 2016 年版，第 1664 页。

11 隋光伟：《刑法修正案（六）适用中的几个问题》，载《人民检察》2007 年第 21 期。

12 最高人民法院、最高人民检察院《关于办理赌博刑事案件具体应用法律若干问题的解释》（法释〔2005〕3 号）。

13 最高人民法院、最高人民检察院、公安部《关于办理网络赌博犯罪案件适用法律若干问题的意见》（公通字〔2010〕40 号）。

14 参见最高人民法院、最高人民检察院、公安部《关于办理利用赌博机开设赌场案件适用法律若干问题的意见》（公通字〔2014〕17 号）。

另外，明知是赌博网站，而为其提供互联网接入、服务器托管、网络存储空间、通信传输通道、投放广告、发展会员、软件开发、技术支持，或提供资金支付结算服务、帮助收取赌资，或投放广告等服务，达到法律规定的数量条件的，可能构成开设赌场罪的共同犯罪。

3. 从赌博罪与开设赌场罪的构成以及两罪之间的区分上来看，本案更应当以开设赌场罪进行规制。首先，本案中，犯罪嫌疑人利用游戏玩家头像发布"上下分"广告，具有组织、招引性质，符合"聚众赌博"的要求。但并非只有赌博罪中才有"聚众赌博"，开设赌场罪同样有"聚众"行为的存在。其次，从两个罪名之间的区分来看，《刑法修正案（六)》之所以把开设赌场行为从赌博罪中分离出来，单独以开设赌场罪进行规制，其主要原因就在于开设赌场罪的社会危害性更大。由于开设赌场，吸引他人前去赌博，参赌人数多，赌资数额大，赌场收入更加丰厚，社会危害性也较一般的聚众赌博更加大，所以，《刑法》在赌博罪之外单设开设赌场罪。[15] 可见，开设赌场罪与"聚众型"赌博罪之间的区别在于：赌场的存在使得赌博的空间得以固定化，参赌人员可以随时去往该固定空间参与赌博；而"聚众型"赌博中，赌博地点是不特定的，赌博人员的聚集具有偶然性。也正因如此，开设赌场的社会危害性更甚于聚众型赌博罪。从本案来看，犯罪嫌疑人建立"工作室"，招聘员工实行 24 小时"三班倒"长期为参赌人员提供"上下分"服务，非法获利数额巨大。在查实的部分参赌人员中，陆某从 2016 年 12 月开始利用该 APP 进行赌博，至 2017 年 6 月，陆续通过犯罪嫌疑人"上分"充值 200 余万元，输掉赌资 60 余万元；袁某自 2016 年 10 月至 2017 年 4 月输掉 30 余万元……显然，犯罪嫌疑人行为的社会危害性明显大于普通的聚众赌博，因此，应当以开设赌场罪定罪处罚。

四、对本案构成开设赌场罪的规范性解释

（一）对开设赌场的合理解释

1. 开设赌场罪的核心要素

从上文关于开设赌场的诸多定义来看，张明楷教授强调"开设""支配""场所"和"经营"等核心要素；赵秉志教授则强调"营业性""提供场所和赌具"和"吸引"行为；王作富教授强调"提供场所、条件"和"从中牟利"；周强、李少平法官强调"提供场所""设定赌博方式""提供赌具、筹码、资金"等行为。综合这些定义来看，"提供场所"是必不可少的要素，"经营"或

15 周光权著：《刑法各论》，中国人民大学出版社 2016 年版，第 379 页。

“营业性”或“牟利”也是判断是否构成开设赌场的核心要素，至于提供其他“条件”则并非构成开设赌场的必要因素，提供了“赌具、筹码、资金”自然是典型的开设赌场行为，没有提供这些条件，只要提供了赌博场所、存在经营性行为，同样不影响开设赌场罪的构成。

2. 对开设行为的合理解释

开设即设立、开办，设立是一种起始行为，开办则是一种持续状态。开设首先表现为对特定空间范围的支配，即行为人将某一空间范围提供给参赌人员用于赌博；其次，上述关于开设赌场诸多定义中所提到的“经营”“营业性”“牟利”等要素也是开设行为的表现形式。

3. 对赌场的合理解释

对开设赌场罪中的“赌场”应当如何理解？如前所述，随着网络的发达，在传统意义上的赌场之外，新型的赌博网站、赌博机、微信赌博群等层出不穷。在科技日益发达的今天，赌场的形式已经多样化，并不一定再是传统意义上一成不变的物理空间意义上用于赌博的场所；适应科学技术发展的需要，应当把“赌场”理解为一种“空间范围”，传统的赌场表现为传统的物理空间范围，而赌博网站、微信赌博群等则表现为一种虚拟的网络空间范围。

（二）本案构成开设赌场罪

1. 犯罪嫌疑人为赌博人员提供了固定用于赌博的场所

从本案来看，如果把犯罪嫌疑人通过游戏玩家头像发布“上下分”广告的行为与游戏 APP 割裂开来看，很难看出“赌场”的存在。但是，一旦将两者结合起来则可以发现，该案中实际上存在着一个网络空间范围意义上的“赌场”。游戏 APP 原本是公开的，任何人都可以下载使用，从游戏角度来说，涉案犯罪嫌疑人并不能实际控制 APP；但从把 APP 用于赌博的角度来说，则是犯罪嫌疑人所能控制的。“赌场”与该空间范围原本的性质并无直接关系，一个空间范围是否构成赌场，主要应当根据“用途”进行判断。这就好比传统的开设赌场行为，犯罪嫌疑人可以是利用自己的房屋等场所，也可以是租借他人的场所，或者是利用废弃的停车场等场所，废弃的停车场原本不是赌场，但行为人将其提供给参赌人员用于赌博时，则可以构成刑法意义上的赌场。本案犯罪嫌疑人实则是利用了合法存在的网络 APP 平台，但以“上下分”行为赋予了原本的游戏 APP 以赌博功能，从而使任何游戏玩家都可以下载该 APP 用于赌博。因此，本案中，犯罪嫌疑人实际上为赌博人员提供了一个固定的赌博场所。

2. 犯罪嫌疑人在经营该赌博场所

本案中，犯罪嫌疑人采用公司化运作方式，成立工作室、招聘人员、发布

“上下分”广告、让员工每天24小时“三班倒”为赌博人员提供“上下分”服务，制定“上下分”利差规则，且从中获利巨大，这些都是犯罪嫌疑人经营该赌博场所的具体体现。另外，犯罪嫌疑人利用该APP为参赌人员提供“上下分”具有长期性，参赌人员以口口相传的方式不断介绍其他人员参与赌博，这并非赌博人员之间偶然性地聚合行为，其营业性质显而易见。

3. 犯罪嫌疑人对赌场具有支配性

在将“赌场”理解为“空间范围”的基础上，对支配行为也应当有更全面的理解。支配可以表现为物理意义上的支配，也可以表现为功能意义上的支配。对于传统的开设赌场行为来说，支配更多地表现为对物理性质赌博场所的支配；而对于新型的网络化的开设赌场行为来说，支配更多地表现为功能意义上的支配。就本案而言，该游戏APP本身具有开放性，任何人都可以通过手机应用商店下载使用。但犯罪嫌疑人并非支配APP本身，APP只是一个被利用的工具，犯罪嫌疑人通过赋予其“上下分”功能，使得参赌人员能够长期通过该APP进行赌博，该游戏APP也由此演变为一个网络空间意义上的赌场。而一旦犯罪嫌疑人不再提供“上下分”服务，赌博就无法进行下去。因此，从功能意义上来说，将该游戏APP提供给参赌人员用于赌博是涉案犯罪嫌疑人所能够支配和控制的。

4. 本案构成开设赌场罪而非开设赌场罪的共同犯罪

如前所述，如果犯罪嫌疑人明知是赌博网站，而提供资金支付结算服务，资金数额达到法律所规定标准的，可能构成开设赌场罪的共同犯罪。但在本案中，游戏APP本身并非赌博网站，犯罪嫌疑人所提供的“上下分”服务也就不能理解成“为赌博网站提供资金支付结算服务”。因此，本案并非开设赌场的共同犯罪。

本案的实质是犯罪嫌疑人赋予原本合法存在的游戏APP以赌博功能，并将其作为赌场提供给参赌人员赌博，犯罪嫌疑人的“上下分”服务和广告行为就是提供赌场的行为。因此，对本案中犯罪嫌疑人开设赌场的行为不能从对赌博、开设赌场犯罪活动进行细化规定的司法解释（法释〔2005〕3号）和部门性规范文件（公通字〔2010〕40号）中去寻找依据，实际上从上述解释与规定中也无法得出犯罪嫌疑人开设赌场的结论。本案应该直接适用《刑法》第三百零三条第二款“开设赌场的，处……”的规定，对犯罪嫌疑人进行定罪处罚。

（三）对“网络开设赌场”相关司法解释与规定的修正

关于网络开设赌场罪的构成，对赌博、开设赌场犯罪活动进行细化规定的司法解释（法释〔2005〕3号）和部门性规范文件（公通字〔2010〕40号）都强调一个“赌博网站”的存在，即建立赌博网站，或者为赌博网站担任代理，接受投注。但随着网络社会的日益发达，网络赌博的形式日益多样化，通过本案就可以看出，很多具有博弈性质的网络平台特别是游戏平台并非当然就是赌博网站，但这种网络平台很容易被不法分子利用并“改造”为赌博性质的网络空间范围，在此情形下，一味强调“赌博网站”并不符合开始赌场最新的发展态势。因此，应当适时对相关司法解释与规定作出修正，判断是否构成网络型的开设赌场犯罪，并非一定要有一个“赌博网站”的存在，只要犯罪嫌疑人能够在功能意义上支配一定的网络空间范围实施实质上的开设赌场行为，就应当以开设赌场罪依法对其定罪处罚。

图书在版编目（CIP）数据

法治论坛．第54辑／广州市法学会编．—北京：
中国法制出版社，2019.10
ISBN 978－7－5216－0583－9

Ⅰ．①法… Ⅱ．①广… Ⅲ．①法学－丛刊 Ⅳ．①D90－55

中国版本图书馆CIP数据核字（2019）第213002号

责任编辑：王佩琳（wangpeilin@zgfzs.com）　　封面设计：周黎明

法治论坛·第54辑

FAZHI LUNTAN · DI 54 JI

编者/广州市法学会
经销/新华书店
印刷/三河市紫恒印装有限公司
开本/710毫米×1000毫米　16开　　印张/24.25　字数/395千字
版次/2019年10月第1版　　2019年10月第1次印刷

中国法制出版社出版
书号 ISBN 978－7－5216－0583－9　　定价：85.00元

北京西单横二条2号
邮政编码 100031　　传真：010－66031119
网址：http://www.zgfzs.com　　**编辑部电话：010－66038139**
市场营销部电话：010－66033393　　**邮购部电话：010－66033288**

（如有印装质量问题，请与本社印务部联系调换。电话：010－66032926）

编辑部版权声明

《法治论坛》格式规范

1. 《法治论坛》侧重以实践问题为切入点进行理论探讨。

2. 《法治论坛》文章要求观点鲜明、论述缜密、论据充分、格式规范。

3. 所有来稿请注明论文题目、作者简介（包括法律职称）、联系电话、通讯地址、邮政编码、电子邮箱等。

4. 投稿请用电子邮件方式，邮件主题：×××（作者姓名）投稿。我们将尽快通知作者刊用情况。

5. 提倡文责自负，反对抄袭剽窃。本出版物已获中国知网授权使用“学术不端文献检测系统”。

6. 论文格式规范如下：

（1）要有内容提要和关键词。

（2）脚注：注解一律采用脚注形式，并用横线与正文隔开；序号左顶格，以数字1、2、3、……标示，连续编排。引用杂志的文章、引用的专著和引用的网络文章均用书名号。

例：

范愉著：《纠纷解决的理论与实践》，清华大学出版社2007年版，第565页。

章武生：《ADR与我国大调解的产生和发展》，载《纠纷解决——多元调解的方法与策略》，中国法制出版社2008年版，第3页。

王利明：《审判方式改革中的民事证据立法问题探讨》，载《中国法学》2000年第4期（引用期刊文章不需注明页码）。

援引自学位论文集的文章也用书名号。例：《准政府组织的行政法定位及其权利规制》，载《吉林大学2006年硕士学位论文》。

（3）参考文献

引用的文章和引用的专著用书名号。不需注明页码。

例：

王卫国著：《破产法》，人民法院出版社 1999 年版。

[英] 施米托夫著：《国际贸易法文选》，赵秀文译，中国大百科全书出版社 1993 年版。

杨兴培：《论刑事和解制度在中国的命运选择》，载《法学杂志》2006 年第 6 期。

一般有纸质产品的情况下，不建议引用网站内容。如果引用网站内容，请标明网站名字和频道、网址、最后访问时间。

例如：王利明：《标准合同的若干问题》，载中国民商法律网民事法学频道，http：//www. civillaw. com. cn/weizhang/default. asp？ id =22250，最后访问于 2007 年 1 月 26 日。

7.《法治论坛》2017 年 1 月入选 CSSCI 收录集刊。文章将同时被中国知网（www. cnki. net）署名转载，如不同意转载，请在投稿时作出声明。

地址：广州市越秀区小北路 113 号 5 楼广州市法学会

邮编：510046

电话：020 -22819396　22819395

投稿邮箱：gzfzlt@ 126. com